Hermann Hering

Die Mystik Luthers

Hermann Hering

Die Mystik Luthers

ISBN/EAN: 9783741114083

Hergestellt in Europa, USA, Kanada, Australien, Japan

Cover: Foto ©ninafisch / pixelio.de

Manufactured and distributed by brebook publishing software (www.brebook.com)

Hermann Hering

Die Mystik Luthers

Die

Mystik Luthers

im Zusammenhange seiner Theologie

und

in ihrem Verhältniß zur älteren Mystik.

Von

Hermann Hering,
ord. Professor der Theologie in Halle.

Leipzig, 1879.
Verlag der J. C. Hinrichs'schen Buchhandlung.

Dem Andenken

des seligen Tholuck

dankbar gewidmet.

Vorwort.

Bei dem Studium der älteren deutschen Predigt-Literatur zu den Mystikern des vierzehnten Jahrhunderts und von ihnen bis zu Luther fortschreitend, erhielt ich zum ersten Male einen lebendigen Eindruck von der Bedeutung und dem Umfange dessen, was man das Vorreformatorische in der Mystik genannt hat. Und indem ich den Spuren ihres Einflusses in der Entwickelung des größten Lehrers unserer evangelischen Kirche folgte, fühlte ich mit dem immer wachsenden Interesse die Arbeit sich mir aufdrängen, die ich jetzt zu Ende bringen darf. Durch dieselbe soll weder Luther zu einem Mystiker, noch seine Theologie zu einer in ihrem Wesen mystischen gestempelt werden. Wenn die Fäden der in Luthers Lebens- und Lehrentwickelung verwobenen mystischen Gedanken in ihren Anknüpfungen aufgezeigt, in ihren Windungen und Verschlingungen verfolgt werden, so wird diese Arbeit doch den Zusammenhang jenes Besonderen mit dem Ganzen der Lutherschen Theologie anzudeuten nicht unterlassen. Ebenso kann eine Gesammtdarstellung der letzteren wohl den Einschlag jener mystischen Fäden an den Hauptpunkten andeuten, wie dies auch Köstlin in seinem

Werke, Luthers Theologie, gethan hat; aber sie beobachtend zu ihrem Ausgange oder in ihrer Entwickelung zu verfolgen, ist ihr um des Ganzen willen nicht gestattet. Ist demnach die Sonderbarstellung eines Elements auf dem Gebiet des Geistes berechtigt, so darf die vorliegende, sowohl um der Mystik, als auch um Luthers willen Interesse zu finden hoffen. Denn durch diese Doppelseitigkeit erweitert sie sich aus einem Beitrag zur Entwickelungsgeschichte der Theologie Luthers zu einem Beitrag zur Entwickelungsgeschichte des christlich-religiösen Geistes überhaupt.

Dadurch nun, daß sich die Aufgabe nur unter vergleichenden Rückblicken auf die Mystik vor Luther, wie unter Hinweisen auf das Nichtmystische in Luther so lösen ließ, daß Abhängigkeit und Selbständigkeit erkennbar wurden, ist der Reflexion mehr Raum gegeben, als es bei der Auffassung nur eines Objects nöthig gewesen wäre. Bei der damit entstehenden Versuchung, in eines Anderen Gedanken die eigenen einzutragen, hielt ich mich verpflichtet, Luther selbst oft und reichlich mit seinen eigenen Worten zur Bezeugung des Behaupteten reden zu lassen. Es kommt hinzu, daß es nicht bloß galt, für eine Denkweise Zeugnisse beizubringen, sondern für eine geistige Richtung, die fast noch mehr Gefühl und Stimmung, wie das Denken beeinflußt und daher ein gewisses undefinirbares Etwas an sich hat, dessen Reflex sich nur in dem Wort der von ihr Ergriffenen wahrnehmen läßt. Wer mit ihrer Eigenart nur einigermaßen vertraut ist, wird stets den Mangel des bloßen Redens über sie lebhaft empfinden. Denn wer will aus Erklärungen über Vergottung, Entwerden, Gelassenheit, Nachfolge Christi u. s. w. einen Eindruck des Geistes erhalten, der sie beseelt und so besonders anziehend, ja fast anstecken gewirkt hat! Wie vortheilhaft zeichnet sich z. B.

Adolf Lassons Meister Eckhart durch die sorgfältige mosaik=
artige Zusammenfügung fast aller wichtigeren Aussprüche
des großen Denkers vor anderen mehr schematischen oder
aphoristischen Darstellungen mystischer Lehrer aus! So hoffe
ich, daß die Leser dieser Arbeit der vielen Lutherworte nicht
überdrüssig werden.

Der inneren Entwickelung Luthers bis zur Psalmen=
auslegung von 1513 ein Capitel zu widmen, obschon die=
selbe in den beiden Werken Köstlins so eingehend erörtert
ist, erschien dennoch räthlich, um den Leser in das Folgende
einzuführen; abgesehen davon, daß über Gersons Bedeutung
für Luther noch auf Einiges hinzuweisen war. Der Ab=
schnitt über die germanische Mystik in der Einleitung zur
germanisch=mystischen Periode S. 54 bis 56 ist ebenfalls
zur leichteren Orientirung eingefügt und will mit absicht=
licher Fernhaltung der philosophischen Seite, deren die
Beurtheilung der Mystik sich oft einseitig bemächtigt, nur
ein Ueberblick über ihren christlichen Gedankenkreis sein.

Desto eingehender ist aber bei der Behandlung der
Mystik Luthers die ältere in characteristischen Aussprüchen
angeführt. Hier habe ich mich bestrebt, mitlesend gleichsam
über die Schulter Luthers zu sehen und namentlich auf die
Stellen, bei denen er sinnend verweilt zu haben scheint,
den Finger zu legen.

Besonders schwierig waren dem letzten Abschnitt seine
Grenzen zu ziehen. Die Mystik Luthers ist schon vor dem
hier geschilderten Streit zur vollen Entwickelung gelangt;
durch ihn ward eher eine rückgängige Bewegung veranlaßt.
Wenn dennoch auf denselben eingegangen ist, so geschah es,
um noch Einiges zu der Frage beizutragen, wie jene Luther
feindliche Mystik von ähnlichen Ausgangspunkten zu solchem
Gegensatz gegen ihn gelangte; vor Allem aber zu schildern,

wie Luther, indem er ihre Principien durchschaut und seinen Gegensatz zu ihr formulirt, dahin kommt, Positionen seiner eigenen Mystik aufzugeben, oder erst recht zu behaupten. In diesem Sinn unternommen wird hoffentlich auch diese Untersuchung ihren Zusammenhang mit dem Thema des Ganzen erweisen.

Vor länger als zehn Jahren ist diese Arbeit begonnen, in den Mußestunden, die in arbeitsreichem kirchlichem Amt nur spärlich zugezählt waren, fortgeführt und nun durch Gottes Gnade hier bald nach dem Antritt des academischen Lehramts vollendet. So geht sie als eine wissenschaftliche Erstlingsgabe in die Welt; der Herr gebe aus ihr den Lesern Freude an der Betrachtung, wie sich das tröstliche apostolische Wort: Alles ist euer! in einer der bedeutendsten Epochen und an einem der bedeutendsten Männer im Reiche Gottes erfüllt hat.

Halle, den 18. Januar 1879.

H. Hering.

Inhaltsübersicht.

	Seite
Einleitung. Luthers innere Entwickelung bis zum Jahre 1512	1

I. Romanisch-mystische Periode.

Erster Abschnitt. Die Glossen zum Psalter. 1513	19
Zweiter Abschnitt. Die Vorlesungen über den Psalter. (Scholien) 1513—15	34

II. Germanisch-mystische Periode.

Einleitung	52
Erster Abschnitt. Zur Dogmatik.	
Die Sünde	58
Die Todsünden	61
Die Gebundenheit der natürlichen Kräfte durch die Sünde	64
Die Bekehrung als Gottes Werk	73
Die Glaubensgerechtigkeit	76
Die Vereinigung mit Gott	78
Durch Tod zum Leben	81
Kreuz und Kreuztheologie	86
Der Glaube im Lichte der Selbst- und Creaturenverleugnung.	
Der Glaube als Hoffen und Harren	90
Der Glaube als Leben im Unsichtbaren	93
Der Glaube als das verborgene Leben	96
Die völlige Gelassenheit	100
Das Gefühl der Abhängigkeit von Gott	106
Das innere Leben als ein Werden	108
Die Grade des Glaubens	109
Furcht und Liebe	111
Glaube, Hoffnung, Liebe	114
Bewährung und Uebung.	
Die Anfechtung	116
Das Gebet	124
Die Menschheit Christi	129
Die Knechtsgestalt Christi	131
Die Anfechtungen Christi	133

		Seite
Christi Person und Werk als Gegenstand des Glaubens		137
Die Nachfolge Christi		140
Die Betrachtung der Leiden Christi		143
Das Hinausgehen über die Menschheit Christi		146
Das ewige Wort		148
Das Wesen Gottes		155
Das Wort Gottes		159
Schriftauslegung		163
Die Sacramente		168
Die Taufe		168
Das heilige Abendmahl		171
Die Kirche		174

Zweiter Abschnitt. Zur Ethik.

Evangelisch-mystische Grundlegung	179
Die Entfaltung des ethischen Princips.	
Alter und neuer Mensch	193
Die Liebe zum Nächsten	195
Demuth und Sanftmuth	201
Die Verlassung aller Dinge	205
Ordnung und Gebrauch des natürlichen Lebens	207
Das oberste Motiv des Religiösen und Sittlichen	211

Dritter Abschnitt. Zum reformatorischen Zeugniß.

Wider den Ablaß (1517)	214
Lehre von der Buße und Kritik des scholastischen Lehrstücks.	
Die Reue	219
Die Beichte	223
Genugthuung und Ablaß	230
Fegefeuer und Ablaß	232
Mystiker und Reformator	238

Vierter Abschnitt. Zum Katechismus ... 257

III. Periode des Kampfes mit entarteter Mystik.

Einleitung	269
Der Heilsweg	277
Das Wort	283
Die Sacramente	287

Schlußwort	292
Berichtigungen	293
Erläuterung betreffend die benutzte Literatur ꝛc.	294

Einleitung.

Luthers innere Entwickelung bis zum Jahre 1512.

Im persönlichen Geistesleben ist Ursprüngliches und Angeeignetes zu individueller Einheit verbunden. Verfehlt ist die Mühe eines vermessenen Scharfsinnes, der den Reichthum des Gemüths nur aus Factoren berechnen, der das, was Leben im höchsten Sinne ist, gleichsam chemisch analysiren oder mechanisch construiren möchte. Die Schöpfungen aus Stein und Erz beseelt ein Höchstes innerlicher Art, das nicht aus Unterweisung, nicht aus der Uebung der Kunst stammt; wie viel mehr ist in der Bildung des Innenlebens, dem Proceß selbst, wie in seinem Resultat, neben aller Belehrung, Leitung, Zucht eine letzte Potenz und meist in Ausschlag gebender Weise thätig: das letzte, unvergleichliche Geheimniß der Seele, das königliche Theil, das sie allein von Gottes Gnaden hat.

Aus den Kinderjahren bedeutender Männer sind meist kleine bedeutungsvolle Züge überliefert, die jene ursprüngliche Veranlagung erkennen lassen und die zukünftige Größe zu weissagen scheinen: Die Kindheit Luthers, seine Jugend überhaupt läßt nichts von dem Muth und der Unbeugsamkeit eines künftigen Reformators sehen. Hier ist nichts von Sturm und Drang. Strenge, ja harte Zucht, auch äußerer Druck lasten auf dieser Jugend; beengend, einschüchternd, wie sie, wirkt auch der religiöse Unterricht; viel Gebot, göttliches und menschliches, kirchliche Satzung, deren Inhalt eifriger mit der rächenden, strafenden Gerechtigkeit Gottes, als mit seiner versöhnenden Gnade verknüpft ist. Auch aus dem Antlitz Christi läßt dieser Unterricht mehr den Strahl richterlicher Majestät leuchten, als die Erbarmung und den Frieden: Furchtbar erhaben erschien er, der

Heiland, dem Knaben Luther auf Bildern als Richter aller Welt, auf dem Regenbogen sitzend.

Hier nun auf dem Gebiet des Religiösen, nicht auf dem des Natürlichen, nicht in Temperament, Begabung tritt zuerst Bedeutsames hervor. Des Knaben „Singen und herzliches Gebet", der rührende Ausdruck der Andacht und Frömmigkeit in der Stimme und dem Antlitz desselben erweckte in jener Frau Cotta eine so „sehnliche Zuneigung", daß sie ihn zu ihrem Tischgast machte. Später in Erfurt auf der Universität fing der „hurtige, fröhliche Gesell" mit der ausgezeichneten Begabung alle Morgen sein Lernen mit herzlichem Gebet und Kirchengehen an und führte schon damals den Spruch: Fleißig gebetet ist über die Hälfte studirt.

Aber in dieser Frömmigkeit ist zunächst das nicht wahrzunehmen, was ihr Characteristisches und zugleich Luthers Eigenstes, jenes innerlichste Geheimniß seiner Seele ausdrücken sollte. Es blieb verborgen, während die damalige Dialectik seinen Scharfsinn schulte, das Studium der Alten ihm einen Schatz von Lebensweisheit aufschloß.

Mit seinem Eintritt ins Kloster trat es plötzlich ans Licht: es war das erschrockene Gewissen. Mag ein groß Wetter und gräulicher Donnerschlag [1]), eine erschreckliche Erscheinung vom Himmel her [2]) ihn zu jenem Schritt bestimmt haben, so deutet doch die Erschütterung seines Gemüths auf eine Seelenstimmung hin, die ihn schon länger erfüllt haben muß. Luther selbst gesteht später, er sei zur Möncherei getrieben durch den Gedanken: O, wann willst du einmal fromm werden und genug thun, daß du einen gnädigen Gott kriegst! Dies Bedürfniß, einen gnädigen Gott zu haben, mit einer tiefen Beunruhigung und Bekümmerung über sich selbst ist die tieffte und innerlichste Lebensbewegung seines Geistes und Herzens.

Noch hoffte er dies Bedürfniß mit den Mitteln zu stillen, welche die Kirche darbot. Er wollte fromm werden und „genug thun", durch eigene Leistung einen gnädigen Gott erlangen. Die Vorstellungen vom Werth des mönchischen Lebens, vom Eintritt in dasselbe als einer zweiten Taufe mit der Kraft, alle seit der ersten Taufe begangenen Sünden zu tilgen, bildeten einen Theil auch

---

[1]) Nach Mathesius Ausdruck. [2]) So schrieb hierüber Luther später an seinen Vater.

seiner Ueberzeugungen; welche sichere Hoffnung schien mit den Klosterpforten sich für die Erlangung der ersehnten Gnade aufzuthun! Es ist bekannt, mit welchem Eifer der junge Mönch auf dem einmal betretenen Wege vorwärts drang, vom redlichsten Streben ebenso erfüllt, wie in kirchlicher Satzung befangen. Sein Studium der scholastischen Lehrer konnte ihn in dieser Richtung nur bestärken. Sie stimmten überein in der Lehre von der Gnade, die den Willen unterstütze und ihm Kraft zu guten, vor Gott verdienstlichen Werken verleihe. Auch Solche, die in kirchlichen Verfassungsfragen eine freiere Stellung einnahmen, und mystisch gerichtete Scholastiker, wie Johannes Gerson, welche sich wohl gegen eine pelagianisirende Werkgerechtigkeit nachdrücklich aussprachen, machten hiervon keine Ausnahme. Kein Zweifel, daß Luther, ein bemüthig Lernender, ihnen hierin nachfolgte. Auch im Uebrigen war er zu keinem Widerspruch gegen kirchliche Lehre und Anschauung geneigt. Ja, der eifrige Mönch war auch „ein rasender Papist."

Dennoch fing schon damals eine Macht an in der Stille auf ihn einzuwirken, die es über alles Andere davontragen sollte: die heilige Schrift. Sie ward ihm beim Eintritt ins Kloster gegeben; er las sie, der Einzige unter allen Mönchen, wieder und wieder durch, und er las sie nicht bloß, „um ein guter Theolog zu werden," wie ein Staupitz seine Ermahnung zum Bibelstudium motivirte, sondern mit der Begier eines ursprünglichen Herzensbedürfnisses ohne Zwecke und Absichten vertiefte er sich in sie; und wenn er auch Vieles in ihr, vor Allem den Grundbegriff, auf dem später sein Leben und Lehren sich erbauen sollte, noch nicht verstand, so konnte doch bei seiner außerordentlichen Begabung und ursprünglichen Geistesart ein Ansatz selbstständiger Gedankenbildung nicht ausbleiben. Wenigstens ging ihm das Auge für viele Irrthümer der Kirche auf; doch ließ ihn seine Bescheidenheit und seine bemüthige Scheu vor den kirchlichen Auctoritäten diesen kritischen Regungen nicht weiter nachgeben. Als eine Grausamkeit und als einen Frevel am Gebot der Liebe empfand er es namentlich, daß die klösterlichen Satzungen den Werken der allgemeinen christlichen Nächstenliebe wie z. B. Krankenbesuchen übergeordnet waren. Ferner, als er auf der Klosterbibliothek in ein Buch mit Predigten des Erzketzers Huß fürwitzig hinein sah, entsetzte er sich, daß ein Mann mit so christlicher, schriftgemäßer Lehre verbrannt worden sei; doch beruhigte er sich mit der Auskunft, Huß möchte Solches geschrieben haben, ehe er ein Ketzer geworden sei.

Doch tiefer, als diese vereinzelten heimlichen Proteste war die Reaction gegen sein mönchisches Leben, die von seinem Innern, von seinem Gewissen und christlichen Bewußtsein ausging. Er fand keinen gnädigen Gott. — Trotz aller Selbstkasteiung, trotz seines ernsten Ringens nach einem Zustande des Lebens und des Herzens, der Gott wohlgefällig sei, mußte er wahrnehmen, daß Sünde sich immer wieder in seinem Herzen regte. Gerade beim Gebet durchdrang ihn das tiefste, bängste Gefühl seiner Unwürdigkeit; und die Fürsprecher und Nothhelfer, die die Kirche anrufen hieß, vermochten nichts gegen die Angst und Unruhe seiner Seele. Und suchte er aus der pünktlichen Erfüllung seiner Ordenspflichten Trost zu schöpfen, so fand bei der großen Zahl der Vorschriften sein Gewissen immer wieder Unterlassungen und Uebertretungen aufzurücken, Sünden, die er später selbst „tolle, lose, erdichtete" genannt hat, die aber damals sein Herz ebenso beschwerten, wie die Uebertretung von Geboten Gottes.

Einen großen Antheil hatte an diesem Zustande seines Inneren die Kirche, die von dem stärksten Bewußtsein ihrer göttlichen Hoheit und Vollmacht erfüllt, ihr Gebot und ihre Ordnungen als von Gott gegeben angesehen wissen wollte, und die zugleich einen so offenen Zugang zu den Gewissen und eine solche Macht über die Gewissen besaß, daß sie in das innerliche Gebundensein an Gott das Gebundensein an die theocratische Satzung hineinflechten konnte. Es konnte nicht anders sein, als daß bei dieser Verwechselung von „Gott" und „Kirche" die evangelische Gnadenbotschaft aufs Empfindlichste beeinträchtigt werden mußte. Die Erlösung des Menschengeschlechts durch den gekreuzigten Gottessohn war ja ein Hauptstück der kirchlichen Lehre; aber auf die Vermittelung der Gnade machte wieder die Kirche mit einer Ausschließlichkeit Anspruch, die ein unmittelbares Hinzunahen des bedürftigen Herzens, des beschwerten Gewissens zum Troste der Gnade in Christo verwehrte, und bei ihrer Vermittelung jenes Trostes verfiel sie in jenes gesetzliche Treiben, das einer theocratischen Kirche wesentlich ist: verdienstliche Werke, Ausübungen öffneten außer Reue und Beichte, die ebenfalls gesetzlich verstanden und noch mehr geübt wurde, den von der Kirche verwalteten Schatz der Gnade. Ganze Geschlechter frommer Christen

haben durch Jahrhunderte auf diese Weise Frieden gesucht und
gefunden, ohne die Beeinträchtigung der Gnade durch das „Erwerben"
der Gnade zu empfinden und dadurch beunruhigt zu werden. Tiefere,
innigere Geister innerhalb der Kirche haben jener Beeinträchtigung
je und je vorzubeugen gesucht, wenn auch auf ungenügende Weise.
Daß der Heilsweg, den die Kirche lehrte, Luther nicht einmal dem
Ziel annäherte, das doch Andere vor ihm erreicht, das beruht auf
jenem Etwas, welches die eigenthümliche Grundgestalt seines Inneren
bildet: auf seinem Gewissen, das jede Nichtübereinstimmung mit dem
Willen und Gebot Gottes mit der feinsten Sensibilität wahrnahm.
Wurde die Erlangung der Gnade von bestimmten Zuständen,
Werken, Leistungen abhängig gemacht, so war sie ihm dadurch nur ferner
gerückt, da ihm in diesen Zuständen und Leistungen immer wieder
das Unzulängliche entgegentrat. Und der Zwiespalt, den ihm sein
Bemühen statt des Friedens eintrug, wurde nur geschärft durch
die tiefen und lebendigen Eindrücke von der richterlichen Gerechtigkeit
Gottes, die sein Herz erfüllten; auch das Kreuz Christi erschien ihm
nur als ein Zeichen des richtenden Zornes Gottes und war ihm
„wie ein Blitz"; der Name des Erlösers erfüllte ihn mit Schrecken.
Wie erbebte er, als er, 1507 zum Priester geweiht, zum ersten Mal
die Messe zu lesen hatte! Er, der vor dem Heiland die bängste, fast
mit Abneigung gemischte Furcht empfand, sollte nun selbst das
priesterliche Mittleramt ausrichten und mit den Worten des Rituals
der ewigen göttlichen Majestät das Opfer des Sohnes darbringen.
Das Gefühl seiner Unwürdigkeit durchdrang ihn hierbei so mächtig,
daß er hätte sterben mögen; und während dies Hinzunahen zu Gott
und der für sein erschüttertes Gemüth furchtbare Ernst dieser
Handlung ihn fast erdrückte, wußte er, daß er in den zahlreichen
Ceremonien derselben keines Versehens sich schuldig machen durfte,
ohne eine Todsünde zu begehen. So mehrte auch sein priesterlicher
Beruf die Schrecken, mit denen sein klösterliches Leben ihn überhäuft
hatte. Luther hat die Messe fleißig, aber niemals gern gelesen.

Auch sein theologisches Denken bot ihm Stoff, diese Verzagtheit
bis zur Hoffnungslosigkeit zu steigern. Und wie begierig greift der
von der Zaubergewalt der Schwermuth Umstrickte gerade nach dem,
was seine Qual vermehren kann! Die Frage nach der Prädestination,
der „Versehung", welche von der Scholastik als eine theologische
discutirt war, wurde für ihn eine persönliche. Ohne Rath und

Licht irrte er bis an die Abgründe schwermüthiger Verzweiflung. Er erfuhr damals, nach seinem eigenen Ausdruck, was das Psalm=wort (Ps. 51, 10) bedeute, das von „zerschlagenen Gebeinen" redet; sein Leib wurde durch die Qualen der Seele mit aufgerieben; einen Augenblick schien es, als sollte er ihrer verzehrenden Macht unter= liegen.

Brüderlicher Zuspruch brachte ihm den ersten Trost. Es war ein alter Klosterbruder, der den Verzagten auf das Wort des apostolischen Symbolums hinwies: Ich glaube eine Vergebung der Sünden, und ihm vorhielt, daß er nicht für Andere, für David und Petrus, sondern für sich selbst zu glauben und zu hoffen habe. Derselbe erinnerte ihn an das von St. Bernhard in einer Predigt angeführte apostolische Wort, daß der Mensch umsonst gerechtfertigt werde durch den Glauben und führte ihn mit diesem Zuspruch an die evangelische Wahrheit heran, die in der Scholastik am meisten verdunkelt war, und deren sein Herz am meisten bedurfte. Aber noch immer hemmte ihn jene Schüchternheit seines zarten Gewissens und seine Befangenheit in den gesetzlichen Anschauungen der Kirche, die Hand nach der umsonst gegebenen Gnade auszustrecken. Jene war schuld, daß er es nicht wagte, diese, daß er es auch nicht wagen wollte. Da förderte ihn ein anderes Wort jenes Beicht= vaters: Weißt Du nicht, daß uns der Herr befohlen hat, zu hoffen? Aus ihm schöpfte er erst den Muth, jene Schüchternheit zu über= winden, und die Demuth, um auf eigene Gerechtigkeit zu verzichten. So entstand sein Glaube als Beugung unter Gottes Wort, als ein Gehorsam, der doch wieder freie That des Herzens war, weil der äußeren Nöthigung eine innere begegnete; und so gewann er die Festigkeit, die für einen Gottesstreiter taugte, weil sie nicht auf eigenwilligem Widersprechen, sondern vielmehr auf dem Bruch mit dem eigenwilligen Streben ruhte.

Wegweiser zum Frieden waren jene Weisungen eines evange= lischen Geistes; aber tiefer noch sollte durch Leitung und Belehrung ein anderer väterlicher Freund in den Gang seiner innern Ent= wickelung eingreifen: Johannes Staupitz. Staupitz war aus der Schule der Mystik hervorgegangen und ein Mann von tiefer Frömmigkeit, Seelenkenntniß und gewinnender Herzensgüte. Als Generalvicar des Augustinerordens hatte er auf einer Visitations= reise Erfurt besucht, als Luther etwa zwei Jahre dort war. Da war ihm der junge Bruder aufgefallen mit dem abgehärmten, schwermüthigen Antlitz, der in asketischer Strenge wie in wissenschaftlichem Streben es allen Andern zuvorthat. Er verschaffte ihm durch Verabredung mit dem Prior manche Erleichterung und Zeit zum Studiren, suchte ihn aber auch in seiner Verzagtheit zu trösten und aufzurichten. Er kannte aus eigener Erfahrung die Ohnmacht des Willens gegenüber den Forderungen des Gesetzes; und während er vor Verzweiflung warnte, äußerte er in richtiger Würdigung dessen, was einer so bedeutenden Kraft noth that: Lieber Martin, du weißt nicht, wie nützlich und nöthig dir solche Anfechtung ist; denn Gott schickt dir solche nicht vergeblich zu; du wirst sehen, daß er dich zu großen Dingen brauchen wird. — Freilich konnte Staupitz, der nach seinem eigenen Geständniß solche Anfechtungen nicht selbst erfahren hatte, weder ihre Ursachen vollkommen verstehen, noch ihnen mit dem allein kräftigen Trost begegnen. Wenn er Luther ermahnte, nicht aus jeder Kleinigkeit eine Sünde zu machen, so traf er wohl in der überreizten Scrupulosität Luthers die eine Seite des Uebels; aber über die andere, durch die Kirche, ihre zahlreichen Beichtvorschriften und das Zusammenfließen göttlicher und menschlicher Gebote verschuldete, hatte er keine Macht. Oder wenn er mit dem „Humpelwerk und Puppensünden" solche Sünden meinte, die über Regungen des Bösen im Herzen nicht hinausgingen, so blieb dieser Trost an der Oberfläche, während die Bekümmerung, die er heilen sollte, aus der Tiefe kam. Denn es war gewiß die allen einzelnen Sünden zu Grunde liegende Macht der Sünde überhaupt, die Luther mit und in den einzelnen Sünden so schmerzlich empfand! Durchaus aber traf er den wunden Fleck und das richtige Heilmittel mit seinen Zeugnissen von der Liebe Gottes und der Gnade des Heilandes. Die „Liebe Gottes" war es, auf der seine Theologie überhaupt sich erbaute; für diese Liebe, ihre höchste Erweisung in Christo den Sinn zu erschließen, durch sie das Herz anzufassen, es zu trösten und zur Hingebung an Gott anzuleiten, das war der praktische und — um dies vorweg zu sagen — im Ganzen mystische Grundzug dieser Theologie. Hier gab es keine Spitzfindigkeiten, die dem Grübeln Vorschub leisteten. Das gesetzliche Element, wenn es sich auch hier und da trübend einmischt, besonders auch in der Darstellung des Glaubens, war doch erweicht durch ein stärkeres evangelisches: eine Betonung des göttlichen Wirkens, dem der Christ

Raum zu geben habe. Und endlich überwog der religiöse Charakter den kirchlichen. Gegen ein unmittelbares Hinzunahen zu Gott und Christus als dem Heiland voll Gnade und Liebe tritt die Erfüllung der Vorschriften, die von der kirchlichen Anstalt ausgingen, zurück.

So konnte denn Staupitz, Luthers Vorstellungen von Christus als dem Ausführer göttlicher Strafurtheile berichtigend, sagen: Christus schreckt nicht, sondern tröstet nur; und führte ihn aus den Grübeleien über die Versehung zu der erschienenen Offenbarung der Gnade: Schaue an die Wunden Christi und sein für dich vergossenes Blut, aus ihnen wird dir die Versehung entgegenleuchten. Das war Licht für den sich Zermarternden. Noch 1542 hat es Luther bezeugt: Wo mir aus dieser Anfechtung Dr. Staupitz oder vielmehr Gott durch Dr. Staupitz nicht geholfen hätte, so wäre ich drin ersoffen und längst in der Hölle.

Besonders nachhaltig und nicht bloß für Luther persönlich, sondern auch für seine Theologie und sein reformatorisches Zeugniß wichtig wurde ein Wort dieses seines geistlichen Vaters über die rechte Buße. In dankbarer lebendiger Erinnerung schreibt Luther hierüber im Jahre 1518 an Staupitz: Ich bin eingedenk, ehrwürdiger Vater, daß bei den holdseligen und heilsamen Reden von dir, durch welche der Herr Jesus mich wunderbar zu trösten pflegte, auch einmal das Wort „Buße" erwähnt worden ist, da wir, voll Jammer über die vielen Gewissensnöthe und jene Henkersknechte, die mit unzähligen, unerträglichen Vorschriften lehren, wie man beichten solle, dich wie vom Himmel her das Wort sagen hörten: wahre Buße sei nur die, welche mit der Liebe zur Gerechtigkeit und zu Gott anfängt, und daß der Anfang der Buße sei, was jenen als das Ende und der Abschluß gilt. Es haftete dies Wort in mir wie der Pfeil eines Starken, und ich fing gleich darauf an, es mit den Sprüchen der Schrift, welche die Buße lehren, zu vergleichen, und siehe, die Worte stimmten von allen Seiten so mit dieser Meinung überein, daß, während es früher in der ganzen Schrift kein so bitteres Wort als das Wort Buße für mich gab, — obgleich ich beständig vor Gott heuchelte und eine erzwungene und erdichtete Liebe auszudrücken versuchte, — mir jetzt nichts Süßeres oder Angenehmeres zu hören war, als Buße. Also werden uns die Gebote Gottes süß, wenn wir einsehen, daß sie nicht bloß in Büchern, sondern in den Wunden des Heilandes zu lesen sind.

Diese neue Betrachtung der Buße war aus einem Grundzuge der Mystik hervorgegangen: das innere Leben nach seiner leidentlichen Seite an das Leiden Christi zu knüpfen. Bei Staupitz erhielt diese Betrachtung durch das Grundthema seiner Theologie von der Liebe Gottes noch ihre besondere Bestimmtheit. Wie Luther aus derselben ein leitendes Princip auch in seinen reformatorischen Anfängen entsprang, wird später bei seiner Kritik der scholastischen Bußtheorie entwickelt, dann auch das Mystische dieses Princips des Näheren dargethan werden.

Ein Einfluß der übrigen Elemente der Staupitz'schen Mystik auf Luther läßt sich für diese Zeit nicht annehmen, auch in den Anfängen seiner Theologie, der Psalmenglosse von 1513, nicht bestimmt nachweisen. Im mündlichen Verkehr ließ Staupitz sich wohl kaum näher auf die tieferen und eigenthümlichen Forderungen der Mystik ein. Hier war er ein practischer, erfahrener Seelsorger; in seinen Tischreden ein unterhaltender, witziger Gesellschafter[1]). Mit seinen Tractaten, die in einem mystischen Geiste verfaßt sind, ist Luther erst bekannt geworden, als er die Quelle gefunden hatte, aus der auch sie geflossen waren: die ältere germanische Mystik. Der Darstellung seines Verhältnisses zu dieser muß es vorbehalten bleiben, nachzuweisen, in welchen Punkten er durch das Besondere der Staupitz'schen Mystik bestimmt worden ist.

Fördernd und tröstend wirkten ferner die Schriften von zwei romanischen Mystikern auf Luther ein, die von St. Bernhard und Johannes Gerson. Die erbaulichen Schriften des Ersteren waren der lebendige Ausdruck eines Geistes, der durch seine männliche Kraft und Tiefe, wie durch seine demüthige Beugung vor Gott dem Luthers verwandt war. Innige, feurige Jesusliebe, gänzliche Hingebung und Selbstverleugnung, ein tiefer Zug zur Verherrlichung Gottes, beseelen Alles, was er zur Erbauung geschrieben hat. Hier möchte ein Eifergeist allen Eigenruhm und alle Selbstverherrlichung verzehren und ein durch ihn geweihter Scharfsinn in der Natur Alles aufspüren, was sich nicht aufopfern, sich nicht verleugnen, sich in seinem Eigenen gegen oder neben Gott behaupten möchte; gewaltige Paränesen bringen darauf, nicht in halber Hingebung stehen zu bleiben, sondern der Gnade ihr Werk zu lassen,

---

[1]) Vergl. die Aufzeichnungen bei Knaake, I, pag. 42—49.

bis sie Gott und Mensch aufs Innigste vereinigt. Wie Luther durch das Wort einer Predigt St. Bernhard's evangelisches Licht aufging, ist gesagt. In der folgenden Darstellung werden wir einem weiteren Einfluß desselben Kirchenlehrers auf die weitere Ausgestaltung des Glaubensprincips und die Fassung des Gebots der Nächstenliebe bei Luther begegnen.

Weniger unmittelbar, bei Weitem nicht so gewaltig, aber durch seinen edlen Freimuth, seine Seelenkenntniß, seine besonnene, weise, seelsorgerliche Berathung scrupulöser Gewissen ist der andere, spätere Vertreter der romanischen Mystik, Johannes Gerson (Jean Charlier zu Gerson bei Rethel 1363 geboren) ausgezeichnet. Luther rühmt von ihm, daß er allein von geistlicher Anfechtung handle, alle anderen, auch Augustin, nur von leiblicher. In der That finden sich außer dem Tractat „Von den Heilmitteln gegen die Kleinmüthigkeit," sehr zahlreiche Stellen in Gersons mystischen Schriften, die auf jenen Seelenzustand eingehen. Und in doppelter Hinsicht mußten sie auf Luther Eindruck machen: Einmal bringt Gerson immer wieder darauf, abzulassen, in sich, in eigener Gerechtigkeit Heil und Gerechtigkeit zu suchen. Er formulirt den Gegensatz gegen eigene Gerechtigkeit sehr scharf, wenn er sagt: Unsere Gerechtigkeit ist auf unsere Gerechtigkeit nicht vertrauen[1]), und wenn er beten heißt: Hier kommt zu Dir, Erlöser Jesu, dein niedriges Geschöpf, das nichts vermag, nicht im Vertrauen auf seine Gerechtigkeiten, die nichts sind als verabscheuungswürdige Unreinheiten (immunditiae)[2]). Dieser Gegensatz gegen eigene Gerechtigkeit ruht zwar bei Gerson nicht auf einer klaren evangelischen Erkenntniß der Gnade in Christo; immer aber zeigt er neben einer Reihe anderer schöner Zeugnisse das Vorhandensein einer evangelischen Nebenströmung in seinem Geiste und seiner Theologie. Er suchte kraft derselben dem Angefochtenen das Bewußtsein gegenwärtig zu erhalten, daß sie zuletzt mit ihrem Heil doch von der Barmherzigkeit Gottes abhingen. So tröstet er: Wenn sich eine Person schwach und zum Sündigen öfters geneigt findet, so muß sie selbst auch öfters wieder aufstehen, indem sie demüthig und liebreich (benigne) von Gott Verzeihung und seinen Beistand erbittet, wie ein Sohn, der gefallen ist, die Hand nach seiner Mutter hinstreckt[3]). Es steht fest, sagt er ein ander

---

[1]) Opp. I, p. 591, C. [2]) Opp. IV, p. 970, E. F. [3]) Opp. IV, 969, E.

Mal, daß die Gerechten zu einer gewissen Hoffnung ihres Heils aufgerichtet werden, zu einer, die gewiß ist nicht in ihnen, sondern in dem, der durch ein verborgenes Anhauchen der Seele sagt: Ich bin dein Heil! der mitten in den Fluthen der Anfechtungen den Anker der Hoffnung befestigt und die geliebte aus soviel Wirbeln menschlichen Wechsels in das Gemach der Stille führt [1]). Außer solchen aus dem Vertrauen auf die Gnade und der Innerlichkeit des christlichen Geistes geflossenen Trostgründen fand Luther bei Gerson auch einen mehr menschlichen, practischen Rath, der auf ihn Eindruck gemacht haben muß, weil er ihn selbst gern ertheilt hat: Oft ist es, sagt Gerson, von Nutzen, alle solche Gedanken (nämlich der Verzagtheit und der Anfechtung) sorglos zu verachten, und ihr Ungestüm und den Feind zu verlachen, der sie schickt, um zu schrecken oder zu schwächen [2]).

Dann aber — und das ist als das zweite hervorzuheben — hat Gerson meist solche Fälle im Auge, in denen ein Verstoß gegen kirchliche Gebote das Gewissen beschwert hatte. Den Standpunkt für die Beurtheilung gab ihm die Ansicht, daß, wie Gott im alten Bunde einige Gesetze allein für das politische und bürgerliche Regiment gegeben habe, auch die kirchlichen und menschlichen Gesetze nicht sämmtlich für rein göttliche Gesetze anzusehen seien [3]). Es sei daher keine Todsünde, wenn Jemand die zum Gebet festgesetzten Stunden und die kirchlichen Fasten einmal nicht beobachten oder sonst gegen kirchliche oder Ordensvorschriften verstoßen sollte [4]). Ja, er hält es für möglich, daß auch mit seinem Herzen — also nicht bloß durch einzelne Verstöße — ein Theolog oder sonst ein weiser Mann von menschlichen Bestimmungen oder Traditionen abweicht, der sich doch, um Aergerniß zu vermeiden, verpflichtet fühlen wird, nicht äußerlich gegen sie anzukämpfen [5]). Wie tief mußte solcher Trost in Luthers Zustände eingreifen! Zuweilen mußte es ihm scheinen, als sei das Wort für ihn berechnet und geschrieben. Die Beichtvorschriften waren ihm eine Marter geworden: Hier fand er nicht bloß ein kurzes Beichten ohne viel Umschweife und Umständlichkeit empfohlen [6]), er sah seine eigenste persönliche Erfahrung ausgesprochen: Es kann geschehen, daß häufiges Beichten läßlicher Sünden schädlich wird; denn es macht

---

[1]) Opp. I, p. 591, A. B. [2]) Opp. IV, p. 970, B. [3]) Opp. III, p. 178. 208. [4]) Opp. III, 202. [5]) Opp. III, p. 207, A. [6]) Opp. II, 297, A.

die Seele mehr als recht ist, besorgt und verzagt, so daß sie Alles, auch das Geringfügigste, fürchtet, wegen der Unvollkommenheit der Beichte selbst zittert und dadurch gedrängt wird, wiederum zu beichten [1]). Wie entsprach dem evangelischen Zuge seines Herzens die mit jenen Worten verbundene Warnung, auf die Wiederholung der Beichte nicht zu vertrauen, der anderwärts gegebene Rath, wenn das häufige Beichten nicht fromme, sich dessen auf einige Zeit zu enthalten, und die Versicherung: Ein Mensch wird auf viele andere Weisen als durch das Beichten beruhigt, z. B. wenn er das Vaterunser betet oder an seine Brust schlägt [2]). Das Echo dieser und ähnlicher Worte wird uns aus Luthers reformatorischem Zeugniß entgegentönen, zuweilen unter ausdrücklicher Berufung auf Gerson. — Qual und innere Angst bereiteten Luther, wie schon erwähnt, das Messelesen. Hier ist es wieder Gerson, der in einem Tractat über die Vorbereitung zur Messe [3]) sagt: Hauptsächlich werden wir durch göttliche Gabe, nicht durch unsern Fleiß oder durch unsere Vorbereitung der Theilnahme an den Mysterien der Sacramente würdig. Die Demuth ist es allein, die uns geschickt und würdig macht und uns bereitet, einen solchen Gast im Saal der Seele aufzunehmen. Ich kenne einen Menschen, der nie zu einer ruhigen und fröhlichen Bereitschaft zu celebriren hatte gelangen können, bis er all seinem Fleiß, seiner Mühe, Unruhe und Vorbereitung durch Beichten mißtrauend auf dem Altar seines Herzens den Stier seines Stolzes opferte und zerknirschten und gebemüthigten Herzens mit Daniel sprach: Herr, nicht in meiner Gerechtigkeit schütte ich mein Bitten vor Dir aus, sondern in deiner vielen und großen Barmherzigkeit. Wohl werden Fleiß und Vorbereitung, wie wir sie angemessen leisten können, von uns verlangt, wenn wir uns aber auf sie stützen, so werden wir betrogen und fallen oder wanken, wie wenn sich Jemand auf einen Rohrstab stützt; und wir wohnen nicht in der Hülfe des Höchsten, so lange wir auf unsere Verdienste vertrauen oder bloß in der Erinnerung an unsere Sünden uns abquälen.

Doch auch der Einfluß eines Gerson hatte seine Schranken. In die großen evangelischen Grundgedanken führte er nicht hinein; selbst sein Trösten litt an jenem empfindlichen Mangel, den Luther

---

[1]) Opp. II, p. 482, C. [2]) Opp. II, p. 297. [3]) De praeparatione ad missam. Opp. II, p. 477, B.

später selbst treffend durch das Wort formulirt: Gerson sei nicht so weit gekommen, daß er durch Christum im Evangelium hätte Rath schaffen können. Er habe die Noth nur durch Linderung des Gesetzes erträglicher gemacht [1]). Ueberhaupt war Gerson nicht ein ganzer Mann, und seine Mystik hat weder die Innigkeit eines Bernhard, noch den Tiefsinn der großen Deutschen. Er faßte die Mystik als ein gewisses Genre der Theologie auf, die speculative Theologie als ein anderes, beide einander ergänzend [2]); beide hat er daher auch tractirt. In sehr spitzfindigen Untersuchungen über das Wesen der Seele und ihre Kräfte verliert er die fühlbare Berührung mit den wirklichen Fragen des inneren Lebens; und bei der Darstellung des letzteren und seiner Thätigkeiten und Vorgänge erzeugt die scholastische Lust am Distinguiren lange Aufzählungen der einzelnen Momente, ohne daß diese lebensvoll zur Einheit verbunden blieben. Diese „speculative" Seite war für Luther weder erziehend, noch förderlich. Er hat sich später hierüber wie über die ähnlichen Gedankenspiele eines Bonaventura nur abwehrend ausgelassen. Der gesunde Lebenstrieb seiner Seele stieß alles Grüblerische, Ersonnene mit kräftigem Widerwillen ab, in wie hohem Ansehen es auch stehen mochte. Dagegen nahm er auf, was aus gleich ursprünglichem religiösen Bedürfniß geboren, ihm irgend Nahrung und Förderung bot.

Der geistige Boden aber, in dem sein inneres Leben immer tiefer sich einwurzelte, den es in einer stillen und langen Arbeit des Sinnens, Betens, Forschens nach allen Seiten durchdrang, blieb vor Allem die heilige Schrift. Aber auch in ihr blieb ihm manches Räthsel lange ungelöst bestehen. Was bedeutete das Wort: Gerechtigkeit, Gottes Gerechtigkeit? Die meisten kirchlichen Schriftsteller konnten die ihm von Jugend auf eingeflößte Vorstellung von einer richterlichen Gerechtigkeit, aus welcher die freie Gnade wie ausgestoßen war, nicht berichtigen. Auch ein Gerson definirte die Gerechtigkeit für den beständigen Willen, der Jedem das Seine giebt [3]) und stellte die Gerechtigkeit Gottes als die den Angeklagten verdammende in den traditionellen Gegensatz zur Gnade [4]).

---

[1]) Köstlin, Luth. Theologie I, 47. [2]) Gers. Opp. III, 276, C. D. Die speculative Theologie soll darnach das Wahre, die mystische das Gute zum Gegenstand haben. Die speculative ist in der potentia intellectiva, die mystische in der potentia affectiva etc. [3]) Opp. IV, 126, D. [4]) Opp. I, 234, C. F. I, 360, F.

Bei dem Seelenzustande Luthers ward ihm durch das so aufgefaßte Wort „Gerechtigkeit" der Stachel noch mehr geschärft, den er schon in sich trug. Das Gebet des Psalms (31, 2): Errette mich durch deine Gerechtigkeit! mußte ihm wie eine Bitte um den Zorn Gottes erscheinen, so daß er ihm ernstlich feind ward. Und wie schien sichs so garnicht mit dem Evangelium zu reimen, wenn der Apostel sagt: Die Gottesgerechtigkeit wird im Evangelium geoffenbart (Röm. 3, 21). Licht gab ihm erst das Wort der Schrift: Der Gerechte wird seines Glaubens leben (Röm. 1, 17), nachdem er es lange, Tag und Nacht in Gedanken bei sich getragen und bewegt hatte. Er lernte einsehen, daß es zwischen der Glaubensgerechtigkeit und der Gottesgerechtigkeit einen Zusammenhang gebe, so daß im Sinn beide Worte wesentlich übereinkämen. Die Gerechtigkeit Gottes wurde von ihm als die erkannt, durch welche Gott uns nicht richtet, sondern die er uns schenkt, durch welche er uns rechtfertigt. Die Pforten des Paradieses schienen sich ihm aufzuthun, als dieser Sinn sich ihm erschloß. Das Wort, das ihm so voll dräuenden Zorns erschienen war, war in eine Botschaft des Friedens gewandelt.

Dieser eine Aufschluß berichtigte auch seine Vorstellungen vom Wesen Gottes überhaupt, und unter seiner fortschreitenden Erkenntniß gedieh seine innere Entwickelung immer mehr dem gesuchten Ziele zu: einen gnädigen Gott zu haben.

Es kam hinzu, daß er mit sich den Gewährsmann in Uebereinstimmung fand, auf den er durch Staupitz gewiesen war, und mit dem er sich schon in den Jahren vor 1513 eingehend und einbringend beschäftigt haben muß: den Augustinus. In der Schrift vom Geist und Buchstaben fand er zu jenem Worte des Apostels Paulus Röm. 3, 21: Die Gerechtigkeit Gottes ist geoffenbart, die auslegenden Worte: Die Gerechtigkeit Gottes, sagt er, nicht die Gerechtigkeit eines Menschen oder die Gerechtigkeit des eigenen Willens, sondern die Gerechtigkeit Gottes, nicht die, durch welche Gott gerecht ist, sondern die, mit der er den Menschen bekleidet (qua induit hominem), wann er den Gottlosen rechtfertigt [1]). Wiederholt hat Luther sich für seine Auffassung der Gerechtigkeit auf Augustin bezogen. Es wird sich zeigen, wie ihm jenes Wort auch ferner bestimmend und leitend vorgeschwebt hat.

---

[1]) Augustini Opera, X. p. 62, B.

Und es war nicht etwa nur dieser eine Punkt, in dem er mit Augustinus sich begegnete, an ihn sich anschloß. Keinem unter den anderen Kirchenlehrern hat er so viel wie Jenem verdankt, wie er selbst bekannt hat. Denn hier fand er die Lösung der Fragen, die ihn aufs Tiefste als Lebensfragen beschäftigt hatten, von einem Geiste unternommen, in welchem die Erfahrung des menschlichen Verderbens und die Erfahrung der göttlichen, Sünden vergebenden Barmherzigkeit und Gnade innig aufeinander bezogen wurden, und von dieser Grundlage aus ein Lehrgebäude mit einfachen aber großartigen Verhältnissen sich erhob. Und nicht bloß dies mußte Luther anziehen, daß die große Lebensfrage unter schärfster Verurtheilung der menschlichen Eigengerechtigkeit, mit einer Verherrlichung der göttlichen Barmherzigkeit, die allen Selbstruhm ausschloß und unter Ableitung alles Guten aus Gottes Gnade und Geist allein gelöst wurde: Augustin mußte ihm auch als ein Wegweiser in die heilige Schrift erscheinen. Auf sie nahmen ja auch ein Bernhard und Gerson Bezug, legten Theile von ihr aus. Aber wieviel mehr und wie anders Augustin! Er gräbt, forscht in der Schrift; unter steter Auslegung wichtiger biblischer Stellen bewegt sich auch der Gedankengang eines Tractats wie der eben angeführte vom Geist und Buchstaben fort; ja häufig bestimmen diese Stellen die Richtung des Gedankens und seinen Fortschritt. Besonders — und das ist hier das Wesentliche — ist der biblische Stoff den Schriften des Apostels Paulus entnommen. Zu ihm, der als ein Prediger der Gnade und des Glaubens und zugleich als ein Bestreiter gesetzlichen Wesens dem Augustinus der große apostolische Gewährsmann war, zog es auch Luther hin. Welche Aufschlüsse gewährten ihm der Brief an die Römer und der an die Galater, mit denen er sich besonders beschäftigte! Es konnte nicht anders sein, als daß Augustin ihn bei dem Erforschen ihres Inhalts mächtig förderte, daß er seine Schriften mit der Bibel zur Hand nahm, und daß sie mit ihr ihm so die liebsten Bücher wurden.

So war es ein langer Weg, auf dem es vom Suchen zum Finden kam, und auch nach dem Finden dauerte das Suchen fort. Es wird sich nicht feststellen lassen, bis zu welchem Grade evangelischer Erkenntniß Luther gelangt war, als er 1508 an die Wittenberger Universität berufen wurde. Doch wissen wir, daß seine Beschäftigung mit dem Wort: der Gerechte wird seines Glaubens leben,

somit also die klarere Erkenntniß von der Gerechtigkeit und dem
Glauben erst in die Wittenberger Zeit fällt. So mächtig aber war
in ihm sein innerer Beruf für Theologie schon geworden, daß er
mit Mühe trug, was sein äußerer Beruf ihm auferlegte: über aristotelische Dialectik und Physik zu lesen. Am liebsten hätte er die
Philosophie mit der Theologie vertauscht, die „den Kern der Nuß
und das Mark des Weizens erforsche." Ferner ging ihm in Wittenberg schon deutlicher die Erkenntniß vieler Irrthümer der Kirche
auf, aber wohl kaum eine Ahnung, wie weit er über die kirchliche
Lehre hinausgewachsen, in welchen Gegensatz gegen sie er schon gerathen war. Aber während seine Bescheidenheit und Demuth vor
der Auctorität der Kirche ihn abhielten, sich dessen bewußt zu werden,
ja, ihn abhielten, dem Dissensus, der sich ihm aufdrängte, weiter
nachzudenken, nöthigte er mit seinen tiefen Augen und Gedanken
schon damals einem der bedeutendsten Lehrer der Universität das
weissagende Wort ab: Dieser Mönch werde die auf den Hochschulen
herrschende Lehrweise umstürzen, denn er lege sich auf der Propheten und Apostel Schriften und stehe auf Christi Wort, das Keiner
mit Philosophie, Sophisterei oder Skotisterei umstoßen werde.

Ein wie guter Sohn der Kirche Luther aber damals noch war,
zeigte sich auf seiner Romreise 1511. Als er die Stadt zum ersten
Mal sah, fiel er zur Erde, erhob seine Hände und rief: Sei ge-
grüßt, heiliges Rom! Dort hoffte er für sich die allerkräftigste Absolution für alle Sünden, die er begangen von seiner Jugend auf.
Allen Heiligen- und Reliquiengeschichten bot er ein kindlich gläubiges
Ohr; schier leid war's ihm, daß seine Eltern noch lebten. Hier
hätte er Gelegenheit gehabt, sie mit Messelesen aus dem Fegefeuer
zu erlösen! Ja er rutschte die Pilatusstiege an der Capella Sancta
Sanctorum auf seinen Knieen empor; — brachte doch jede der 28
Stufen 9 Jahre Ablaß!

Da aber drang ihm wie ein Donner das Wort in sein Herz:
Der Gerechte wird des Glaubens leben! Das Evangelische in ihm
hatte doch schon so sein Gewissen durchdrungen, daß dies gerade
während jener Abirrung erwachte und der Anwalt des Evangeliums
wurde. Und was er dann weiter in Rom hören mußte von furcht-
baren sittlichen Aergernissen der Prälaten, was er mit Augen sah
von schnöder Herabwürdigung des Heiligsten und frivolem Spott,
das hinterließ seinem treuen deutschen, frommen Herzen Eindrücke,

Eindrücke, die jetzt zwar seinen Eifer noch nicht erweckten, die aber nach Jahren noch lebendig genug waren, um sein Urtheil über Rom und seinen zornigen Muth zu stärken, als der große Schritt gethan, der entscheidende Schlag gefallen war.

Noch ein wichtiges Moment sollte sich bald darauf seiner Entwickelung einfügen: seine Promotion zum Doctor der Theologie (1512). Sie verpflichtete ihn, über die Bücher der heiligen Schrift zu lesen, ließ also den äußern Beruf mit dem innern zusammenfallen. Bezeichnend für Luther ist, daß er sich Anfangs sehr gegen die neue Würde sträubte; nur seines Vorgesetzten und Freundes Staupitz Wille und Zureden ließen ihn sich fügen. Es war derselbe Geist der Schüchternheit, der ihn abgehalten, die Gnade zu ergreifen, die er ersehnte, welcher ihn jetzt abhalten wollte, ein Amt anzunehmen, zu dem er doch wie Keiner innerlich berufen war. Und wie seine Glaubens- und Gebetsfreudigkeit mit darauf beruhte, daß es geboten sei, zu hoffen und zu beten, so hat auch sein Zeugengeist, seine Kraft und sein Muth in den schwersten Kämpfen am meisten sich daran gestärkt, daß er „gezwungen und getrieben" habe müssen seiner lieben heiligen Schrift Doctor werden. Innig verwachsen mit der heiligen Schrift, aufs Persönlichste mit ihr als einer Quelle der Lehre, des Rathes und des Trostes vertraut, ging er an die neue Arbeit. Die erste Frucht derselben wird genauer als alle Nachrichten und Selbstzeugnisse aus späterer Zeit erkennen lassen, wie weit seine christliche und seine theologische Entwickelung gediehen, besonders ob und wie weit dieselbe schon durch den Einfluß der Mystik bestimmt war.

I.
Romanisch-mystische Periode.

Erster Abschnitt.
Die Glossen zum Psalter. 1513.

Als erste Urkunde der theologischen Entwickelung Luthers ist die Psalmenglosse von 1513 uns aufbewahrt, deren er sich nachmals wahrscheinlich als eines Compendiums bei seinen Vorlesungen bediente.¹) „Initia Lutheri" hat man sie genannt, und allerdings trägt die ganze Arbeit, ohne die eines Anfängers zu sein, doch den Charakter der Anfänge; denn die Gedanken, wie voll und fest sie sind, haben in keinem Stück die beziehungsreiche Ausführung erhalten, welche das Kennzeichen der Reife ist. Mystik vollends findet sich erst in leisen Andeutungen; nur da, wo sich das Ringen des werdenden Luther reflectirt, stellt sie sich schon in schärferen Linien dar. Aber daß wir die Anfänge eines großen Theologen und einer reformatorischen Theologie vor uns sehen, davon liefert jede Seite den Beweis.

Zwar auf den ersten Blick muß den, der Luther nur nach seinen späteren Werken kennt, die Befangenheit überraschen, mit der er hier an die allegorisirende Schriftauslegung, an die exegetische Tradition vom vierfachen Schriftsinn wie gebannt erscheint. Denn auf Christum und seine Kirche, Gerechtigkeit und Glauben, Gesetz

---

¹) Das Original, ein lateinischer Psalter (nach der Vulgata) bei Joh. Gronenberg in Wittenberg 1513 im Juli gedruckt mit den eigenhändigen Rand- und Interlinearglossen Luthers befindet sich in der Wolfenbüttler Bibliothek und ist noch nicht veröffentlicht. Proben des Originals hat Prof. Riehm im Osterprogramm der Halleschen Universität von 1874 gegeben. Doch besitzen wir eine Uebersetzung Rambachs in Walchs Werken Luthers, Band IX. S. 1504—2545, die auch für diese Arbeit benutzt ist. — Ueber das Original enthält dieser Band in der Vorrede noch einen längeren Bericht S. 25 ff.

und Evangelium wird fast Alles gedeutet, auch die Wolken und das Dunkel um Jehova (Pf. 18.), die Löwen, die ihre Speise suchen von Gott, und die Schiffe, die im Meere gehen, in Pf. 104. Ja gelegentliche abfällige Aeußerungen über die Auslegung des exegetischen Vorgängers, den ein Blick für das Recht des Historischen auszeichnet, des Lyra, zeigen, mit welch unerschütterter Gewißheit Luther damals an dem Recht der alten Auslegungsmethode hielt.

Und doch darf man nicht nach jener Weise der Auslegung die „Anfänge" beurtheilen! Denn in der seltsamen Schale ist der Kern enthalten, welcher gegen die 14 Jahrhunderte vor ihm einen Fortschritt enthält, den nur Einige in dieser Zeit angestrebt hatten, und den Niemand, auch Augustin nicht, erreicht hat: die Rückkehr zur biblischen Lehre von der Gerechtigkeit, die aus Gnaden geschenkt, durch den Glauben angeeignet, allein wahre Gottesgerechtigkeit ist. Hat dieser Kern auch noch nicht die ganze Fülle, die in ihm liegt, entfaltet, so sind doch die Momente alle vorhanden, welche diesem Hauptstück evangelischer Theologie wesentlich geworden sind: Die Vergebung der Sünden[1]), die Einpflanzung eines neuen Geistes und Sinnes mit dem Glauben[2]), und vor Allem der Gegensatz gegen Eigengerechtigkeit[3]).

Dieses Eine, das in doppeltem Sinn, als Frucht seines christlichen Lebens wie seiner christlichen Erkenntniß Luthers Eigenstes ist, ist dennoch nicht ohne die Geistesarbeit vor ihm geworden. Auch hier zeigt sich, wie ihm Augustin die Fackel vorangetragen. Aber während der Begriff des Glaubens bei Augustin zwischen dem des Vertrauens auf die Gnade und der Zustimmung zur kirchlich-christlichen Lehre schwankt, versteht Luther den Glauben im Sinne des Vertrauens auf Christum. Es war indeß Augustin selbst, der den Lernenden über sich hinauswies. Sein Argumentiren aus der heiligen Schrift, besonders aus den paulinischen Briefen, seine anregende, tiefe, geistvolle Auslegung einzelner Hauptstellen, aus denen seine ganzen Abhandlungen sich oft zusammensetzen, konnte, wie schon einmal bemerkt worden ist, einen nach der heiligen Schrift dürstenden Geist nur tiefer in diese hinein und über die augustinischen Gedanken hinausführen.

---

[1]) 1698. 1989. 1717. [2]) 1948. 1952. [3]) 2068. Vgl. Ausführl. Darstellung bei Köstlin. Luthers Theologie I, 71 ff.

In diesem paulinisch-augustinischen Charakter nun deuten erst einzelne leise Färbungen die verwandte Mystik an. — So in den Ausdrücken: das Geheimniß des Glaubens [1]), das Unsichtbare und Verborgene des Glaubens [2]), Gott beruft uns durch den Glauben von dem Sichtbaren und Gegenwärtigen zu dem Unsichtbaren und Zukünftigen [3]). Ja, bestimmter noch nehmen einige wenige Ausdrücke die Wendung zu dem großen Grundgedanken der Mystik: der Vereinigung des Menschen mit Gott, z. B. folgende: Gottes Barmherzigkeit ist das alleinige wahre Gut und ist alles wahren Lebens einziger Ursprung [4]), Gott erhält durch eine verborgene geistliche Kraft die Seele der Frommen [5]), Gott ist Alles in Allen [6]). Aber der letzte dieser Aussprüche kann als ein Citat aus der Schrift gelten; und darüber, daß unser ganzer geistlicher Besitz eine Gabe Gottes sei, daß Gott uns Geisteskräfte mittheile, gehen diese Worte überhaupt nicht hinaus. Zwar braucht er den Ausdruck: die Seele wird durch das Wort der heiligen Schrift im Glauben mit Gott vereinigt [7]); aber dieser Satz, der sieben Jahre später eine Hauptthesis in seiner mystischen Schrift von der Freiheit eines Christenmenschen bilden sollte, bleibt hier noch ganz ohne nähere Aufhellung seines Sinnes: ein mystischer Keim, aber noch ein verschlossener.

Heller und schärfer als das positive Princip seiner Lehre tritt Alles, was in das Gebiet des Gegensatzes gehört, in das Licht mystischer Gedanken.

Zuerst der Gegensatz gegen die Eigengerechtigkeit. Er wird, ebenso wie bei Augustin, von jener Richtung auf Selbsterniedrigung bestimmt, die aller Mystik unveräußerlich ist, und die bei Luther aus der klaren und tiefen Erkenntniß des eigenen Verderbens hervorging. Das tritt in Aeußerungen hervor, wie folgende: Man soll eigenen Ruhm verleugnen und wissen, daß uns nichts als Schande gebührt [8]).

Weiter der Gegensatz gegen das eigene Ich überhaupt. Denn wenn auch eine Mitbeziehung auf Eigengerechtigkeit dabei stattfindet, so greift Luther darüber hinaus. Daß es aber ein mystisches Licht ist, das auf diesen Gedanken fällt, beweisen die Ausdrücke, welche alle von der der Mystik eigenthümlichen Strenge und Schärfe etwas an sich tragen: der Mensch wünscht geheilt zu

---

[1]) 2081. [2]) 1704. [3]) 2118. [4]) 1914. [5]) 1916. [6]) 1895. [7]) 2489. [8]) 2178.

werden, wenn er sich selbst mißfällt¹). Wer unter Gottes Schutz wohnen will, der verlasse sich selbst²). Das Psalmwort: Richtet recht (Pf. 58, 2), übersetzt er: Verklagt, verabscheut euch selbst, ihr Menschenkinder³). Ganz und gar aber vernehmen wir die Sprache der Mystik in 2 Stellen: ich bin gedemüthigt und — setzt er hinzu — fast zu nichte gemacht⁴). — „Mein Geist ist abgefallen" heißt es Pf. 77, 4, und Luther fügt erklärend hinzu: von sich durch einen glücklichen Abfall zu Gott, indem er ihm ganz und gar gleichförmig und ergeben ist⁵). Vom Verhältniß dieses Selbstgerichts zum Glauben erfahren wir durch den Ausspruch: dies Beides geschieht auf wunderbare Weise zugleich, sich selbst mißfallen und in Gott sich zu beruhigen, über sich selbst zu erschrecken und an Gott sich ergötzen⁶). Für den Glauben bildet also jenes Negative ebenso die Voraussetzung, wie es ihn zur Voraussetzung hat und ihn als eine fortdauernde Lebensäußerung begleitet.

Nicht aus mönchischen Principien, sondern aus diesem Geist der Mystik geht nun die Creaturverleugnung hervor. Sie ist gleichsam die Erweiterung der Selbstverleugnung: man muß sich mit Verstand, Sinn und Gemüth von den sichtbaren und vergänglichen Dingen zu den unsichtbaren und himmlischen wenden⁷). Der natürliche Mensch hat nur auf das Sinnliche Achtung⁸); aber die Seele des Gläubigen verlangt nach Gott mit Verachtung aller Dinge⁹) und lebt ganz und gar in Hoffnung, weil sie sonst nichts auf der Welt hat¹⁰).

Diesem Geist der Selbst= und Creaturverleugnung entspricht nun jener Grundzug der Theologie Luthers, für Alles, was wir sind, Gott die Ehre zu geben. Redet er auch noch von Verdienst, so geschieht es doch in einem ermäßigten Sinn, der die Barmherzigkeit Gottes als Ursache und Spenderin alles Heils nicht beeinträchtigen will. Er redet auch von einem ewigen Rathschluß Gottes; aber er denkt dabei gar nicht an Erwählung und Verwerfung der Einzelnen, sondern daran, daß Gott von Ewigkeit beschlossen hat, sich in Christo über die sündige Welt zu erbarmen, und will die göttliche Barmherzigkeit durch den Hinweis darauf verherrlichen, daß sie vor allem Verdienst in Ewigkeit da war¹¹).

Von Christo, in dem die ewige Barmherzigkeit erschienen ist,

---

¹) 1898. ²) 2145. ³) 1882. ⁴) 2328. ⁵) 2028. ⁶) 2028. ⁷) 2177. ⁸) 1830. ⁹) 1780. ¹⁰) 2327. ¹¹) 1651 f.

würde durch Zusammenfügung aller der meist kurzen Aeußerungen der Glosse sich ein im Wesentlichen einfach biblisches Bild in seinen Umrissen gestalten, in der Herrlichkeit nicht des Richters, sondern des Erlösers, der mit Gnade und Geist kommt nach der Zeit des Gesetzes, ein Bild, durchaus harmonisch der Lehre von der Glaubens=gerechtigkeit; doch kaum mit einem Anflug von Mystik, man müßte denn dahin das Verweilen bei den menschlichen Zügen rechnen, in denen sich sein Mitleid kund giebt. Die Hauptpunkte seiner Lehre von Christo fassen sich in Folgendem zusammen: Christus, Gott und Mensch, ist für uns zum Fluch geworden, hat uns durch sein Blut erlöst[1]), unsere Sünde getragen[2]), durch sein verdienstliches Leiden für die Sünde bezahlt[3]). Ihm danken wirs, daß wir zu Gnaden angenommen sind[4]).

In der Weise nun, Christi Verhältniß zur Gemeinde aufzufassen und auszudrücken, folgt Luther der Mystik Augustins. Dieser vermag es, die Psalmen als Worte Christi zu verstehen, indem er sie theils ex persona capitis theils ex persona corporis geredet sein läßt: aus dem Gedanken der Einheit Christi mit der Gemeinde gewinnt er diese Ambiguität der Auslegung. Er ist Luthers ausgesprochener Gewährsmann für dasselbe Verfahren bei seiner Auslegung und für die demselben zu Grunde liegende mystische Betrachtung, daß Christus und die Kirche ein Fleisch seien, er der Bräutigam, sie die Braut[5]), eine Betrachtung, der es ja auch nicht an einem biblischen Anhalt gebrach (Eph. 5, 29—32). Er wendet aber dies Bild, diese Analogie noch nicht auf das Verhältniß der Seele zu Christo an und unterscheidet sich dadurch von St. Bernhard, der bekennt, er wisse keinen süßeren Namen, um die Affecte, die „das Wort" und die Seele gegen einander hegen, aus=zudrücken, als die Namen: Bräutigam und Braut[6]).

Auf eine andere, mehr nüchtern evangelische Weise kommt bei Luther die Glaubensinnigkeit und die Liebe zu Christo zum Aus=bruck. Während er nämlich bestimmter und entschiedener als je ein Lehrer vor ihm an das Werk Christi, sein Leiden und Sterben das Heil geknüpft weiß, so faßt er dies Werk doch nicht als eine Leistung

---

[1]) 2006. [2]) 1750. [3]) 1926. [4]) 2121. Vergl. Köstlin, L. Theol. I, 78 f.
[5]) 1750 u. a. [6]) Opp. II, 566 D. Später hat auch Luther diese Bezeichnung angewendet z. B. im Sermon von der Freiheit eines Christenmenschen.

auf, welche nur in sich selbst, in ihrem Werth, die erlösende Kraft habe; nie löst er es so aus dem Zusammenhang mit Christus: sondern in lebendiger Einheit mit ihm selbst schaut er es an, und seine Aussagen sind gleichsam eingetaucht in die einfachen, tiefen, mystisch lebensvollen Begriffe der Schrift, besonders der paulinischen Schriften. — So heißt es: Auf Christo wird die Seele durch den Glauben befestigt[1]), die Gerechtigkeit des Glaubens ist in Christo[2]). In Christo hat die Seele ihre Sättigung[3]); in ihm Frieden mit Gott[4]). Er citirt das Wort Bernhards: Unsere Seele hat nirgends Ruh, denn nur in den Wunden Jesu[5]). In der folgenden Periode hat er sich über diesen Punkt mit der Scholastik auseinandergesetzt.

In dieser innigen Bezogenheit des Glaubens auf Christus, so mit dem Erlösungswerk den Erlöser selbst ergreifend und festhaltend, geht er dann weiter im Geist der paulinischen Mystik dazu über, in Christi Sterben und Auferstehen das Leben der Gläubigen hineinzuziehen: Diese müssen geistlicher Weise so geändert werden, daß sie, wenn sie zuvor mit Christus gestorben sind, mit ihm in einem neuen Leben wandeln[6]). Daß dieses neue Leben von Luther nicht bloß als eine Analogie des Auferstehungs= lebens Christi sondern als ein kraft desselben mitgetheiltes gedacht werde, scheint der Ausspruch anzudeuten: die Menschen seien, wenn sie auch das leibliche Leben genießen, vor Gott alle todt der Seele nach und können demselben nicht anders lebendig gemacht werden, als durch den Glauben an die Auferstehung Christi[7]). Auf wirkliche Lebensgemeinschaft deutet auch das Wort: Christus ist das Licht, das im Herzen aufgeht[8]). Er wirkt und leidet durch den Glauben noch jetzt in seinen Gläubigen[9]). Doch ist diese Seite der pauli= nischen Mystik nur durch einzelne Worte angerührt; noch tritt sie nirgends hervor. Ueberhaupt muß eine Darstellung, welche alle mystischen Elemente Luthers gleichsam in ein Gesichtsfeld sammelt, daran erinnern, wie dieselben in der umfangreichen Arbeit, der sie entnommen sind, sich nur vereinzelt finden, so daß diese dem Leser kaum den Eindruck einer auch nur ganz schwach mystisch gefärbten Schrift machen kann. Auch ist das, was sich findet, nur Andeutung. Welche Bestimmtheiten dem Glauben und dem Leben des Gläubigen

---

[1]) 1903. [2]) 2187. [3]) 2219. [4]) 1749. [5]) 2087. [6]) 2185. [7]) 2134. Vergl. 2113 f. [8]) 2312. [9]) 2326.

kraft jener Lebensgemeinschaft mit Christus eigen werden, welche
Güter und Kräfte sie mit sich führt, das kommt erst auf der
folgenden Entwickelungsstufe Luthers zur Darlegung.

So innig nun, wie Luther den Glauben auf Christum
selbst bezieht, bezieht er Christus auf den Glauben, so daß
er den Erlöser dem Erlösten und seinen Zuständen verähnlicht; und
nicht bloß, daß er in diesem Geiste das Menschliche in Christo
öfters voller ins Licht treten läßt, als die Schultheologie: es
läßt sich in dem Verweilen bei den Seelenzuständen Christi,
besonders bei denen, die mit den Zuständen des leidenden, ringenden,
angefochtenen Gläubigen eine Aehnlichkeit haben, ein mystischer Zug
nicht verkennen. So, wenn es heißt: Man kann glauben, daß
Christus öfters geweint habe, besonders zur Nachtzeit, denn wer
sagt: Selig sind, die da Leid tragen, der hat freilich am ersten
und am allermeisten getrauert[1]). Eigene Erfahrung, selbstgekostetes
Weh reflectiren besonders die Schilderungen Christi, wie er den
Zorn Gottes über uns erduldet. Zu dem Wort: „Herr, schilt mich
nicht in deinem Grimm", das er Christo in den Mund legt, fügt er
hinzu: Es ist schwer zu glauben, daß Gott in seinen Schlägen und
Züchtigungen gnädig und gelind sei, sondern es fürchtet sich und
zittert vielmehr der leidende Mensch, weil er besorgt, daß unter
solchem Leid der Zorn und Grimm Gottes über ihm sei. Daher
betet hier der Herr, daß er erkenne, daß er nicht im Zorn, sondern
in Lieblichkeit vom Vater gezüchtigt und geschlagen werde (Ps. 141,3)[2]).
Ist nun auch diese Verähnlichung Christi mit dem leidenden Gläubigen,
die je und je in einzelnen Worten hervortritt, mystisch, so geht Luther
doch darin über die Mystik hinaus, daß er jene innerlichen Leiden
Christi vom Gefühl des Zornes Gottes ableitet. Wer hat inniger als
die Mystik die leidende Liebe Gottes in ihrem äußeren Schmerz und
in ihrem inneren Weh gepriesen und besungen? Aber von einem
Tragen des Zornes Gottes redet sie unseres Wissens nicht. Andererseits
geht auch Luther wenigstens in der Glosse, und, um dies schon
hier zu sagen, in den Vorlesungen über die Psalmen, nicht wesentlich
über das hinaus, was er vom versöhnenden Strafleiden und Sündetragen
Christi lehrt. Denn da Luther im Ganzen Strafe und
Zorn Gottes identificirt, so ist das Erdulden der Strafe auch ein

---

[1]) 1525. [2]) 1522.

Erleiden des Zornes. So legt er das Psalmwort: Es ist keine Gesundheit in meinem Fleisch vor dem Angesichte deines Zorns (Ps. 38, 3) von dem von Geißeln zerrissenen Leibe Christi aus und fügt erklärend hinzu: indem dies Alles aus dem Zorn Gottes gegen die erste Sünde herkommt. In einer weiteren Anmerkung deutet er den Zorn auf den zukünftigen Zorn Gottes und denkt dabei natürlich nur an den, der die Sünder treffen wird. Dieser ist unseren Augen verborgen, Christus aber hat ihn gesehen und deswegen für uns geweint und gebetet[1]). Das Gefühl des Zorns in Christo ist also nicht ein Gewissensleiden, sondern der Schmerz seines hohepriesterlichen Mitleids.

Wir kommen zu Luthers Lehre von der Heiligen Schrift. Schriftwüchsige Art characterisirt trotz der Allegoreie seine Psalmenauslegung; sie war ein Stück seines eigensten Von-Gottes-Gnaden-Besitzes. Als ein Zeugniß hierfür würden die Worte zu Ps. 84, 4 gelten dürfen: Was dem Vieh seine Weide, dem Menschen ein Haus, dem Vogel ein Nest, den Gemsen ein Fels und den Fischen ein Strom, das ist die heilige Schrift gläubigen Seelen[2]). Und diese aus der Schrift schöpfende, ja in ihr lebende Art seines christlichen und theologischen Denkens, wieviel mußte sie dazu beitragen, ihn von den verstückten Begriffen der Scholastik fern zu halten und ihn den einfacheren Gedanken der Mystik zu nähern! Seine Lehre über die Schrift kann indeß für unsere Betrachtung keinen Gegenstand bilden. Denn diese, besonders seine Auffassung des Verhältnisses vom Gesetz und Evangelium ist aus der paulinischen erwachsen und hat durch die des Augustin ihre Eigenthümlichkeit erhalten. Nur in einem Punkte hat hiermit die Frage nach Luthers Mystik zu schaffen: Wie verhalten sich Wort und Geist? Luther sagt vom Worte Gottes Großes aus. Als Evangelium, als Gnadenbotschaft macht es gerecht; als Gesetz, als bloße Forderung straft, verdammt, tödtet es. So wird der Zustand des Gerechtfertigten nach seinen beiden Seiten, als Glaube und Buße, als Rechtfertigung und Gericht auf das Wirken des Wortes bezogen. Es fragt sich nun: Geht in diesem Wirken das Heilwirken Gottes auf? oder giebt es mit demselben zugleich ein unmittelbares Wirken des heiligen Geistes? Es fehlt nicht an Aussprüchen, nach denen das Letztere die Ansicht

---

[1]) 1751 f. [2]) 2088.

Luthers ist. Gott lehrt innerlich durch seinen Geist und äußerlich durch das Lehramt ¹). Die Mystik hat für jene Geisteswirksamkeit ein hohes Interesse; in ihren äußersten Vertretern löst sie wohl das Wort ganz in das auf, was sie Geist nennt. Nicht um vorzugreifen, sondern um vorzubereiten sei schon jetzt darauf hingewiesen, daß Luther später mit dieser Mystik vom reinen Geist in feindselige Berührung kommen, zu ihr Stellung nehmen wird. In seiner Lehrweise ist indeß nichts, das irgend eine Beeinträchtigung der Schrift als Consequenz nach sich ziehen könnte. Bestimmt denkt er sich das Wirken des Geistes nicht ohne die Vermittelung des Wortes; aber darüber, ob das Wort immer durch den Geist wirke, ob und warum es zuweilen dieses Beistandes ermangele, findet man noch keine Ausführung. Denn für Luther ist der Geist in der Schrift wesentlich das lebendig machende Evangelium im Unterschied vom tödtenden Buchstaben des Gesetzes, und über die Befestigung dieser paulinischen und zugleich augustinischen ²) Position hinaus ist er im Ganzen noch nicht hinausgekommen.

Nach diesem Gang durch die Hauptstücke der Lehre Luthers, ist für unsere Aufgabe noch das nachzuholen, was er über das Gebet und die Anfechtung sagt. In dem, was das gläubige Herz bewegt an Freude und Schmerz, an Bitte und Lobpreisung spüren wir am deutlichsten den Odem der Mystik.

Schon einmal durften wir beobachten, wie das, was Luther auf die ursprünglichste Weise besaß, sich gerade mit dem Geist, der Stimmung und dem Ausdruck der Mystik aufs Innigste verband. Diese Wahrnehmung wird durch seine Aeußerungen über Gebet und Anfechtung bestätigt, in deren Schule er lange gegangen war, ehe die Mystik noch erleuchtend und tröstend in seine Entwickelung mit eingriff. Ein energischer Zug zur Innerlichkeit geht durch Luthers Aussprüche über das Gebet: Aus der Tiefe vieler Sünden rufe ich, Herr, zu dir — diesem Psalmwort fügt er hinzu: sowohl mit meiner Stimme, als dem geheimen Verlangen meines Herzens³). Auf das innerste Verlangen sieht Gott am meisten⁴). Neben dieser Inner-

---

¹) 2349. 2368. 2509. ²) Von Augustin besonders ausgeführt in dem Tractat de spiritu et litera. Bemerkenswerth ist, daß Augustin indeß in seinem Psalmencommentar die Stellen, welche Luther auf das innerliche Lehren durch den Geist bezieht, anders, einige vom „Thun" verstanden hat. ³) 2444.
⁴) 2397.

lichkeit ist es die Selbstlosigkeit, in der sich der mystische Gebetsgeist verräth: Das Gebet wird auf Gott gerichtet, wenn wir nicht suchen, was unser ist[1]). Hierzu kommt als drittes Moment, daß bei den Psalmenstellen, die das Lob Gottes enthalten, die Auslegung jene Richtung auf Verherrlichung Gottes spüren läßt, die auf tiefer Selbstdemüthigung ruht, wie sie auch in Augustin so mächtig ist. Wollet ihr Gott loben, so lernt euren eigenen Namen und euch selbst gering achten[2]). Der Fromme rühmt sich nicht in sich selbst, sondern in dem Herrn[3]), verherrlicht Gott, schreibt aber sich selbst alles Böse zu[4]). Gott gebührt Lob und Ehre, dem Menschen aber nichts als Verwirrung, kein Lob[5]). Es ist der Gegensatz gegen die Eigengerechtigkeit und falsche Selbstverherrlichung, wie er sich mit seiner Lehre von der Glaubensgerechtigkeit verband, der hier abermals hervortritt. — Ganz aus dem Geiste der Mystik ist es weiter geredet: Ich will Gott loben, das heißt nicht, ich will ihn loben, weil er Gold, Silber und Landgüter schenkt, sondern um sein selbst willen, weil er wesentlich gut ist[6]). Gott loben ist endlich für Luther nicht eine bloße Einzeläußerung des Glaubens, sondern eine Grundrichtung des Geistes und Lebens, von der alle Einzelmomente des Glaubens und christlichen Lebens bestimmt und getragen werden und in deren Ziel sie selbst sich vollenden. Luther hat das erst später ausgeführt; angedeutet schon jetzt: Das ist das Ende von Allem, daß wir Gott nichts anderes erzeigen können, denn daß wir ihn loben[7]). Das Opfer des Lobes Ps. 50, 23 erklärt er: Das Opfer des Bekenntnisses, nicht des Viehes, und fügt hinzu: Ein Opfer des Bekenntnisses ist, wenn man erkennt Alles, was man von Gott empfangen hat, und sich hinwiederum dagegen von ganzem Herzen dargiebt. Das Opfer des Lobes und Bekenntnisses besteht in Worten, Werken und Gedanken[8]).

Was Luther über die Anfechtung sagt ist Lebenszeugniß eines Erfahrenen. Es ist beachtenswerth, daß er, der für die Süßigkeit und Erquickung im Geist sich je und je auf „Erfahrene", auf jene schon genannten Mystiker und mystischen Scholastiker beruft, für die Anfechtungen nur ganz selten einen Gewährsmann anführt und zwar gerade Augustin[9]), von dem er später bekennt, daß er mehr

---

[1]) 2494. [2]) 2316. [3]) 1909. [4]) 1941. [5]) 1898. [6]) 1861. [7]) 1931.
[8]) 1638 f. [9]) 2029.

von leiblicher Anfechtung geredet habe, während er sich hier nicht auf Gerson bezieht, den Einzigen, der nach Luthers späterem Zeugniß von jenen Zuständen gehandelt hatte. Luther begreift unter Anfechtung sowohl äußere Verfolgung und Schmach, als inneres Leid. Bei seinen Aussagen über das letztere kann man nicht umhin an ihn selbst mitzudenken: Der Bedrängte hat vor Allem einen Ekel und Abscheu; er redet und hört und gedenket nicht von weltlichen Dingen, sondern ist entbrannt in seinem Herzen, betrübt sich, ist traurig und wird abgemattet wegen seiner Sünde [1]). — Anfechtung nun ist heilsam: Wenn Gott eine Seele zu erhalten beschlossen hat, so ist eine solche Prüfung und Läuterung nothwendig [2]). Ein Mensch, der sich auf Gott verläßt und nicht auf sich selbst oder auf die Welt, ist eine rara avis in dieser Welt, was in Trübsal zur Genüge offenbar wird [3]). Jene oben geschilderte Richtung auf Verherrlichung Gottes und Verleugnung des eigenen Ich tritt auch hier hervor: Man muß lernen auch von unwürdigen Menschen etwas zu leiden [4]). Die Menschen sollen Gott segnen und ihm danken, daß er mit Züchtigung an sie gedenkt [5]). Kreuz und Trübsal sind nur den fleischlichen Menschen nicht angenehm, sondern denen, die zerschlagenen Geistes sind [6]). Sollte ein Mann mit dieser Leidenswilligkeit auch ein Reformator werden können? — Wir werden die geistige Stimmung, deren Ausdruck hier vorliegt, auch in der folgenden Periode und zwar verstärkt wahrnehmen; zugleich wie der kühne Heldengeist durch jenen Leidenssinn durchaus mitbedingt wurde.

Will man nach den Gesichtspunkten, welche uns die Unterscheidung des Religiösen und Ethischen an die Hand giebt, den Lehrgehalt der „Anfänge" Luthers sondernd auseinanderlegen, so kommt man für das Ethische in Verlegenheit. Denn während für das Religiöse sich die reichste Fülle bietet, ist jenes nur in Andeutungen berührt; und auch diese sind nur im Zusammenhang mit dem über Glauben und Gnade Gesagten zu verstehen. Indeß ist von dieser Erscheinung nicht auf einen Mangel an ethischem Sinn bei Luther zu schließen. Schon in dem Vorangehenden ist darauf hingewiesen, daß ihm der Glaube eine sittliche Lebensmacht ist: Das Religiöse ist bei Luther durch und durch ein ethisches. Aber dies letztere Element ist noch gebunden. Es sind wohl die Punkte sichtbar, an

---

[1]) 1765. [2]) 1934. [3]) 2093. [4]) 1935. [5]) 1935. [6]) 2086.

welchen der Proceß der Differenziirung ansetzen wird; doch hat dieser
selbst sich noch nicht vollzogen. Er bleibt der Periode vorbehalten,
in welcher er die deutsche Mystik seinen Gedanken vermählte. Für
die theologische Arbeit, die in Luther und durch ihn vollbracht wurde,
war es natürlich, daß sie sich zunächst nicht der Vielfältigkeit sitt=
licher Thätigkeiten zuwandte, da sie von dem Interesse an der großen
religiösen Hauptfrage beherrscht wurde.

Dies Interesse ist es auch, welches Luther veranlaßt, das Ver=
hältniß von Rechtfertigung und Werken zu formuliren. Er thut
es, indem er dem Satz des Aristoteles widerspricht, daß wir gerecht
würden, wenn wir Gerechtigkeit üben, und die Thesis aufstellt, daß
ein Gerechter da sein müsse, ehe er Gerechtigkeit wirken könne[1]). Auf
dieser Thesis hat er immer verharrt. Sie ist werthvoll, aber jetzt
ist auch sie mehr von dem religiösen Interesse eingegeben, den Werken
die rechtfertigende Kraft abzusprechen, die sie nicht haben können.
Sein Widerspruch gegen Aristoteles hängt mit dem gegen alles ge=
setzliche Wesen überhaupt zusammen. In dieser Consequenz seiner
evangelischen Gnadenlehre hatte er auch den Augustin auf seiner
Seite, der ihn in gleicher Tendenz wie er ausspricht[2]). Derselbe
Satz lag aber auch überhaupt im Geiste aller Mystik. In ihrer
religiösen Innerlichkeit hat sie sich, wenn auch mit geringerer Klar=
heit als Luther, bedacht gezeigt, dem Wesen vor dem Wirken, dem
inneren Werden vor dem äußeren Handeln sein Recht zu wahren.

Eine Ableitung des gerecht=Wirkens aus dem gerecht=Sein hat
Luther jetzt noch nicht versucht. Von der Nächstenliebe setzt er ein=
fach voraus, daß die, welche Christi sind, sie untereinander hegen
und üben[3]). Und wo er, einer ethischen Grundlegung näher tre-
tend, von dem freiwilligen Geist spricht, da ist wohl die evangelische
Sinnesart hierdurch bezeichnet, aber erst durch den durchscheinenden
Gegensatz gegen den knechtischen Geist empfängt jene Bezeichnung
Farbe und Bestimmtheit. Auf die ethischen Motive, die hier angedeutet
sind, geht er zwar näher ein in den hier und da sich findenden Aus=
sprüchen über Furcht und Liebe; aber auch diese beziehen sich vorwiegend auf das Verhältniß des Menschen zu Gott. Sie schließen

---

[1]) 2099.   [2]) Sic intelligendum est: factores legis justificabuntur, ut
sciamus, eos aliter non esse factores legis, nisi justificentur: ut non justificatio factoribus accedat, sed ut factores justificatio praecedat (de spir. et
lit. 45. Opp. tom. X. p. 73, C.)   [3]) 1947.

sich eng an die Erörterungen des Augustinus über denselben Gegenstand an, die ein Gemeingut der Scholastik wie der Mystik geworden sind ¹).

Die concreteste Gestalt gewinnt die Schilderung des sittlichen Lebens da, wo es als die Richtung gegen den alten Menschen, als Erneuerung, als Kreuzigen und Tödten des alten Menschen — im Geist der paulinischen Mystik — dargestellt wird. Auch der Gedanke der Nachfolge Christi schließt sich hier an mit Worten, die später aus seinen 95 Thesen wiederklingen werden: Der Christ muß sein Bußkreuz auf sich nehmen und darunter Christo nachfolgen ²).

Der evangelische Geist mit seiner beginnenden Hinneigung zur Mystik, aus dem Luthers Lehre in den Anfängen hervorgegangen ist, hat auch seine Vorstellungen von der Kirche schon ergriffen. Nicht, daß er in einen Gegensatz gegen die Theocratie träte; aber indem er im Glauben, dem unmittelbaren Verhältniß zu Gott, das Wesentliche für die große Lebensfrage der Rechtfertigung fand, konnte für ihn, wenn er sich auch dessen nicht bewußt war, die Kirche nicht in dem Sinne heilsvermittelnde Institution sein, wie sie es beanspruchte. In der That tritt der Gedanke der Institution schon jetzt zurück hinter dem der Gemeinschaft; und diese erscheint in ihrer Wesenheit dem Geist seiner Lehre gemäß durch ihre Beziehung auf Christus, auf den Glauben, auf das Wort.

Sind auch die am häufigsten vorkommenden Bezeichnungen der Kirche als des Leibes Christi oder der Braut Christi, durch welche die mystische Einheit mit dem himmlischen Haupt und Herren ausgedrückt wird, schon durch Augustinus eingebürgert und kirchlicher Sprachgebrauch geworden, so gewinnen sie bei Luther dadurch an Bedeutung, daß der Blick auf das Unsichtbare an der Kirche bei ihm durchaus vorwiegt. „Die wahre Kirche führt ihren Wandel nicht auf Erden, sondern im Himmel" ³). Sie ist ein Licht, das vom Licht der Welt, Christo, angezündet worden, aber dem Aeußeren nach ist sie etwas Gekreuzigtes und Verworfenes ⁴). Die Kirche Gottes trägt allenthalben ihr Kreuz und klagt über Verfolgung, aber sie rächt sich nicht ⁵). Die Gläubigen streiten mit geistlichen Waffen, dem Worte Gottes und tugendhaften Werken ⁶). Und

---
¹) Augustin definirt die knechtische Furcht: non justitia diligitur sed damnatio timetur (lib. de spir. et lit. 56 Opp. X. 78, C. ²) 2070. ³) 2118. ⁴) 2120. ⁵) 2401. ⁶) 1896.

weiter: während die kirchliche Betrachtung bei dem Felsen, auf den die Kirche gegründet ist, nur auf den Felsen Petri hinweist, heißt es bei Luther: Christus wird in Ansehung seiner menschlichen Natur der Fels, auf welchen seine Gemeinde gebauet ist ¹). Und wenn er auch den Primat des Petrus ²), die besondere Stellung der Bischöfe und Priester über den Gemeinden, sofern sie von ihnen geleitet werden, anerkennt, so nennt er doch als das Werk Christi, das sie treiben, die Predigt und Uebung des Wortes Christi ³). Vergleicht er die Bischöfe und Päpste mit den Bedeckungen einer Stadt durch Mauern und Thürme, so ist doch bedeutsam, daß er diesen Vergleich auch auf den Zaun der jüdischen Kirche, Propheten, Leviten, Priester ausdehnt, und diese Zäune und Grundfesten weltliche Macht, Stärke nach dem Fleisch und äußere Befestigung nennt ⁴). Redet er zuweilen harte Worte gegen die Ketzer, die gleich den Juden nicht zu bessern und falsch seien: sein Urtheil gründet sich darauf, daß sie der Kraft des Wortes widerstehen ⁵).

Freilich sind solche Aeußerungen, wie die über die Ketzer, und ähnliche ein Zeugniß, wie wenig er sich von der Möglichkeit eines Zwiespalts mit der Kirche bedroht glaubte. Er war noch ihr gehorsamer Sohn. Sein inniger Anschluß an Augustin mochte ihm selbst den schon vorhandenen Riß verdecken. Die Kirche selbst als Ganzes sah er im Licht des biblischen Ideals, das er in sich trug. Für einzelne Schäden indessen hatte er — kraft eben deßselben Idealismus — helle Augen und freimüthige Worte. Er klagt über den Hochmuth der Ordensleute ⁶), legt Zeugniß gegen die stolzen Päpste und gottlosen Regierer der Kirche ab ⁷), rügt es, daß die Ordensleute und Prälaten in ihren groben Aergernissen von den Schwächeren wollen getragen sein, statt daß sie Mitleid mit den Schwachen haben sollten ⁸). Er findet in dem Umstande, daß Regieren und Weiden im Hebräischen ein Wort ist, der heilige Geist habe dadurch lehren wollen, daß die Prälaten in der Kirche sich ihres Regiments nicht überheben möchten, sondern in Liebe dienen, daß nicht sie, sondern die Unterthanen geweidet werden und zunehmen ⁹). Weiter erinnert er, daß nicht die Jubelprediger und Phantasiekrämer, sondern die, welche die Güte und den Frieden

---

¹) 1949. ²) 2234. ³) 2277. ⁴) 2129 f. ⁵) 1884. ⁶) 1893. ⁷) 2059. ⁸) 2208. ⁹) 2057.

Christi prebigen, jene Evangelisten seien, denen der Herr durch seinen Geist das Wort geben werde [1]). Endlich hören wir ihn in ähnlicher Weise, wie es Gerson [2]) gethan, gegen das gesetzliche Treiben in der Kirche einen Protest erheben, der besonders zeigt, wie der evangelische innerliche Geist seine Beurtheilung kirchlicher Anordnungen bestimmte: Da Gott nicht nur befiehlt, sondern auch den Segen zur Vollbringung ertheilt, müssen die Prälaten und Bischöfe nicht so fertig sein, die Gesetze zu vermehren, sondern sollen sein bedenken, daß sie zwar Verordnungen machen, aber keinen Segen zur Vollbringung derselben mittheilen können. Zu eben diesem Zweck hat Christus nicht nur die Macht gegeben, zu binden und Sünde zu behalten, sondern auch zu lösen und Sünde zu vergeben. Wenn also ein Bischof und Prälat befiehlt, so sind wir gehalten vor Gott und im Himmel; wenn aber sein Gebot nicht gut ist, so kann Gott es wohl wieder aufheben. Jetzt aber leben wir zu einer Zeit, da Alles voll Gesetze und Gewissensstricke ist [3]).

---

[1]) 1947. [2]) G. spricht sich gegen die aus qui tanta levitate, ne dicam temeritate fulminant excommunicationes et irregularitates cum innumerabili multiplicatione statutorum (Opp. III, 208, E.) [3]) 2089 f.

Zweiter Abschnitt.

Die Vorlesungen über den Psalter. (Scholien.) 1513—15.

Ein kraftvoller Entwickelungstrieb hat die Anfänge bald weiter fortgebildet. Die jüngst herausgegebenen Vorlesungen Luthers über die Psalmen[1]), noch nicht zwei Jahre später gehalten, als die Glosse niedergeschrieben wurde, lassen dies auf allen Punkten seiner Theologie erkennen[2]), besonders ist die Mystik tiefer und reicher ausgestaltet. Schon das ist für Luthers Verhältniß zu ihr bedeutsam, daß er mit seiner Auslegung nicht mehr so häufig wie die Glosse bei dem sogenannten buchstäblichen Sinn, der Beziehung auf den historischen Christus und das jüdische Volk stehen bleibt, sondern mit ausgesprochener Bevorzugung der Tropologie die Vorgänge des inneren Lebens aus den Psalmworten herausliest.

Wie in der Glosse tritt als tiefste Spur der Mystik zunächst das gegensätzliche Moment jenes inneren Lebens, das Selbstgericht, die Selbstverabscheuung voran. Wir erfahren jetzt die Quelle, aus der diese Ausdrücke stammen: die Confessionen des Augustin[3]). Die Sache selbst war ihm durch seine Entwickelung gegeben, durch die Gewalt, die er dem Reiche Gottes angethan, um es an sich zu reißen,

---

[1]) J. K. Seidemann, Dr. Martin Luthers erste und älteste Vorlesungen über die Psalmen aus den Jahren 1513—1516, aus der Handschrift der Dresdner Bibliothek. Dresden bei v. Zahn 1876. 2 Bde.   [2]) Mein Aufsatz: Luthers erste Vorlesungen als Lehr- und Lebenszeugniß, in den Studien und Kritiken v. 1877, Heft 4. S. 583 ff.   [3]) Auffallend oft bezieht sich Luther auf das 8. Buch derselben, in dem Augustin seine Bekehrung erzählt (I, 18. 49. 109. 407. 422). Besonders dachte er wohl an die Schilderung der tiefen Beschämung und Zerknirschung, die durch eine Erzählung des Pontinian über Augustin kam: Tunc vero, quanto ardentius amabam illos, de quibus audiebam salubres affectus ... tanto exsecrabilius me comparatum eis oderam. (Aug. Conf. Ausg. v. Raumer lib. VIII. §. 16 f. Vgl. S. 19. §. 25.)

und durch den unabläſſigen Kampf, in dem er das eigenwillige, noch mit Eigengerechtigkeit verſuchte Ich ſtets aufs Neue zu überwinden hatte; und den Ton bewußter Erfahrung ſchlägt er an, wenn er den Verzicht auf eigenes Wollen und eigene Klugheit (resignatio propriae voluntatis et consilii), der im Deutſchen gewöhnlich „Hertzbrechenn" heiße, die edelſte Tugend nennt, die aber ſteil und ſchwer ſei ¹).

Luther nennt dieſes bemüthigende Selbſtgericht auch mit einem Lieblingsausdruck der Myſtik „zu Nichte werden" (efficimur nihil), verſteht aber dieſen Begriff, der die myſtiſche Speculation, wie ſich im Folgenden zeigen wird, in die Nähe der Abgründe oder Abſtractionen lockte, rein practiſch und ethiſch im Sinn der Erkenntniß der eigenen Sünde und des Aufgebens aller Anſprüche auf Verdienſt. Immerhin war auch bei ihm durch ſolche Schärfe der Ausdrücke jene Energie vorbedeutet, mit welcher der Gegenſatz zwiſchen dem anſpruchsvollen Ich und der göttlichen Gnade ſich bei ihm ſo oft aufs Schneidigſte ausdrückt: Wer glaubt, daß er lebe und etwas ſei, der verführt ſich ſelbſt; aber wenn Einer todt iſt und nichts iſt in ſeinen Augen, ſo lebt er vor Gott ²).

Seine Bitterkeit verlor dies negative Moment ſeines inneren Lebens durch die Liebe zum Kreuz, die er von St. Bernhard ſo gewaltig vertreten fand. Er führt das Wort desſelben an: Wer nicht immer zur Buße eilt, ſagt damit, daß er der Buße nicht bedürfe ³). Er nimmt für jenes Sichwehethun die Analogie des Kreuzes Chriſti in Anſpruch: das Aufſteigen Gottes in unſerer Erkenntniß und Liebe, durch welches wir ihn als den Höchſten, den Unbegreiflichen und Liebenswerthen erkennen, wird nur dem zu Theil, der vorher hinabgeſtiegen iſt, wie Chriſtus erſt hinabſtieg und dann heraufſtieg. Denn Niemand gelangt zur Erkenntniß Gottes, außer der vorher gedemüthigt worden und zu ſein ſelbſt Erkenntniß hinabgeſtiegen iſt ⁴).

Zur Kreuzförmigkeit, wenn man das Wort brauchen darf, gehört ihm außer der Selbſtbemüthigung auch dies, daß uns verdächtig ſei, was uns gefällt, daß wir dagegen aufnehmen müſſen, woran wir uns als einem harten Ding ſtoßen ⁵). Ja, weil uns nichts näher und vertrauter iſt, als unſere Seele, ſollen wir nichts

---
¹) II, 221. ²) I, 318. ³) I, 80. ⁴) I, 91; II, 342. ⁵) I, 440.

so sehr fürchten, gegen nichts so viel Verdacht haben¹). Und dies Hassen und Verlieren der eigenen Seele ist das wahre Kreuz²).

Diese ethische Richtung, welche das eigene sündliche und doch anspruchsvolle Ich im Geist der Mystik mit strenger Hand angreift, bedeutet Luther die Buße und giebt den kirchlichen Bezeichnungen: Reue, Beichte, Genugthuung neuen Sinn. Und zugleich nimmt er in seine Auffassung der Buße, wie dies besonders da hervortritt, wo er von der Beichte handelt³), die evangelischen Momente des Glaubens an die Gnade Gottes mit hinein, wie auch wieder der Glaube von jenem Gericht begleitet ist, und die Verherrlichung der Gnade die Selbsterniedrigung voraussetzt. Denn es gilt ihm als unmöglich, Gottes Barmherzigkeit groß und gut zu machen (magnificare et bonificare), ohne zuvor das eigene Elend als groß und übel hinzustellen (maleficare). Er verwirft es ausdrücklich, daß man Gottes Barmherzigkeit groß machen wolle, indem man meine, er achte die Sünde für klein oder strafe sie nicht; dies sei vielmehr eine Schmälerung seiner Barmherzigkeit. Umgekehrt: Je gründlicher, tiefer Einer sich selbst verdammt und seine Sünden groß gemacht hat, desto geschickter ist er zur Barmherzigkeit und Gnade Gottes. Als Weg zu diesem völligen Mißfallen an sich schlägt er eine Selbstbetrachtung vor, die das Ich an den höchsten Pflichten mißt, zu denen göttliche Barmherzigkeit nöthigt. Da finden sich denn Unterlassung des Lobes Gottes und der Danksagung, wie auch Begehungssünden. Indem er auf das Gebot, Gott und den Nächsten zu lieben hinweist, ruft er aus: Wie oft hast Du daran gesündigt, und wenn du geliebt hast, so ist zu fürchten, daß du nicht so sehr und in solcher Weise liebtest, wie du solltest. Ja, er fordert, daß man auch die Sünden aller Anderen zu seinen eigenen machen und aller Elend tragen solle. Denn wer nicht die Sünden Aller zu seinen eigenen macht, wie wird er das Gebot Christi erfüllen, wie Christo nachahmen? — Bitterlich soll man darüber weinen, daß man dies aus Härtigkeit nicht fühlt. Und kannst du nicht seufzen: seufze, daß du nicht seufzen kannst, weine, daß du nicht weinen kannst, traure, daß du nicht traurig sein kannst, demüthige dich, daß du nicht demüthig sein kannst⁴). Ein Sinn, der so gründ=

---

¹) I, 447; II, 354. 358. ²) II, 384. ³) Stud. u. Kritt. a. a. O. S. 605. ⁴) I, 303–6.

lich das Bewußtsein des eigenen Elends weckt, befreit dasselbe zwar aus der Form bestimmter sinnlicher Gefühle, in denen es sich gewöhnlich darstellte, aber nicht um es abzuschwächen und zu verflachen, sondern um es zu vergeistigen und zu vertiefen. Es läßt sich schon jetzt ahnen, daß dieser Sinnesart gegenüber der kirchlichen Anschauung und Praxis, soweit sie den Stachel der Buße durch Dispense und Ablässe abstumpfte, der Protest das allein Natürliche ist, wie Luther ihn zwei Jahre später in seinem Zeugniß gegen den Ablaß erheben wird.

Eine für Luthers Frömmigkeit und Theologie charakteristische Gestalt gewinnt jener Gegensatz gegen das eigene Ich in der Verwerfung der Eigengerechtigkeit. Fast in noch schärferer Weise als in der Psalmenglosse wird dieselbe wieder und wieder ausgesprochen, wenigstens unter stärkerem Hervortreten der mystischen Grundlinien. Denn das gerade Gegentheil der principiellen Bußforderung, sich selbst zu hassen, stellt sich in den Eigengerechten dar: sie entschuldigen sich in ihren Sünden, klagen sich nicht an, glauben, daß sie recht handeln, und gefallen sich selbst und lieben sich selbst und ihre Seele in dieser Welt. Auf den tiefsten Theologen Paulus bezieht er sich mit seiner nachdrücklichen Behauptung: Unsere Gerechtigkeit muß erst fallen, dann erst erhebt sich die Gerechtigkeit Gottes; und gewiß veranlaßt ihn reichliche Wahrnehmung der Erscheinungen satter, sicherer Werkheiligkeit um ihn her zu der Bemerkung, er wisse nicht, ob die Lehre des Paulus den heutigen Theologen speculativ unbekannt sei, practisch sei sie ihnen ganz gewiß unbekannt[1]). Ein merkwürdiges Urtheil; denn es läßt erkennen, wie wenig der der Kirche ergebene und treue Sohn über den Abstand des kirchlichen Christenthums von dem apostolischen im Unklaren war.

Die Forderung des Widerstreits gegen das eigene Ich weist in ihrer Schärfe auf ein starkes, tiefes Bewußtsein vom sündlichen Verderben. Aus demselben stammt ein Wort wie: Uebel sind nur eigener Wille und eigener Sinn[2]); doch nimmt er in den Grundvermögen der Seele, wenn sie auch von der Sünde verderbt sind, im Intellect, Gedächtniß, Willen (intellectus, memoria, voluntas), noch eine Regung der ursprünglichen, religiös-sittlichen Natur

---

[1]) I, 23 f. [2]) II, 403.

des Menschen an, ein Schreien zu Gott in der Stimme des Gewissens (synteresis), gleichsam ein Rufen des verlorenen Sohnes¹). Geht er hier noch auf der Spur scholastischer wie mystischer Vorgänger einher, so lehnt er sich an einen der letzteren, Gerson, noch bestimmter an. Unser Antlitz, sagt er, ist nach Johann Gerson unser Geist (mens), der durch Intellect und Affect zu Gott gekehrt ist²). Diese durch seine ganze Psychologie hindurchgehende Unterscheidung von Intellect und Affect, die Unterordnung der Vernunft (ratio) unter den Intellect, die Hinzurechnung des Willens zu den Vermögen des Affects erinnern in etwas an die Eintheilung Gersons³). Zugleich beruft er sich auf Augustin, dessen Lehrtropus ihn in den großen Hauptfragen vom Heil bestimmte, wenn er mit ihm den Menschen ein lebendiges Bild der Trinität nennt⁴) und ihm⁵) darin folgt, daß die Seele sich zu den zeitlichen Dingen wie das Centrum zum Umkreis verhalte: wenn sie sich draußen im Umkreis aufhalte, werde sie in das Unendliche zertheilt, wenn sie aber innen bei sich selbst bleibe, so beziehe sich alles auf sie, wie der Umkreis vom Centrum abhange⁶). Diese Sympathie mit mystischer Denkweise hindert Luther aber nicht, in andern Stücken von ihr gänzlich unabhängig, ja unberührt zu bleiben. Mystiker wie Gerson und auch die Victoriner hatten durch Erhebung jener obersten für Gott empfänglichen seelischen Vermögen die Höhen des inneren Lebens, die Vereinigung mit Gott und die Seligkeit in ihm in einer Weise erreichbar hingestellt, welche sowohl die Erkenntniß von der Macht

---

¹) I, 396. 404; II, 17. 24. ²) I, 97. ³) *Intelligentia* simplex est vis animae cognitiva, suscipiens *immediate* Deo naturalem quandam lucem.... *ratio* est vis animae cognoscitiva, deductiva conclusionum ex praemissis etc. (Op. III, 260, F. u. 261, E.) Allerdings ist die erstere mehr das ursprüngliche Vermögen der allgemeinen Begriffe, die Vernunft das Abstractionsvermögen, beide sind also ebenso Organe des denkenden, wie des religiösen Geistes, und zwar des ersteren vorwiegend, während bei Luther der religiöse Begriff den philosophischen fast absorbirt. (Stubb. u. Kritt. a. a. O. S. 596). Uebrigens sagt auch Gerson, die mystische Gotteserkenntniß werde besser durch den Affect der Reue als durch den aufspürenden Verstand erlangt; Liebe (dilectio) sei vollkommener als Erkenntniß, Wille vollkommener als Verstand (III, 275, C. D.) An einer anderen Stelle unterscheidet Gerson nicht zwischen intellectus und ratio. Der obere Theil der Seelenkräfte werde mens oder spiritus genannt und bestehe in drei Kräften: 1) intellectus oder ratio; 2) voluntas; 3) intellectualis memoria (III, 406, B. C.) ⁴) I, 87. ⁵) De ord. lib. II. ⁶) I, 274.

der Sünde, als auch die von der grundlegenden Bedeutung der sündenvergebenden Gnade vermissen ließ und sich nach dieser Seite mit der Scholastik berührte, wie sehr sonst auch die Mystik diese durch Innerlichkeit und Tiefe überragte. In dieser Hinsicht ist ihr Luther mit keinem Schritt gefolgt. Er bleibt für die Frage nach dem Heil, er bleibt mit allen seinen Gedanken über die Höhen und Tiefen des inneren Lebens in evangelischer Nüchternheit auf seinem Grundprincip von der Gnade, die dem Gläubigen gegeben wird, stehen. Schwankungen, die stattfinden, neigen sich eher nach der Seite der scholastischen Lehre von einer Vorbereitung auf den Empfang der Gnade und von einem Verdienst[1]), als nach der mystischen, sofern sie durch Lehren von einem Aufschwung des menschlichen Geistes die herablassende Gnade beeinträchtigte. Dem Intellect, unter dem er überhaupt ebenso geistliches Verständniß wie das oberste Seelenvermögen versteht, weist er den Glauben zu[2]), und auch wo er diesen als religiöses Erkenntnißorgan, als mystica intelligentia bezeichnet, ist es doch offenbar nur jenes geistliche evangelische, vom Buchstaben zum Geist, vom Gesetz zum Evangelium fortschreitende Verständniß, das er im Auge hat[3]). Noch höherer Erkenntnißstufen als die sind, die wir im Glauben haben, hat er mit dem Blick auf das zukünftige ewige Leben gewartet; nur im Vergleich mit diesem ist ihm der Glaube ein Nebel und Schatten, durch den hindurch wir zum Leben und Schauen aufsteigen. So bleibt er evangelisch besonnen, der Grenzen sich bewußt, die dem liebend und erkennend zu Gott hinstrebenden Geiste auf Erden gezogen sind, während die Mystik über sie sich hinaussehnte und träumte. Gegenwärtig bleiben ihm die Schranken der Creatürlichkeit, wie die Hemmungen und Fesseln, ohne welche die Seele, auch die gläubige, im Leibe der Sünde nie sein wird. Die Gläubigen bitten und beten bis an den Tod um Barmherzigkeit und hungern und dürsten nach Gerechtigkeit[4]), sie gehen unter nach dem Geist, verlieren ihre Seele und sich selbst, indem sie sehen, daß sie, die etwas zu sein glaubten, gar nichts sind[5]). Jenes Selbstgericht, dessen Uebung er als Buße verlangt, verschwindet also nicht als Anfängerstufe hinter den sublimen Höhen beschaulichen Lebens; es vollzieht sich im Gläubigen fort und fort bis an den Tod.

Dem Gegensatz gegen das Ich entspricht ein tiefer Zug von

---

[1]) Studd. u. Kritt. a. a. O. S. 610 ff. [2]) I, 359. [3]) I, 274. [4]) I, 40. [5]) I, 72.

Weltentfremdung, nicht einer mönchischen, sondern jener mystischen, welche auf dem lebendigen Sinn und Geschmack für das ruht, was besser ist als die Welt¹), auf dem Glauben, der zum Vergleich des Zeitlichen mit dem Ewigen nöthigt²), auf der Erfahrung der Qual, die es dem Geiste bereitet, wenn er sich in zeitliche Dinge mischt, in welchen er den Frieden nicht finden kann³). Daher sind die, welche fromm werden wollen, unweltlich und einsam in der Welt⁴), tiefe Menschen mit einem verborgenen Herzen, deren Geistesleben den Augen des Fleisches nicht erscheint⁵), ja die Heiligen, welche die Welt, und die Gottlosen, welche den Himmel mit Füßen treten, sind die rechten Gegenfüßler⁶). Die Furcht Gottes macht ihnen Reichthum, Lüste und Ehren verhaßt⁷). So liegt denn in der Bitte: Wende dein Antlitz nicht von mir! die mit eingeschlossen: Wende von mir ab Reichthum, Ehre, Gesundheit, und was das Fleisch haben kann; denn das Glück der Welt betrübt den Menschen mehr als Widerwärtigkeit, da diese inneren Trost bewirkt, jene ihn vertreibt⁸). Scheint so die Weltentfremdung hie und da bei Luther sich bis zur Verschmähung der natürlichen Güter des Lebens zu steigern, so fehlt es doch nicht an Aussagen über die Versöhnung solcher Gegensätze in der Danksagung und Verherrlichung des Gebers. Bei jeder Creatur und ihrem Gebrauch sollen wir Gott als den Vater, der sie uns gegeben, den Schöpfer, der sie geschaffen hat, anerkennen, loben und danken, fürchten und lieben⁹). Und das ist ein süßes Geschäft, an den Schöpfer zu denken und ihn verherrlichend zu sprechen: Siehe, eines so großen Herrn Gemächt bin ich; wie gefällt mirs, daß er mein Schöpfer ist! Und im Hinblick auf seine Gaben sage ich: Es gefällt mir mehr, daß ein so Großer sie mir gegeben hat, als wenn ich sie aus mir hätte¹⁰).

Der Gegensatz gegen das Ich und die Welt, der der Theologie Luthers ihre scharfen Linien, seiner Frömmigkeit und Gefühlsweise jenen Hauch der Melancholie giebt, ohne den eine tiefere Entwickelung kräftiger Geister selten verlaufen wird, bildet aber doch nur den Vorhof der Mystik; und er gehört zu ihr nur kraft des Gedankens, der ihr eigentliches Heiligthum ausmacht: der Vereinigung mit Gott. Denn diese ist das Ziel der Seele, und nur durch das

---

¹) II, 62. ²) II, 275. ³) II, 92. ⁴) II, 186. ⁵) I, 416. ⁶) I, 351; II, 343. ⁷) II, 253. ⁸) II, 179. ⁹) I, 403, 398. ¹⁰) I, 127.

Trachten nach demselben ist sie sich und der Welt fremd. Annäherungen an dies mystische Princip hatte die Glosse schon gezeigt: jetzt in den Scholien geht Luther auf dasselbe ein. Dort beschränkte er sich auf das Verhältniß der Kirche zu Christo: jetzt wird es auf die gläubige Seele ausgedehnt. Der Glaube vermittelt nicht bloß die Gnade der Vergebung und des Schulderlasses, auch nicht bloß die der sittlichen Befreiung und Belebung, sondern Gott wird auf geistliche Weise mit unserm Geiste durch den Glauben vereinigt[1]), und ebenso redet Luther von einer allervollkommensten und liebreichsten Vereinigung mit Christo, welche das Wort des 2. Psalms: „Küsset den Sohn" ausdrücke[2]), und von einem Wohnen und Wirken Christi in uns[3]), dem wir all unser Fortschreiten danken[4]), ja von einer geistlichen Geburt Christi aus der Seele, welche seinen Willen thut[5]), und von einem Verschlungen- und Einverleibtwerden in Christus[6]).

In diesem Sein Christi in uns ist Gott selbst in uns, doch eingehüllt und fleischgeworden in der Menschheit. Im Zukünftigen aber, wenn Christus das Reich dem Vater wird überantwortet haben und dem wird unterthan sein, der ihm Alles untergethan hat (1. Cor. 15, 24. 28), wird Christus nicht nur als Mensch, sondern auch Christus als Gott, und so Gott, enthüllt, wie er ist, in uns sein[7]).

Noch bewegt sich von diesen Höhepunkten der Mystik keine absteigende Lehrentwickelung zu dem practisch Sittlichen hin; wenngleich der nächste Folgesatz, daß die Lebensgemeinschaft der Einzelnen mit Christo ihre Liebeseinheit unter einander begründet, präcis ausgesprochen wird[8]).

Bemerkenswerth ist nun auch in den Vorlesungen[9]) die Vermählung dieses mystischen Princips mit dem Schriftprincip Luthers. Da ihm die Schrift eine lebendige Verkörperung des Geistes ist, so kann er es als ihre Kraft rühmen, daß sie ihre Liebhaber in sich und ihre Tugenden verwandele (transmutat)[10]); und daß die Seele durch die Zustimmung des Glaubens (assensus fidei) mit dem Wort zusammenwachse und nach Analogie der Fleischwerdung silbern werde

---

[1]) II, 59. [2]) I, 28. [3]) I, 95, 146. [4]) I, 417. [5]) II, 83. [6]) I, 310.
[7]) II, 403. [8]) Associatio omnium fit per participationem ejus (Christi) II, 896. [9]) Ein Ansatz hierzu schon in der Psalmenglosse. Vergl. oben S. 21.
[10]) I, 271.

von dem Silber des Evangeliums¹); ein Gedanke, der in wenig veränderter Form in den Tractat von der Freiheit eines Christen=
menschen übergegangen ist, um hier für eine neue ethische Grund=
legung verwendet zu werden.

Immer aber schlägt auf diesem Weg zu den Höhen der Mystik jener ethische Zug durch, hält er jedermann in der Niedrigkeit der Selbsterkenntniß und Demüthigung fest; und am fruchtbarsten und lebensvollsten gestaltet sich ihm das Bild des Gläubigen, wenn er es den Leidenszügen im Leben des Erlösers nachgebildet wissen will, wenn er die Gemeinschaft des Todes und Kreuzes Christi als die Voraussetzung und das Zeichen seines Lebens in uns betont: Das Zeichen, daß Christus in uns ist, ist das Zeichen des Propheten Jona, daß wir drei Tage in der Hölle sind²). So will er das Leiden Christi an und in uns wiederholt wissen und rühmt von dieser „Tropologie der heiligen Passion", daß sie am meisten in das Verständniß der heiligen Schrift einführe und uns kräftig zum Guten bewege. Denn wie das Wort: Christus hat nicht Gefallen an sich gehabt, tropologisch auf uns angewendet wird, daß wir mit Affect und Betrachtung die Sünden Aller anziehen, die Schwachheit der Schwachen tragen und uns nicht selbst gefallen sollen, so ist es auch mit der Tropologie der Passion, durch welche man mit Beziehung auf den Affect und die Absicht (affectus et intentio) der Sünde mit dem Herrn stirbt, während die weltlichen Menschen nicht mit dem Herrn zur Hölle, sondern vielmehr zum Himmel fahren. Er hält es für rathsam in einer Zeit, welche der wirklichen Leiden und Anfechtungen ermangele, jene im Affect sich zuzufügen³).

In der Forderung der Nachfolge oder Nachahmung Christi, in welcher der dem Glauben inhärirende Gegensatz: die höchste Forderung der Buße und Heiligung zugleich mit der liebreichsten Hingebung an den Gegenstand des Glaubens gesetzt ist, verlassen wir das Gebiet der mystischen Subjectivität, um deren Complement im Christologischen und der Gotteslehre aufzusuchen. Zuerst greift mit der teleologischen Vorherbeziehung des Leidens Christi auf das des Christen, durch welche jenes als das gottgegebene Urbild von diesem, dem gottgewollten Nachbilde erscheint, die Mystik auf

---
¹) I, 274. ²) I, 308. ³) I, 307 ff.; I, 199; II, 11. 43.

jene Lehrgebiete hinüber: Jene Wunder, daß die Strafe Freude, das Leiden Lust, die Schande Ruhm ist, sind der Wurzel und Ursach nach (radicaliter et causaliter) im Leiden Christi geschehen, nach dessen Bilde Alle gebildet werden müssen[1]). So ist denn das Kreuz Christi der Altar, auf dem er für uns dargebracht ist, auf welchem er aber auch uns in sich selbst darbrachte (offerens); er hat uns an seinem Leibe Gott dargebracht als Getödtete nach dem Fleisch, lebendig Gemachte nach dem Geist[2]). Die ursprünglichste, die biblische Mystik, welche das im Proceß des Individuallebens Getrennte in Christo urbildlich und potentiell geeint, das was für uns als „Soll" erscheint, in ihm als gegeben und vollzogen anschaut, hat jenes Christusbild in seinen Grundlinien bestimmt; und über die Grundlinien hinaus wird es auch von Luther noch nicht weiter gezeichnet und ausgeführt. Dies bleibt der folgenden germanischen Periode seiner Mystik vorbehalten.

Auch die Gotteslehre reicht dem mystischen Element, das die Betrachtung des Gläubigen durchzieht, die Hand. Jene tropologische Auffassung der Eigenschaften Gottes, seiner Gerechtigkeit, Weisheit, Kraft als der gerecht, weise, stark machenden[3]), durch welche Luthers Gottesbegriff auf das Für uns sein angelegt ist, wurde zwar schon durch sein Princip, die Lehre von der Glaubensgerechtigkeit bedingt, mußte aber auch dem mystischen Gedanken vom Leben Gottes in uns zu Gute kommen. Sie gehört zur Harmonie seiner Theologie, sowohl ihrer evangelischen Grundlaute, wie der mitklingenden mystischen Töne[4]). — Aber auch die negative Seite des Glaubenslebens wird mit dem Leben Gottes und seinen Bestimmtheiten verknüpft. Das Sichzürnen ist heilsamer Zorn Gottes, — doch sieht Luther wie in der Glosse den Zorn Gottes nur als eine von Gott ausgehende Wirkung an. Mystischer klingt es, wenn er an einer Stelle von den Uebeln und Demüthigungen, welche die Heiligen von Gott erfahren, auf die wunderbare Güte Gottes hinweist, welche die Uebel schickt und betrübt, und auf die wunderbare Höhe seiner Majestät, welche auch in denen, die in der Tiefe sind, gegenwärtig ist, in ihnen wirkt und mit ihnen redet. Während er der Höchste ist, scheint er der Allen Gemeinsamste zu

---

[1]) II, 284 f. [2]) II, 44. Im Anschluß hieran braucht Luther für unser Kreuz den Ausdruck crux mystica. [3]) I, 340. 202. [4]) Vielleicht war sie schon in dieser Zeit auch durch Augustin beeinflußt. Vgl. oben S. 14.

sein und Allen zu willfahren und wohlzuthun. Denn es giebt viele Unterschiede in den Dingen, und in diesen allen ist Gott darüber und darunter, innerhalb und außerhalb, davor und dahinter. Wie er über alle körperliche Masse erhaben und zugleich innerlicher und mehr nach außen, vorher und nachher ist, so verhält er sich auch zu allem Leben, allem Fühlen und Verständniß (sensu et intellectu); denn in Beziehung auf alle Unterschiede und Begrenzungen von jenen allen ist Gott dabei und darüber; und in diesem Allem ist er anzustaunen und zu fürchten, schrecklich und wunderbar, nämlich in seinen Heiligen[1]). So philosophisch nun diese Worte lauten, als wären sie ein Versuch der Aussöhnung von Immanenz und Transscendenz, so wahrscheinlich dieser Wortlaut sich an irgend eine mystische philosophische Meditation anschließen mochte, so ist es damit doch mit Nichten auf eine Speculation über das Verhältniß Gottes zur Welt überhaupt abgesehen. Der Satz von der Erhabenheit Gottes über Unterschiedenheit und Begrenztheit des endlichen Seins ist nur Ausgangspunkt, um den Analogiebeweis zu führen, daß göttliche Erziehung durch Leiden keinen Widerspruch gegen das Wesen des Erziehers in sich schließe, da es dem Wesen desselben vielmehr gemäß sei, sich zu den Gegensätzen, zu denen das Leiden gehört, nicht ausschließend zu verhalten. Wir haben hier eine Probe der undeutenden Behandlung, welche Philosophisches frei schaltend gern in den Dienst des Religiösen stellt, wie sie sich in den Vorlesungen öfter findet und uns auch später in der Entwickelung von Luthers Theologie noch begegnen wird.

Endlich, auch in die Lehre vom Worte Gottes bringt die Mystik ein. Wenn Luther, wie oben gezeigt ist, von einem Zusammenwachsen der Seele mit dem Wort in ähnlichem Sinn redet, wie von der Vereinigung derselben mit Gott, mit Christo, so ist schon hierin angedeutet, wie sehr er das Wort als eine lebendige Geistesmacht kennt, zugleich, wie ihm die höchste Blüthe mystischer Frömmigkeit das Unmittelbarste, das Geistigste nicht von dem festen Boden des Wortes sich ablöste. Dem entspricht es nun auch, daß er von der Objectivität des Wortes nichts preis giebt, während er es doch in seiner grundlegenden Bedeutung für die Subjectivität mit allem Nachdruck zur Anerkennung bringt. Er ist unberührt von jenem

---

[1]) I, 284.

Zuge der Mystik, das Wort Gottes aus der Bibel in die Menschenseele zu verlegen, obschon ihm gerade darin der Unterschied von Gesetz und Evangelium besteht, daß jenes, als Buchstabe außen bleibt, dieses, als Geist innerlich bewegt. Denn diese Geistnatur der Schrift, so wenig sie die thatsächliche Offenbarung der Gnade in Christo etwa in ein bloßes Symbol innerer Vorgänge auflöst, so wenig besteht sie ihm in der Verflüchtigung des Schriftwortes, sondern in der demselben inhärirenden Geistesmacht, die Beides wirkt, Gerechtigkeit und Selbstgericht, Tödtung des alten und Lebendigmachung des neuen Menschen. Das Grundthema seiner Schriftauslegung: das Wort ist Geist, ist von dem Zusatz begleitet zu denken, daß Geist im Wort ist.

Allerdings denkt Luther auch an ein innerliches rein geistliches Wort; aber so redet Gott allein[1]). Diese Beschränkung schließt eine Verwahrung gegen hochgeistige Anmaßung ein, und es ist schon bemerkt, daß er einer solchen nach zehn Jahren sich gegenüberfand als einer Gefährdung für sein ganzes Reformationswerk. Zugleich aber ist die Ausführung dieses Punktes einer der interessantesten Beiträge zu der Frage nach dem Verhältniß von Schrift und Geist: die Propheten haben in dem innerlichen Wort des Herrn, das zu ihnen geschah, das Wort des neuen Gesetzes, das Evangelium verstanden. Sowie nun aber durch ihre Vermittelung das Wort geredet wurde, so stellte sich diese Vermittelung alsbald als ein Hemmniß zwischen Gott, der da redete, und das Volk, das da hörte, und das Wort war verhüllt. — Wenn nun so das Gefäß, in welches das innere, geistliche Wort zur Weitermittheilung an Andere gegossen wird, eine Hemmung für die reine Erscheinung und kräftige Wirksamkeit des Geistes ist, dann fragt sich, ob nicht hiermit auch das Evangelium, sofern es durch Menschen verkündigt wird, an seiner ursprünglichen, etwa von den Aposteln unmittelbar erfahrenen Gottes- und Geisteskraft verliere und dafür von der Schwachheit des Buchstabens etwas annehme? — In der That dehnt Luther das vom alttestamentlichen Worte Gottes Gesagte auch auf das neutestamentliche aus, aber doch mit einer wichtigen Unterscheidung: Bei jenem, dem alttestamentlichen habe sich die Hemmung des Mittels auch auf das Verständniß bezogen, das den Propheten zwar klar, dem Volke aber

---

[1]) II, 61.

unter dem Typus von zeitlichen Gütern oder Uebeln verhüllt war, das diese sämmtlich fleischlich verstand, obschon die Propheten sie geistlich meinten. Jetzt aber — in der neutestamentlichen Zeit — ist der Prediger kein hemmendes Mittel mehr für das Verständniß des Worts; Luther meint jedenfalls, daß dasselbe seiner alttestamentlichen Hülle entwachsen, an sich klar ist. Aber für das Wachsthum und die Frucht des Wortes ist er noch ein Mittel, denn dies kann er nicht selbst geben, sondern wenn Gott redet, giebt er dasselbe. So müht sich vergeblich die Zunge des Redenden, wenn nicht auch der Herr redet in seinem Heiligthum [1]). Offen bleibt noch die Frage, ob dieses Reden Gottes das Evangelium immer begleite, ob das Nichtwirken desselben bedingt sei durch das Fehlen jener Mitwirkung oder dadurch, daß der Hörer diese nicht auf sich wirken lasse. Jedenfalls hat Luther die Lösung dieser Fragen noch nicht in der Prädestination gesucht, wie tief auch der Einfluß Augustins sonst seine ganze Theologie durchdringt [2]).

Vervollständigen wir den Umriß der Mystik der Vorlesungen nun durch einige ausdrückliche Auseinandersetzungen Luthers mit mystischer Lehre.

Zunächst begegnen wir auch bei ihm der Unterscheidung des contemplativen und activen Lebens [3]), auf der die ältere Mystik ihre Lebensregeln aufbaute. Und zwar galt ihr das contemplative Leben als das vollkommene; zu ihm berief sie ihren esoterischen Kreis; innere Beschauung, Erhebung des Geistes über das Zeitliche und eine vom Gebet durchgeistigte innere Zucht am eigenen Ich gehörten zu ihm wesentlich. Entband es nun auch nicht von den Pflichten des activen Lebens: der äußeren Askese, der Befolgung der kirchlichen oder Ordenssatzung, der Uebung der christlichen und kirchlichen Werke der Barmherzigkeit, der Erfüllung kirchlicher Amts- oder allgemein menschlicher Berufspflichten, so übertraf es doch dies Alles durch seinen unvergleichlichen Werth, hatte an ihm seine Vorstufe, gleichsam seine leibliche Daseinsform, die der geistigen, dem Erleben des Höchsten, dem unmittelbaren Erfahren des Unendlichen zugleich immer eine hemmende Schranke blieb, wenn sie es auch als Erziehungsmittel förderte. Als etwas Höheres bezeichnet nun Luther das contemplative Leben im Vergleich zum activen, wenn er sagt,

---

[1]) I, 237. 167. [2]) Studien u. Kritt. a. a. O. S. 613 f. [3]) I, 93.

daß durch die Uebung der einzelnen Tugenden die Seele zum Schauen Gottes auf- und über die Uebung des thätigen Lebens hinaussteige¹); und ebenso, wenn er beide Lebensformen mit Martha und Maria parallelisirend, die, welche im activen Leben sind, deswegen beklagt, daß sie über Vieles bekümmert sein und sich Vieles anfechten lassen müßten, so daß sie — man möchte hier meinen, Luther habe die Erinnerung an seine eigene Vergangenheit vorgeschwebt — nach dem beschaulichen Leben und nach der Muße zu den Studien, die den Affect bewegen, erseufzen, und, wenn auch nicht mit dem Leibe, doch mit der Sehnsucht in der Einöde d. i. von der Unruhe des activen Lebens geschieden seien. Zugleich aber weist er doch auch auf die Gefahr des Hochmuths hin, welche die Contemplativen bedrohe, während die Activen, die sich in guten Werken üben, an diesen ein Zeugniß von der Gegenwart des heiligen Geistes haben²). Auch schränkt er das Lob des contemplativen Lebens durch die Warnung ein: die Triebfeder dürfe nicht Unlust an der Arbeit sein, sondern die Lust am contemplativen Leben; und in einem von der älteren Mystik viel gebrauchten Bilde fügt er die Mahnung hinzu: Er sei der Fittige begierig, d. i. der Thätigkeiten und Studien der Contemplation, fliege aber nicht wie der Rabe, der sich am Aas sättigt, wie die thun, die nur ein bequemes und angenehmes Leben genießen wollen, sondern wie die Taube, die den grünen Oelzweig, die Lehre der Frömmigkeit bringt³). Endlich ist über diesen Berührungen mit mystischer Lehr- und Ausdrucksweise der Unterschied, der ihn dennoch von ihr trennt, nicht zu übersehen. Wie er Philosophisches in Religiöses umdeutet, so benutzt er hier das specifisch Mystische, um einfach evangelische Gedanken auszudrücken. Erscheint uns die Contemplation der Mystik auf den obersten Staffeln als eine dem Geist angethane Gewalt ein immer wieder fehlschlagender Versuch, die Seele zu befriedigen, indem sie entzückt oder in einen geistigen Aether entrückt wird, der doch für den warmen Odemzug des Gebets zu dem persönlichen Gott nicht taugt, so bleibt Luther mit seinem Begriff von Contemplation und activen Leben auf seinem evangelischen Grundprincip stehen. Beide laufen ihm in den Glauben aus, und aus diesem Grunde ist bei beiden Dunkel und Finsterniß⁴). Ueber den Glauben hinaus kann

---

¹) II, 82. ²) I, 285. ³) I, 203. ⁴) I, 93.

also die Contemplation nicht führen; das vernünftige Verständniß übersteigt sie allerdings; doch hat sie dies mit dem Glauben gemeinsam. Wenn Luther daher in „Rahel" eine Bezeichnung des contemplativen Lebens sieht, so ist die Begründung: daß der Glaube Christi nur in denen sein könne, welche über die Vernunft hinaus contemplativ, eines erhabenen Gemüths (elevatae mentis) seien [1]). In dieser evangelischen Nüchternheit, die ihm die Contemplation in den Glauben und gläubiges Sinnen, die meditatio, aufgehen läßt [2]), enthält er sich auch des Redens über das Verschmelzen (liquefactio) der Vollkommenen und Contemplativen mit Gott, worüber, wie er mit leisem Sarkasmus hinzufügt, „Viele Vieles reden" [3]); und die treffendste Kritik der Hohlheiten, welche überkühne Speculation an diesem Punkte in sich barg, ist in der Weisung enthalten: Wir sollen die himmlischen Dinge betrachten und lieben, aber in Wahrheit und Demuth, daß wir nicht etwa darnach trachten, Gott gleich zu werden und dadurch stolz und eitel werden [4]).

Noch hat aber Luther, trotz dieses evangelischen Geistes, der den gefährlichen Seiten der Mystik so sicher ausbog, gerade für die mystische Theologie, die so recht eine Quelle der Gefahren und Irrthümer ist, nur Worte des Lobes: für die des Areopagiten. Dieser, der die christliche Wahrheit durch neoplatonische Weisheit zu vertiefen suchte und dem ganzen Mittelalter seine Schriften als Grundbücher mystischer Frömmigkeit und Lehre hinterlassen hat, erscheint Luther in einem heilsamen Gegensatz gegen die herrschende Lehrweise begriffen, die allzudreist göttliche Geheimnisse mit den Formen des menschlichen Verstandes fassen und ausdrücken zu können glaubte. Dieser „aussagenden" (affirmativa) Theologie der Scholastik gegenüber sah er in der des Dionysius, der „extatica" und „negativa", die der Erkenntniß Gottes durch Verneinung aller bestimmten Aussagen und Begriffe sich zu nähern suchte, die allervollkommenste Theologie, die rechte Kabbala, Wein im Vergleich zur Milch. Denn nach dieser Theologie werde Gott auf unaussprechliche Weise und vor Staunen und Bewunderung über seine Größe durch Schweigen gelobt, so daß nicht bloß jedes Wort, sondern auch jeder Gedanke für sein Lob zu gering sei [5]). So ließ Luthers demüthiger Sinn, sein von scheuer

---

[1]) II, 7. [2]) II, 310. Ueber die meditatio vergl. man noch I, 409. 415.
[3]) I, 383. [4]) II, 200. [5]) I, 253.

Ehrfurcht und Beugung vor der allerhöchsten Majestät bewegtes Gemüth den Abstractionen des Dionysius Gehalt und Geist. Geweihte Worte des Lebens erschienen sie ihm im Vergleich mit der sich allein geltend machenden Universitätstheologie [1]) — kraft der Weihe, die er ihnen unbewußt gegeben. Seine fernere Entwickelung, besonders der Miteinfluß der germanischen Mystik sollte sein Urtheil über den Dionysius bald gänzlich ändern.

Und nun noch einen Blick auf die allereigenste Mystik Luthers, die seines inneren Lebens! Die Kreuzesgestalt, die seiner Betrachtung des Gläubigen eignet, finden wir auch in Linien des Schmerzes, welche sein geistiges Antlitz durchziehen wieder. Zwar redet er nur selten von sich und seinen Gefühlszuständen; aber dem Lauschenden verräth sich in Aussagen von allgemeiner Geltung öfters die nachzitternde Erinnerung an selbsterlebte Schmerzen, besonders in seinen Aeußerungen über Anfechtung und Angefochtene: Jeder Gezüchtigte fürchtet, daß der Zorn Gottes über ihm sei, und diese Furcht ängstigt ihn sehr [2]). Ein solcher mit seinem erschrockenen Gewissen fürchtet, der Himmel möchte auf ihn fallen, oder er möchte zur Hölle hinabfahren; von der ganzen Creatur glaubt er, daß sie ihm feindlich sei, und von Allem meint er, daß es mit Beziehung auf ihn gesagt werde oder geschehe [3]). Auch seine directen Aussagen über sein inneres Leben lauten wie eine Klage über Mangel, sowohl die, daß er nicht mit Inbrunst glaube, obschon er glaube; daß er nicht frohlocken könne in dem lebendigen Gott, als auch das Wort, in dem er sich die Erfahrung einer Reue, wie sie Augustin gehabt, abspricht [4]). Er erschien sich klein und arm, wenn er sich an dem Affect der Väter maß, zu denen er als Lehrern und Vorbildern aufblickte; aber es war kein Verlust, wenn ihm dem anders Angelegten und anders Geführten der Realismus des Gefühls abging, in dem sich einem Augustin und nach ihm besonders den Mystikern, St. Bernhard und den Victorinern, das Religiöse darstellte. Nur so lernte er und gewann er es über sich, mit dem Glauben nicht nur die sichtbaren Dinge, sondern auch das Schmecken und Fühlen verleugnend, die unsichtbaren Realitäten zu ergreifen und einen unbeweglichen Halt zu gewinnen über allem Schmecken und Fühlen. Um diesen Ge-

---

[1]) Et haec — negativa theologia — facit verum theologum. Sed non coronat ullum ulla universitas, nisi solus Spiritus sanctus. (I, 254.) [2]) I, 63. [3]) I, 107. [4]) Stubb. u. Kritt. a. a. O. S. 636.

winn blieb freilich ein langer Streit in seiner Brust. In seinem eigenen Innern mochte er, wenn er die Gnade und den Frieden des Gewissens erwartete, den Einwurf immer wieder vernehmen: Er wird nicht kommen, weil du es nicht verdient hast, er erhört dich nicht, weil er gerecht ist und die Gottlosen haßt; aber er merkte aus solchen Versuchungen die Absicht heraus, daß er aus sich Einen machen solle, der würdig sei und verdient habe, um sich dessen stolz zu rühmen[1]), und so mußten jene inneren Anfechtungen, wenn sie erkannt und überwunden waren, ihn nur in der großen evangelischen Glaubensposition befestigen, alle Wege, die zur Selbstgerechtigkeit führen mochten, — und zu ihnen hätte auch das Fühlenwollen gehört, — ihm immer gründlicher verschließen. So lernte er denn in dieser Schule, deren reiche Bildung er nur wenigen Erfahrenen vertraut wußte[2]), jene allergründlichste Buße des Hasses gegen das eigene Ich, seine Gerechtigkeit und sein Gelüsten nach eigener Gerechtigkeit, lernte auch den tropologischen süßen Sinn einer Psalmbitte, deren prophetischer Sinn ihm so beängstigend gewesen war. Das Wort: Richte mich Herr, bedeutete nun: Gieb mir wahre Buße und Tödtung meines Fleisches, meiner selbst Verdammung, daß ich so durch dich im Geist erhalten werde[3]).

In so eifrigem Bedacht, sich selbst zu reformiren, gewann er für die Reformbedürftigkeit der Kirche immer hellere Augen; ein Liebhaber des Kreuzes sah er mit Schmerz, wie nach Macht, Ehre, nach Besitz und weltlicher Herrlichkeit auch die Leiter der Kirche strebten, Päpste um solcher Güter willen blutige Kriege führten, die Bischöfe an Pracht mit Fürsten wetteiferten. Mit dem Feuereifer eines Bernhard erhebt er hiergegen seine Stimme, sein lautes Zeugniß durch keine Menschenfurcht dämpfend, ja auch durch keine Rücksicht beschränkend. Im Geist der edelsten Mystik möchte er der durch gute Tage, Gemach und weltliche Herrlichkeit von ihrer Höhe herab ins Elend gestürzten Kirche Leiden und Verfolgungen als heilsame Arznei verordnet sehen. Gern macht er diesen seinen Wunsch durch die scharfe Form paradoxer Einkleidung noch eindringlicher, wie es auch Bernhard gethan, den er besonders anführt: In guten Tagen liegt die bitterste Bitterkeit der Kirche; ihre höchste Widerwärtigkeit ist für sie nicht Widerwärtigkeit. Ist es ihr bitter ergangen unter

---
[1]) II, 266. [2]) I, 36. [3]) I, 340.

den Tyrannen, bitterer unter den Ketzern, am bittersten doch unter den Friedlichen und Sorglosen. Daher ist gegen diesen Frieden, die Lauheit und Sicherheit, die nicht zum Guten nöthigt, mit aller Macht zu kämpfen. Auch aus seiner Lectüre der Alten entnimmt er Bezeugung dafür, daß die Kirche der Leiden bedürfe; er weiß auch, daß das Höchste, was sein Glaube kennt, die Verherrlichung der Barmherzigkeit Gottes, durch jene Sicherheit verhindert wird, die die Uebel in ihrer Größe nicht erkennen läßt[1]).

Bei keinem der Männer der Reformpartei, die ein Jahrhundert vorher mit ihren wohlgemeinten Plänen gescheitert waren, war die Klarheit der Erkenntniß und die Tiefe der Empfindung über den Verfall der Kirche eine gleich große gewesen. Und doch ist auch Luther, wie sie es waren, ein treuer Sohn der theocratisch verfaßten Kirche, oft sogar ein leidenschaftlicher Eiferer für ihre Ordnungen. Aber ihm war, während Jene in Verfassungsfragen und in der Reorganisation kirchlicher Institute den Weg zur Besserung suchten, aus der Schrift und der Innerlichkeit seines Glaubens das Urbild der Kirche wieder aufgegangen, dessen Umrisse wir schon in der Glosse fanden. Es schimmert durch die kirchliche Uebermalung trotz ihrer glänzenden Farben, je mehr er selbst innerlicher wird, desto deutlicher hindurch. Noch sondert er nicht mit kritischem Blicke von dem ursprünglichen Bild die spätere Zuthat; er fährt fort, sie mit jenem als ein Ganzes anzuschauen; aber schon jetzt kann nicht zweifelhaft sein, daß jenes Ideal den Grundformen seiner Theologie entspricht, ihr wesentlich, ihm unverlierbar ist, und daß es selbst nichts verlieren wird, wenn die Stunde kommt, in der das so lange pietätsvoll erhaltene Fremde von ihm sich ablöst.

---

[1]) I, 288. 292 f. 305. 308.

II.

Germanisch-mystische Periode.

Einleitung.

Etwa zwei Jahre nachdem er begonnen hatte, über die Psalmen zu lesen, wurde Luther mit der deutschen Mystik bekannt. Spuren davon zeigen seine ersten Predigten aus dem Jahre 1515, die sich in denen des folgenden Jahres noch vermehren und schärfer abgrenzen. In diesem Jahre — 1516 — gab er auch Stücke jenes mystischen Tractates aus dem 14. Jahrhundert heraus, den er titellos aufgefunden, und den er dann vollständig im Jahre 1518 unter dem Titel erscheinen ließ: Ein Deutsch Theologia d. i. ein edles Büchlein von rechtem Verstand, was Adam und Christus sei, und wie Adam in uns sterben und Christus erstehen soll[1]). Das Buch hatte für ihn die Bedeutung einer überraschenden und tröstlichen Entdeckung; daß es in dem Geist der Taulerschen Predigten, die er schon eher kennen gelernt[2]), verfaßt sei, erkannte er alsbald. Seine Würdigung dieses Fundes und seine Freude an demselben drückt jener Brief aus, mit dem er 1516 ein Exemplar jener ersten Ausgabe seinem Freunde Spalatin sendete: Wenn es dir Freude macht, eine tüchtige, der alten ganz ähnliche Theologie zu lesen, welche in deutscher Sprache ergossen ist, so kannst du dir die Predigten Johannes Taulers vom Predigerorden anschaffen, von denen ich dir eine Art Auszug schicke. Denn ich habe weder in lateinischer noch in unserer Sprache eine heilsamere und mit dem Evangelium mehr übereinstimmende Theologie gesehen. Schmecke also und siehe, wie freundlich der Herr ist, wenn du zuvor

---

[1]) D. T. Vorwort p. XII. [2]) De W. Br. 1, 34.

geschmeckt hast und sehen wirst, wie bitter das ist, was wir sind[1]). Und 1518 erklärte er in der Vorrede zur vollständigen Ausgabe der deutschen Theologie, es sei ihm nächst der Bibel und Augustin kein Buch vorgekommen, daraus er mehr erlernt habe, was Gott, Christus und alle Dinge seien, und verwies auf ihren Inhalt, um die Grundlosigkeit der Schmährede daraus zu erkennen, daß die Wittenberger neue Dinge vornähmen. Ferner berief er sich 1518 auf die Genannten und den Tractat von Staupitz: „Von der holdseligen Liebe Gottes" als Auctoritäten, denen er mit seiner Lehre folge: allein auf Christum und nicht auf eigen Werk oder Verdienst zu vertrauen. Der Scholastik gegenüber bekannte er in characteristischer Nebeneinanderstellung „die Mystiker und die Bibel" vorzuziehen[2]).

Es war ein sowohl religiös wie theologisch bedeutendes Element, das hiermit in seine Entwickelung eingriff.

Die deutsche Mystik, besonders die, welche Luther kennen lernte, war Frömmigkeitslehre. Schloß sie auch eine Speculation, und sogar eine sehr hochfliegende ein, so diente dieselbe doch dem religiösen Interesse: Gott nahe zu bringen. Und dies Interesse beseelt sie, pulsirt in ihr fühlbar und lebendig. Sie redet nicht bloß von den unsichtbaren Realitäten, sondern zugleich aus ihnen heraus. Von ihren Formen und Formeln ist zwar Vieles hingefallen; Vieles wird uns seltsam und fremdartig berühren, Manches abstoßen. Aber jener warme Hauch der Demuth und Liebe, der Gottbedürftigkeit und des Gottesfriedens, der Stille im Kreuz, der Erhabenheit über die Welt und ihre vergängliche Lust ist eines Zuganges zu empfänglichen Gemüthern immer gewiß.

Mit diesem ihrem religiösen Character welchen Gegensatz bildet sie zur Scholastik! Diese ist in die ganz andere Aufgabe vertieft, den Lehrinhalt der Kirche mit den damals geltenden Denkformen darzustellen. Mit einem in Spitzsinn entarteten Scharfsinn häuft sie Distinctionen auf Distinctionen, Definitionen auf Definitionen, Antithesen auf Antithesen. Die üppigen Auswüchse dieses starken Lehrinteresses überwuchern und erdrücken den ewigen Inhalt. „Liebe Kinder, sagt der ehrwürdige Tauler, die großen Meister von Paris lesen mit großem Fleiß die großen Bücher und kehren die Blätter um. Das ist ganz gut. Aber diese lebendigen

---

[1]) De W. Br. I, 46. Vgl. 259. [2]) De W. Br. I, 102. De Wettes Anmerkung berichtigt durch Köstlin in Lth. Theol. I, 212.

gottförmigen Menschen dieselben lesen das wahre lebendige Buch), darin es Alles lebt. Denn sie kehren die Himmel und die Erde um und lesen darin die Alles übertreffenden großen Wunder Gottes¹). Die Scholastik gab Lehre, die Mystik wollte Leben.

Durch die Verschiedenheit der geistigen Richtungen ist es auch bedingt, daß die Mystik sich an einen gewissen Kern christlicher Grundgedanken hält und ihn mit einer durchsichtigen, wohlthuenden Einfachheit behandelt, während die Scholastik den Eindruck eines durch die Vielheit der Theile verworrenen Baues macht. Jene ist wie das Volkslied, dessen einfache Laute aus dem Herzen kommen und zum Herzen sprechen; diese wie eine Dichtung mit fremdländischem Stoff und überkünstlichem Versbau, die bald nur noch dem Literarhistoriker ein Interesse bietet. Jene führt eine Sprache, die an Kraft, wie an Weichheit, in ihrer Fülle wie in ihrer Einfalt sich der biblischen nähert, und redete in deutscher Zunge. Das Latein der Scholastik ist in der äußersten Ferne von Allem, was man anmuthig, herzlich, erbaulich nennen könnte; den Reiz ihrer Sprache bilden einzig jene Wortspiele, durch welche sie ihre Begriffe scharf und alliterirend zu pointiren weiß. Luther hebt an der mystischen Theologie hervor, daß sie „in deutscher Sprache ergossen sei"; er hatte hieran ohne Zweifel Freude und hat das Büchlein darnach betitelt: Ein Deutsch Theologia. Wohl glaubte er ermahnen zu müssen, daß man sich an dem schlichten Deutsch nicht ärgern möge, und erwähnte neben dem Preis des Reichthums an göttlicher Weisheit, daß das Büchlein „arm und ungeschmückt sei in Worten menschlicher Weisheit"²). Nach der literarischen Barbarei des 15. Jahrhunderts ist solche entschuldigende Rede erklärlich; zwischen Luthers an der Bibel sich bildenden Sprache und der Mystik gab es aber zuviel Wahlverwandtschaft, als daß er nicht hätte von ihr aufnehmen, durch sie sowohl in Ton und Ausdruck bestimmt werden sollen.

Aber nicht bloß durch ihren religiösen Character überhaupt und in der allgemeinen Geistesrichtung und Stimmung mußte sie Luther anziehen. Auch ihr positiver Lehrgehalt näherte sie dem Evangelium und dem großen Schüler desselben.

In der Tiefe der Seele wußte sie einen stillen Ort, eine Stätte

---

¹) Tauler: Bl. 212d. ²) In der Vorrede zur deutschen Theologie.

verborgener Gegenwart Gottes, ein unauslöschliches Fünklein seines Wesens und Lichtes. So kann die Seele des Menschen von Gott nicht lassen, ihre wahre Wesenheit zieht sie zu Gott. Dennoch ist es ein langer, mühevoller Weg bis ans Ziel. Denn durch den Sünden= fall haben fremde Mächte von der Seele Besitz ergriffen, den heiligen Grund gleichsam verschüttet und die Einströmung göttlichen Lichtes, das Aufnehmen göttlichen Lebens gehindert: Eigenliebe und die Liebe zur Kreatur sind dafür Lebens=Centrum geworden. Es gilt, sie aus der Seele zu bannen, das ursprüngliche Verhältniß zu Gott wieder herzustellen, indem dem wider Gott groß und mächtig gewordenen Ich alle Lebensnerven zerschnitten werden.

Das ist die Arbeit der Selbstverleugnung, die große Aufgabe eines wahrhaft göttlichen Lebens. Die Anfänger in demselben haben sich in strenger Zucht zu üben; dann hat der Mensch, das Auge seines Geistes gegen die bestrickenden Einflüsse der Kreatur ver= schlossen, die falsche Ichheit in ihren geistigeren Gestalten zu bekämpfen. Er muß in sich selbst zu nichte werden, jeden Anspruch, vor Gott etwas gelten, von ihm etwas verdienen zu wollen, aufgeben, jede ihm geschenkte Gabe mit der zarten Scheu, sie durch Selbstver= herrlichung zu beflecken, und mit der Demuth eines unwürdigen Empfängers unverdienter Gnade besitzen und gebrauchen, vor Allem die geistlichen Gaben des Trostes, der Erquickung; und er muß die Unruhe seines Herzens, die Begehrungen seines Willens durch eine völlige Unterordnung unter den Willen Gottes stillen und so bis zur Stufe der Gelassenheit und Abgeschiedenheit von der Creatur emporsteigen. Er würde aber diese steile Höhe nicht erklimmen, wenn nicht Gott hierbei mitwirkte, und zwar auf eine Weise, die dem Menschen unbegreiflich und oft unerträglich dünkt. Denn Gott ist wohl dem, der an sich selbst verzagt und über sich selbst klagt, nahe mit Gnade und Vergebung und richtet die Schwachen auf, indem er sie seine Nähe schmecken und empfinden läßt, so sehr, daß sie schon hier meinen, den Himmel mit all seiner Seligkeit zu schmecken. Aber das Hauptmittel seiner Erziehung ist doch Leiden. Je mehr ein Mensch der Vollkommenheit sich nähert, desto mehr umdunkelt sich sein Weg durch äußere und innere Bedrängniß, Anfeindung und Anfechtung, so daß er einem Hirsch gleicht, den der Kaiser mit Hunden hetzen läßt. Aber wie das geängstete Thier wohl, wenn es nicht mehr entfliehen kann, die Hunde an einen

Baum schleift und ihnen das Haupt zerbricht, so mag auch der andächtige Mensch an einen Baum eilen, an welchem er seiner Anfechtung das Haupt zerschlage: das Kreuz des Herrn Jesu Christi[1]). Denn nicht durch Ruhe und Erquickung, nicht durch innere Süßigkeit, sondern durch das Leiden Christi wird Beides, Lust und Schmerz überwunden. Je tiefer ein Mensch durch andächtige Betrachtung in die Leidensgestalt Christi sich hineinliebt und =lebt, desto mehr wird er von Allem, was das göttliche Leben hindert, am meisten von sich selbst innerlich befreit, über die Zeit und alles Endliche innerlich erhoben und in die Lebensgemeinschaft mit Gott, auf die er seinem Wesen nach angelegt war, so aufgenommen, daß Gott wieder jenen Grund der Seele besitzt, und der Mensch vergottet, gottförmig geworden, mit dem höchsten Gut Eins ist. Und so hat sich in dem inneren Gang seines leidenden Lebens Christi armes Leben wiederholt: ihm nach ist er durch die völligste Entsagung, Erniedrigung und Selbstverleugnung zur höchsten Erhebung in das unvergängliche Wesen und Leben gelangt.

Schon aus dieser Skizze, die vom Gedankengang der Mystik, sofern sie Frömmigkeitslehre, — nicht sofern sie Philosophie ist, — die wesentlichsten Züge andeutet, läßt sich auf ihre vorreformatorische Bedeutung schließen. Gott und der Mensch und Christus als der Weg des Menschen zu Gott bilden ihr Thema; und **das Verhältniß des Menschen zu Gott, zu Christus faßt sie vorwiegend als ein unmittelbares auf.** Ihr schmeckt nur, was aus dem Quell des Lebens selbst geschöpft ist; an aller Vermittelung flieht sie das Endliche, Irdische. Maria erscheint mehr als gottinnige, gelassene Magd des Herrn, denn als Himmelskönigin voller Gnaden. Die Heiligen verwandeln sich aus Fürbittern in Vorbilder des beschaulichen Lebens. Beichte und Genugthuung werden zu heilsamen asketischen Uebungen, aber Gnade und Geist, das wahre, vollkommene Leben aus Gott und in Gott wird doch nur dem zu Theil, der dem allermildesten Erbarmer zu Füßen sinkt.

Das Verhältniß des Menschen zu Gott ist ihr weiter ein innerliches; sie ist mit einem starken Gegensatz gegen Aeußerlichkeit und gegen die Gesetzlichkeit des kirchlichen Heilsweges behaftet. Dieser letztere lief, wie sehr er sich winden mochte, doch überwiegend auf

---

[1]) Tauler: Bl. 46b.

menschliches Thun und Wirken hinaus. Die Mystik schreibt der Askese zwar eine große Bedeutung zu, ja sie scheint zuweilen aus dem Leben des Christenmenschen Eine große asketische Uebung zu machen; von der Weltflucht, in welche die Sittlichkeit des Mittelalters ausmündet, ist auch sie erfüllt. Aber sie will mit ihrer Askese doch nicht das Heil verdienen, sondern Gott ein seiner empfängliches Herz bereiten. Zuletzt ist doch unser Wirken ein Nichts, sein Wirken Alles; unser bestes Theil, ihn wirken zu lassen. In diesem Sinne erhebt sie gegen die Eigengerechtigkeit ihr Zeugniß mit derselben Schärfe, die wir auch bei Luther fanden, und ruft bald mit gewaltiger Bußpredigt, bald im Ton der ruhigen, milden Unterweisung zu der Demuth und Stille des Gemüths, welche eine Schwester ist des Glaubens, Trauens und Hoffens auf Gnade allein.

Zugleich mit den evangelischen Grundlauten klingen aber auch fremde Töne durch die Mystik, in denen sich gleichsam das Element neoplatonisirender Speculation ankündigt, welches ihr beigemischt ist. Die folgenden Abschnitte werden zeigen, wie Luthers Ohr jenen Grundlauten sich öffnete, und wie er sie wiedergab; dann auch, ob jene Dissonanzen seinem Gehör sich fühlbar machten, ob sie seine Kritik erfuhren, oder ob sie ihm gleich den schwirrenden Tönen einer Glocke im Vollklang des Grundtons untergingen.

Erster Abschnitt.

Zur Dogmatik.

Die Sünde.

Der Mystik ist die Sünde durch Störung der Lebensgemeinschaft des Menschen mit Gott, die eine Folge des „Ursprungs" aus Gott war, entstanden. Mit ihrem Geist und sogar mit ihrem Ausdruck stimmt überein, wenn Luther schreibt: „Wir sind Alle in Adam durch den Teufel geschlagen und beraubet unseres Ursprungs d. i. Gottes, von welches Einfließen wir sollten grünen und wachsen; darum sind wir gnadenlos, dürr und des ewigen Feuers Werk worden[1]). Nicht einmal im Stande der Unschuld hat das thätige Vermögen (Gutes zu thun) bestehen können, sondern allein das subjective (leidentliche); viel weniger hat es vermocht, zum Guten zuzunehmen (ohne fortdauernde göttliche Einwirkung[2]).

Immer aber sind solche Aeußerungen vereinzelt. Erst wo Luther die Sünde nach ihrem innersten Wesen beschreibt, tritt der Einfluß der Mystik entschiedener hervor. Hatte schon in der Psalmenglosse von 1513 und den Vorlesungen der Gegensatz gegen das Ich seinen Ausdruck gefunden, so beschreibt er jetzt die mit der Erb=Sünde eingetretene Verderbtheit der Natur als Bezogenheit des Ich auf sich selbst, Eigenliebe, Eigenwille[3]) und Selbst=

---

[1]) 37, 404, a. 1517. [2]) Var. arg. I. 383. a. 1518. Heidelb. Disput. Thes. 15. Nec in statu innocentiae potuit stare activa, sed subjectiva potentia, nedum in bonum proficere. [3]) Tauler: Bl. 67 b rechnet zu den Gefängnissen, die Christus gefangen geführt, den eigenen Willen. D. T. p. 179. Man mag wohl sprechen, daß aller eigene Wille Sünde sei. p. 217. Im Himmel ist nichts Eigenes. 129. In der Hölle brennt nichts als eigener Wille. Vgl. p. 187 f.

vertrauen: Ein krummer Geist ist des Fleisches und Adams Geist, der in allen Dingen sich in sich selbst beuget, das Seine sucht, der ist uns angeboren[1]). Der Affect der Seele ist gottlos; denn er giebt nicht allein Niemand das Seine, dient Niemand, gönnt Niemand Gutes, sondern reißet auch an sich alle Güter Aller, indem er in allen Dingen, ja an Gott selbst das Seine sucht[2]). Es ist der Mystik eigenthümlich und ist auch auf Luther übergegangen, diese Eigenliebe in ihren feineren Gestalten aufzufinden und bloßzulegen. Sie hat dieselbe daher auch nicht mit dem Worte „Selbstsucht" bezeichnet, in der die Selbstheit zur Sucht oder Seuche geworden offen zu Tage liegt. Ihr aufs Innere gerichteter Blick folgt den tiefer liegenden Erscheinungen des auf sich selbst bezogenen Ich; die eigenthümliche Kraft ihrer Bußpredigt liegt darin, daß sie die Art göttlicher Schärfe an die in der Tiefe liegenden Wurzeln zu legen, daß sie auch unter den Verhüllungen einer anspruchsvollen Werkheiligkeit und geistlichen Gefühlsseligkeit die Schäden der Seele nachzuweisen versteht. Ihr feiner Sinn ist eben so groß wie ihr Tiefblick. Innerlich gerichtet und schon vor seiner Bekanntschaft mit der deutschen Mystik von den Werken, die verdienen wollen, ab- und der Gnade, die geschenkt wird, zugewandt, hat Luther dem Tauler nächst Augustin die Schärfung des Blickes für die Ichheit zu danken, welche in der Werkgerechtigkeit ihre Befriedigung findet. Es ist ganz aus der Schule Taulers geredet: die Natur ist so listig und schalkhaftig auf ihren Gesuch und Lust, daß ihr Niemand genugsam wehren kann, und der Mensch hier mit Sorgen und unsicher wandeln muß[3]). Ein verderbtes Herz ist, das das Seine sucht, nur auf sich Acht hat, indem es mit zwiefältigem Auge sieht und sich so stellt, als suchte es Gottes Willen, während es in Wahrheit eben in demselbigen seinen Willen sucht; welche Schalkheit und Bosheit hanget so tief an der verderbten Natur, daß sie Niemand denn Gott allein

---

[1]) 37, 395. a. 1517. Tauler: Bl. 70 b. Sehet, wie behendiglich schlägt diese wiederbiegende vergiftete Natur in alle die Dinge und suchet ihre Ruhe und ihr Gemach. [2]) Tauler: Bl. 70 d. Und findet man es doch leider viel in geistlichen und auch in weltlichen, daß der Mensch Gott nicht in allen Dingen lauterlich meinet. Er meinet sich selbst im Geist und in der Natur. 43 d. Die, deren Grund besessen ist, suchen in allen Dingen das Ihre an Gott und an allen Creaturen. (Oprt. 14, 81.) [3]) 7, 43.

kann erforschen¹). Christum begehren um sein selbst willen, zur Absicht seiner (d. i. eigener) Ehre, ist vielmehr ihn nicht begehren²).

Mit dieser Verkehrung des Verhältnisses zwischen Gott und dem Menschen ist auch die des Verhältnisses zwischen dem Menschen und der Creatur eingetreten. **Selbstliebe und Creaturenliebe sind correlate Begriffe.** Der Mensch, der in Ansehung seiner Seele Gottes Ebenbild und also zur Gnade Gottes geschickt ist, unterwirft, wenn er nach seinen natürlichen Kräften allein handelt, jegliche Creatur, deren er sich bedient, der Eitelkeit, suchet das Seine und was Fleisch und Blut gefällt³). Es ist ersichtlich, wie der Dualismus der Mystik ethisch verklärt seine Wiedergeburt bei Luther erfährt. Nicht Gott und Creatur, aber Gottes- und Creaturenliebe werden in unversöhnlichen Gegensatz gestellt, und aus dem Vorhandensein der letzteren die Unmöglichkeit gefolgert, die erstere zu besitzen: Wem Gott etwas ist, dem können unmöglich andere Dinge außer Gott etwas sein. Wem aber im Gegentheil andere Dinge etwas sind, der kann unmöglich von Gott etwas halten⁴). So nennt er das scholastische Argument des Skotus und Biel ein albernes: Der irrende Mensch kann die Creatur, daher auch Gott über Alles lieben. Man solle vielmehr also schließen: Der irrende Mensch kann die Creatur lieben, darum ist es unmöglich, daß er Gott liebe⁵).

Diese tiefe, feine und scharfe Betrachtung der Sünde ist zugleich bedingt durch das **ideale Maaß sittlicher Beurtheilung, das die Mystik anwendet.** Sie weist gern auf die Forderungen völliger Gelassenheit, der gänzlichen, leidentlichen Unterwerfung unter den Willen Gottes hin, um dem, der mit seiner Frömmigkeit zufrieden sein möchte, für seine Sünde die Ungebrochenheit seines Sinnes, die Macht seines selbstischen Strebens das Auge zu öffnen. In ihrem Geiste bezeichnet auch Luther es als ein Zeichen selbstischer Gesinnung, wenn ein Mensch ungern stirbt und nicht mit so großem Verlangen begehrt aufgelöst zu werden, daß er Gottes

---

¹) Tauler: Bl. 77 a. Es geschieht oft, daß man wähnet, daß Gott da lauterlich sei, so ist es da oft die vergiftete Natur, und suchet der Mensch das Seine und meinet es auch in allen Dingen. — Aehnlich Bl. 67 c. (Oprt. 14, 210.) ²) Var. arg. 1, 181. a. 1517. ³) Var. arg. 1, 235. ⁴) Var. arg. 1, 112. a. 1516. 1, 177. a. 1517. Tauler: Bl. 127 d. Soll Gott ein, so muß nothwendig die Creatur aus. Ebenso D. T. p. 233. Beide nach Meister Eckhart. ⁵) Var. arg. 1, 316. a. 1517.

Willen hierin aufs Freiwilligste gehorsam wird, wenigstens dem inwendigen Gemüth (ratio) nach, obschon gleich der äußerliche Sinn sich dawider sträuben möchte, wie bei Christo und allen Märtyrern geschehen¹). Man kann Viele sehen, welche mit geschmückten Worten gar fein sagen: Herr Jesu, du sollst mein König sein, dir übergebe ich Alles, es geschehe dein Rath und Wille: und siehe, es darf nur das Weib oder der Sohn sterben, das Vermögen umkommen, so hört man alsbald auf, Christum für einen König zu halten²). Besonders — und das ist das Eigenthümliche der Mystik Luthers — ist es der Glaube, an dessen Forderungen, als denen des höchsten Gottesdienstes die schlechte Selbstheit als schwere Sünde ermessen werden mag. „Weil denn nun Gottes Ehre und Dienst stehet in rechtschaffenem Glauben, starker Hoffnung und vollkommener Liebe zu Gott, so folgt gewiß, daß der, so Gott nicht vertraut, ihm weder glaubet, noch ihn liebet, sondern seinen Trost auf einige Creatur setzt, Gottes Ehre schände, dazu den Namen und das Werk, welches er Gott schuldig war, an der Creatur suche³). So lange das Herz in diesen körperlichen und sichtbaren Dingen lebt, so kann es nicht im Glauben leben, da es unmöglich ist, das sichtbare Ding und den Glauben zugleich zu haben.... So lange das Herz etwas hat, in dessen Gegenwart es ruhig ist, und in dessen Abwesenheit es unruhig ist, so hat es noch nicht den Glauben, sondern die Sache, während man nach Verlassung aller Dinge muß auf das Unsichtbare trauen⁴).

Die Todsünden.

Diese mystisch vertiefte Betrachtung der Sünde, welche auf das innerste Wesen derselben, auf das „radicale Böse" gerichtet ist, hat die willkürlichen Unterschiede und Bestimmungen in Fluß bringen helfen, welche die scholastische Theologie aufgestellt, und welchen die kirchliche Bußdisciplin, auf das Augenfällige, Handgreifliche gerichtet, das practische Interesse überwiegend zugewandt hatte. War mit der durch Luther vollzogenen Vertiefung in das Wesen der Sünde auch die Voraussetzung für die Wiedergeburt der Ethik gegeben, so war insbesondere das durch jene Vertiefung

---

¹) Var. arg. 1, 169. a. 1516. ²) Var. arg. 1, 195. a. 1517. Tauler: Bl. 29 a. b. 44 d. 72 b. c. ³) Oprt. 14, 138. ⁴) Var. arg. 1, 143. a. 1516.

bedingte Aufgeben jener kirchlichen Lehrbestimmungen der Anfang für die Befreiung des Ethischen aus der engen Schranke der kirchlichen Zucht.

Bezeichnend für Luther, ebenso im Geist der feinsinnig mystischen Denkweise, wie aus reformatorischen Regungen heraus sind es die an den „stolzen Heiligen" wahrgenommenen sittlichen Uebel, welche ihn folgende 7 Todsünden rügen lassen: 1. Hochmuth, welcher der Erkenntniß der Sünde entgegen ist. 2. Wohlgefallen an sich selbst, das das Leidtragen über sich selbst hindert. 3. Verwegene Sicherheit statt der Furcht Gottes. 4. Das verwegene Urtheil, das Tauler so oft als den Begleiter der Eigengerechtigkeit straft. 5. Das Sichärgern über die Sünde Anderer. 6. Verzweiflung beim Fallen in schwere Sünde. 7. ein stets unruhiges Gewissen. Außerdem hebt er an den in diesen Sünden Befangenen die Neigung zum Neid, Zorn und Mißmuth (acedia) hervor und das Besessensein von „geistlichem Geiz" und einem verborgenen Hochmuth[1]). In seinen zu Wittenberg gehaltenen Predigten über die zehn Gebote giebt er den Todsünden neben der äußerlichen noch eine innerliche Bedeutung; z. B. Hoffart zeigt sich äußerlich in leiblichen Gütern und innerlich in geistlichen. Diese ist gegen das erste Gebot. Ein Hoffärtiger, so er an sich etwas Gutes weiß, so ehrt er darinnen nicht Gott oder zeucht es mit Dank wieder in Gott, sondern stehet in ihm selber, hat ein lustiges Wohlgefallen an ihm selbst und wird ganz eitel in seinen Gedanken[2]). Bei der zweiten Hauptsünde, dem Geiz, legt er den Accent auf die Begierlichkeit, „die böse Zuneigung der verderbten Natur." Zur siebenten unterscheidet er zwischen der äußeren, der Trägheit im Kirchengehn, Predigthören, Beten, Lesen, Betrachten, und einer innerlichen. Diese ist viel subtiler und trifft den ganzen Dienst Gottes an und ist nichts Anderes, denn so einer in seiner angefangenen Gerechtigkeit ein Vertrauen hat und im Zunehmen nachlässig ist, stehet im Wege Gottes still, wird laulich und sicher

---

[1]) Var. arg. 1, 108, a 1516. [2]) Tauler: Bl. 120 a. b rechnet zu den Todsündern die Menschen, welche eine „pharisäische Weise" haben: „Sie meinen noch lieben Gott nicht, denn sie sind Liebhaber ihrer selbst. Sie thun große Werke, die Schein haben von Tugenden; und mit denselben so kehren sie zu ihnen selbst mit Hoffart und Gefälligkeit und thun damit ihren ewigen Schaden." Der Predigt, welcher diese Stelle entnommen ist, steht durch die Innerlichkeit der Beurtheilung der Todsünden die Luther'sche überhaupt sehr nahe.

und unterläſſet die Furcht Gottes. Dies Laſter wird unter allen Geboten begriffen, weil man in allen zunehmen ſoll. Aber, fügt er hinzu, — ein Zeichen, wie er mit dieſem dem kirchlichen Ausdruck untergelegten Gedanken aus den kirchlichen Zucht- und Heilmitteln herauswuchs — ich weiß nicht, ſoll man das beichten. Ich glaube nicht, denn es iſt ein geiſtliches Gebrechen, das man allein Gott entdecken ſoll, der allein da heilen mag[1]).

Außer dieſer Richtung auf das **Innerliche** iſt es Luthers ſchon gewonnene **Stellung zur freien Gnade Gottes** und der aus ihr allein herkommenden **Vergebung der Sünden**, die ihn dieſe kirchlich recipirten Unterſchiede von Tod- und täg- lichen Sünden durchbrechen ließ. Wenn er unter die Zahl jener Verzweiflung und ſtete Unruhe des Gewiſſens, alſo die Ver- zweiflung als dauernden Zuſtand des inneren Lebens rechnet, ſo folgt daraus der Satz, daß keine Sünde ſo groß ſei, für welche nicht Vergebung gefunden werden könne. Und daß die Vergebung nicht immer durch die kirchliche Vermittelung, ſondern auch unmittelbar von Gott, dem man ſein Gebrechen klagen ſolle, zu erlangen ſei, darauf iſt eben hingewieſen. Nicht minder indeß, wie er für die Tod- ſünde an der Möglichkeit der unmittelbaren Vergebung durch Gott feſt- hält, fordert er mit dem Hinweis auf Gottes Gericht, in deſſen Licht auch die geringſte Sünde groß ſei, für die tägliche Sünde die Nothwendigkeit der Vergebung. Dem Satz: Keine Sünde, die nicht vergeben werden könnte, entſpricht der andere: Keine Sünde, für die man nicht der Vergebung bedürfte. Er richtet ſich gegen die, welche ſagen, daß die Neigung nicht Todſünde ſei, und dafür halten, daß ſie nicht blind ſind, ſondern wohl wiſſen, was tägliche oder Todſünde ſei, und faſt in derſelben Blindheit Chriſto nach ſeinem Richterſtuhl greifen. Denn wahr iſt es, daß tägliche Sünden nicht verdammen. Es ſind aber von Natur keine täglichen Sünden, denn allein, denen ſie Gott aus Gnaden täglich achtet; das thut er aber nur denen, die ſie nicht ver- achten[2]). Darum iſt gar gefährlich zu reden von täglichen Sünden, ſo man daraus Sicherheit empfahen will und falſchen Troſt, der

---

[1]) Oprt. 12, 210. a. 1518. [2]) Sehr ähnlich urtheilt ſchon Gerſon, daß alle Sünde zu unendlicher Strafe zugerechnet werden kann; und daß ſie nicht zugerechnet wird, das bewirkt das allerreichlichſte Erbarmen des Erlöſers. (Opp. III, 170, A.)

da wider Gottes Furcht strebt und Gottes Gericht gar heimlich verachten lehret. Denn so der Mensch von einem jeglichen müßigen Wort soll Rechenschaft geben am jüngsten Tage, wer will so kühn sein, daß er tägliche Sünde nicht mit fürchten, hüten oder beweinen wolle, und also in demüthiger Furcht nach Gnade und Barmherzigkeit sich ernstlich sehnen?[1]

Bei allen diesen Berührungen mit der Mystik ist indeß der Unterschied, der die Luther'sche Betrachtung der Sünde von der mystischen trennt, nicht zu übersehen. Die Sünde ist ihm eine Schuld, die Vergebung nöthig hat. Während der Mystik das Gefühl der Schuld als ein, oft sehr zurücktretendes Moment anhaftet, hat Luther aus der Schrift und den Erfahrungen seines eigenen inneren Lebens gelernt, daß die Sünde, sei sie verborgen im Herzen oder offenbar in Worten und Werken, bestehe sie als eine aufgeerbte Richtung des Lebens, oder erweise sie sich als eine reife Frucht des Verderbens, an das Gericht des heiligen Gottes verhaftet[2].

Die Gebundenheit der natürlichen Kräfte durch die Sünde.

Trotz ihres Gegensatzes gegen die Werkheiligkeit hatte doch die Mystik der Askese eine bedeutende Stelle eingeräumt. Für ihre Ausübung verweist sie wenigstens den Anfänger auf seinen Willen und seine Kraft. Die Vollkommneren werden durch die empfangenen göttlichen Kräfte unterstützt. Die Bedeutung dieser Askese ist die Wegräumung der Hindernisse, die der Gnade entgegenstehen; die Bändigung der gröberen Ausbrüche der Sinnlichkeit und der Selbstsucht, eine der Praxis kirchlicher Askese ziemlich ähnliche Vorarbeit vor dem eigentlichen Wirken des heiligen Geistes.

Noch im Anfang seiner Beschäftigung mit der deutschen Mystik hat Luther sich einigemal, wie er es auch in den Scholien gethan, doch sehr vereinzelt, in ähnlichem Sinn ausgesprochen. Zur Gnade, sagt er in einer Predigt von der Beschneidung und Gerechtigkeit des Glaubens, können wir uns zwar durch Werke einigermaßen

---

[1] 37, 440, a. 1517. [2] Diejenigen Darstellungen thun der Mystik Unrecht, welche behaupten, sie fasse die Sünde nur privativ auf. In ihrer Frömmigkeit hat das Schuldbewußtsein eine Stelle; doch tritt dasselbe allerdings zurück. Vergl. Tauler: Bl. 226 a. 210 c.

zubereiten, aber erlangen können wir sie dadurch nicht¹). Mit ihnen ist zu suchen, daß wir die Hoffnung von Gott dadurch erlangen, damit wir der Barmherzigkeit würdig werden²). Dahin gehört Fasten, Wachen, Beten, Arbeiten, Barmherzigkeit thun, Dienen, Gehorchen u. s. f. Aber es ist bezeichnend für Luther, daß er hieran alsbald Warnungen knüpft: Wenn nun aber ein Mensch in der Ausübung hiervon begriffen ist, so muß er sorgfältig über sich wachen, er ist dann mehr eines Lehrers benöthigt, als zu Anfang, damit er nicht, indem er die sinnlichen Uebel vermeidet, ärger in die geistlichen falle, und derjenige, der z. B. die Ueppigkeit des Fleisches gezähmt, in eine geistliche Ueppigkeit und in die sieben geistlichen Todsünden gerathe. Mystisch wie diese Warnung und die ihr vorschwebenden Uebel ist dann auch die folgende Weisung: Die Menschen aber, welche vom Geiste Gottes getrieben werden, bekümmeren sich, wenn sie die Zucht des äußeren Menschen gelernt haben, darum nur als ein Vorspiel³).

Die Herausgeber der Werke Luthers haben mit Recht in jenen Aeußerungen über eine Vorbereitung auf die Gnade einen Sauerteig der Schultheologie gesehen⁴). Wenn auch die deutsche Mystik die Anfänger des göttlichen Lebens ähnlich unterwies⁵), so ist doch zu bemerken, daß die von ihr gepflegten Mittelstufen des Uebergangs von der Knechtschaft zu völliger Freiheit, vom Gesetz zum Geistes= besitz von Luther in ihrem Sinn nicht weiter behauptet sind. Sie fielen ihm bald von selbst hin, als er dieses Stück scholastischer Lehre, das sich schon in seinen Vorlesungen über die Psalmen findet, gänzlich abstieß.

Und ebenso wird die Antwort auf die Frage: Scholastisch oder mystisch? für einen anderen Begriff ausfallen, der, ein Gemeingut der Scholastik wie der Mystik, sich auf Luther's Theologie vererbt hat. Schon in den Vorlesungen über die Psalmen wurde der Synteresis gedacht als eines Ueberrestes des Guten im gefallenen Menschen, der auch jetzt noch wie der Ruf des verlorenen Sohnes gegen die Sünde reagire. Hierzu enthält eine Predigt Luthers auf St. Stephanstag vom Jahre 1515 eine längere bemerkenswerthe

---

¹) Var. arg. 1, 185 f. ²) Var. arg. 1, 329 a. 1516. ³) Var. arg. 1, 106. 110 a. 1516.) ⁴) Var. arg. 1, 186; auch Walch X, 1536. ⁵) Tauler sagt von den „ungeübten jungen Menschen": sie bedürfen, daß sie sich viel großlich und sehr üben mit mancher guten Weise. Bl. 146 b. und 147.

Ausführung. Er nennt die Synteresis auch hier die Erhaltung eines Ueberbleibsels (conservatio reliquiae), einen Rest und übrig gebliebenen Theil (residuum et superstes portio) der Natur (sc. der ursprünglichen, noch nicht verderbten) in ihrer Verderbtheit. Diese Synteresis ist sowohl im Willen wie in der Vernunft. Die des Willens zeigt sich darin, daß kein Mensch verdammt, jeder selig werden will, und so ist in dieser Hinsicht des Menschen Wille dem Willen Gottes conform, obwohl der Wille als Ganzes der Liebe zum Guten ermangelt. Die Synteresis der Vernunft trachtet auf unaustilgbare Weise nach dem Besten, dem Wahren, Rechten, Gerechten, und so ist sie der Weisheit Gottes conform, obwohl die Vernunft als Ganzes derselben durchaus difform ist. Denn wenn Beiden, der Synteresis des Willens wie der der Vernunft unsichtbare, verborgene Dinge dargeboten werden, so faßt die Vernunft sie nicht, wie der Wille sie auch nicht liebt, obschon sie durch die Synteresis dazu geneigt und darauf angelegt sind, sie zu erkennen und zu lieben. Denn jene ist blind, dieser aber schwach. Daher erkennt jene nur innerlich oder äußerlich das, was wahrscheinlich ist, d. i., was offenbar ist und in die Erscheinung tritt¹), dieser liebt auf ähnliche Weise eben dieselben Dinge, obwohl er unvermögend ist, sich über sie zu erheben, um mehr als sie das Unsichtbare zu lieben. Unsichtbar nennt aber Luther das, was in Gott ist, sichtbar aber, was nicht Gott selbst ist, wie Weisheit, Tugend, Gaben der Gnade. Denn obschon diese nicht sinnlich und fleischlich sind, treten sie doch in die Erscheinung und sind dem Menschen gegenwärtig und so bekannt. — Die Synteresis ist nun der Same, Zunder (fomes) und die Materie der durch die Gnade wieder herzustellenden Natur. Die Wiederherstellung ist möglich, wenn der Gnade nicht Widerstand entgegengestellt wird (nisi ponatur obex et gratiae resistatur), wie die Gottlosen thun, wenn sie auf ihre Synteresis vertrauen und vor ihrem eigenen Willen und eigenen Sinn sich nicht wieder herstellen lassen wollen, sondern glauben, daß sie gesund seien. Daher

---

¹) Der Text bedarf hier ohne Zweifel einer Verbesserung. Er lautet: Illa enim (sc. ratio) certa est, ista (voluntas) autem infirma. Ideo illa nonnisi verosimilia i. e. apta et apericentia cognoscit..... und dürfte zu emendiren sein: Illa enim caeca (oder incerta) est, ista autem infirma. Ideo illa nonnisi verosimilia i. e. aperta et apparentia cognoscit. (Var. arg. 1, 64 Zeile 4 v. u.)

ist jener Theil des Willens so wurzelhaft (radicaliter) in uns, daß er auch in den Verdammten die einzige Ursache fast der ganzen Höllenqual ist, weil sie diese nicht wollen und das Entgegengesetzte, das Heil, mit unermeßlicher Heftigkeit wollen. Denn so sagt Augustin, daß der Schmerz der Widerstreit der Seele ist in dem, was Einem gegen seinen Willen widerfährt[1]).

Zwischen dieser interessanten Ausführung und mystischer Lehre möchte man zunächst einige Berührungspunkte finden. Man kann bei dem „Stück des Willens und der Vernunft" etwa an das „Fünklein" der Mystik denken; bei der Ursache der Qual der Verdammten an die Aeußerungen Taulers über die Unauslöschlichkeit jenes Fünkleins in der Hölle; und die strenge Unterscheidung zwischen den Gaben Gottes und dem Unsichtbaren, das Gott selbst sei, ist sogar ohne Zweifel mystisch. Dennoch erheben sich gegen die Annahme eines Zusammenhangs Luthers mit der germanischen Mystik gegründete Bedenken, was den Begriff der Synteresis betrifft. Es ist zuerst durchaus nicht im Sinn der deutschen Mystik, jene lautere Grundgestalt als ein Stück, einen Theil (portio) des verderbten Willens und der verkehrten Vernunft aufzufassen. Sie bildet vielmehr das ursprünglich göttliche, über alle Kräfte erhabene eigentliche Wesen der Seele. Daher strebt dieses mystisch Unendliche, unbefriedigt von dem bloß Moralischen von der Gotteserkenntniß, die durch Vorstellung und Denken vermittelt ist, von den Gaben des Geistes und der Gnade der innersten Gemeinschaft mit Gott selbst zu. Jene von Luther erwähnte portio bedeutet dagegen religiös nur den Selbsterhaltungstrieb der Seele, das Verlangen selig zu werden; sittlich die auf dem Gewissen beruhende Unterscheidung von Gut und Böse und die Anerkennung des Rechtes und Werthes des Guten. Es ist daher nicht wahrscheinlich, daß hier eine Berührung mit der Mystik vorliegt; denkt man noch daran, daß der Ausdruck „Zunder" wie die Vorstellung von demselben als einer Materie, welche durch die Gnade wiederhergestellt oder erweckt werde, scholastisch ist, blickt man auf die ganz verschiedene Schilderung der Höllenqual, wie sie sich unter dem offenbaren Einfluß der Mystik ausbildet, so wird man hier Nachwirkungen der Scholastik, verbunden mit augustinischen Gedanken, vermuthen dürfen, welche

---

[1]) Var. arg. 1. 58. 61.

durch die Mystik nicht weiter geförbert, sondern mit unter dem Einfluß derselben bald gänzlich erloschen sind.

Ebenso ist auch über den Begriff des „Intellects" zu urtheilen, der sich schon in den Vorlesungen über die Psalmen, ja in der Psalmenglosse findet, und ganz wie dort, als das Vermögen des Unsichtbaren, Ewigen in Gegensatz gegen den endlichen Verstand, die ratio, gestellt wird [1]). Ob die Betrachtung des Intellects als einer Analogie des ewigen Worts auf ein hinzutretendes germanisch-mystisches Element deute, wird erst später erörtert werden [2]).

Zu bemerken ist endlich, daß alle diese scheinbaren Ansätze für Feststellung der Punkte innerhalb der verderbten Natur, an welche die Gnade anknüpfe, nicht zur Entwickelung bei Luther gediehen sind. Auch an dem der Mystik am meisten eigenthümlichen Gedanken einer ursprünglichen und unauslöschlichen Bezogenheit der menschlichen Seele auf Gott ist Luther gänzlich vorübergegangen. Zwar finden sich bei ihm Anklänge an die Bezeichnungen Taulers für dies unmittelbare Organ der Seele; allein wenn er vom Empfangen „des Fünkleins der Gnade" spricht [3]), so erhellt aus dem Zusatz „der Gnade" der veränderte Sinn, den er mit jenem Wort: „Fünklein" verband; und wenn er davon spricht, daß Gott lediglich allein nach dem Inwendigen (interiora) und Herzen eines Menschen frage [4]); wenn er fordert, daß das rechte Feiern, Beten und Loben im Geist, nicht mit dem Munde oder Schall eines Instruments oder körperlichen Zeichen geschehe, sondern mit dem innersten Gemüth (intimo affectu) des Herzens [5]), so hat er an jenen Begriff der Mystik wohl kaum gedacht und nur im Sinn religiöser Innerlichkeit, fern ab von allen Speculationen, geredet [6]). Auch über die scholastischen Versuche auf diesem Gebiet bricht er in der Kirchenpostille den Stab [7]).

Es war die Doppelseitigkeit der Mystik, die es Luther gestattete, einem ihrer Grundgedanken auszuweichen. Sie schwebt gewissermaßen zwischen dualistischer und auf Immanenz ruhender Denkweise. Bei der Betrachtung der natürlichen Kräfte hat

---

[1]) In der Pred. über Joh. 1 a. 1515 Var. arg. 1, 50 ff. [2]) In dem Abschnitt: Das ewige Wort. [3]) Walch VII, 1033 a. 1518. [4]) Var. arg. 1, 179 a. 1517. [5]) Var. arg. 1, 114 a. 1516. [6]) Der Taulersche Ausdruck kommt vor in der Auslegung der Bußpsalmen von 1517 (37, 438): Das Herze, den Grund, den will Gott haben. Auch von diesem gilt das oben Gesagte. [7]) 10, 178.

Luther sich jene angeeignet, die ihm wahlverwandt war. Zu ihr zogen die Erfahrungen seines inneren Lebens ebenso wie der Ausdruck, den dieselben in der Lehre Augustins vom freien Willen gefunden hatten. Er hatte das sündliche Verderben und die Tiefe des Elendes im Innersten seines Gemüths gefühlt; er hatte die Gnade und den Trost des Glaubens im Innersten seines Herzens erfahren. Einen Ort in der Seele, eine Kraft, ein Organ, eine geistige Lebensrichtung konnte es für ihn nicht geben, unter oder über dem Ort, wo die Kämpfe um Frieden stattgefunden hatten, wo die Kraft des natürlichen Willens versagt hatte, die Kraft Christi erprobt, und durch das Organ des Glaubens Frieden dargereicht war in der Vergebung der Sünden. Die Sünde tief erfassen und so zur Heilung aus dem Grunde führen, das ist Luthers Innerlichkeit, und sie hat sich auf dem Gebiet lebendiger Heilserfahrung erschöpft.

Es kam hinzu, daß bei dieser tiefen und gründlichen Heilserfahrung das Bewußtsein von der Sünde und das von der Gnade sich gegenseitig forderten und förderten. Weil Luther die Sünde so tief erfaßte, daß er in sich keine Hoffnung mehr hatte, darum fand er in der unverdienten Gnade Gottes, im Glauben an die Vergebung ohne all unser Verdienst so großen Frieden. Und weil der Besitz dieses Friedens, das Sichgründen und Feststehen auf dem Grund der Gnade und des Glaubens ihm so am Herzen lag, darum mochte er dem Menschen nichts Gutes zuerkennen und durch Einräumung eines irgendwie natürlich Guten, und wäre es auch nur die Sehnsucht nach dem Heil oder die Disposition dafür gewesen, den Werth der Gnade schmälern und die Ehre Gottes und unseres Heilandes durch eigene Ehre beeinträchtigen. Die Lehre von der gänzlichen Gebundenheit aller natürlichen Kräfte ist daher ebenso ein Ausfluß seiner Erkenntniß des Heils wie seiner Erfahrung des sündlichen Verderbens und geht um so viel über die mystische Auffassung hinaus, wie er sie in diesen beiden Stücken übertraf.

Ruhte der Gegensatz gegen die Lehre vom sogenannten „freien Willen" so auf der großen evangelischen Position, so erfuhr er doch noch eine Schärfung durch den Blick auf den Schaden, den jene Lehre und die darauf sich stützende Weise der Frömmigkeit verursachte. Die Bekämpfung der Werkheiligkeit wirkte zurück auf seine Betrachtung des freien Willens, die Bekämpfung der Scholastik auf die Betrachtung der Vernunft. Je energischer und unversöhnlicher dieser sein Gegensatz gegen die kirchliche Lehre und Praxis sich ausprägte, desto schneidiger werden auch die Begriffe, desto härter und paradoxer die Behauptungen, in denen er sich erschöpft, um der Natur nichts Gutes und keinen Ruhm zu lassen. Die Mystik, indem sie für die Schäden der Werkheiligkeit sein Auge schärfte und in seiner Abneigung gegen die Scholastik ihn stärkte, hat von dieser Seite her an der Ausbildung der Lutherschen Lehre von der Untüchtigkeit des Willens und der Vernunft mitgearbeitet, und es ist überdies nicht zu übersehen, daß Tauler zwischen dem übernatürlichen Wesen des Menschen und seinem natürlichen Licht und seiner natürlichen Kraft schroff unterscheidet [1]).

Und war es eine Inconsequenz, wenn Luther, für den das angedeutete Interesse es über alle anderen davontrug, aus der anders veranlagten mystischen Denkweise heraus seinen schon eingenommenen biblisch-augustinischen Standpunkt befestigte? Sprach die Mystik gern von der tief vergifteten und verbösten Natur, so durfte er ja behaupten: die menschliche Natur ist in allen ihren Kräften so vergiftet, daß sie nichts aus ihr selber Gutes vermag [2]). Sah sie die Quelle alles Bösen im Eigenwillen, und erklärte er mit der Mystik [3]), daß es im Himmel keinen eigenen Willen gebe [4]), wie natürlich, daß sich der Eigenwille ihm mit dem Willen deckte, und daß die Forderung, der Wille solle mithelfen zum Werk der Bekehrung, ihm den Widersinn bedeutete, daß der Eigenwille sich selbst aufgeben, das Verderben sich selbst heilen solle.

So ist es denn der Geist der Mystik, der Geist gött-

---

[1]) Tauler, Bl. 144d. Wenn das ungeschaffene Licht beginnt zu leuchten und zu scheinen, muß nothwendig das geschaffene Licht finster und dunkel werden, zu gleicher Weise, wie der klare Schein der lieblichen Sonne macht dunkel und finster der Kerzen Licht am Mittage. Vgl. auch 56d; 44ab; 47d u. a. Auch Meister Eckhart sucht den Unterschied zwischen dem Licht der Gnade und dem natürlichen Licht durch Vergleiche wie Nadelspitze und Himmel — Tropfen und Meer — als einen ungeheuren darzustellen. M. E. p. 229, 21. Der Pantheismus der freien Geister machte sich erst der gänzlichen Verwischung dieses Unterschieds schuldig. [2]) Walch, VII, 1052, a 1518. [3]) Vergl. oben S. 58, Anm. 3. [4]) Die Stellen bei Köstlin, Luth. Theol. I, 117.

licher Feindseligkeit gegen die Eigenheit, der vereint mit der augustinischen Gnadenlehre ihn von der Scholastik gänzlich ablösen hilft. Hatte er in den Scholien die scholastische Lehre von einem meritum de congruo, von einer Vorbereitung durch facere quod in so est beibehalten, so erklärt er in eben jener Zeit, in der er mit der deutschen Mystik schon genauer bekannt geworden ist, im Jahre 1516: Der Mensch kann sich ohne die Gnade weder de condigno noch de congruo zur Gnade vorbereiten, sondern bleibt nothwendig unter der Sünde; der Wille des Menschen ohne die Gnade ist nicht frei, sondern dient als ein Knecht, obgleich nicht ungern (licet non invita); der Mensch, wenn er thut, was in ihm ist (facit quod in se est), sündigt, da er aus sich selbst (Gutes) weder wollen noch denken kann[1]). Im Jahre 1517 nennt er bei ähnlichen Thesen die als Gegner, denen er in den Scholien noch halb als Schüler folgt, den Scotus und Gabriel Biel[2]). Und in dieser seiner Ablehnung aller Freiheit des — natürlichen — Willens beharrt er dann in der Folgezeit, je und je gegen die scholastische Lehre eifernd, noch ehe diese im Lager des Humanismus einen Bundesgenossen in Erasmus fand. So klagt er 1518: Es ist nun leider dahin kommen, daß man dem Volk von der Kanzel unverschämt öffentlich sagt: O Mensch, habe nur eine gute Meinung, Willen und Vorsatz, zu thun, soviel du kannst, thun, was in dir ist, so kannst du nicht verloren werden. Ach Gott, wie sind wir in den Irrthum kommen, so kein guter Wille, Gedanke, Meinung und Vornehmen in uns ist, und so wir thun, was in uns ist, so thun wir nichts, denn daß wir sündigen[3]).

Von derselben Verderbtheit, wie den Willen, sieht er dann auch die sämmtlichen Seelenvermögen ergriffen; mit derselben Schroffheit wie gegen die Lehre vom freien Willen eifert er gegen die, welche irgendwo und -wie im Seelenleben jene Verderbtheit nicht zugeben. Die Bezeichnungen der Seelenvermögen sind die der Scholien, wie er sie aus der Scholastik und romanischen Mystik kannte und ebenso bei Tauler fand[4]): die zornliche, vernünftige, begehrliche Kraft, von denen die erste

---

[1]) Var. arg. 1, 235.   [2]) Var. arg. 1, 315.   [3]) Walch. VII, 1051 a. 1518.
[4]) Tauler, Bl. 221 c. Die Mystik hat die Bezeichnungen von dem Neoplatonismus entlehnt.

durch die Macht des Vaters, die zweite durch die Wahrheit des Sohnes, die dritte durch die Süßigkeit des heiligen Geistes zu heilen ist. Aber es giebt Unheilbare, Unverbesserliche, wie die stolzen Selbstgerechten; und zu ihnen gehört, welcher glaubt, er wisse, was er wissen soll und sei nicht blind und habe keinen Lehrer nöthig, was die Vernunft betrifft; desgleichen, wer in seiner Meinung nicht übel will, liebt oder begehrt nach der begehrlichen Kraft; desgleichen, wer in seiner eigenen Meinung nichts Gutes, Wahres und Gerechtes haßt und verabscheut nach der zornlichen Kraft¹).

Die Untersuchung ergiebt also, daß Luther die völlige Unfähigkeit der Natur für die Erlangung des Heils zu wirken oder mitzuwirken mitten unter den Einwirkungen der Mystik behauptet und, von geringen Schwankungen abgesehen, die einer ablaufenden Entwickelungsperiode angehören, die Frage nach dem Verhältniß des gefallenen Menschen zum Guten und zur Gnade nur mit einer radicalen Negation beantwortet hat. Dennoch ist die heilsame Einwirkung des mystischen Geistes in dem Satz zu erkennen, daß es in der Liebe zur Creatur kein Genügen für die unsterbliche Seele gebe. Die positive Seite dieser Behauptung ist jenes mystische Princip von einem unvertilgbaren Zug der Seele zu Gott. Dies hat Luther sich nicht angeeignet; aber an jener Unmöglichkeit, die Tiefe der nach Gottes Ebenbild geschaffenen Seele mit irdischer Liebe auszufüllen, hat er neben der Behauptung der Untüchtigkeit des natürlichen Menschen festgehalten. So sagt er: Der alte Mensch ist der, welcher Gott nicht rein und lauter liebt, noch inbrünstig nach ihm hungert und dürstet, sondern mit seinem Gemüth und Geist seine Sättigung in der Creatur zu finden meint, da doch dieser, weil er Gottes fähig ist, auch nur durch Gott allein gesättigt werden kann²). Und im Zusammenhang hiermit ist gewiß auch die Stelle im Tractat von der Freiheit eines Christenmenschen zu verstehen: Die Seele hat weder im Himmel noch auf Erden ein ander Ding, darin sie lebe, fromm, frei und Christi sei als das Wort Gottes von Christo. Sie kann

---

¹) Var. arg. 1, 128. ²) Var. arg. 1, 247 a. 1516. Tauler sagt von der Seele nach ihrem „Grund": Gott, der doch alle Dinge vermag, vermag nicht ihren Durst zu löschen mit irgend etwas Anderem, denn mit sich selbst; und gäbe er ihr Alles, was er je schuf im Himmel und auf Erden, sie hätte nicht ihr Genügen, noch wäre sie gesättigt. (Bl. 121 a.)

alles Dings entbehren ohne des Wortes Gottes, und ohne das Wort Gottes ist ihr mit keinem Dinge beholfen. Wo sie aber das Wort hat, so darf sie auch keines anderen Dinges mehr, sondern sie hat in dem Wort Genüge, Speise, Freude, Friede, Licht, Kunst, Gerechtigkeit, Wahrheit, Weisheit, Freiheit und alles Gut überschwänglich[1]). Die völlige Untüchtigkeit ist also keine Indifferenz. Die ursprüngliche Bezogenheit der menschlichen Seele auf die Lebensgemeinschaft mit Gott, ihre Hoheit und ihr Adel reagirt zwar nicht spontan gegen die sündliche Abwendung von Gott und die Hinwendung zur Creatur, aber Frieden und Genügen kann sie nicht in den falschen Gütern finden, auf welche die Verkehrung sie führt, sondern in den wahren, auf welche sie ursprünglich angelegt ist.

Die Bekehrung als Gottes Werk.

In innigem Zusammenhang mit der radicalen Betrachtung der Sünde und mit der Lehre von der völligen Gebundenheit aller natürlichen Kräfte durch die Sünde und andererseits in unmittelbarer Folge seiner Lehre von der Gnade hat Luther die Bekehrung als einen Vorgang aufgefaßt, bei dem das Wirken allein auf Gottes, auf des Menschen Seite allein das Leiden dieser göttlichen Wirksamkeit sei. War es auch zunächst der Einfluß augustinischer Theologie[2]), der ihn nach einer Seite hin bestimmte, zu welcher auch seine eigene Bekehrung mit ihrem völligen Verzagen und Verzichten ihn geführt hatte, so enthielt doch die Mystik eine Fülle von Gedanken und Stimmungen, an denen sich diese seine Stellung sichtlich befestigt hat. War es doch ihr Grundsatz, daß auf Gottes Seite reine Mittheilung, auf der des Menschen reines Empfangen sich wie zwei polarische Gegensätze auf einander bezögen; Eckhart hat zuerst im scharfen Gegensatz gegen die Lehre vom Heil aus Werken behauptet, daß der Fromme Gottes Werk sei; und dieser Gedanke ist, wenn auch durch manche Annäherung an

---

[1]) 27, 177 f. a. 1520. [2]) Auch bei Staupitz steht die Mystik unter diesem Einfluß: Lieben mögen wir nicht aneinander lernen, viel minder über alle Dinge lieben, sondern behalten das dem bevor, der das Herz in seinen Händen hat, den Willen in seiner Gewalt, zu wenden, wohin und wie er will. (Kaale p. 96, vgl. 102. 104—106 a. 1518.)

die kirchliche Lehre bei den Späteren abgeschwächt, der Mystik verblieben [1]).

In ihrem Sinn und Ton läßt sich auch Luther vernehmen: Die Geschäfte der Hände Gottes das sind die Frommen, die er gebiert und schaffet aus Gnaden. Das geschieht ohne all ihr Mitwirken, denn so sind und werden sie neue Creaturen in Christo [2]). Bei den Weltmenschen wird derjenige gelobt, der Vieles gethan hat, bei Gott derjenige, der Vieles empfangen hat. Wie ist diese unsere Thorheit so unglückselig, daß wir bei Gott wollen gelobt sein, wo wir nichts gethan haben, sondern nur durch sein Wirken empfangen haben [3]). Zu Psalm 51, 10 sagt er: Reine Hand und schöne Worte im äußeren Schein ist leicht zu thun und Menschenkraft; aber ein reines Herz, von aller Dinge Liebe gesondert, das ist des Schöpfers und göttlicher Gewalt Werk [4]). Es wird aber die Gerechtigkeit Gottes und unsere Gerechtigkeit genannt darum, daß sie uns geschenkt ist aus seiner lauteren Gnade wie ein Werk Gottes, das er in uns wirket; wie ein Wort Gottes, das er in uns redet; wie Kräfte Gottes, die er in uns wirket [5]).

Von diesem Grundgedanken aus erscheint denn der Glaube als etwas rein Leidentliches, als eine durch göttliche Kraft bewirkte Bewegung der Seele. Im Vorbeigehen sei auf den später ausführlich zu besprechenden Unterschied zwischen der Mystik und Luther hingewiesen, daß diese göttliche Kraft bei jener eine unmittelbar von Gott aus- und in uns eingehende, bei diesem aber wesentlich eine durch das Wort vermittelte ist: Die drei Tugenden Glaube, Liebe und Hoffnung haben zu schaffen allein mit dem lauteren Worte Gottes inwendig, damit die Seele gefangen wird und nicht fähet; d. i. sie, die Seele, die Braut Christi, wird entblößet des Rockes und der Schuhe, beide mit der That und Gedanken; wird also gezogen durch das Wort, dem sie anhanget, ja, das sie ergreifet und

---

[1]) Tauler, Bl. 176 d. Den Kehr (sc. zu Gott) muß Gott geben und wirken. Vgl. Bl. 150 a. 34 c. 62 b. 146 d. Die allerliebsten Söhne werden von dem Geiste Gottes gewirkt. D. T. p. 231: Soll man nun dem ewigen einigen Gute alles Gute zuerkennen, wie man doch von Recht und in der Wahrheit soll, so muß man ihm auch von Recht und in der Wahrheit zuerkennen das Anfangen und den Fortgang und das Vollenden, so daß dem Menschen oder der Creatur gar nichts bleibe. [2]) 37, 435 a. 1517. [3]) Var. arg. I, 117 a. 1516. [4]) 37, 394 a. 1517. [5]) Oprt. 14, 207.

führet wunderbarlich in die Wüsten, wie Hos. 2, 14 geschrieben steht, in das Unsichtbare, in seine Schlafkammer, in seinen Weinkeller, wie Salomo im Hohenliede c. 1, 41. c. 2, 4 singet. Was ist der Glaube anders, denn jene Bewegung im Herzen, die genannt wird glauben? die Hoffnung anders, denn die Bewegung des Herzens, die genannt wird hoffen? die Liebe anders, als die Bewegung des Herzens, die genannt wird lieben. Nach einem Wort der Polemik gegen die aus Aristoteles in die Scholastik eingeführte Unterscheidung von habitus und actus sagt er dann, in diesen göttlichen Tugenden sei nichts Anderes, denn ein Leiden, ein Reißen (raptus), eine Bewegung, dadurch die Seele mit dem Worte Gottes beweget, zugerichtet, gereiniget und schwanger gemacht wird[1]). Auch auf die Einkleidung sei hingewiesen, die der Gedanke des Gottleidens durch die ächt mystische Ausbeutung des Hohenliedes erhalten hat[2]).

Von dem Gedanken aus, daß der Glaube Gottes Werk sei, ist noch eine Frage in Betreff des freien Willens zu erörtern, sein Verhältniß zu dem Vorgang der Bekehrung. Unter Verweisung auf Jerem. 18, 6 fragt Luther, indem er den Irrthum bekämpft, daß der freie Wille etwas vermöge, so wir von einem inwendigen Werk reden: Lieber, sage mir, was thut der Thon dazu, wenn ihm der Töpfer eine Form giebt? Wird dort nicht ein reines Leiden (mera passio) gesehen? Durch dieses kommt er indeß von seiner Ungestalt zu der Form, die des Meisters Idee ähnlich ist. Nur von dem Willen, der Fleisch geworden (incarnata) oder in's äußere Werk ausgegossen ist, mag recht gesagt werden, daß er mitwirke und sich thätig verhalte (cooperari et activitatem habere), gleichwie ein Messer in seiner Bewegung nichts thut, sondern lediglich leidet; aber wenn man damit eine Wunde gemacht hat, so hat es durch seine Bewegung mitgewirkt mit dem, der mit ihm schneidet. Derohalben gleichwie das Messer zu seiner Bewegung nichts mitwirkt, also auch der Wille nichts zu seinem Wollen, welches da ist eine Bewegung des göttlichen Wortes, ein lauteres Leiden des Willens[3]), welcher alsdann mitwirkt zu dem Werk der Hände mit Beten, mit Gehen, mit Arbeiten und dergleichen mehr[1]). Hiernach scheint es,

---

[1]) Opp. 14, 260. [2]) Vgl. z. B. Tauler, Bl. 49 a. [3]) Tauler, Bl. 193 b. Leide dich und laß dich und hüte dich und schweig stille. 2 c. Darum sollst schweigen, so mag das Wort dieser Geburt in dir sprechen und in dir gehört werden. Aber sicher, willst du sprechen, so muß er schweigen. Vgl. Bl. 101 d.

als bliebe die Mittheilung des Glaubens, der Gnade, des Geistes dem Willen fremd und äußerlich, wie der Wille des Menschen dem Werkzeug in seiner Hand, und als sänke der Wille auch nach Beginn der Wirksamkeit Gottes zu einer unethischen Macht herab, die, wie die Vernunft auf dem Gebiet des Erkennens, so in dem der Strebungen nur das Aeußerliche zum Gegenstand haben und an dem Erfolg einer sittlichen Thätigkeit nur insofern Antheil nehmen könne, als derselbe eine äußere, ja äußerliche Seite darbiete. Allein es ist zu bedenken, daß Luther unter der Bezeichnung „freier Wille" nur jene selbstische und natürliche Kraft verstehen wollte, der er Werth und Bedeutung für das innere göttliche und für das christlich-sittliche Leben ganz absprechen zu müssen glaubte. Der gute, geheiligte Wille verhält sich ihm zu dem „freien" wie die Gnade zur Natur, wie Liebe zur Selbstsucht. Und so ist es kein Zwiespalt mit jener abfälligen Aeußerung über den freien Willen, wenn er sagt: Der aufrichtige Geist ist der gute Wille, stracks zu Gott gerichtet, allein Gott suchend, der muß von Neuem gemacht werden und eingegossen von Gott in das Innerste unseres Herzens, daß nicht eine Trügerei sei in unserem Geist, sondern aus ganzem Grunde Gottes Wille lieb gehabt werde²). Er wollte nicht ein unethisches Auseinander von Gnade und Natur lehren; aber er hat die für das Natürliche gebräuchlichen Bezeichnungen auf die von der Gnade durchdrungenen Kräfte nicht angewendet, da einmal die Lehrtradition vor ihm jene Bezeichnungen im semipelagianischen Sinne verstand. Für die Entscheidung der Frage, wie der sogenannte freie, in Wahrheit gebundene Wille ein in Gott wahrhaft freier werde, blieb ihm die Wahl zwischen der augustinischen Prädestinationslehre und dem Gedanken der germanischen Mystik von einer nicht völlig austilgbaren Gottbezogenheit im Grund der Seele, an welche die befreiende Wirkung der Gnade anknüpfe. Seine Erfahrungen haben ihn in die Bahn Augustins getrieben.

Die Glaubensgerechtigkeit.

In den Dienst dieses Augustinismus trat bei Luther der mystische Gedanke vom „Gottleiden", vom Leben und Wirken Gottes im Gläubigen. Unmittelbarer, reichlicher und eigentlicher hat er aus der

---

¹) Oprt. 14, 262. ²) 37, 395 a. 1517.

Fülle der Mystik geschöpft für die tiefere und reichere Ausgestaltung seiner Lehre von der Glaubensgerechtigkeit, obschon diese selbst in den Grundformen schon ausgeprägt war. Der Tiefblick und der Feinsinn der Mystik, ihr Andringen zum Unsichtbaren und ihre gleich entschiedene Verachtung des Sinnlichen und Irdischen, ihr Zug zur Anbetung und Verherrlichung Gottes wie ihre freudige Selbstverleugnung und ihr liebevolles Umfassen alles Kreuzes, ihre großartige Erhabenheit wie ihre stille Gelassenheit und ihre demüthige Beugung haben dem Herzpunkt seiner Theologie ein Etwas von ihrer Art gegeben. Ein Zeugniß hierfür ist das Bild des Gläubigen, das er entwirft. Es ist mit mystischer Farbe gesättigt, vom Schleier ihres Geheimnisses umwoben, von ihrem Lebenshauch durchweht. Wie er sich liebevoll in die Mystik versenkte, bemüthig von ihr lernte, nach der Dürre der Scholastik dieser frischen Wasserbrunnen froh, übersah er, daß Ueberzeugungen, auf denen sein inneres Leben sich erbaut hatte, in ihr nur verhallend wiederklangen. Das ist der Fall mit der Lehre von der Gerechtigkeit, die aus der Zurechnung Gottes kommt[1]) und in der Vergebung der Sünden zuerst und wesentlich besteht. Sie bleibt auch in der germanisch-mystischen Periode die Grundlage der Lutherschen Lehre[2]). Die Mystik, indem sie unter der Pflege des Gedankens der Lebensgemeinschaft das persönliche Verhältniß des Menschen zu Gott und die Rechtsseite in diesem Verhältniß hintansetzte, ließ die Begriffe: Schuld, Vergebung, Verdienst Christi, Zurechnung zurücktreten; immerhin indeß hatte sie sich hiervon nicht entfremdet; und ein nicht kritisch blickendes Auge mochte in der von ihr gepredigten Heilslehre Absonderliches übersehen und sich in das ihr mit der evangelischen Wahrheit Gemeinsame mit liebevoller Betrachtung versenken.

Zuvörderst durfte er in ihrem Grundsatz: „Gott giebt, der Mensch empfängt", die von ihm gegen die falsche Gesetzlichkeit in der Kirche schon nachdrücklich behauptete evangelische Grundwahrheit wiederfinden, daß das Heil nicht eine Leistung, sondern eine von Gott geschenkte, vom Menschen zu empfangende Gabe sei.

Wie die Mystik hier sich mit dem Grundsatz evangelischer Frömmigkeit im Gegensatz gegen gesetzliche begegnete, so konnte sie

---

[1]) Var. arg. 1, 251 a 1516. [2]) Var. arg. 1, 241 f. a. 1516.

im Besonderen auch den Hülfssatz evangelischer Erkenntniß fördern, den Luther dem Augustin verdankte: daß nämlich unter der Gerechtigkeit, mit der Gott den Menschen bekleidet, nicht seine strafende Gerechtigkeit, „dadurch Gott selbst gerecht ist und die Gottlosen verdammt," zu verstehen sei, sondern seine Güte und Barmherzigkeit, welche da gerecht macht. Förderte ihn nämlich sein Studium der Mystik auch nicht durch Aufschlüsse, die sie ihm über die Bedeutung des Wortes „Gerechtigkeit" gegeben hätte, so war doch durch den Grundsatz ihrer Theologie, daß Gott sich selbst mittheile, und daß darin seine Seligkeit liege, Gottes Wesen nicht von der Seite des Rechts, sondern als Liebe aufgefaßt und durch den Gedanken von der Wesensgemeinschaft ein Verständniß des Wortes „Gerechtigkeit" als der „wesentlichen Gerechtigkeit" eröffnet, das die Lehre von der Gerechtigkeit aus Gnaden nicht mehr hinderte, sondern vertiefte. Wie die Mystik ihn so über Augustin hinausführte, zeigt folgende interessante Stelle. Nachdem er die Auslegung des Wortes „Gerechtigkeit" im Sinne Augustins gebilligt, sagt er: Doch muß man es nicht ganz und gar verwerfen, daß dies Wort: „Gerechtigkeit Gottes" auch nach dem schon genannten — dem Augustinischen — Tropus die Gerechtigkeit sei, durch welche Gott selbst gerecht ist, so daß also durch eine und dieselbe Gerechtigkeit beide, Gott und wir, gerecht sind; gleichwie durch ein Wort Gott wirket, und wir das sind, was er selbst ist, so daß wir in ihm sind und sein Wesen (suum esse) unser Wesen ist; dies ist höher, als der Ort jetzt davon zu reden gestattet und ist in einem anderen Sinn gesagt als Jene denken[1]). Dieser andere Sinn ist offenbar der der germanischen Mystik. Wir werden erinnert an ihren Grundgedanken von der Wesenseinheit des Menschen mit Gott, und besonders an die Formulirung desselben, daß Gott sein Wort in der Seele spreche oder gebäre[2]). Wie weit und mit welchen Beschränkungen Luther auf diesen Cardinalpunkt der Mystik eingegangen ist, wird das folgende Kapitel zeigen.

Die Vereinigung mit Gott.

Das Verlangen der Mystik, das sich über die mitgetheilte Gabe Gottes, auch die geistliche, hinaus auf Lebens- und Wesensmittheilung

---

[1]) Oprt. 14, 208. [2]) Tauler, Bl. 96 d.

Gottes selbst richtet¹), dieser Zug zu den Tiefen, dieser Flug in die höchste Höhe der Gottheit, hat mit der Macht, die den deutschen Tiefsinn allewege angezogen hat, auch Luthers Gemüth berührt. Spuren davon zeigen sich schon in den Anfängen seiner mystischen Periode²); aber sein auf „das Wort" gegründeter Sinn vermied jene bodenlosen Abgründe, in welchen die Mystik nicht bloß das falsche, selbstsüchtige, sondern auch das Leben überhaupt untergehen zu lassen in Gefahr ist. Nie hat er über das Verhältniß zu dem lebendigen, persönlichen Gott, wie er sich geoffenbart hat, hinaus sich mit dem „Ueberwesen" Gottes, dem reinen Sein, zu schaffen gemacht, das eine ungeheure Leere, der Tod alles Lebens, der Untergang alles Persönlichen ist. Und die Lebensmittheilung, wie er sie sich dachte, war nicht bloß vom Ueberschwang der mystischen „Vergottung" frei, sondern auch von der eigenthümlich mystischen Abneigung gegen die Vermittelung göttlichen Lebens. Wie sie zur Quelle den Gott der Offenbarung hat, so ist sie auch an die Vermittelungen gebunden, durch welche Gott für die Menschen sich kund gegeben hat. Unter diesen tritt, wie schon in den Vorlesungen, im Unterschied von der Mystik, besonders „das Wort" hervor; aber eine Einwirkung der Mystik findet doch auch hier darin statt, daß das Wort der Schrift in lebendiger Einheit mit Gott selbst als ein Ausfluß seines Wesens aufgefaßt wird. In diesem Sinn ist zu verstehen, was er zu Weihnachten 1515 noch in der Berührung mit Scholastik und romanischer Mystik sagt: Wir werden das Wort oder dem Wort ähnlich d. i. Wahrhaftige, gleichwie Gott ein Mensch oder dem Menschen ähnlich worden ist, d. i. dem Sünder und Lügner ähnlich, aber nicht ein Sünder und Lügner; gleichwie wir nicht Gott werden oder die Wahrheit werden, sondern Göttliche (divini) und Wahrhaftige oder theilhaftig der göttlichen Natur, wenn wir das Wort aufnehmen und durch den Glauben demselben anhangen. Denn auch das Wort ist nicht solchergestalt Fleisch worden, daß es sich selbst verlassen hätte und in das Fleisch verwandelt worden wäre, sondern so, daß es das Fleisch hat angenommen und dasselbe mit sich vereinigt hat,

---

¹) Vergl. oben S. 66, Zeile 22 ff. ²) Zu vergleichen Tauler, Bl. 48 c 105 b; 138 c; 141 b; 226 d; (das erste der beiden durch ein Versehen gleichnummerirten Blätter) u. ö. D. T. pag. 11. 85. 105. 193. Staupitz, bei Kaale, S. 118.

durch welche Vereinigung man nicht allein von ihm sagt, daß es Fleisch habe, sondern, daß es Fleisch sei. Also werden auch wir, die wir Fleisch sind, nicht auf solche Weise das Wort, daß wir wesentlich (substantialiter) in das Wort verwandelt würden[1]), sondern daß wir es annehmen und durch den Glauben dasselbe mit uns vereinigen; um welcher Vereinigung willen von uns gesagt wird nicht allein, daß wir das Wort haben, sondern auch, daß wir das Wort sind, denn also spricht der Apostel: Der Herr ist der Geist, und wer dem Herrn anhanget, der ist Ein Geist mit ihm; und Joh. 3: So ist ein Jeglicher, der aus dem Geist geboren ist, ebenso: Was aus dem Geist geboren ist, das ist Geist; und der Apostel: daß wir in ihm sind die Gerechtigkeit, die vor Gott gilt. Gleichwie wir demnach genannt werden Geist, Gerechtigkeit, Wahrheit, Heiligung und das Reich, also heißen wir auch Wort, Weisheit, Kraft; denn Juda ist seine Heiligung geworden und Israel seine Gewalt. Und da Christi Kleid ist Gerechtigkeit, Heiligkeit und Herrlichkeit, wir aber sein Kleid sind, so sind wir auch Gerechtigkeit und Herrlichkeit[2]).

Indem also die Menschwerdung Gottes als Analogie für die Gottwerdung der Menschen dient, um den Gedanken einer Wesensverwandlung auszuschließen, wird der sittlichen Verwandlungs- und Verneuerungskraft des Glaubens hier eine tiefsinnige Basis gegeben. Das Wort Gottes, im Glauben angeeignet, durchdringt den Menschen mit Gotteskraft. Der Glaube ist das Princip des heiligen und göttlichen Lebens. Es wird sich später zeigen, wie Luther mit diesem Gedanken die Fundamente einer neuen Ethik legte.

Außer dem Wort wird als Vermittlung, durch welche Geist, Kraft und Leben Gottes sich an den Menschen mittheilt, auch die Gerechtigkeit, nämlich Gottes uns geschenkte Gerechtigkeit genannt. Das Wort Sirach 15, 1. 2: „Wer die Gerechtigkeit enthält" wird gedeutet auf den, der Gerechtigkeit unzertrennlich und beständig an-

---

[1]) J. Gerson tritt schon dem Irrthum, daß die liebende Vereinigung der Seele mit Gott die Seele ihr Wesen verlieren und das göttliche Wesen annehmen lasse, mit Nachdruck entgegen. Er nennt diese Meinung einen Wahnsinn. Amalrich hatte ihr gehuldigt. (Opp. III, 286, F.) St. Bernhard hatte die Einigung formulirt: non tam essentiarum cohaerentia, quam conniventia voluntatum. (Opp. II, 797, C.) [2]) Var. arg. 1, 53.

hanget und mit ihr Gemeinschaft hat, daß er gewissermaßen mit derselben Eins ist¹). Vor Allem ist es aber Christus selbst, mit dem sich die Seele durch den Glauben vereinigt. So heißt es in der Auslegung des Briefes an die Galater unter Hinweis auf Cap. 2, 20: Das Leben eines Christen ist nicht sein, sondern Christi, welcher in ihm lebet²). Ein Christenmensch lebet nicht, redet nicht, wirket nicht, leidet nicht, sondern Christus in ihm, alle seine Werke sind Christi Werke³). Christus regieret in uns, wenn er in uns wohnet, die er von unseren Werken feiern läßt, und wenn er an seinem Sabbath, der durch uns geheiliget ist, alle unsere Werke thut⁴). Diese Lebensgemeinschaft mit Christo hatte Luther schon in den Scholien bezeugt; nicht zum Wenigsten wurde an diesem Punkt seine Mystik durch Schriftstudium gefördert; daß auch die germanische Mystik einwirkte, zeigt besonders das zuletzt angeführte Wort. In dem Abschnitt, der von Christo handelt, wird sich der Gegensatz herausstellen, in dem kraft dieses mystischen Gedankens Luther sich zur Scholastik wußte.

Durch Tod zum Leben.

Früher als das positive Princip der Mystik von der „Vergottung" hatte die negative Seite derselben, durch Augustin und St. Bernhard kräftig vertreten, den Gegensatz gegen das Ich in Luthers Theologie auf jene tiefe, für sein Inneres bedeutsame, für sein zukünftiges Wirken verheißungsvolle Weise ausgeprägt, wie wir es in der Psalmenglosse und den Vorlesungen beobachteten. Noch energischer, mit mehr speculativem Schwung und Tiefsinn hat die deutsche Mystik jenen Gegensatz ausgestaltet. Jene Flamme verzehrenden Eifers, „sich selbst zu hassen, zu verabscheuen", fand in ihr reichlichen Nährstoff. In der germanischen Mystik leidet indeß jene Forderung, der Ichheit ledig zu werden, an einer Unbestimmtheit und durch sie an einer großen Gefahr: Zwischen dem berechtigten, gottgesetzten Ich und der schlechten, entarteten Selbstheit wird nicht klar unterschieden, so daß bei der Bekämpfung der Selbstsucht auch

---

¹) Var. arg. 1, 103. a. 1516. ²) Ep. ad Gal. III, 341. a. 1519. ³) Ibid. 373. ⁴) Oprt. 16, 355.

das Recht des persönlichen Daseins verkannt wird, eine Nachwirkung pantheistischer Speculation. — Luthers Mystik dagegen hat in jenen Zauberkreis sich auch da nicht bannen lassen, wo er fast mit ihren Worten jenen Gegensatz gegen das Ich auf das Schärfste ausdrückt. Hatte er mit der Mystik die Sünde in ihrem Wesen als die Richtung des Ich auf sich selbst erkannt, so fordert er mit ihr die Richtung des Ich gegen sich selbst; jene entspricht der Abkehr von Gott, diese der Bekehrung zu Gott. Hat dies „Zu Gott werden" auf seine Lehre vom Glauben eingewirkt, bestimmte der Gegensatz gegen das Ich seine Lehre von der Buße, wie schon in den Scholien erkennbar, so schaut er jetzt benselben im Licht des großen christlich=mystischen Princips an, daß aus dem Sterben erst das wahre Leben komme, schaut ihn an als das große Kreuz, das nachdrücklich gegen einseitige Werklehre zu predigen er sich mit der Mystik berufen fühlte.

Zunächst hören wir ihn in den Ausdrücken reden, die uns schon bekannt sind.

Wie er schon in der Psalmenglosse von 1513 gefordert, der Mensch solle sich selbst mißfallen, ja sich selbst hassen, wie er dann im Ton und Sinn der Mystik von dem in sich gekrümmten Adamsgeist und dem Suchen des Eigenen redet, greift er auch jetzt die Sünde in ihrem Wesen, der Eigenliebe an. Der Zorn und Haß gegen sich selbst ist gar edel, sagt er unter Bezugnahme auf das Wort des Herrn Luc. 14, 26, in welchem die Mystik die evangelische Grundlage für ihre einschneidenden Forderungen besaß[1]). Bei Luther nun vollzieht sich das Aufgeben des Eigenen hauptsächlich im Aufgeben der eigenen Gerechtigkeit, im Vernichten alles Ruhms, im Verzichten auf alle Ansprüche durch gründliches Innewerden der Sünde und Erfahren des völligen Verderbtseins. Aus seinem eigenen inneren Erleben heraus hat er so die Mystik verstanden. Ihre Aussprüche über das Aufgeben der Ichheit sind ihm der Ausdruck der absoluten Erlösungsbedürftigkeit, und ihre Forderung, sein selbst zu entwerden, damit man in Gott werde[2]), drückt

---

[1]) D. Praecept. 12, 117. a. 1518. D. T. p. 131: Wer seine Seele haßt, d. i. wer sich selber und all das Seine verliert und aufgiebt seinen eigenen Willen, dessen Seele wird behütet und erhalten in das ewige Leben. [2]) Tauler, Bl. 97 c: Sollst du in Gott werden, so mußt du dein selbst entwerden.

er so aus: Du kannst in Gott nicht ein Solcher werden, wie du sein willst, es sei denn, daß du zuvor werdest in dir selbst und vor allen Menschen, der er will, daß du werden sollst. Das will er aber, daß du dies werden sollst in dir selbst und vor allen Menschen, das du wahrlich bist, nämlich ein Sünder, böse, toll, verkehrt, teuflisch und dergleichen mehr; das sind deine Namen, das ist die Wahrheit selbst, das ist die rechte Demuth und die Erniedrigung [1]). So du dies gethan hast, alsdann so bist du der vor Gott, der du sein wolltest, d. i. heilig, gut, wahrhaftig, rechtschaffen, gottselig und dergleichen mehr. Auf diese Weise wirst du bei dir und den Leuten für einen Anderen angesehen und vor Gott allein auch für einen Anderen [2]). Das ist gewiß, daß die Gnade d. i. der Glaube, die Hoffnung, die Liebe nicht eingegossen wird, es sei denn, daß die Sünde zugleich ausgegossen werde; d. i. der Sünder wird nicht gerechtfertigt, er werde denn verdammt; er wird nicht lebendig gemacht, er werde denn getödtet; er steigt nicht gen Himmel, er steige denn in die Hölle, wie Solches aus der ganzen Schrift klar ist [3]).

Man hört das große Thema der Mystik: Durch Tod zum Leben! wieder durchklingen; noch deutlicher läßt sich ihre Sprache vernehmen in folgenden Worten: Die ihr in Gott trauet, mögt euch auch in Gott freuen, die ihr in euch nicht trauet noch in euch euch freuet, sondern an euch selbst verzweifelt und euch betrübet, euch selbst feind seid und denen nichts in ihrer Meinung gefällt [4]). Das mystische „Ausgehen aus sich" vernehmen wir, wenn er die Worte Christi: Kommt her zu mir Alle, die ihr mühselig und beladen seid! so wiedergiebt: Was bleibt ihr in euch? Geht von euch aus und kommt zu mir; verzweifelt an euch und setzt eure Hoffnung auf mich, gleichwie Abraham aus seinem Vaterlande, seiner Freundschaft, seinem und seines Vaters Hause ausgegangen ist; denn das Haus unseres Vaters sind wir selbst; wir sind die Welt selbst; darum müssen wir von uns ausgehen, weil wir mühselig und be-

---

[1]) Aehnliche Beschreibung der geistlichen Armuth und wahren Demuth D. T. p. 93. (cp. 26 zu Anfang). [2]) Oprt. 14, 295. [3]) Oprt. 14, 241. D. T. p. 39: Christi Seele mußte in die Hölle, ehe denn sie zum Himmel kam. Also muß auch des Menschen Seele. Vgl. die darauf folgende Ausführung dieses Gedankens. [4]) 37, 368. u. 1517.

laben sind¹). Und wie die Mystik das Werden in Gott an das
Entwerden als seine Voraussetzung knüpft, fordert Luther, daß wir,
wenn wir das Wort annehmen und so „das Wort werden", uns
selbst verlassen und erniedrigen, nichts von unserem Sinn behalten,
sondern uns ganz verleugnen²). Ja, auch die Verbindung, welche
für die Mystik, unter dem nachwirkenden Einfluß neoplatonischer
Sätze zwischen dem In Gott werden und dem Zunichtewerden dadurch bestand, daß das eigentliche Wesen Gottes als reines Nicht
definirt wurde, so daß der Rückgang des Geistes in seinen Ursprung
als ein Sinken in das „grundlose Nicht" erschien, läßt eine Einwirkung wenigstens auf die Fassung des Ausdrucks bei Luther in
einigen merkwürdigen Stellen nicht verkennen³). In einer Epi-
phaniaspredigt 1517 sagt er bei Ausbeutung der Myrrhen, die die
Weisen dem neugeborenen König darbringen: Dieses ist die reine
und auserlesene Myrrhe, sich für ein lauter Nichts achten, so wie
man gewesen ist, ehe denn man war, und weder Gott, noch etwas
außer Gott begehren, sondern allein nach Gottes Wohlgefallen sich
willig bringen lassen zu seinem Anfang, das ist zu nichts. Denn
gleichwie wir nichts gewesen sind, auch nichts begehrt
haben, ehe wir geschaffen wurden, außer allein in der
Erkenntniß Gottes⁴), also müssen wir dahin wieder-
kehren, daß wir gleichergestalt nichts erkennen, nichts
begehren, nichts seien⁵). Dieses ist der kurze Weg, der Weg
des Kreuzes, dadurch man auf das Kürzeste zum Leben gelangt, zu
welchem Leben man nie kömmt durch Werke⁶). Aber scheint auch

---

¹) Var. arg. 1, 175. a. 1517. Tauler, Bl. 73b; 151d. ²) Var. arg. 1,
54. a. 1515. ³) Doch verwandelt sich schon bei Tauler die pantheistische Formel
in einen energischen Ausdruck für das Gefühl völliger Unwürdigkeit. Zu vgl.
besonders Bl. 118c; 74d; 158d. ⁴) Tauler, Bl. 153d: Der Mensch soll seiner
so bloß sein, als da er aus Gott floß. ⁵) Tauler, Bl. 248b, sagt nach der
Beschreibung der Ueberformung mit Gottes überwesentlichem Wesen: Aus
diesem mag man sprechen, daß man werde kennlos und lieblos und werklos
und geistlos. Dasselbe Paradoxon erörtert die D. T. im 5. Cap. (p. 14f.)
und sucht, da es augenscheinlich von den „freien Geistern" gemißbraucht wurde,
seinen wahren Sinn festzustellen. ⁶) Var. arg. 1, 94. Tauler, Bl. 141cd:
Also fällt der Mensch in sein grundloses Nicht und wird zumal klein wieder in
Gott, daß es auch Alles ist, als ob er es nie gewönne, und wird mit allem
dem so bloß als da nichts ist; und also versinket das geschaffene Nicht in das
ungeschaffene Nicht.

dies Wort ein Grabmesser des Einflusses der Mystik auf Luther zu sein, so läßt es doch zusammen mit den in seinem Munde fast befremdlichen Lauten nur den großen Grundton seiner evangelischen und reformatorisch angelegten Ueberzeugung hören, daß völliger Verzicht auf eigene Gerechtigkeit die Bedingung für das Erlangen des Heils sei. Das pantheistische Element ist gänzlich ausgeschieden. Aehnlich wird man über folgende Stelle urtheilen müssen, wenn auch das Paradoxe bei dem Versuch der Begründung des mystischen Gedankens noch mehr hervortritt. Zu dem Wort Ps. 116, 11: Ich sprach in meinem Zagen (excessu): Alle Menschen sind Lügner; heißt es: Dies Zagen ist nichts Anderes denn eine Anfechtung gewesen, darinnen der Mensch gelehret wird, wie eitel und lügenhaftig sei ein jeglicher Mensch, der nicht auf Gott allein hoffet. Denn der Mensch ist Mensch so lange, bis er Gott wird, welcher allein wahrhaftig ist; aus welches Mittheilung und Gemeinschaft (participatio) er selbst auch wahrhaftig wird, indem er Jenem in wahrem Glauben und Hoffnung anhanget, nachdem er durch solches Zagen zu nichte gemacht ist (in nihilum redactus). Denn wo kommt er sonst hin, der auf Gott hoffet, denn zu sein selbst Nichtigkeit? Wo will aber der hinkommen, der zu nichte wird (abit in nihilum), denn dahin, von dannen er gekommen ist?[1] Von Gott aber ist er kommen und aus seinem Nichts, darum kehrt der, welcher aus Nichts zurückkehrt, wieder in Gott zurück. Denn der kann auch nicht wohl aus der Hand Gottes fallen, der aus ihm selbst und aus aller Creatur fällt, welche Creatur Gottes Hand allenthalben beschleußt; „denn er begreift und hält die Welt mit der Faust," wie Jesaias sagt. So stürze nun durch die Welt, wo willst du hinstürzen? Wahrlich in die Hand und den Schooß Gottes. So sind die Seelen der Gerechten in der Hand Gottes, weil sie außerhalb der Welt sind, und es den Augen der Thörichten scheint, als sollten sie verderben; gleichwie ein Stein, wenn er durch die Luft oder durchs Wasser fällt, doch nicht durch das Erdreich fällt[2].

---

[1] Tauler, Bl. 113 d: Gleicherweise wie alle Menschen gekommen sind von einem lauteren Nicht, so wiederum werden wir wiederum zu einem Nicht.
[2] Oprt. 14, 247 f.

Kreuz und Kreuztheologie.

Es liegt im Wesen dieser negativen Seite der Lebensgemeinschaft mit Gott, daß sie ein inneres Leiden ist und Schmerzen mit sich führt. Das leidentliche Verhalten, mit dem Luther nach dem Vorgang der Mystik den Sinn verband, daß man im Gegensatz gegen eigenes Wirken Gott müsse in sich wirken lassen, erscheint schon bei Tauler als ein von empfindlichem Weh begleitetes [1]). Darum ist es ein Kreuz. So steht denn auch für Luther neben dem Dulden der Wirkung Gottes das Erdulden des Schmerzes, den das Aufgeben des Eigenen, besonders der eigenen Gerechtigkeit bringt: Zu Christo kommen und von sich selbst ausgehen, das ist das große Kreuz, welches Niemand mehr verabscheut, als der durch seine Werke sich von Sünden zu reinigen sucht [2]). Nachdem er davon geredet, daß Glaube, Hoffnung und Liebe Gottes Wirkung leiden, indem das Wort die Seele entblößt, ergreift, zieht und führt, fügt er folgende an Tauler erinnernde Beschreibung dieses Vorgangs hinzu: Aber dies Führen, dies Reißen und diese Ausbildung peiniget sie gar jämmerlich. Denn es ist ein schwer Ding und ein enger Weg, alle sichtbaren Dinge verlassen, sich aller Sinne entblößen und von alle dem ablassen, deß man gewohnt ist; endlich heißet dies sterben und in die Hölle fahren; denn es dünkt die Seele, sie müsse zu Grund und Boden gehen und gar verderben, indem ihr Alles entzogen wird, darauf sie zuvor gestanden hat, damit sie ist umgegangen, daran sie gehangen hat, da sie weder die Erde noch den Himmel anrühret, weder sich noch Gott fühlt, indem sie spricht: Saget meinem Geliebten, daß ich vor Liebe krank liege; als sollte sie sagen: Ich bin zu nichte geworden und bin unwissend geworden, ich gehe in das Finstere und Dunkle, da sehe ich nichts; ich lebe allein im Glauben, der Hoffnung und Liebe und bin schwach d. i. leide, denn wenn ich schwach bin, so bin ich stärker. Dieses Führen (ductum) nennen die mystischen Theologen „in Finsterniß gehen, über das Sein und Nichtsein emporsteigen (ascendere super ens et non ens)." Aber ich weiß nicht, ob sie sich selbst verstehen, wenn sie dies den hervor-

---
[1]) Tauler, Bl. 102 b: Dies Entwerden macht dir dies Weh. Du willst nicht sterben und mußt doch wahrlich in dir selbst sterben. [2]) Var. arg. 1, 175. a. 1517.

gelockten Handlungen (actibus elicitis) zutheilen und nicht vielmehr glauben, daß die Leiden des Kreuzes, des Todes und der Hölle bezeichnet werden. Denn das Kreuz allein ist unsere Theologie[1]). So trägt er in die Ausdrücke, welche die scholastische Mystik dem Dionysius nachsprach, in die alten Formen, von denen sich seine Theologie schon ablöste, zu denen er selbst schon sich kritisch verhielt, noch einmal einen neuen Inhalt, der dem Kreuzessinn der germanischen Mystik entstammte.

Zuweilen tritt dies Negative und Leidentliche im Zustande des Frommen so stark hervor, daß es scheinen könnte, als würde die Lehre vom Glauben dadurch beeinträchtigt. So, wenn es heißt: Durch Erkenntniß der Sünde wird Demuth, durch Demuth wird Gnade erlangt[2]). Wer sich erkennt, wie er wahrhaftig ein Narr vor Gott ist, dem wird diese Demuth für die größte Weisheit angerechnet[3]). Auch die innere Umwandlung, sonst ganz von der Wirksamkeit der Gnade abhängig gemacht, wird hier und da von diesem leidentlichen Zustand hergeleitet. Er beschreibt die Bekehrung und Rechtfertigung der Gottlosen als Erschrecken und verlorenes Vertrauen des Gewissens, die Erkenntniß der Sünde und die erkannte Kraft des Gesetzes[4]). Indeß Luther, dessen Glaubenszuversicht nicht nur aus dem tiefsten Verzagen sich heraus gerungen hatte, sondern auch unter stetem Verzagen an sich selbst sich behauptete, faßte jenes Positive und dieses Negative als untrennbar verbunden, als die beiden Seiten desselben Zustandes auf. Der Glaube ist nie ohne jenes Verzagen; und im Verzagen ist das Herz vom Glauben getragen und auf die Gnade Gottes gerichtet. In der Erniedrigung ist die Seele erhaben, im Trauren getröstet, in der Armuth reich. Die Demüthigung ist ihm einmal die Voraussetzung für den Glauben. In der Kirchenpostille heißt es: Die Demüthigung lehret die erschienene Gnade durchs Evangelium, und dieselbe Demuth macht dich recht gnadgierig und heilsüchtig. Wo aber solche demüthige Gnadgierigkeit ist, da ist dir der Gnaden Thür aufgethan[5]). Andererseits liegt es im Wesen des Glaubens als der lebendigen Erfahrung der Gnade Gottes, zu immer tieferer Erkenntniß des eigenen Nichts anzuregen. „Die Lehre des Glaubens

---

[1]) Oprt. 14, 261. [2]) Var. arg. 1, 398. a. 1518. [3]) Var. arg. 1, 172. a. 1517. [4]) Oprt. 15, 77. [5]) 7, 154.

lehrt dies, daß ein Mensch unabläſſig inwendig zu Gott um Gnade seufzen muß, weil er wohl weiß, daß sein Herz deswegen nicht rein ist, weil seine Werke rein sind, und sein Wille darum nicht geheilt ist, weil seine Sitten gut sind. Darum muß nun die Mißfälligkeit an sich selbst, der Haß und Ekel am eigenen Leben niemals aufhören[1]). Einen König und einen Gott haben ist von sich selbst gar nichts halten, sich Gott ganz ergeben und lenksam sein, darnach Gott Alles, das man empfangen hat oder empfangen wird, heimgeben[2]).

So setzt sich denn das völlige Verzichten auf das Eigene im Leben des Gerechten als ein das Vertrauen auf die Gnade begleitender Zustand fort. Die Gerechten miſchen Gerechtigkeit und Gericht mit einander und sind nie ohne Gericht, durch welches sie erschreckt werden und an sich und ihren Werken verzweifeln, und nicht ohne Gerechtigkeit, durch welche sie vertrauen und frohlocken in Gottes Barmherzigkeit[3]). Ja, ein wahrhaft Gerechter glaubt, daß Alle selig werden, und fürchtet sich, daß er allein verdammt werde. Jener Gerber in Alexandrien, der hat sagen können, er sei allein verdammt, alle Anderen aber selig, ist daher über den heiligen Antonius gewesen[4]).

Besonders tritt beim Sterben dieser Zustand noch einmal recht stark hervor. Es wird keiner vollkommen bekehrt, bis daß er die Hölle und den Himmel geschmeckt, d. h. bis er erfahre, wie böse und elend er ist, und wie süß und gut der Herr ist; welches am allermeisten, wenn die Gefahr des Todes und der Schrecken des letzten Gerichts vorhanden ist, gefühlt und in Hoffnung und Vertrauen auf die Barmherzigkeit Gottes erkannt wird[5]). Die Ausrottung der bösen Lust ist dann vollkommen, wenn der Mensch aus höchstem Ueberdruß seines Lebens zu Gott seufzet und endlich durch das Verlangen nach Gott von dem Körper gelöst und entbunden wird[6]). So wird nach diesem merkwürdigen Wort das Zunichtewerden durch den leiblichen Tod ein völliges. Das Sichselbstabsterben ist also nicht ein bloß innerer, das leibliche Sterben nicht nur ein äußerer Vorgang, sondern zwischen beiden besteht ein wesentlicher Zusammenhang, so daß im leiblichen sich das im Geist angefangene Sterben des Ich vollendet. Luther ist mit diesem Gedanken über

---

[1]) Var. arg. 1, 186. a. 1517. [2]) Oprt. 14, 180. [3]) Oprt. 14, 93. [4]) Var. arg. 1, 72. a. 1515. [5]) Oprt. 15, 129. [6]) Var. arg. 1, 167. a. 1516.

die Mystik hinausgegangen; es scheint, daß er dem biblischen Realismus hierin folgte.

Es verdient schließlich noch Berücksichtigung der bewußte Gegensatz gegen die scholastische Lehre, in welchen er mit dem mystischen Gedanken vom Zunichtewerden trat. Schon früh, 1516, spricht er sich im Sinn der Mystik gegen die Scholastik aus. Er wendet sich gegen die, welche wollen, daß die Gnade nur als ein accidens und eine Zierde solle gebraucht werden für die Handlungen, welche in ihrem Wesen blieben[1]), da man doch ganz zu nichte muß gemacht werden, damit die Gnade allein statthabe. Diese sagen, es sei teuflisch, wenn Jemand spricht, daß Alles, was sie sind und thun, nichts sei. Sie sagen: Es ist gut in seiner Art, es ist ein Gut der Natur, gleich als ob dieses genug wäre, gleich als ob nicht auch jede, sogar die schlechteste Handlung, von Natur ein Gut sei[2]). Er durchschaute also vollkommen die trügerische Dialectik, welche zuerst von dem sittlichen Gehalt einer Handlung das Handeln an sich unterscheidet, um dann von dieser Abstraction eines natürlich Guten zum Schaden des Ernstes der Buße und des Werthes der Gnade practischen Gebrauch zu machen. Er fand in der mystischen Forderung des Zunichtewerdens den kräftigen Ausdruck seiner fundamentalen Ueberzeugung von der völligen Erlösungsbedürftigkeit des Menschen und von dem Alleinwerth und der Alleinwirksamkeit der Gnade gegenüber der scholastischen, semipelagianischen Verflachung[3]).

Wie werth ihm aber auch diese in die Tiefe gehende Forderung der Mystik sein mochte, so vermied er doch gänzlich, sich auf eine Seite derselben einzulassen. Die Loslösung des Menschen von der Ichheit und Creatürlichkeit vollzog sich bei der Mystik nach zwei Richtungen: einmal practisch an der Selbstbestimmung, am Willen durch Vernichtung der Eigenliebe, Brechen des Eigenwillens, Selbstverleugnung, Entsagung; dann aber auch am Selbstbewußtsein, sofern es ein gegenständliches ist. Es galt, dasselbe durch Ausscheidung eben dieses Gegenständlichen, des Creatürlichen, der

---

[1]) actibus in substantia permanentibus.   [2]) Var. arg. 1, 154.   [3]) Freilich war es Augustinus, der mit seiner platonisirenden Anschauung vom „Sein" den Grund zu jener Verwirrung der Gebiete des Ontologischen und Ethischen gelegt hatte.

Besonderheit und Bestimmtheit zu reinigen; eine practische Durchführung des pantheistischen Zuges, von dem auch die annähernd evangelisch gerichtete Mystik sich nicht frei gemacht hat [1]). Nichts von dem findet sich bei Luther. Wie nachdrücklich er auch auf jene practische Forderung einging, so ward er doch durch den Tact seines aus dem Worte Gottes erwachsenen Glaubens, durch seinen gesunden Sinn für das Recht des Natürlichen und seinen Abscheu gegen die Verirrungen, zu denen abstracte Speculationen verleiten, hier vor den Einflüssen der Mystik bewahrt. Aber auch kritisch ist er gegen diese Verirrungen nicht vorgegangen; erst als später dieser Gedanke von einer entarteten Mystik auf's Neue ausgebeutet wurde, hat er sich gegen ihn erhoben. Bei seinem Tauler hat er ihn als eine Seltsamkeit übersehen, auch wohl in einem unverfänglichen Sinn aufgefaßt. So, wenn es heißt: Die aber Gottes warten, die bitten Gnade, aber sie stellen es frei zu Gottes gutem Willen, wenn, wie, wo und durch was er ihnen helfe. An der Hülfe zweifeln sie nicht, sie geben ihr aber auch keinen Namen, sie lassen sie Gott taufen und nennen, und sollte es auch lange, ohne Maße verzogen werden. Wer aber der Hülfe einen Namen giebt, dem wird sie nicht; denn er wartet und leidet Gottes Rath, Willen und Verziehen nicht[2]). Hier und in anderen Stellen, wo er vom Hoffen und von der Erhörung des Gebets redet, erkennt man, wie die mystische Forderung des Sichlosmachens von aller Bestimmtheit bei ihm als eine Forderung jener Beugung aufgenommen worden ist, die Gott gegenüber auf alles Bestimmen verzichtet und die, wie ein späterer Abschnitt zeigen wird, in der völligen Gelassenheit ihren tiefsten Ausdruck findet.

Der Glaube im Lichte der Selbst- und Creaturenverleugnung.

Der Glaube als Hoffen und Harren.

Es ist schon darauf hingewiesen worden, daß die schmerzvolle Selbstverleugnung bei der Mystik und bei Luther nicht einen einzelnen Act, auch nicht eine abgeschlossene Periode in der Entwicke-

---

[1]) Zu vergl. besonders das 1. Cap. der D. T. u. Tauler, Bl. 87 d. Beide hierin durch den Meister Eckhart als die nächste mystische Auctorität bestimmt.
[2]) 37, 424. a. 1517.

lung des Lebens in Gott bilde, sondern demselben dauernd anhafte. Dadurch erhält die Darstellung des Glaubens und die Schilderung des Gläubigen einen eigenthümlichen Character. Bei Tauler ist die Hingebung an Gott die Stimmung der Seele, in der sie voll Leid und Liebe, gebeugt und sehnsüchtig der Mittheilung seines Lichts und Lebens, seines Geistes und seiner Gnade harret. Er braucht für sie selten das evangelische Wort „Glaube." Dasselbe bezeichnet ihm gewöhnlich im Sinn der Kirche den Inhalt des christlichen Bekenntnisses[1]). Aber es kommt der evangelischen Bedeutung des Wortes „Glaube", jene Bezogenheit des Gemüthes auf Gott nahe, welche er Hoffen, Warten, Getrauen in Gott[2]) und Gunst gegen Gott[3]) nennt. Luther nun sieht diese Worte als gleichbedeutend mit dem Glauben an, dessen tiefere Erkenntniß er aus der Erfahrung des Spruches geschöpft: „Der Gerechte wird seines Glaubens leben." Und wie bei Tauler, so verband sich auch bei ihm mit dem Begriff des Glaubens, der Hoffnung als des hingebenden Vertrauens auf Gottes Gnade, der Gedanke an Verzagen und Verzichten, an Kämpfe und Schmerzen. So geschieht es denn, daß er dem Mystiker, in dem er seine Erfahrungen wiederfand, auch in der Schilderung der Hoffnung ähnlich wird. Die Psalmen, so reich an Klage und Trost der Gläubigen, hatten ihm schon verwandte Stimmungen erweckt, und besonders die Auslegungen derselben, die er während der germanisch-mystischen Periode verfaßte, sind reich an Zeugnissen des Glaubens, der unter völligem Verzagen, unter gänzlicher Selbstverleugnung, durch Kreuz und Anfechtung, aller Creatur Lust und Trost verschmähend, voll Sehnsucht und Hoffnung zu der Barmherzigkeit Gottes andringt[4]).

So heißt es Pf. 130, 5: Ich habe Gottes gewartet, das ist,

---

[1]) Tauler, Bl. 200 a. Doch nicht immer; Tauler fordert z. B. von dem Glauben, der lebendig, nicht gedacht sei, daß durch ihn alle Kräfte des Gemüths zu Gott gefügt werden. Bl. 105 b. c. Die D. T. unterscheidet zwar ausdrücklicher den Glauben vom christlichen Bekenntniß (p. 201); aber er ist ihr doch nur eine Vorstufe vor der Erkenntniß und Erfahrung. (Vgl. p. 191.) [2]) Tauler, Bl. 129 b: Liebe Kinder, bleibet bei dem Getrauen; Gott ohne Zweifel erlöst euch, und haltet euch in Demüthigkeit, und in ehrwürdiger Furcht wartet. Bl. 258 a: Wie Gott Niemand zu viel lieben mag, so mag auch ihm Niemand zu viel getrauen. Ferner 36 a. 47 b. 69 b. c. u. a. [3]) Bl. 211 d. [4]) Die Anfänge hiervon schon in der Glosse und in den Scholien.

in diesem Geschrei und Kreuz bin ich nicht zurückgelaufen oder verzweifelt, noch habe ich auf mein Verdienst gebaut, sondern Gottes Gnade allein, der ich begehret habe, der harre ich und warte, wenn es meinem Gott gefällt, mir zu helfen[1]). Zu Pf. 143, 8: „Denn ich hoffe auf dich" sagt er: Laß dich das bewegen, daß ich keinen andern Trost suche, denn dich allein. Das ist gar ein groß Ding, im Leiden nicht Hülfe suchen von irgend einem Menschen oder Creaturen, sondern sich drücken und ausleiden, in Gottes Hoffnung demüthig der Hülfe warten. Derer sind wenige auf Erden[2]). Zu Pf. 143, 4: Das ist das rechte Opfer, das Gott wohlgefällt, wenn eine Seele trostlos ist von allen Creaturen, auch von ihr selbst verlassen und verfolget, also daß sie nichts, denn blos lauter Gottes Gnaden wartet. Das sind die Seligen, die da weinen, denn sie sollen getröstet werden[3]). So ist denn der Gläubige der Dulder, der auf Gott harret: Ein Christ stehet in der Verzückung (ecstasis) der Leiden und lebet allein im Glauben an Gott, hat gar kein Vertrauen auf irgend eine Creatur, in welches er alle Menschen versenkt sieht[4]). Das macht der Verzug göttlicher Gnade und Hülfe, daß die Seele sorget, sie sei verlassen und verdammt, so sie doch darum also gespannt wird, daß sie mehr und gründlicher Gnade begehre und also je vollkömmlicher Gnade empfange. Das ist nun ein christförmiger wahrhaftiger Mensch, der inwendig voll Untrostes und betrübtes Geistes ist in stetigem Verlangen nach Gottes Gnade und Hülfe[5]). Diese Worte sind nicht nur Beläge für den Einfluß der Mystik auf Luther; sie sind zugleich Zeugnisse seines innersten Lebens und gewinnen erst als solche ihre hohe Bedeutung. Es ist, als vernehmen wir in ihnen den schweren Odemzug des immer noch Ringenden. Sie lassen ahnen, durch wie viel inneres Leid der Glaubensheld zu seiner Größe erzogen, durch welches Feuer sein Character geläutert und gefestigt wurde, um nun auch die äußern Kämpfe, die ihm verordnet waren, siegreich zu bestehen.

Auch für die Lehre war seine Entwicklung hiermit an einen Punkt gelangt, an welchem der Gegensatz gegen die scholastischkirchliche Lehre ihm zum Bewußtsein kommen mußte. Die Hoffnung, die er im Sinn der Mystik lehrte, hatte wesentlich das

---

[1]) 37, 423. a. 1517. [2]) 37, 437. a. 1517. [3]) 37, 433. a. 1517. [4]) Opp. 14, 145. [5]) 37, 436. a. 1517.

Erlöschen aller Hoffnung auf sich selbst zur Voraussetzung. Aus
den Schmerzen des Sichselbstaufgebens wurde sie geboren. Im ge=
raden Gegensatz hierzu hatte die scholastisch=kirchliche Lehre die Hoff=
nung auf Verdienst gegründet. Mystischer Grundsatz ist: Je völliger
der Verzicht auf alle Ansprüche, desto lebendiger die Hoffnung;
scholastischer: Je mehr Verdienst, desto sicherer die Hoffnung. Mehrere
Stellen, in denen sich Luther mit der Lehre des Petrus Lombardus
von der Hoffnung beschäftigt[1]), zeigen, wie er unter der Mitwirkung
der Mystik dahin kam, den evangelischen Gedanken gegenüber dem
scholastischen klar zu erfassen und auszusprechen. Er tadelt wieder=
holt, daß der Lombarde lehre, die Hoffnung komme aus Verdienst[2]),
und spricht das nach obigen Auseinandersetzungen verständliche Para=
doxon aus, die Hoffnung komme aus einem Leiden, welches das
Verdienst aufhebe[3]). Er giebt daher den Rath: Wolltest du auf
Gott hoffen, weil du Gutes gethan hast oder hättest, so hoffe desto
mehr dann, wann du Sünde und Uebles gethan hast, auf daß uns
nicht vorgehalten werde das geschrieben steht: Sie bekennen und
danken dir, wenn du ihnen Gutes erzeiget hast, aber zu der Zeit
der Anfechtung werden sie abfallen[4]).

Der Glaube als Leben im Unsichtbaren.

Wie Luther die Hoffnung mit den Widersprüchen zusammen=
dachte, die sich gegen sie im Gebiet der sinnlich selbstischen Erfahrung

---

[1]) Oprt. 14, 240. [2]) Sentent. P. Lomb. lib. III, Rubr. XXVI: Est enim
spes corta expectatio futurae beatitudinis veniens ex Dei gratia et ex meritis praecedentibus . . . sine meritis enim aliquid sperare non spes sed
praesumptio dici potest. [3]) Auch Staupitz führt aus, daß die Hoffnung eher
als ein Verdienst im Menschen sei, daß sie sich durchaus nicht auf die Liebe,
die wir zu Gott haben, die Werke, die wir Gott thun, gründe, sondern auf die
Liebe, die Gott zu uns hat, die Werke, die er in uns wirkt (Knaake, p. 100 f.).
Luther hat sich früher, als Staupitz so schrieb, antischolastisch über die Hoff=
nung ausgelassen und kann also durch das geschriebene Wort desselben nicht
beeinflußt sein, vielleicht durch ein früher in ähnlichem Sinn gesprochenes;
aber ebenso möglich ist, daß er auf Staupitz zurückgewirkt. Jedenfalls ruhte
sein Widerspruch auf dem Princip seiner Theologie und ist schon mit seinem
Gegensatz gegen Eigengerechtigkeit gegeben; während Staupitz später wieder
von einer Verdienstlichkeit der aus dem christlichen Glauben fließenden Werke
geredet hat (vgl. Knaake, p. 185). Er ist also doch schließlich über Augustin nicht
hinausgekommen. [4]) Var. arg. 1. 238.

erhoben, und wie dadurch seiner Auffassung des Glaubens eine eigenthümlich mystische, antischolastische Beschaffenheit gegeben ward, so läßt er zweitens ganz im Geiste der Mystik diese Widersprüche durchscheinen, wenn er den Glauben als die Hinwendung zum Unsichtbaren bezeichnet. Es ist ersichtlich, daß ihm diese Auffassung nicht bloß aus der biblischen Stelle (Hebr. 11, 1) erwachsen ist, die allerdings zunächst Anlaß und Grund derselben war, sondern daß die Mystik ebenfalls für die Anregung und eigenthümliche Ausbildung derselben auf ihn eingewirkt hat. Die unbefriedigte wie die selbstverleugnende Abwendung vom Sichtbaren, die in ihr so stark hervortritt, wo sie mahnt, die einzige Realität, das Unsichtbare, sehnend und liebend zu ergreifen, haftet auch seinen Beschreibungen des Glaubens an. Doch machen sich auch hier die ihn besonders beschäftigenden Gesichtspuncte geltend; so der Gegensatz gegen die Vernunft, der an dem mystischen Gegensatz gegen das im Gebiet des Endlichen befriedigte Denken seine Parallele hatte. Gottes Weg ist, so heißt es, im Verborgenen, im Glauben; der Vorhof wird nicht gemessen, weil er den Heiden gegeben ist (Apokal. 11, 2) [1]. Gott kennet den Weg der Gerechten (Ps. 1, 6) wird folgendermaßen erläutert: So verborgen ist der Weg auch den Gerechten selbst. Denn seine rechte Hand führt sie wunderlich, also, daß es ein Weg ist nicht des Fühlens, nicht der Vernunft, sondern allein des Glaubens, der im Finstern geht und unsichtbare Dinge sieht [2]. Und im Gegensatz gegen allen bloß äußerlichen Gottesdienst, bei dem er an die äußerlichen Uebungen der Kirche denken mochte, sagt, er, die Stelle Ps. 18, 12 in der Weise der Mystik allegorisch auslegend: Dies, daß im Allerheiligsten kein Licht war, bedeutete, daß, da Gott durch Christum in den Gliedern seiner Kirche wohnt, der Glaube in denselben ist, welcher weder begreift noch begriffen wird, weder sieht, noch gesehen wird und doch Alles siehet. Denn er ist ein Beweis oder Inhalt der Dinge, die zwar nahe und gegenwärtig aber doch keineswegs sichtbar sind; gleichwie die Bundeslade in dem Allerheiligsten auf das Allergewisseste gegenwärtig war und dennoch nicht öffentlich gesehen wurde. — Denn Gott regieret in uns nicht bloß äußerlich durch die Zunge und durch das Wort, sondern in der Kraft; und diejenigen haben auch keinen Bestand, die nur mit der

---

[1] Oprt. 14, 42. [2] Oprt. 14, 42.

Zunge und mit dem Worte an ihn glauben, sondern die mit dem Herzen an ihn glauben, die sind gerecht. Mitten unter diesen wohnt er selbst, diese sind stark, und ihnen wird in Allem geholfen durch Gottes Antlitz, das ist durch Gottes Gegenwart[1]).

So sehr hier das Unsichtbare als Lebenselement, der Glaube als ein Leben in diesem Element beschrieben wird, wie deutlich dies und der Hinweis auf die Gegenwärtigkeit Gottes die Abhängigkeit von der Mystik verräth, so darf doch auch hier nicht außer Acht gelassen werden, daß Luther den Tendenzen zur Uebergeistigkeit, die an diesem Punkte in der Mystik hervortreten[2]), nicht nachgegeben hat. Das Leben im Unsichtbaren ist ihm ein Leben in der Offenbarung Gottes, in der Gnade, im Worte. So ist ihm „im Verborgenen leben" soviel als im bloßen Vertrauen auf Gottes Barmherzigkeit leben[3]). Weder Namen noch Gestalt hat das, was der Glaube erkennt. Denn Wohlfahrt oder Widerwärtigkeit, die Einem in gegenwärtigen Dingen begegnet, verführt jeden Menschen, der mit dem Glauben nicht das Unsichtbare erkennt. Denn dieses Verständniß kommt aus dem Glauben nach diesem Spruch: Glaubet ihr nicht, so erkennt ihr nicht. Das ist der Eingang in den finstern Ort, darinnen verschwindet alles, was Sinn, Vernunft, Geist und Verstand des Menschen begreifen kann. Denn der Glaube vereinigt die Seele mit dem unsichtbaren, unaussprechlichen, unnennbaren (innominabili), ewigen, unerforschlichen Wort Gottes und trennt es zugleich von Allem, das sichtbar ist[4]). Bei aller Aehnlichkeit, die diese Worte im Ausdruck mit vielen Stellen bei Tauler haben, die das Leben im Unsichtbaren schildern, tritt doch auch hier, wie in den Aeußerungen über die Lebensgemeinschaft mit Gott die Richtung auf das Wort Gottes hervor, während die alte Mystik, die Offenbarung vielfach überfliegend, nach der Gemeinschaft mit dem Unsichtbaren, dem unergründlichen Wesen Gottes verlangt. Eine Annäherung an sie liegt indeß darin, daß Luther unter

---

[1]) Oprt. 16, 75. [2]) Tauler. Bl. 226 d. (das erste der mit dieser Zahl bezeichneten Bl.). Ein Wort beim Propheten Ezechiel von den Priestern bezieht Tauler in einem geistlichen Sinn auf alle die Menschen, welche in das Allerheiligste eingehen wollen, d. i. in die Verborgenheit der Heimlichkeit Gottes, die sollen kein Erbe haben als das göttliche, weiselose, formlose, namenlose, verborgene Wesen Gottes. Vgl. Bl. 238 a. b. [3]) Var. arg. 1, 393. a. 1518. [4]) Oprt. 14, 81. Vgl. Tauler, Bl. 192 b.

dem Wort nicht bloß eine Urkunde der geschichtlichen Offenbarung
Gottes versteht, sondern in dem Begriff des Wortes die ewige
geistige Selbstoffenbarung Gottes vor sich selbst mitsetzt. Schlägt so
einerseits der mystische Gedanke des Lebens im Unsichtbaren in den
des Hangens am Wort um, so erweitert sich andrerseits dieser immer
wieder zu dem Gedanken der Gemeinschaft mit dem über alles Crea=
türliche erhabenen Wesen Gottes.

Der Glaube als das verborgene Leben.

Eng mit dieser Einsenkung des gläubigen Subjectes in die
unsichtbare und unaussprechliche Lebensfülle Gottes hängt es bei
der Mystik und mit ihr bei Luther zusammen, die Gemeinschaft
mit Gott als eine verborgene Heimlichkeit des Herzens
zu beschreiben[1]). Ist auch beiden Auffassungen außer dem posi=
tiven, inneren Zusammenhang, in dem sie stehen, noch dies gemein=
sam, daß in ihnen stark der Gegensatz gegen das Sinnliche mit
seiner Freude und seinem Leide, gegen das Endliche im Denken und
Wollen hervorgehoben wird, so verhalten sie sich doch nicht wie
verschiedene Ausdrücke für denselben Gedanken.

Das Leben im Unsichtbaren beschreibt die Gemeinschaft mit
Gott mehr nach ihrer Erhabenheit, das verborgene Leben über=
wiegend nach ihrer Zartheit; jenes bildet hauptsächlich einen Gegen=
satz gegen das Hangen am Sichtbaren, gegen die endliche Vernunft,
gegen die Selbstgerechtigkeit; dieses schließt außerdem die Forderung
ein, nicht an dem Gefühl der eigenen Frömmigkeit zu
haften, und widersetzt sich der Beschränktheit, welche die Lebens=
gemeinschaft mit Gott aus dem Maß des empirischen Selbstbewußt=
seins beurtheilen möchte[2]). Luther äußert zur Geschichte des Zachäus,

---

[1]) Tauler, Bl. 82 c: Gerade wie die Seele verborgentlich wirkt das Leben
in dem Leibe, ohne daß der Leib etwas davon empfindet, noch weiß; so wirkt der
heilige Geist in dem Grund des Menschen unwissentlich. Vgl. Bl. 215 a. Staupitz
bei Knaake p. 99. Die Schlußworte des Cap. [2]) Tauler, Bl. 51 b: Wie wohl
sie — Menschen, die ihr Herz bezwingen lassen und Gott nachfolgen, — kein
groß Befinden haben von Gott, so leiden sie sich doch. Es wäre unmöglich, wäre
Gott nicht ,da, doch heimlich in einer verborgenen Weise. Aehnlich Bl. 49 d. —
Gegen die, welche Gott mit „empfindlicher Süßigkeit, in schmeckender Weise"
haben wollen, wendet sich T. z. B. Bl. 67 a; 72 c; 75 d u. a.

Furcht faßt er dann so: Die knechtische Furcht hat Pein, die kindliche Lust, jene Haß, diese Liebe, jene Besorgniß, diese Sorglosigkeit, jene hat etwas Anderes als Gott, diese nichts außer Gott[1]). Beide Arten der Furcht denkt er in diesem Leben immer verbunden auf Grund und im Verhältniß des Zusammenseins von Sünde und Gnade im Menschen; aber die Gerechten gelangen immer mehr von der knechtischen zur heiligen, bis sie endlich nichts als Gott fürchten. Anfängerliebe und große knechtische Furcht bestehen zusammen; die Furcht nimmt aber soviel ab, als die Liebe zunimmt, wie es mit allen Tugenden ist, daß sie nämlich mit dem ihnen entgegenstehenden Laster zusammen sind, bis sie nach Vertreibung desselben allein herrschen[2]). So sind denn Einige, doch ganz Wenige, die sich nicht einmal vor dem Ewigen — ewigen Strafen — fürchten, weil sie in der Liebe gar sehr gestärkt sind, und deren Furcht, damit sie allein Gott fürchten, ist heilig. Am Schluß der Predigt präcisirt er die Stufen dieser Mischung von unheiliger und heiliger Furcht: Der erste Grad fürchtet Gott um etwas Anderen willen, der andere fürchtet Gott vermischt um Gottes und um etwas Anderen willen; der dritte Grad fürchtet Gott allein und lauter um Gottes willen. Der erste Grad theilt demnach die Liebe und die Furcht, indem er etwas liebt, das er nicht fürchtet und indem er Gott fürchtet, den er nicht liebt; der dritte Grad sammelt beides zusammen auf denselben Gott, nämlich die Liebe und die Furcht. Der zweite, mittlere, mischt beides und giebt beiden, Gott und dem Anderen, etwas davon; so theilt die knechtische Furcht, die Seele in zwei Theile, nämlich in das, was sie liebt und in das, was sie fürchtet; die kindliche hat aber allein das Eine, was sie fürchtet und liebt[3]).

Ganz analog beschreibt er das Verhältniß von Furcht und Hoffnung: Furcht kommt vom Anschauen der Dräuungen und erschrecklichen Gerichte Gottes; Hoffnung fließt aus dem Betrachten der Zusage und der allerlieblichsten Barmherzigkeit Gottes. In beiden Stücken müssen wir uns stets bewegen als zwischen dem oberen und unteren Mühlstein (5. Mos. 24, 6) und uns nicht ablenken weder zur rechten, noch zur linken Seite. Dies ist die Weise der Gottlosen, die sich üben in den zwei Stücken, welche der Furcht und Hoffnung entgegen sind, nämlich in Sicherheit und Vermessenheit; durch Sicherheit weichen

---

[1]) Var. arg. 1, 70. [2]) 1, 73. [3]) Var. arg. 1, 75.

sie auf die linke Seite, also, daß sie die Gottesfurcht verachten, durch Vermessenheit weichen sie zur rechten Seite, indem sie sich vermessen, daß all ihr Ding Gott wohlgefalle ohne die Furcht Gottes; denn weil sie sich nicht für Sünder erkennen, so ist es nothwendig, daß sie Gott auch nicht fürchten[1]). Die frommen Menschen dagegen treten mit großer Ehrerbietung zu Gott und göttlichen Werken. — Gott kann nichts gefallen, als was in Demuth vollführt wird; Demuth aber kann nicht sein, es sei denn, daß man in einem jeglichen Werk, wie gut es auch sei, Gottes Gericht fürchte und sich vermesse und verlasse allein auf seine freiwillige Erbarmung[2]). Diese „demüthige Furcht", die heilige Scheu und Ehrerbietung ist es, welche auch die germanische Mystik von dem Frommen fordert und von der sie nicht die Beeinträchtigung der Liebe, sondern die Förderung des göttlichen Lebens erwartet[3]). Bei Luther ruht das Gefühl der demüthigen Furcht auf dem zu keiner Zeit und auf keiner Höhe des inneren Lebens ihm entschwindenden Bewußtsein der Sünde; es ist ein abermaliges Zeugniß seiner Gewissenszartheit und seiner Glaubensnüchternheit.

Glaube, Hoffnung, Liebe.

Unter dem Namen der theologischen Tugenden hat sich dieser apostolische Dreiklang durch die christliche Wissenschaft, Scholastik wie Mystik, fortgeerbt; und auch Luther hat ihn so, namentlich in seinen früheren Schriften aufgenommen, nur daß er den Glauben im evangelischen Sinne als den rechtfertigenden versteht[4]). Nach der ausführlichen Behandlung, die von jenen dreien namentlich Glaube und Hoffnung erfahren haben, bleibt nur übrig, was Luther über sie in ihrer Einheit und ihrem Zusammenhang sagt, mitzutheilen. Seine Aeußerungen darüber sind spärlich, und es bezeichnet jene zu Ende des vorigen Abschnittes hervorgehobene Nüchternheit, wenn er von einer inneren Seligkeit, überhaupt von gehobenen Gefühlszuständen, wie sie die Mystik kennt und schildert, auch da nichts sagt, wo Glaube, Liebe und Hoffnung bei ihm die Höhe des inneren Lebens bezeichnen sollen: Der Glaube nimmt uns uns selbst und all das Unsere und

---

[1](Oprt. 14, 201. [2]) Oprt. 14, 203. [3]) Tauler, 85 d.; 17 c.; 18 d.; 35 d.; 101 b. [4]) Var. arg. 1, 105. a. 1516.

bezieht es auf Gott mit Loben und Danken; die Hoffnung führt in uns die Anderen und das Fremde, indem sie Alles in Gebuld und Sanftmuth tapfer erduldet; die Liebe nimmt uns auch Gott und Alles, was wir sind, indem sie uns machet zu einem lauteren Nichts, daraus wir geschaffen sind, und dieses mit Freude und Verlangen[1]). Also auch hier ist wie bei der mystischen Ausgestaltung seiner Anschauung vom Glauben weniger von einer wahrnehmbaren Bereicherung und Steigerung des inneren Lebensgefühls die Rede. Selbstverleugnung, die innere Tapferkeit des Tragens in Stille, das Sichverlieren an Gott und seine lobpreisende Verherrlichung sind die Wirkungen und Kennzeichen des wahrhaft göttlichen Lebens.

Die Voraussetzung für die Entgegensetzung der Liebe zu Gott gegen Alles, was ihr fremd ist, ist in dem Satz gegeben, daß Gott unser höchstes Gut sei. In der Predigt vom Vertrauen auf Gott am Tage St. Laurentii a. 1516 legt er das Gebot: Du sollst keine anderen Götter haben, so aus: Wir sollen mit reinem Glauben, mit fester Hoffnung und wahrhaftiger Liebe uns ganz allein auf Gott verlassen, auf ihn uns gründen und ihn dergestalt lieb und werth haben, daß wir ohne ihn und außer ihm kein Gut weiter zu besitzen glauben; er selbst muß ganz allein unser Gut sein, daran wir ein Wohlgefallen haben, das wir suchen, das wir erwarten und wonach wir uns sehnen. So Ps. 43: Wie der Hirsch verlangt nach Wasserquellen, so verlangt meine Seele, Gott, nach dir: O eine würdige, glückselige, reine Seele, die also an Gott ein Wohlgefallen hat und ihn suchet, daß sie Alles, was sie sieht, hört und empfindet, für Tod, Trauer und Elend achtet, daß sie spricht: Meine Thränen sind mein Brot Tag und Nacht, indem man täglich zu mir sagt: Wo ist dein Gott[2])? Wie hier das heiße Verlangen nach dem höchsten Gut und die Verschmähung alles Anderen sich ausdrückt, so hören wir die demüthige Stimme der Mystik, wenn er sagt, die Liebe sei eine süße Bewegung zu Gott, der da zürnt[3]), ihre Gelassenheit, wenn er Ps. 110, 4 auslegt: Die Freiwilligen sind die ledigen, gelassenen Menschen, die eines ledigen Willens sind und nicht haften an irgend einem Dinge, denn bloß lauter an dem Willen Gottes d. i. daß sie weder Gutes begehren, noch Böses

---

[1]) Var. arg. 1, 193 f. a. 1517. [2]) Var. arg. 1, 111 f. a. 1516, vgl. 37, 355. [3]) Ep. Gal. III, 433.

fürchten, gleich achten Sterben und Leben, Haben und Bedürfen, Ehre und Schmachheit, allein daran gesättigt und begnügt, daß es Gottes Wille also sei[1]). So tritt wie beim Glauben, so auch bei der Liebe der Gegensatz gegen die schlechte Eigenheit mit ihrem Wollen und Streben scharf hervor, als eigenthümliche Frucht des mystischen Geistes[2]).

Bewährung und Uebung.
Die Anfechtung.

Ein Seelenzustand, von welchem Tauler häufig und sehr eingehend handelt, ist die Anfechtung, die schwermüthige Traurigkeit des Frommen, dem der Friede und der Trost der Gnade entzogen sind, während ihn Einflüsterungen der Finsterniß bedrängen, die Gottlosen ihn mit Spott überhäufen, die Freunde ihn nicht verstehen. Der Welt, deren Lust sie verschmäht, ist die Seele fremd geworden, von Gott, den sie sucht, gleichsam verlassen; aber indem sie auch unter diese Verhängnisse sich in stiller Gelassenheit beugt und wie mit geschlossenen Augen im Vertrauen auf Gottes grundlose Barmherzigkeit durch die finstere Wüste sich führen läßt, wird sie für eine höhere Stufe der Liebe erzogen, und nach aller Verdunkelung geht ihr um so reiner das Licht eines über allen irdischen, menschlichen Trost erhabenen Friedens auf[3]).

Zustände wie der geschilderte haben sich öfter da eingestellt, wo durch ein intensives religiöses Leben die Organe der Seele für Stimmungen, deren Ursachen nicht im Endlichen liegen, fähig geworden sind. Sie waren häufig in den Kreisen, welche die Geistesart der Mystik erregt hatte. Tauler selbst war von ihnen aufs Tiefste erschüttert worden, wie die Historie seines Lebens meldet, und die Schilderungen und seelsorgerlichen Rathschläge in seinen Predigten gehen aus dem tiefen Ton dieser Schmerzen und Kämpfe.

So ist er für Luther Lehrer und Tröster geworden. Dieser hat, wie schon erwähnt ist, es als einen Mangel empfunden, daß andere erleuchtete Lehrer, auch Augustin, nur von äußerer Anfechtung ge-

---

[1]) 40, 18. a. 1518. [2]) Vgl. Staupitz in dem Capitel: Wie der Vollkommene Gott über alle Dinge liebt. Bei Knaake, p. 106. [3]) Zu vergleichen besonders Tauler, Bl. 40 ff.

handelt; nur von Gerson fand er, daß derselbe eine Ausnahme mache. Wie ein dunkles Räthsel des eigenen Lebens hatten die inneren Verdunkelungen Luther lange vor der Bekanntschaft mit der Mystik beschäftigt; durch sie hindurch hatte er sich zu dem ersten festen Halt hindurchgerungen mit dem Trost des Wortes: Der Gerechte wird seines Glaubens leben; aber sie kehrten auch später wieder mit der heftigsten Gewalt, seinen Geist zermarternd, wenn sie auch oft ihre erregende Ursache, ohne daß er es merkte, in leiblichen Beschwerden scheinen gehabt zu haben.

In diesen Nöthen erschien ihm in Tauler wohl zum ersten Mal ein menschlicher Tröster, der diese Zustände in ähnlicher Stärke wie er selbst durchlebt hatte und aus eigener Erfahrung Rath wie Trost zu bieten wußte. Und indem er sich in ihn hineinlas, gewann auch seine eigene Anschauung und Beurtheilung dieser allerpersönlichsten inneren Erlebnisse die Färbung der Schilderungen und Stimmungen seines erfahrenen Gewährsmannes. Für die Zeichnung des Bildes des mystischen Luther tragen daher diese seine Auslassungen über die Anfechtung wesentliche Züge bei.

Es möge mit einer Beschreibung der Anfechtung, wie sie die Höhe der dem Christen zu seiner inneren Erziehung verordneten Leiden bezeichnet, der Anfang gemacht werden: Leibliche Leiden sind der unterste Grad des Kreuzes für die Kleinmüthigen und Schwachen und für die, welche erst im christlichen Leben anfangen. Ist er durch zeitliche Leiden gekräftigt und stark gemacht, so wird er den geistlichen fährlicheren Anfechtungen ausgesetzt und dem Kampf um des Worts willen, da er dann kämpfen muß mit den Gedanken des Teufels, den ketzerischen, verkehrten Meinungen, die gegen den reinen Glauben und die Hoffnung streiten, ja sogar mit dem allergeistlichsten wilden Thier, dem Stolz, so selbst aus dem Guten herstammt, durch den der Engel vom Himmel gefallen ist. — Darauf aber streitet er den (im 6. Psalm geschilderten) letzten und vollkommenen Kampf mit dem Tode und mit der Hölle, einen Kampf solcher Art, daß er nicht mit Menschen, auch nicht über zeitlichen noch geistlichen Dingen geführt wird, sondern inwendig im Geist, ja außerhalb und über dem Geist in jenem höchsten Entsetzen (extasis), da Niemand hört, sieht, fühlt, denn allein der Geist, welcher mit unaussprechlichen Seufzern für die Heiligen bittet, und der gewißermaßen schier mit Gott selbst kämpfet; ein Zustand, dem man keinen Namen geben mag, und der nur mag bekannt werden dem, der ihn erfährt. — Diesen höchsten Affect wird kein Mensch verstehen, es sei denn, daß er es geschmeckt habe. Der heilige Hiob hat ihn erlitten, darnach David und der König Ezechias (Jes. 38) und sehr wenige andere. Endlich gedenkt jener deutsche Theolog Joh. Tauler dessen nicht selten in seinen Predigten. Mich dünkt, es sei diese Anfechtung, die Christus Lucas 21 zuvor verkündigt hat, da er unter die anderen Uebel der letzten Zeit auch große Schrecken vom Himmel zählt, durch welche die Menschen verschmachten werden vor Furcht und Erwartung der Dinge, die über die Welt kommen werden[1]). Allen leidenden Menschen ist die Weile lang; unmäßlich lang ist sie denen, die diesen inwendigen Schmerz der Seele haben, da von Gott verlassen und entsagen gefühlt wird. Sollte der Leichnam Folge thun einer Seele, die gründlich Gottes Strafe fühlt, er müßte näher denn in einer Stunde zerfließen wie der Schnee und vergehen[2]).

Zu der Anfechtung rechnet er auch die Versuchung durch böse Lust. Die allerweiseste Barmherzigkeit Gottes führt uns so, indem sie Gift mit Gift vertreibt und aus der Unkeuschheit ein Pflaster der Keuschheit mache, denn er läßt uns darum in Üppigkeit (luxuria) gerathen, daß der Mensch, so er das empfindet, erseufze, weine und Gnade suche und desto mehr Lust zur Keuschheit erlange. Denn um so viel ist Einer keuscher, nicht je ruhiger er ist, sondern je mehr Schmerz er empfindet, daß er nicht so keusch sein kann, wie er will[3]).

Woher nun die Anfechtung? — Tauler bezeichnet sie meist als Folge des Entwerdens und als Voraussetzung der Geburt Gottes in der Seele[4]), zuweilen noch bestimmter als ein inneres Strafen (Gottes[5]), auch wohl als ein göttliches Erziehungsmittel[6]). Auch an natürliche Schwermuth, Einflüsse des Himmels und den bösen Geist dachte er dabei[7]). Für Luther ist das die Anfechtung Verursachende das Gefühl der Sünde und der göttlichen Ungnade. Er nennt die

---

[1]) Oprt. 14, 306 ff. [2]) 37, 352 u. 348. Vgl. 361 Anm. a. 1517. [3]) Dec. Praecept. 12, 155. Man vergleiche die weiteren Ausführungen a. a. O., durch die jeder Mißverstand ausgeschlossen wird, weil sich aus ihnen ergiebt, daß Luther nur von innerer Versuchung und Reizung, nicht von Thatsünden redet. [4]) Tauler, Bl. 102 b. 220 a. [5]) T., Bl. 97 b. 76 c. [6]) T., Bl. 138 a. 12 a. [7]) T., Bl 76 c.

geschilderte Strafe des Herzens im Geist ein Erschrecken des Gewissens vor dem Gericht Gottes, da es nichts fühlt, denn daß ihm die ewige Verdammniß vorgehalten wird[1]). Da pocht das Herz und zittert für großem Zorn Gottes[2]). Alle Anfechtung, sie sei wie schwer sie wolle, auch die der ganzen Welt, dazu auch der ganzen Hölle auf einen Haufen geschmolzen, ist nichts gegen die, da Gott auf den Menschen stößt[3]). Da leiden die Kräfte der Seele von dem Anblick des göttlichen Gerichts, und der heilige Geist leuchtet schrecklich in eine vermessene Seele, daß er sie demüthige. Das Geschrei in der Anfechtung kommt von der großen Angst eigenen Erkenntnisses, welches kommt vom Ansehen des empfindlichen Blickes des göttlichen Gerichts; dies Geschrei ist unermeßlich und mit keiner Zunge aussprechlich, allein den Erfahrenden bekannt[4]). Diese bitterste Gemüthsangst fühlt überall den von sich abgekehrten, feindseligen, unversöhnlichen, unerbittlichen und ewig erzürnten Gott; denn hier verzweifelt die Hoffnung selbst, und die Verzweiflung hofft dennoch zugleich, und lebt allein jenes unaussprechliche Seufzen, womit uns der Geist vertritt, der über den mit Finsterniß bedeckten Wassern schwebt[5]).

Da nun, wie in den zuletzt angeführten gewaltigen Worten ersichtlich, in der Anfechtung eine Versuchung zur Verzweiflung enthalten ist, so bezeichnet er wohl auch als Anstifter der Anfechtung und als Feind in derselben den Teufel; es ist ihm der Anfang des Sieges, das zu merken; denn da hebt bald ein Strahl göttlicher Barmherzigkeit an hervorzuleuchten und die Seele zu ermuntern, daß sie den Feind anklagt und alles Gute von Gott hofft; besonders stammen von ihm die Gedanken, die in uns Mißtrauen, Kleinmüthigkeit und Verzweiflung erregen[6]).

Nicht bloß ein mystischer Anhauch, wie in dem Mitgetheilten, sondern mystischer Einfluß im eigentlichen Sinn macht sich nun geltend bei der Frage: Wie wird dieser Zustand überwunden? und zwar zunächst negativ in den eigentlichen Warnungen vor den falschen Wegen, seine Ueberwindung zu versuchen. Da nämlich in der Anfechtung Gott, trotzdem er sich der Seele zu entziehen scheint, sein Werk in ihr ausrichtet, so kann nichts schädlicher sein, als bei der Creatur, besonders bei Menschen Trost zu suchen. „Meid, leid,

---

[1]) Oprt. 14, 307. [2]) 37, 375. [3]) Oprt. 14, 96. [4]) 37, 361 Anm. a. 1517.
[5]) Oprt. 15, 245. [6]) Oprt. 14, 36. 124; 15, 131.

schweig und bleib in Ruh", das ist die mystische Regel. Stille und Sammlung will sie, nicht Zerstreuung, besonders wo die von der Creatur loslösende Macht des Geistes in den Schmerzen der Anfechtung als in Geburtswehen eines neuen Lebens sich ankündigt[1]). Aehnliche Rathschläge hatte Luther aus seiner Erfahrung schon in den Scholien gegeben. Schon der innere Ueberdruß, den einem Angefochtenen die Creatur verursacht, macht diese ungeschickt, ihn zu trösten; denn das ist zu wissen, daß die, so in solcher Anfechtung stecken, nichts Lustiges und Liebliches an den Creaturen haben, das durch seinen Anblick auch um ein Haar möchte erquicken, und daß nichts so süße ist, das da möchte ihre Ohren erfreuen, und daß da keine Lust noch Begier ist, weder zu schmecken, noch zu essen, noch zu trinken; ja Alles ist nur überaus bitter. Da ist der Tod fürwahr allenthalben, was sie nur ansehen oder fühlen. Zwischen Leben und Tod werden sie aufs Erbärmlichste ausgedehnt und ausgespannt[2]). Luther geht auch von dem Gedanken der zwischen dem Schöpfer und der Creatur bestehenden Einheit aus, um zu zeigen, daß bei dieser Hülfe nicht zu hoffen ist. Der Angefochtene wird von keiner Creatur getröstet; denn die Creatur handelt mit ihrem Schöpfer; sonderlich, wenn das eigene Gewissen nicht mit dem Menschen übereinstimmt. Darum so ist allenthalben Zorn, Alles ängstet denselben Menschen und hat allenthalben Feinde[3]). Was nun menschliche Tröster betrifft, so fehlt es ihnen — und hier klingen Luthers eigene Erfahrungen nach, — an dem Verständniß dieses geheimnißvollen Leidens und daher an Fähigkeit, den dadurch Gebeugten aufzurichten. In dieser Anfechtung war Niemand, bei dem ich hätte Rath bekommen können, indem Niemand dieses Seufzen versteht, geschweige mir rathen könnte. Wie er also allein leidet, also berathschlagt er auch bald dieses bald jenes ängstlich mit sich selbst allein. Er kann Niemand seine Anschläge eröffnen, gleichwie er auch den Schmerz des Herzens mit Niemand theilen kann; und dieses ängstet ihn eben am gewaltigsten. Denn in den anderen gewöhnlichen Anfechtungen kann man doch Jemand finden, der Gleiches erlitten hat und folglich zu rathen und zu trösten weiß[4]). Es offenbart aber auch einen Mangel an Gelassenheit, bei Menschen Trost zu suchen. „Aller Unverstand

---

[1]) Tauler, Bl. 259 b. [2]) Oprt. 14, 315. [3]) Oprt. 14, 324. [4]) Oprt. 15, 247 f.

besteht in dem einigen Stück, daß ein Mensch nicht leiden will
Gottes Rath und Willen, sondern bittet um Hülfe auf die Weise
und zu der Zeit, die er sich selbst erwählt und die ihm gefällt. Der
ist wie ein Roß und Maulthier, der den Herrn so lange duldet, so
lange er fühlt oder begreift; er folgt nicht ferner, denn so ferne er
verstehen kann, denn er lebt nicht des Glaubens, sondern seiner
Vernunft[1]).

Aber nicht bloß in diesen Warnungen, sondern auch in den
positiven Weisungen für den Angefochtenen begegnet sich Luther mit
der Mystik, und hier um so mehr, als es in der Consequenz seines
Glaubensprincips lag. Wie sie ermahnt den Anker zu werfen in
den Grund der Gnaden, ein Getrauen zu haben in die grundlose
Barmherzigkeit Gottes[2]), und wie sie dies Getrauen gerade da am
dringendsten fordert, wo aller äußere, fühlbare Anhalt ihm entzogen ist,
so ermahnt auch Luther: Die in solcher Angst stecken, sollen nicht
auslaufen (evagentur), nicht kläglich schreien, nicht menschlichen Trost
suchen, sondern sollen bei sich selbst beharren, Gottes Hand leiden
und nirgend hin sich kehren, denn allein zu dem Herrn und
sagen: Ach, Herr, strafe mich nicht in deinem Zorn und züchtige
mich nicht in deinem Grimm. Obwohl es ein steil und schwer
Ding ist, soll man in der Anfechtung gerade zu dem erzürnten Herrn
fliehen und soll hoffen wider Hoffnung. Also wechseln die zwei,
Hoffnung und Verzweiflung, hier mit einander, daß sie auch, ob sie
wohl Gott anrufen und von ihm erhört werden, dennoch Solches
nicht fühlen also, daß sie sich dünken lassen, daß nicht einmal ihr
Rufen gehört worden sei. Weil nun alle Anfechtungen nur Anfänge
und Vorspiele der vollkommensten Anfechtung sind, sollen wir uns
in jenen gewöhnen, zu Gott wider Gott zu fliehen[3]), den Herrn, der
wunderlich mit uns handelt, zu erdulden, die Leiden nicht zu fliehen,
auch nicht nach dem zu trachten, das uns gut und recht dünkt[4]).
Besonders empfiehlt er gegen die Anfechtung das Gebet. Zu
der Bitte des Psalmisten (Ps. 6, 5): "Heile mich um deiner Barm=
herzigkeit willen", fügt er als Erklärung die demüthigen Worte:
Nicht wegen meiner Verdienste, von denen genug und übergenug der
Schrecken deines Zorns, die Beunruhigung des Herzens, der Gebeine

---

[1]) Oprt. 14, 111. [2]) Tauler, Bl. 115 c. d. [3]) Oprt. 14, 310. [4]) Oprt. 14, 149.

und meiner Seele beweist, wie gar nichts sie sind. Daher heile mich wegen deiner Barmherzigkeit, damit dir der Ruhm und das Lob deiner Barmherzigkeit in meiner Errettung bestehe ewiglich. Denn obschon ich unwürdig bin gerettet und geheilt zu werden, so bist du doch würdig, daß du gelobt, gepriesen und geliebt werdest in Ewigkeit. Aber du kannst nicht gelobt werden, und deine Barmherzigkeit wird nicht verherrlicht, es seien denn Solche, welche du dem Tode entreißest und aus der Hölle errettest [1]).

Die Mystik hatte in dem Gefühl, daß das Lob Gottes mit der Demüthigung des eigenen Ich innig zusammenhange, in dem ersteren eine starke Macht des Trostes für die Angefochtenen erkannt. So sucht auch Luther in die heilige Stille, welche die Seele unter das geistliche Kreuz der Anfechtung sich schmiegen läßt, durch die lobpreisende Erhebung Gottes hinein= und damit über die Anfechtung selbst und ihre Gefahren hinauszuführen. Denn dies ist in Anfechtung die alleredelste und ganz goldene Regel und der beste Rath, durch welchen wir uns allen Uebeln entreißen können, wenn wir in der Anfechtung Gott rechtfertigen, segnen und rühmen können, wie es das Beispiel der drei Knaben (Daniel 3.) zeigt. Es ist unglaublich, was dergleichen Lob Gottes für ein kräftiges Mittel in Gefahren sei. Denn sowie du anfangen wirst, Gott zu loben, so wird alsbald das Uebel gemildert, das Vertrauen wächst, und es folgt die Anrufung Gottes mit Zuversicht. Man soll nicht zuerst anrufen, sondern zuerst loben. Denn es giebt Leute, die schreien zum Herrn, aber sie werden nicht erhöret, weil sie, wenn sie zum Herrn geschrieen, ihn nicht gelobt, sondern unwillig gewesen sind; sie haben sich nicht den Herrn vorgestellt, wie süß er ist, sondern nur auf ihre Bitterkeit gesehen. Das ist ein schwieriger und seltener Rath, mitten im Unglück sich Gott süß und lobenswürdig einbilden und ihn, wenn er sich von uns entfernt hat und unbegreiflich ist, stärker anschauen, als unsere gegenwärtigen Uebel, die uns abhalten, ihn anzuschauen [2]).

Wie Vieles an seelsorgerlicher Belehrung er aber auch, wie aus Obigem ersichtlich, Tauler verdankt, so sah er sich doch auch zu einem Widerspruch gegen ihn veranlaßt. In einer Predigt der Hauspostille warnt er, man solle nicht dem Tauler folgen, der einmal

---

[1]) Oprt. 14, 317. [2]) Oprt. 16, 53.

rathe, in der hohen Anfechtung nicht zu beten. Er spricht diese Warnung in einer Zeit aus, in der er über die gefährliche Seite dieser mystischen Absonderlichkeiten schon allzureichliche Erfahrungen gesammelt hatte. Aber auch während der Periode, in welcher der Einfluß der Mystik am stärksten war, hat er diese von evangelischer Nüchternheit abirrenden Wege nie betreten. Auch hier ermahnt er, ja nicht in der Anfechtung zu schnarchen noch zu schlummern, auch nicht zurückzuweichen, auch nicht darauf zu warten, daß sie von selbst aufhöre, sondern tapfer dawider zu fechten[1]). Es kommt dazu dem Angefochtenen noch der Trost zu Gute, daß, wie wir nicht wirken, sondern Gott in uns, so auch wir nicht leiden, verachtet oder verfolget werden; sondern Gott leidet und wird verachtet und verfolget in uns (Eph. 4, 30. Zach. 2, 8.). Was fürchten wir uns denn nun? Wir wollen die gottlosen Leute wüthen und toben lassen, ja vielmehr für sie bitten und sorgen, daß ihre Augen aufgethan werden, und sie sehen, daß sie nicht gegen uns, sondern gegen Gott angelaufen sind[2]).

Gegen die Anfechtung durch böse Lust weist er in seltsamer Auslegung des Psalmenworts (Ps. 137, 9) auf die Betrachtung Christi: „Christus ist der Fels; unsere kleinen Kinder, die bösen unkeuschen Gedanken und Begierden sollen wir wider diesen Felsen schlagen. So du Christus mit deinem Willen und Gedanken anrührst, alsbald wird der böse Gedanke zerrieben[3]). Man wird hier an den schon einmal erwähnten Taulerschen Vergleich erinnert, in welchem er den Rath giebt, den Anfechtungen am Kreuze Christi den Kopf zu zerstoßen, wie ein Hirsch den verfolgenden Hund an einen Baum schleife und ihm dann damit das Haupt breche[4]).

Auch in das, was er über die Frucht der Anfechtung sagt, flechten sich mystische Anschauungen hinein: Da lernt der Mensch seine Fleischlichkeit erkennen, und so er dann empfindet, daß er mit Gewalt zu den Sünden hingerissen wird und nichts Gutes in seinem Fleisch findet, daß er ersehne nach der Gnade der Genesung[5]). Wer diese Anfechtung erfahren hat wird auch verstehen, wie närrisch und freventlich von ihrer Vielen gelehrt wird, daß der Mensch von Natur Gott über alle Dinge lieben könne[6]). Weiter aber dient sie

---

[1]) Oprt. 14, 328. 122. [2]) Oprt. 15, 124. [3]) Dec. Praecept. 12, 195.
[4]) Tauler, Bl. 46 b. c. [5]) Dec. Praecept. 12, 126. [6]) Oprt. 14, 101 f.

zur Stärkung des Glaubens. Denn Gott verläßt uns wohl eine Weile, daß wir ihm vertrauen¹); bieweil der Mensch lässig ist, zu suchen seine Heilung bei Gott, treibt ihn Gott mit Anfechtungen, daß er ihn zwinge, zu suchen die Barmherzigkeit und Gnade Gottes²). Daß Gott möge seine Kraft und Trost ausgeben und mittheilen, zeucht er hin allen anderen Trost und macht die Seele herzlich betrübt, schreiend und sehnend nach seinem Trost³). Endlich fördern sie auch das neue Leben; erstens durch Bewahrung vor träger Ruhe: Gott braucht unsere Uebel, daß er die Gnade und das Leben, das in uns ist, verberge und verdecke, auf daß wir nicht laulich seien, wenn wir jenes in uns erkennen⁴), sondern von ihm nichts wissen, als hätten wirs nicht, und destomehr erseufzen und uns sehnen⁵). Dann aber schärft die Anfechtung auch den Haß gegen das selbstische Wesen und dient zur Bewahrung des neuen Lebens. Die Seele ist mit Leiden wider den alten Menschen entzündet⁶). In der Widerwärtigkeit ist es schwer nicht abfallen, nicht klagen, nicht ungedultig werden und aus Furcht vor Uebeln nichts thun oder lassen wider Gottes Gebot und also durch Gottes Furcht die Furcht vor der Creatur überwinden, nicht weichen den Affecten und ihren Gegenständen, sondern dem Worte Gottes anhangen auch bis in den Tod. Da kann man denn wohl spüren und prüfen, ob man dem Herrn diene, ob man mehr Gottes Willen fürchte, denn irgend einer Creatur Gewalt⁷). Die Lust zum Gesetz des Herrn bricht durch Armuth, Schmach, Kreuz, Tod, Hölle als eine Ueberwinderin hervor, denn am allermeisten läßt sie sich sehen in Widerwärtigkeiten⁸).

Ueber die persönlichen Erlebnisse, den Wellenschlag des erregten Gemüths hin zittert so überall der Strahl eines stillen Lichts, des Leidenssinnes der Mystik.

Das Gebet.

Ebenso wie die Anfechtung ist das Gebet Sache des inneren persönlichen Erlebens und Erfahrens. Das hindert indeß nicht, daß es nicht sollte den Einwirkungen einer geistigen Macht zugänglich

---

¹) Oprt. 15, 132. ²) Dec. Praecept. 12, 154. ³) 37, 318. a. 1517. ⁴) Tauler, Bl. 37 c. ⁵) Dec. Praecept. 12, 157. ⁶) Dec. Praecept. 12, 352 Anm. u. ⁷) Oprt. 14, 84. ⁸) Oprt. 14, 25.

bleiben, welche wie die Mystik bis zu dem innersten Heiligthum der Seele bestimmend dringt. Wo finden mehr als in dem freien Erguß des gläubigen Gemüths die Stimmungen einen Ausdruck, welche die Hand eines im Innersten wahlverwandten Geistes angeschlagen hat? Im vorigen Capitel wurde ein Gebet Luthers mitgetheilt, das die demüthige Beugung spüren läßt, welche die mystische Frömmigkeit so besonders auszeichnet. Die Auslegungen zum Vaterunser, als katechetische Vorarbeiten besprochen, lassen zugleich die Richtung erkennen, die sein betendes Herz nahm; zu dem höchsten Gut hin voll Innigkeit, mit halbverschlossenem Blick für irdische Güter den eigentlichen Sinn der vierten Bitte nicht erkennend, und unter scharfer Entgegensetzung gegen alles Selbstische, gegen alles Suchen des Eigenen. Der Halt aber der großen und vollen Zuversicht, welche seine Gebete trägt, ist Gottes Gnade und Verheißung; es kennzeichnet seine eigenthümliche Stellung, daß er oft erinnert, wie Gott geboten, zu ihm zu beten und verheißen, daß er uns wolle erhören. Auf den Grund trauend, den der Beter für die Hoffnung der Erhörung in Gottes innerstem Wesen finde, fragte die Mystik weniger nach einer ausdrücklichen Zusage oder nach einem Gebot zum Gebet[1]). In dem Hervorheben von Gebot und Verheißung drückt sich wieder die schüchterne Zartheit des Gewissens aus, der ein ausdrückliches Wort vonnöthen ist, um Muth und Herz zum Beten zu gewinnen, aber eben so die Art seines Glaubens, sich an ein geoffenbartes Gotteswort anzuschließen.

Das Eingehen auf mystische Grundsätze und Strebungen, oft mit auffallender Annäherung an Tauler, werden am besten Worte aus Luther characterisiren.

Zunächst zeigt sich dasselbe in der Art, wie er gegen eine veräußerlichende, fast paganisirende Richtung, die er in der Kirche vorfand, reagirt. Die nur äußerlich beten sind gleich als eine silberne Pfeife, die plerrt und schreit, lautet ohne Seele und Herz[2]). Das beste Gebet ist, wenn das Herz zu Christo fleucht;

---

[1]) Doch sagt Tauler, Bl. 172 c: Wir sind gemahnt mit dem göttlichen Gebot, daß wir dürfen sprechen: Vater unser. Dies ist von der Kleinheit des Menschen und von der großen Würdigkeit Gottes des Vaters, den man mit Zittern und Furcht ansprechen muß. [2]) Walch. VII, 1046.

es steht dieweil ein Anderer in der Kirche, wendet die Blätter um, zählt die Paternosterkörner und klappert sehr damit und denkt mit dem Herzen weit von dem, das er mit dem Munde bekennt ¹). Gott will nicht haben groß Gepränge mit Opfer oder Gesänge, sondern allein die stille Heimlichkeit des Herzens (Ps. 51, 8) ²). Ein Vaterunser mit innerlicher herzlicher Begier, mit Aufmerken, was die Wörtlein in sich haben, ist besser als das Hersagen der Rosenträuzlein, Kronen, Psalter und Gebetlein mit rother Tinte geschrieben ³).

Das wahre Gott gefällige Gebet ist eine Bewegung des Geistes in seinem Innersten. Luther definirt es als Aufhebung des Gemüths oder des Herzens zu Gott⁴), oder als ein Aufsteigen des Geistes zu Gott, (adscensio mentis in Deum), bei dem die Worte die Leitern sind, die Stimme aber das Gerüst zur Leiter bildet ⁵). Der Ausdruck: Aufgang des Gemüths in Gott war aus Augustin in die Scholastik wie in die Mystik übergegangen⁶). Es sei indeß bemerkt, daß Luther denselben später abgelehnt und nur den anderen, Erhebung der Seele, elevatio animae — der an Ps. 86, 3 sich anschließt — beibehalten ⁷), ebenso, daß er die noch eigentlicher mystische Definition Taulers: „Vereinigung des geschaffenen Geistes mit dem ungeschaffenen"⁸) sich nicht ausdrücklich angeeignet hat. Doch klingt es an dieselbe an, wenn er sagt: So die Anrufung des Namens Gottes in uns aus dem Herzen geschehen, so zeigt sie an, daß das Herz und der Name des Herrn Eins sind und an einander hangen⁹).

Nachdrücklich fordert er mit der Mystik das innerliche Gebet, warnt aber, daß Keiner sich vermesse, mit dem Herzen allein zu beten, es sei denn, daß man sich gewöhnt habe, durch göttliche Gnade aller Dinge sich zu entschlagen¹⁰), und wahrt dem mündlichen Gebete seine Bedeutung für die Erregung des innerlichen. Zwar

---

¹) Walch. VII, 1032 ²) Walch. VII, 1031. a. 1518. ³) Walch. VII. 1030. Tauler, Bl. 56 a. So klein ein Heller ist gegen hunderttausend Mark Goldes, so ist auch alles auswendige Gebet gegen dies Gebet, das da ist und heißt eine wahre Einung mit Gott. ⁴) Walch. VII, 1032. ⁵) Dec. Praecep. 12, 86. ⁶) T., Bl. 55 d. 134 c. ⁷) Köstlin, Luthers Theologie II, S. 477. Anm. ⁸) T., Bl., 213 b. 211 c. ⁹) Ep. Gal. III, 219. ¹⁰) Walch. VII, 1033.

bei dem mündlichen Gebet, das die Priester lesen, das man zur Buße oder einem Gelübde gemäß spricht, ist der Gehorsam das Beste ¹), und das mündliche Gebet ohne diesen Gehorsam, nur um Geld, Ehre oder Lob zu erlangen, unterbliebe besser ²). Wenn aber das mündliche Gebet mit Andacht des Herzens geschieht, so wird der Schein in die Wahrheit gezogen und das Aeußerliche in das Innerliche, ja die inwendige Wahrheit bricht heraus und leuchtet mit dem äußerlichen Schein, aber es ist nicht möglich, daß der viele Worte mache, der geistlich und gründlich betet; denn die Seele, wenn sie gewahr wird, was sie spricht, muß sie die Worte fahren lassen und dem Sinn anhangen, oder wiederum den Sinn muß sie fallen lassen und den Worten nachdenken; darum sind solche mündliche Gebete nicht weiter anzunehmen, denn als eine Anreizung und Bewegung der Seele, daß sie dem Sinn und den Begierden nachdenke, die die Worte anzeigen³). Das mündliche Gebet will Luther also nicht herabsetzen, nur der zu großen Zuversicht auf dasselbe und der Verachtung des innerlichen Gebets wehren⁴). Es muß zu seiner Zeit auch das mündliche geübt werden, sonderlich in der Messe und wo es förderlich ist dem innerlichen Gebet und Glauben⁵).

Wie der Glaube, so ist nun dies innerliche Gebet etwas alles Denken Uebersteigendes, und wie der Sinn, so ist dem entsprechend auch die Erhörung tiefer und reicher als sein Wortlaut: Das rechte eigentliche Gebet höret Niemand als Gott, auch der bittende Mensch selbst nicht, und es ist mit dem Gebet, auch dem, das im Geiste geschieht, wie mit einem Kreis; das, was wir bitten, ist gleichsam der Kreis; diesen tragen wir Gott vor, wenn wir beten, dessen werden wir auch wohl inne: Gott aber erhöret dagegen den in der allerinnersten Tiefe des Herzens verborgen liegenden Grund (fun-

---

¹) Zu vergleichen die von Tauler erzählte Geschichte: Tauler, Bl. 117 c. ²) Tauler, Bl. 55 d: Kinder, die reichen Menschen kommen zu euch und geben euch armen, verzehrten, kranken Kindern 4 Heller oder 6 und heißen euch, ich weiß wie viel Benien machen, vielleicht hundert Paternoster sprechen. Von diesem Kauf und sonst von anderen Weisen da hält Gott in seiner Ewigkeit soviel von als er will. ³) Tauler, Bl. 13 a: Das auswendige Gebet ist nicht mehr nütze, denn daß es zu dieser edelen Andacht den Menschen reize und dann ausbricht der Rauch (sc. der Andacht). Wann der dann auskommt, so laß das Gebet des Mundes kühnlich fahren. — Aehnlich Bl. 80 b. c. 135 a. b. c. ⁴) 20, 161 f. a. 1518. Tauler, Bl. 61 b. ⁵) 20, 237 a. 1520.

dum) des Verlangens, welches über alle Gedanken geht. Und indem Gott dies thut, wird der Betende mit Verwunderung gewahr, wie er Alles erhalten habe, warum er sich nicht einmal zu bitten unterstanden hatte. Und so wird der Satz wahr: Was die Seele bittet, das bittet sie nicht, und was sie nicht bittet, das bittet sie; wie denn Christus selbst das saget und der Apostel Paulus: Wir wissen nicht so wie es sich geziemt zu beten[1]).

In dieser menschlicher Meinung verborgenen Weisheit Gottes hat auch der scheinbare Verzug der Erhörung seinen Grund: Denn wenn er uns so bald erhörte, wenn wir schreien, erhörte er uns zu unserem großen Schaden: erstlich darum, daß der Glaube, die Hoffnung und Liebe keinen Raum und Brauch und Uebung übrig hätten, wenn uns so bald erfüllt würde was wir bitten und begehren. Darnach, wenn Glaube, Hoffnung, Liebe keinen Brauch und Uebung hätten, würde keine Reinigung von Sünden und Tödtung der sündlichen Lüste und Neigungen folgen, durch welche wir wie wahnsinnig auf die gegenwärtigen und sinnlichen Dinge fallen. Wenn wir uns aber von den sinnlichen Neigungen nicht gereinigt und nicht gewöhnt haben, der äußeren Güter zu darben, so können wir kein gut Werk thun, Gott nicht gefallen und daher auch nicht selig werden. So sehr ist die göttliche Barmherzigkeit um uns bekümmert, und so verzeucht sie um unseretwillen, uns zu geben, was sie doch gebietet zu bitten und zu fordern, auf daß sie uns mit großem Gewinn und überflüssig geben könne[2]). Gegen das sinnliche Fühlen wird das Psalmwort geredet: „Du verlässest nicht, die dich suchen," damit man lerne, der rechten Zeit zu erwarten. Denn es erscheint allem sinnlichen Gefühl, als habe Gott verlassen die, die ihn suchen, wider welche Stürme der Gedanken man den Fels dieses Verses stärken muß[3]). Dann aber beten wir am allerinbrünstigsten, wenn wir das Vertrauen haben, daß wir Gottes Reich und nur ein Theil der Sachen Gottes sind; denn alsdann suchen wir nicht das Unsere und sind gewiß, daß er eine Sache nicht verlassen werde, die sein ist, und ein Reich, das sein ist[4]). Und gerade die lieben Gott wahrhaftig, so da warten auf die Wahrheit deß, der da etwas verheißet; die aber abfallen, die lieben vielmehr sich selbst. So Pf. 27: Harre

---

[1]) Var. arg. 1, 179. a. 1517. [2]) Oprt. 15, 103. [3]) Oprt. 15, 105. [4]) Oprt. 16, 205.

des Herrn, handle getrost und dein Herz werde stark und erdulde den Herrn. Davon redet Vieles trefflich Johannes Tauler in seinen deutschen Predigten¹). Denn das sind die von Herzen aufrichtig sind Pf. 73. Ein aufrichtig Herz nämlich haben wir das genannt, was nicht sucht, was sein ist, auch nicht in sich selbst verderbt ist; und diesen ist der Herr gut, weil sie schmecken und sehen, wie süß der Herr ist²).

So hebt sich das felsenfeste Vertrauen von der stillen Gelassenheit, die Gottes Willen alle eigenen Wünsche unterordnet, als dem Hintergrunde der bittenden Seele ab; und das ist der Einfluß der Mystik: der Muth des völligen Vertrauens, durchdrungen von der Demuth völliger Selbstverleugnung. Je höher die Erhebung des Geistes, desto tiefer die Demüthigung des eigenen Ich. Das Lob Gottes steht in unserer Schändung, so wir verlassen sind, allein in uns gehn, alle Sinne zuschließen³). Dies Wort kennzeichnet in derselben Richtung als letztes die deutliche Spur, welche die Schule der Mystik dem Geist eines der größten Beter aufgedrückt hat.

Erst jetzt, nachdem das Subjective, der Zustand unter der Sünde wie unter der Gnade zur Darstellung gekommen ist, kann auf die objective Seite der Mystik Luthers im Zusammenhange eingegangen werden; und an dem Punkte wird anzufangen sein, zu welchem hin vom Subjectiven her die Fäden von allen Seiten herüberlaufen.

Die Menschheit Christi.

Schon in der Psalmenglosse wurde hervorgehoben, daß Luther einerseits den Glauben innig auf Christus selbst bezogen, andererseits Christum in Aehnlichkeit mit dem Gläubigen in seinem Kampf und Kreuz angeschaut habe. In den Scholien fand sich dieser Geist der Innigkeit schon in ausgeprägte mystische Formen gegossen. Jedenfalls hatte Luther schon mit dem Ablaufen der romanisch-mystischen Periode, also schon bis zum Jahre 1515, seiner Christologie ihre Grundlagen und Grundformen gegeben. Ueber jene kirchliche Betrachtungsweise, die aus Christo einen Moses, mehr

---

¹) Luther denkt hier besonders an das stille, geduldige Tragen der Leiden, an das Warten in der Anfechtung, von dem Tauler so oft redet. ²) Oprt. 15, 104. ³) Walch. VII, 1043.

einen Schätzer als einen Geber, mehr einen Rächer als sühnenden Mittler und so aus der Glorie seines Namens ein bloßes Wort machte[1]), war er längst hinausgewachsen. Seinen evangelischen Glaubensblick für den Heiland und Versöhner voller Gnade hatte ihm Staupitz durch jene seelsorgerlichen Weisungen mitaufgeschlossen, daß die Versehung in Christi Wunden gefunden werde, daß Christus nicht schrecke, sondern tröste. So waren die ersten Anfänge seiner Erkenntniß durch einen Vertreter der deutschen Mystik mitentstanden. Dieser sollte nun noch ein weiterer, fortbildender Einfluß vorbehalten sein.

Auf seinem Grabstein ist Tauler selbst dargestellt, wie er mit seiner Rechten auf das Lamm Gottes mit der Siegesfahne weist. Ein sinniges Bild; denn es bedeutet eine richtige Würdigung der Mystik. War es doch ihre eigentlichste Aufgabe, den Gekreuzigten vor Augen zu malen, zu ihm als einer lebendigen Regel des göttlichen Lebens zu locken und zu treiben, sein Bild den Menschen aufzuprägen und sie christförmig zu machen. Und mit solcher Predigt machte sie auch auf Luther tiefen Eindruck. Hatte ihn sein Studium der Schrift und die romanische Mystik schon zu solcher Betrachtung Christi angeleitet, so wurde er nun noch mehr in derselben vertieft, wie der Abschnitt von der Nachfolge Christi aus der Betrachtung der Leiden Christi besonders zeigen wird.

Zugleich aber macht mit dieser Verinnerlichung des Verhältnisses zu Christo jene Verähnlichung des Bildes Christi mit dem des Gläubigen weitere Fortschritte. Immer mehr wird die **Menschheit Christi** nicht als bloße Wesensbestimmung behandelt, sondern zugleich als eine **Bestimmtheit und Richtung seines Lebens**. Wo die Scholastik Formeln discutirte, zeichnete er ein lebensvolles Bild; in ihm zeigte er den Gläubigen den, der allerdings seinen Brüdern gleich werden mußte, auf daß er barmherzig und ein treuer Hoherpriester würde; zugleich aber mit dem Mittlertrost lagen in dieser Aehnlichkeit Christi mit uns die stärksten Aufforderungen zur Buße und Selbstverleugnung.

Sofort wird sich zeigen, wie Luther jenes Lebensbild Christi auf dem Grunde der heiligen Schrift mit mystischer Farbe gemalt hat.

---

[1]) Var. arg. 2, 320 a. 1518.

Die Knechtsgestalt Christi.

Es ist zunächst das biblische Wort Phil. 2, 6 ff., das Luther seinen Ausführungen über die Knechtsgestalt zu Grunde legt. Aber während die Väter jenes Wort auf die Menschwerdung des ewigen Sohnes Gottes bezogen hatten, sah Luther in ihr die Grundzüge des Lebens Christi, seine Knechtsgestalt, das Urbild unseres Lebens, wie seine Mystik es gestaltet wissen wollte in bemüthiger Gottbezogenheit und dienender Liebe.

Es giebt, sagt Luther in der ersten Auslegung der genannten Stelle vom Jahre 1518, zwei Gestalten (formae) in der Welt; die eine ist die Gestalt Gottes, die andere ist die Gestalt eines Knechts. Die Gestalt Gottes ist Macht, Weisheit, Klugheit, Gerechtigkeit, Güte und was da nur gut ist. Daß unter Form oder Gestalt Gottes die Substanz oder das selbständige Wesen Gottes zu verstehen sei, lehnt er in einer späteren Auslegung vom Jahre 1520, die im Uebrigen jener ersten sehr ähnlich ist, ausdrücklich ab, denn dieser Form habe Christus sich nie geäußert und gelediget. „Die Gestalt des Knechts ist die Unterthänigkeit, Narrheit, Thorheit, Armuth, Sünde und ein jeglicher Mangel, um deßwillen Einer für geringer als ein Anderer mag geschätzt werden;" er fügt 1520 hinzu, daß die Form des Knechts nicht die menschliche Substanz und Selbständigkeit bezeichne. — Die erste Gestalt macht aus nichts etwas, ja Alles, die andere Gestalt macht aus Allem nichts. Es hat ein jeder Mensch diese beiden Gestalten bei sich, weil Niemand ist, der da sollte gänzlich nichts sein, aber der rechte Gebrauch von beiden ist bei keinem Menschen zu finden. Diesen aber hat uns Christus gelehrt. Er besteht darin, daß man sich dieselbe nicht selbst raube, sondern vielmehr von derselben hinweg sich erniedrige; der verkehrte Gebrauch dagegen ist, wenn man sich dieselbe raubt und mit ihr erfüllt, d. i. wenn man sagt, daß all das Gute, dadurch wir in Gottes Gestalt gesetzt werden, nicht um unsertwillen gegeben ist, noch daß wir darinnen uns rühmen und prahlen, sondern daß es uns vielmehr gegeben ist um derer willen, die Solches nicht haben, daß wir damit ihnen dienen und dieselben nicht verachten, so gar, daß wir auch ihre Uebel und Laster nicht anders, noch mit geringerem Affect annehmen, als wenn es unsere eigenen wären. So geschah es in Christo. Er entäußerte sich seiner Gestalt und raubte sie nicht, als wollte er Gott gleich sein, dem allein zukommt, in dieser Gestalt zu prangen und sich derselben zu rühmen, sich selbst zu gefallen, Keinem zu dienen, sondern über Alle zu herrschen. Also hat er seine Weisheit abgelegt, indem er in derselben sich nicht selbst gefiel, sodaß er uns verachtet hätte, sondern daß er sich selbst verachtete und durch seine Weisheit uns diente, indem er unsere Thorheit auf sich nahm und für uns thöricht ward. Also soll man urtheilen von allen Gütern Christi, welche der Apostel in den Namen der Gestalt Gottes kurz zusammenfaßt[1]). Es möge zu dieser Ausführung noch Einiges aus der erwähnten späteren gefügt werden: Christus ist mit den Formen vortrefflich gewesen, die Gott am allermeisten zukommen; dennoch ist er in derselben Form nicht hoffärtig gewesen, hat sich nicht selbst gefallen noch Andere verachtet oder verschmäht, die Knechte und mancherlei Uebeln unterworfen waren, als der Pharisäer oder Gleißner, der darin ein Wohlgefallen hatte, daß die anderen unselig wären, und ja nicht wollte, daß sie ihm gleich wären. Und dies ist jener Raub, damit der Mensch sich anmaßet, ja behält, das er hat, und es nicht rein Gott, deß es ist, zuschreibt, auch den Anderen nicht damit dient, daß er sich ihnen gleich mache, und also wollen sie gleich wie Gott ihnen selbst genugsam, ihnen selbst gefällig, in sich selbst prangend und Niemandes pflichtig sein. Aber der Herr Christus hat nicht diese Weisheit gehabt, sondern hat jene Form Gott dem Vater zugeschrieben und überreichet und sich derselben entlediget und geäußert, hat jene Titel nicht wider uns wollen gebrauchen, hat uns nicht ungleich und unähnlich sein wollen. Ja, er ist vielmehr worden gleich als Einer von uns und hat die Form des Knechtes angenommen und also gehandelt, d. i. er hat sich allen Uebeln unterworfen, und wiewohl er frei war, als auch der Apostel sagt, hat er sich zu einem Knecht aller Menschen gemacht und hat sich nicht anders gestellt, als wären die Uebel und Beschwerungen alle sein eigen, die unser sind[2]).

Es ist im Wesentlichen das Abgewendetsein von aller Eigenliebe, der Verzicht auf eigene Ehre, die Verleugnung des eigenen Ich auch in seinem göttlichen Geistes- und Gabenbesitz, die völlige Demuth und die sich verzehrende Hingebung an Gottes Ehre und

---

[1]) Var. arg. 1, 227. a. 1518. [2]) Ebend. 2, 233 f. a. 1518.

das Heil der Menschen, und dem Allen als sein Gegentheil scharf gegenübergestellt die menschliche Unart des Sichselbstbespiegelns und des Sichselbstsuchens auch im Geistlichen, was als mystische Seelenschilderung in diese tiefsinnige Auslegung hineingewebt ist[1]). Es wird auch hier ersichtlich, wie dieser mystische Zug der außerordentlichen Begabung Luthers für das Verständniß der heiligen Schrift förderlich und zugleich durch die schon gewonnene Schrifterkenntniß in Schranken gehalten wird. Ohne daß die Einzigkeit der Person Christi sich verwischte, wie zuweilen wohl in der Mystik, und ferner, ohne daß der Bedeutung des objectiven Erlösungswerkes Christi Eintrag geschähe, werden von dem großen Gesichtspunct aus, zu dem die Mystik Luther miterhob, die Motive des Wirkens und Leidens Christi aufgefaßt. Das Verhältniß von Herrschaft über alle Dinge und Knechtschaft unter alle Dinge und Unterthänigkeit unter Jedermann, wie es im Sermon von der christlichen Freiheit ausführlich als oberstes christliches Lebensprincip besprochen wird, es hat sein Vorbild und vollkommenes Urbild in Christo. Die Knechtsgestalt Christi ist die vollkommene Aufopferung seines göttlichen Rechts an die Liebe, der Freiheit an das Dienen. So ist schon in dem, was er ist, ausgedrückt, was wir zu werden berufen sind; und in dem Leben, das von einziger Bedeutung, Geltung und Kraft für die objective Erlösung ist, erscheinen zugleich als Wirklichkeit die ethischen Forderungen und Grundnormen für das Leben seiner Erlösten.

Die Anfechtungen Christi.

Aber nicht bloß in der Knechtsgestalt, auch in der Leidensgestalt Christi findet nach Luther der Gläubige sich wieder. Die tiefsten Erschütterungen unseres Gemüths, unsere Bekümmerung und Beängstigung hat auch Christi Seele bewegt. Er ist, indem er das Unsere auf sich nahm, um uns das Seine zu geben, auch hierin uns ähnlich geworden in seinen Anfechtungen. Am ausführlichsten hat sich Luther hierüber ausgesprochen in der Auslegung zum zwei und zwanzigsten Psalm vom Jahre 1522. Zu

---

[1]) Tauler, Bl. 57 c: Alles, das Christus sprach, und Alles, das er wirkte, damit meinte er seines Vaters Ehre und aller Menschen Seligkeit.

Pf. 22, 16: Meine Kräfte sind vertrocknet wie ein Scherben, heißt es: Also sehr ist der Herr Christus erschöpft gewesen an allem seinem Lebenssaft und natürlichem Wachsthum, daß er ganz dürre und vertrocknet war. Diese vertrocknete Kraft bedeutet nicht Schwachheit, Krankheit oder irgend etwas Positives, sondern privativ ein Unvermögen, etwas zu wirken. Zu den Worten: Meine Zunge klebt an meinem Gaumen, bemerkt er: Auch dieser Durst und diese Dürre ist ihm mehr hergekommen von jenen geistlichen Anfechtungen, denn von den leiblichen Trübsalen. Denn es ist unglaublich, wie diese innerliche Anfechtung plötzlich allen natürlichen Saft durch alle Glieder verdorret, sonderlich an der Zunge, an welcher man vornehmlich diese Dürre fühlt [1]).

Zunächst erscheint diese Stelle mit ähnlichen ja nur als ein Zeichen jenes Eindringens eigener Seelenstimmungen in die Betrachtung des Bildes Christi, das für die Mystik so charakteristisch ist. Aber Luther verdichtet diese stimmungsvolle Betrachtung auch zu Lehrbestimmungen. Und zwar ist er sich dessen bewußt, daß er hiermit Geheimnisse anrühre, die nicht für Jedermann seien. Indem er sich nämlich anschickt, nach dem 22. Psalm das Wort Christi auszulegen: Mein Gott, mein Gott, warum hast du mich verlassen, läßt er zwar jene von Anderen vorgetragene Erklärung als ganz richtig gelten, daß der Menschheit Christi die Unterstützung seiner Gottheit entzogen sei[2]); doch findet er sie nur für das Verständniß Ungelehrter bemessen und außerdem dunkler als die Worte Christi selbst. Er unternimmt daher eine andere Auslegung, verwahrt sich aber vorher gegen die, welche ohne Rücksicht auf Ort und Hörer, ohne Weisheit und Nüchternheit überall hinstreuen, was sie an hohen und verborgenen Dingen (arduissima et reconditissima) vernommen oder getrieben. Die Theologie müsse zwar allen Gläubigen gemein sein, aber einige erhielten nur Milch, während Andere feste Speise vertrügen. Man fühlt schon an dieser Vorrede: Er schickt sich an, etwas Besonderes zu sagen.

---

[1]) Op. 16, 293 f. [2]) Luther hatte in der Psalmenglosse selbst so erklärt: In die Hände der Juden gegeben, da du mir die Hülfe der Gottheit entzogen hast. Walch, IX, 1628. In den Vorlesungen ist Pf. 22 leider unter den fehlenden.

Was es heiße, von Gott verlassen sein, fährt er dann fort, werde nicht besser erkannt, als wenn wir zuvor wissen, was Gott sei. Gott aber ist Leben, Licht, Weisheit, Wahrheit, Gerechtigkeit, Gutheit, Macht, Freude, Herrlichkeit, Friede, Seligkeit und alles Gute. Von Gott verlassen werden, bedeutet daher, im Tode, in Finsterniß, Thorheit, Lüge, Sünde, Bosheit, Schwachheit, Traurigkeit, Verwirrung, Bestürzung, Verzweiflung, Verdammniß und allen Uebeln sein. — Werden wir nun Christus etwa zu einem Thoren, Bösen u. s. w. machen? Dies ist der Punkt, um deßwillen er gesagt, die Sache sei verborgen und hoch.

Aber den Schlüssel zum Verständniß gewinnt Luther aus dem von Allen zugestandenen inneren Lebensgesetz Christi, nach dem in ihm Freude und Traurigkeit, Schwachheit und Kraft, Friede und Beunruhigung, Leben und Tode zugleich und aufs Höchste waren; ein scheinbarer Gegensatz, der auch durch die Klage Christi bestätigt wird, denn nach dieser war er verlassen und auch nicht verlassen, da er ruft: **Mein Gott!**

Luther ahnt nun (divinat meus animus): Christus war und blieb gerecht als der Sündlose. Aber in der Zeit seiner Leiden hat er so alles Unsrige auf sich genommen (suscepit), als wenn es wirklich sein Eigen gewesen wäre, indem er litt, was wir für unsere Sünden hätten leiden müssen, und was die Verdammten schon leiden. Da aber Gottes Strafen nicht bloß in Todesstrafe, sondern auch in Zagen und Schrecken des beunruhigten Gewissens besteht, welches den ewigen Zorn und sich in Ewigkeit verworfen fühlt, so folgt, daß **Christus selbst auch dieses Zagen und diesen Schrecken des beunruhigten Gewissens erduldet hat.** Er ist ein Fluch geworden (Gal. 3, 13) nicht nur vor Menschen, sondern weil er **sich auch von Gott verflucht fühlte im Gewissen.** Und sollte es denn so ungereimt sein, Christo ein Gewissen zuzuschreiben, das auf kurze Zeit sich fürchtete, damit er dies unser Elend, obschon unschuldig fühle?[1])

Eine wichtige Weiterbildung der Lehre Luthers vom Leiden Christi für uns hat sich hiermit vollzogen. Zwar früh schon, in der Psalmenglosse hat er ein Auge für dies innere Leiden Christi, das ihm durch den Zorn Gottes über unsere Sünden

---

[1]) Op. 16, 241—245.

verursacht worden sei. Aber dort war jenes Leiden nur Mitleid¹).
Jetzt dagegen erscheint es als ein Gewissensleiden, das er als
Versöhner und Mittler auf sich nimmt; es erhält die Fassung, die
es dann in der von Luther ausgehenden Theologie behalten hat.
Es leuchtet ein, welcher Antheil an dieser Mittheilung der Mystik
zukommt. Hat sie auch selbst so nicht gelehrt, so war es doch ihr
Geist, sich in Christo zu finden und zu fühlen, der Luther dahin
mitzog, wohin ihn seine eigenen Seelenzustände trieben. Denn er
sah nun in diesem Vers einen Stab zur Aufrichtung Aller, welche
der Zorn des Gesetzes, der Tod und Hölle ist, ergriffen und verzagt
gemacht, daß sie eingedenk seien ihres Herrn Christi, der in der=
selben Anfechtung bewährt, gelernt habe, mit Allen Mitleid zu haben,
die versucht werden. Solche mit den Tiefen des Abgrundes und
den Pforten des Todes Geängsteten mochten durch diesen Vers sich
lehren und bilden lassen; wer es nicht fasse, dem rieth er, in der
Ebene zu bleiben und die Jünger zu Christo auf den Berg herzu=
nahen zu lassen²).

Und noch eine andere Lehrbestimmung floß ihm aus
jener Betrachtung, die den Trost des versöhnenden Mittlerleidens
Christi durch eine so weit gehende Verähnlichung desselben mit dem
Leiden der Sünder verstärkte. Aus ihr heraus versucht er
das Geheimniß der Höllenfahrt Christi zu deuten. Er
verwirft die Erklärung derjenigen, die das wesentliche Herabfahren
der Seele Christi zu einer von dieser auf die Abgeschiedenen (inferi)
ausgehenden Kraftwirkung verflüchtigen, als ein frivoles, gottloses
Geschwätz und hält daran fest, daß Christi Seele wahrhaftig nach
der Substanz zur Hölle herabgefahren sei. Er erklärt dann aber
doch dies Transscendente transscendental aus inneren Zuständen, die
er zwar von Christo an der Seele nach seinem Tode in der Hölle
erlitten denkt, die aber der oben geschilderten, von Christo hier er=
littenen Anfechtung durchaus ähnlich sind. Denn Schmerzen der
Hölle und des Todes hält er für dasselbe. Der höllische Schmerz
ist das Zagen vor dem Tode, das Gefühl des Todes, mit dem die
Verdammten vor dem Tode erschrecken (horrent), ohne ihm doch zu
entfliehen. Christus scheint nun, wie er mit dem höchsten Schmerz

---

¹) Vgl. oben S. 26. Aehnlich auch noch die Vorlesungen. Stubb. u. Kritt.
v. 1877 S. 621 f. ²) Oprt. 16, 248 f.

gestorben ist, auch nach dem Tode in der Hölle Schmerzen ausgestanden zu haben, um uns zu Gute Alles zu üben.

Christi Person und Werk als Gegenstand des Glaubens.

Darf auch die Mystik eine Predigerin des Kreuzes Christi heißen, so hat sie doch die objective Bedeutung desselben für die Erlösung nicht voll erfaßt. Um der Nachfolge willen, um Christi „Leiden in uns zu ziehen" wollte sie sein Kreuz, sein armes leidendes Leben betrachtet wissen; darum ermahnte sie auf den minniglichen, blühenden Baum seines würdigen Leidens zu steigen;[1] und in diesem Sinn pries sie seine fünf Wunden als Pforten des Heils[2]. Wie aber in ihrer Frömmigkeit immer noch das Bewußtsein der Sünde als einer Schuld und das Verlangen nach Vergebung eine Stelle hatte, wenn auch nicht die erste, so weist sie doch auch auf die Sühne hin, die Christus zwischen dem Menschen und dem himmlischen Vater gemacht[3], und auf die Genugthuung für diese ganze Welt[4]. Aber sie hat dies weder lehrend noch practisch in der Predigt ausgeführt und entwickelt; ja, zuweilen erscheint das, was sie vereinzelt äußert, als ein der Umdeutung in ihren Lieblingsgedanken fähiger Rest überlieferter Lehre. Bei Luther dagegen werden auch während der germanisch-mystischen Periode weder Christi Werk, noch Christi Person in ihrer objectiven Bedeutung durch die innige Bezogenheit auf das gläubige Subject beeinträchtigt. Wie er im Christus in uns den Christus für uns nicht verliert, so bleibt ihm auch die objective Bedeutung des Werkes Christi, die darin vollzogene Erlösung fundamental; sein Glaube gründet sich auf dies Objective, auf jenen „wunderlichen Wechsel"[5], daß Christus das Meine angenommen und mir das Seine gegeben hat, so daß ich nun an mir selbst verzagend sprechen kann: Du, Herr Jesu, bist meine Gerechtigkeit, ich aber bin deine Sünde[6].

---

[1] Tauler, Bl. 157 d. [2] Tauler, Bl. 226 b. c. (das 2. mit dieser Zahl bezeichnete Blatt). [3] Tauler, Bl. 81 d. [4] Tauler, Bl. 111 d. [5] Mira mixtura, ein schon in den Scholien vorkommender Ausdruck. Vgl. Stubb. u. Kritt. v. 1877 S. 621. [6] De W. Br. 1, 17. a. 1516. Vgl. Opft. 16, 252. 243. Var. arg. 1, 63. a. 1515.

Luther faßte nun nicht die zwischen ihm und der Mystik bestehende Differenz in's Auge, sondern hielt sich an ihr Zeugniß von Christo und verstand es im Sinn seiner Principien von der rechtfertigenden Gnade. Besonders da, wo von dem Verhältniß des Gläubigen zu Christo die Rede ist, tritt dies hervor. Denn ohne Einschränkung beruft er sich noch 1518 in einem Brief an Staupitz[1]) auf Tauler und die von Staupitz kurz zuvor herausgegebene Schrift von der Liebe Gottes;[2]) ihnen folge er mit seiner Lehre, daß die Menschen auf nichts, denn allein auf Jesum Christum vertrauen sollen, nicht auf Gebete und Verdienste oder ihre Werke. In die Forderung des Glaubens wird also auch hier der Gegensatz gegen das Vertrauen auf Werke und Verdienste mitaufgenommen; ja, er wird aus Christi Wesen selbst abgeleitet und aufs Nachdrücklichste in einer ganzen Reihe von Gegensätzen ausgeführt[3]). Hebt so der Glaube an Christus alle Zuversicht auf eigene Weisheit, Gerechtigkeit und Tugend auf, so entspringt aus ihm weiter Verschmähung aller Dinge; und so du hörst, daß Christus für dich gelitten hat, und glaubst das, so geht alsbald in dir auf eine Zuversicht zu ihm und eine süße Liebe, und fällt hinweg alle Begierde nach den Creaturen, als die kein nütze sind, und entsteht in dir die Tugend, daß du Christum allein groß achtest, als deß du nicht entrathen kannst, der dir allein genug sei, also, daß du sonst an allen Creaturen verzagest und einzig und allein diesen habest, um in ihm Alles zu hoffen und ihn so über alle Dinge zu lieben[4]).

In dieser innigen Bezogenheit des gläubigen und im Glauben dankbaren Gemüths, in der Selbst- und Weltverleugnung, dem Verzicht auf eigene Gerechtigkeit und allen Ruhm des Ich fühlt sich der Obemzug des mystischen Geistes heraus; aber es ist bezeichnend für Luthers starken, klaren Geist, daß eben das, was sein Gemüthsleben fromm bewegt, sich ihm genügend objectivirt, um von ihm mit in die antischolastischen Controversfragen hineingeworfen zu werden. Wiederholt polemisirt er nämlich gegen die Träumer und Sophisten, welche Christus uns zur Ursache der Gerechtigkeit machen, aber den rechten Brauch und Nutzen Christi nicht erkennen. Christus ist Gottes Gnade, Barmherzigkeit, Weisheit, Stärke, Trost und Selig-

---

[1]) De W. Br. 1, 102. [2]) Bei Knaake, S. 88 ff. Vgl. besonders S. 100 f. 110 f. [3]) Walch, VII,' 1060. 1068. [4]) Dec. Praecept. 12, 5).

keit, uns von Gott gegeben ohn unser Verdienst. Christus, sage ich, nicht, als Etliche mit blinden Worten sagen, causaliter, daß er Gerechtigkeit gebe und er bleibe draußen; denn die ist todt, ja sie ist nimmer gegeben, Christus sei denn auch selbst da, gleichwie der Glanz und Hitze des Feuers nicht ist, wo die Sonne und das Feuer nicht ist[1]). Schon in der Besprechung der Psalmenglosse wurde jener biblischen Mystik Erwähnung gethan, welche den Glauben auf Christum selbst führt[2]); mit der vollen Ausgestaltung des dort im Princip Gegebenen durch den mystischen Gedanken vom Leben Christi in uns ist ihm, wie die mitgetheilte Stelle erkennen läßt, auch der Gegensatz zum Bewußtsein gebracht, der zwischen seiner Betrachtung des Erlöserwerkes und der scholastischen bestand. Er umfaßte mit jenem zugleich den Erlöser selbst, nahm in den Glauben an das von Christo für uns Vollbrachte das lebendige persönliche Verhältniß zu dem gegenwärtigen Christus hinein: die Scholastik dagegen hatte die Begriffe Ursache und Wirkung auf Christus und sein Werk so angewandt, daß in der logischen Distinction jene lebendige Einheit und damit die christliche Innigkeit beeinträchtigt ward.

Diese zunächst im religiösen Interesse des Glaubens eingenommene Position benutzt er aber auch zur Wahrung des sittlichen. Denn seiner Lehre von der Gerechtigkeit aus dem Glauben an Christus allein sah er Ueberweise jenen Einwurf entgegenhalten: Lasset uns Böses thun, damit Gutes daraus komme (Röm. 6, 1). Er erwibert: Wenn sie nur erst Unmündige wären, damit sie den sich selbst offenbarenden Vater und Sohn annehmen könnten, würden sie die Frage leicht auflösen; obschon diejenigen, in denen Christus als Weisheit offenbart worden ist, nicht müßig sind, ein Solcher auch nicht mehr selbst lebt, sondern Christus in ihm. Ja, er ist der allerthätigste, und dies mit aller Süßigkeit und Leichtigkeit, wo Jene mit ihrer Weisheit und Gerechtigkeit mühsam arbeiten und beschwert sind[3]). So schöpft er gerade aus dem mystischen Gedanken, den auch ein träger Quietismus sich hätte dienstbar machen können, eine Gewähr für das christlich sittliche Leben und Wirken und fertigt kraft desselben die Angriffe ab, mit welchen die Vertreter römischer Gesetzlichkeit in dem Geleis ihrer

---

[1]) 87, 441. [2]) Vgl. oben S. 24. Auch jetzt beruft sich Luther für seine Lehre vom Leben und Wirken Christi in uns gegenüber den „Sophisten" auf den Apostel Paulus. Oprt. 15, 114. [3]) Var. arg. 1, 174. a. 1517.

judaisirenden Vorläufer gegen ihn hergefahren sind bis auf diesen Tag. Freilich hat das Wirken, das er im Sinn hat, nichts mit einem gesetzlichen, eigengerechten, auf eigene Kraft sich stützenden Wirken gemein. Es ist vielmehr das Sichauswirken erfahrener Wirkung, und die Seele desselben ist die freiwillige Liebe, die nicht aus dem Gesetze, sondern aus dem Glauben kommt. Es gilt hier nur, dem, der das Gesetz erfüllt, anzuhangen und gleich gebildet zu werden, weil Christus unsere Gerechtigkeit, Heiligung und Erlösung ist[1]). So ist es denn kein Widerspruch mit dem Obigen, wenn er scheinbar quietistisch sagt: Christus regiert in uns, wenn er in uns wohnt, die wir von unseren Werken feiern, und wenn er an seinem Sabbath, der durch uns geheiligt ist, alle unsere Werke thut[2]).

Dieses Wirken Christi in uns stellt Luther oft und nachdrücklich unter den schon erörterten Gesichtspunkt des Werdens. Hier ist nur ein Anheben und Zunehmen; das Vollkommene, die gänzliche Gleichförmigkeit mit Christo bringt erst das ewige Leben. Die Zurechnung dagegen, durch welche Christi Gerechtigkeit unser, und mit ihr die Vergebung der Sünden uns geschenkt wird, empfängt ihre Gültigkeit nicht erst von jener Ausgestaltung des mitgesetzten Lebensprincips. Es ist daher einmal die Völligkeit jenes Trostes gewahrt, in welchem der Friede des Gewissens ruht, dann aber auch die Forderung des unausgesetzten Strebens aufrecht erhalten, welches für die Heiligung nothwendig ist. Endlich aber sind die von der Mystik vielfach verschobenen Entwickelungsmomente der Heilsordnung wieder in ihr rechtes Verhältniß gesetzt; denn während die Mystiker bei der Darstellung der Stufen des inneren Lebens die Erneuerung meist der gänzlichen Vereinigung mit Christus als eine niedere Staffel vorangehen lassen, leitet Luther sie aus dieser ab und setzt an die Stelle eines Emporklimmens zur Höhe des geistlichen Lebens die Auswirkung des durch die Gnade in Christo mitgetheilten neuen Lebensprincips. Er hat auch an diesem Punkt die germanische Mystik mit der biblischen, besonders der paulinischen verbunden und durch dieselbe geläutert.

Die Nachfolge Christi.

Aus der Selbstmittheilung Christi an den Gläubigen gestaltet sich nun das Leben zur Aehnlichkeit mit Christo. Das ist das große

---

[1]) Var. arg. 1, 148. [2]) Opp. 16, 355.

Thema der Mystik; mit heiliger Begeisterung hat sie es geprebigt und die Gemüther für biese tiefe Auffassung des christlichen Lebens erschlossen. Aus dem Glauben heraus bildet sich auch bei Luther das christliche Leben so, daß die Züge, welche er in der Aus=legung der Stelle Phil. 2, 5. 6 in der Form oder Gestalt Christi aufgezeigt, in dem Gläubigen wesentlich sich wie=berfinden. Es ist des Apostels Meinung, daß ein jeglicher christlicher Mensch nach dem Vorbilde Christi des anderen Knecht werbe, und wenn Einer Weisheit, Gerechtigkeit oder Gewalt hat, womit er die Anderen mag übertreffen und sich über sie erheben als in den Formen Gottes, so soll er das nicht behalten, sondern das Gott wieber barreichen und zuschreiben und schlechterdings so werden, als hätte er bieselben gar nicht, also, daß ein Jeder sein selbst vergesse und von den Gaben Gottes gelebigt mit seinem Nächsten der Mei=nung handele, als wäre die Schwachheit, Sünde und Thorheit des Nächsten seine eigene. Er soll sich nicht rühmen, noch aufblähen, noch Jenen verachten oder wiber ihn triumphiren, als wäre er sein Gott, und als wäre er Gott gleich[1]). Das also, was Christus auf eine einzige Weise vollbracht hat: Sünde zu tragen, das ist eine wesentliche Uebung seiner Gläubigen; und die zu diesem Dienen willige Liebe voll Demuth und Selbstvergessen der hervorleuchtende Zug berer, die Christo nachfolgen. Am weitesten sind von dieser Liebe die pharisäisch Gesinnten entfernt: Sie gefallen sich selbst, sie freuen sich, vor Anderen etwas zu sein, gelobt und geehrt zu wer=ben und sind allezeit bereit (nämlich burch die angemaßte Gestalt Gottes), über Anderen zu stehen, über sie zu herrschen, zu strafen, zu beißen, zu verkleinern, zu verurtheilen, zu verdammen[2]).

Noch näher bestimmt er diese Uebung der Liebe als Nachfolge Christi durch die Ermahnung zum Aufsehen auf das Kreuz besselben: Nun aber das nicht ein klein Stück der Gebuld und des Kreuzes ist, wenn man soll des Nächsten Gebrechen und Sünde tragen, denn es Etlichen so schwer ist, daß sie darüber des Todes begehren oder je dem Anderen wünschen barum, daß die Gebuld in diesem Leiden bestehe, müssen sie sich trösten mit der Schrift, die Christi Exempel vorhält, daß sie stark und willig bleiben in dem Leiden, wenn sie

---

[1]) Var. arg. 2, 343. a. 1518. de W. Br. 1, 18. a. 1516. [2]) Var. arg. 1, 228. a. 1518. Aehnliche Schilderungen bei Tauler, Bl. 38 d. 59 c. u. a.

ansehen, daß Christus um ihretwillen viel mehr gethan hat und viel schwerere Bürden auf sich geladen, auf daß er sie heraus erlösete[1]).

Ueberhaupt soll alles Leiden nach Christi Vorbild getragen werden. Schon das rechte Erkennen Christi führt in diese Nachfolge hinein. Denn Christum erkennen heißt das Kreuz erkennen und Gott unter dem gekreuzigten Fleisch verstehen; denn das will Gott, und das ist Gottes Wille, ja das ist Gott selbst. Der ißt Christi Fleisch und trinkt sein Blut, welcher ihm durch den Glauben eingeleibt und seiner Leiden theilhaftig ist[2]). Dies Leiden hält er für besser als alles Thun. Wir müssen ähnlich werden dem Vorbild Christi, unseres Königs und Herzogs, der wohl durch wirkliches Leben angefangen hat, aber durch's Leiden vollkommen geworden ist, also daß alle seine Werke, wieviel und herrlich sie gewesen, ganz und gar zunichte gemacht sind, daß er nicht allein vor den Menschen unter die Uebelthäter gerechnet, sondern auch von Gott verlassen gewesen ist[3]). Das Bekenntniß, daß Christus sterblich sei und gelitten habe, bedeutet in dem lebendigen Bekenntniß der Liebe sein Leiden und seinen Tod an sich ausdrücken, daß, wie er gestorben ist, also auch der Mensch selbst gern sterben will. Hier ist die Liebe stark wie der Tod[4]). In der völligen Gelassenheit ist also die Nachfolge vollkommen.

Eine Klage, daß nicht alle Christen das Sterben des Herrn Christus tragen wollen, fällt durch ihre Aehnlichkeit mit einem Worte Taulers auf. Dieser ermahnt: Ich sage euch Kinder, es muß je gelitten sein. Es sind manche stolze Jünglinge in der Welt, die da Leib und Leben wagen in dem Dienst der Welt, denen darum kein anderer Lohn worden ist, denn ihr armes, krankes Fleisch der unreinen Würmer, dazu sie selbst des Teufels. Darum, Kinder, so mögt ihr gern dem ewigen Gott dienen und durch seinen Willen leiden, was euch je zu leiden kommt, der auch sich selbst und das Himmelreich und das ewige Leben zum Lohn geben will[5]). So klagt auch Luther: Was thut ein Waghals, ein Landsknecht? nimmt einen Monat vier Gülden und setzt sich wider Spieß und Büchsen, in den gewissen Tod hinein. Aber daß wir uns in unser Leiden ergeben und der verborgenen Erlösung und Herrlichkeit warten, das

---

[1]) 7, 57. 69. [2]) Oprt. 14, 146. [3]) Oprt. 14, 244. [4]) Var. arg. 1, 193. a. 1516. [5]) Tauler, Bl. 118 c. d.

kommt uns sauer an¹). Ein schönes Zeugniß der demüthigen Willigkeit zu leiden ist auch das Wort: O Gott, gieb mir Stärke, gieb mir Kraft, daß ich nicht in Ungeduld falle, halte stille, halte den Rücken hin und trage es willig. Wir wollen aber jetzund in den Wiegen und Flaumfedern zum Himmel fahren, so doch Christus, unser frommer Bischof, mußte am Kreuz durch viel Pein und Marter hinaufklettern²).

Wir sollen aber wissen und dafür danken, daß Christus alle Leiden nicht nur unschädlich, sondern auch heilig und heilsam gemacht hat in sich selbst, damit daß er sie mit seinem allerbesten und heiligsten Herzen und Sinn umfaßt hat, so daß nun ein Christ um so glückseliger ist, je mehr er ähnliche Leiden erduldet, unglückselig aber und ganz von Christo fern, der verstockt solche von sich weist und flieht. Denn hier ist erfüllt, was geredet ist Maleachi 2: Ich will euren Fluch segnen und eurem Segen fluchen³).

Schon bei der Darstellung des Glaubenslebens ist darauf aufmerksam gemacht, daß das innere Leben auf seiner Höhe mehr in Gelassenheit und Beugung, als in innerer Erquickung und Entzückung sich offenbart. Damit stimmt überein, was er über die Seligkeit der Nachfolge Christi sagt: Die Seligkeit besteht nicht in Reichthum, Ehren, eigenen Gerechtigkeiten und Tugenden noch in irgend einem Gut, ausgenommen die Lust oder den Willen zum Gesetz des Herrn. Ja vielmehr besteht sie in Armuth, Schmach, in Thorheit und in allerlei Unglück, das da inwendig oder auswendig dem Menschen mag genannt werden, wie Solches der Prophet in Christo, der aller dieser Seligen Haupt und Vorbild ist, gesehen hat⁴).

Die Betrachtung der Leiden Christi.

Die Innigkeit, mit welcher die Mystik an Christo hing, und in der sie die Pflicht zur Nachfolge als ein sanftes Joch sich auferlegen ließ, zog sie auch zu fleißiger Betrachtung der Leiden des Erlösers hin. Ihm im Geiste folgend von Station zu Station erkennt der Fromme in der Menge und Größe seiner Marter die Größe der Liebe Christi, und im Gefühl der eigenen Armuth bringt er zu ihm

---

¹) 10, 101. ²) Walch VII, 106 b. a. 1517. ³) Oprt. 16, 271. ⁴) Orpt. 14, 29.

heran, um zu lernen, ihn inniger zu lieben, das Vergängliche hinter sich zu lassen, das Kreuz zu tragen und dann im seligen Genuß des höchsten Gutes zu ruhn. Für die Meditationen Luthers über denselben Gegenstand ist es characteristisch, daß sie zum Theil in der Auslegung zur vierten Bitte des heiligen Vaterunser gegeben sind als Form und Weise, wie die Sättigung der Seele geschieht; aber auch durch ihren Inhalt, wie durch die Sprache tragen sie das deutliche Gepräge mystischer Geistesart an sich. Sie geben zugleich einen genauen Einblick in sein Verständniß des Wortes von Staupitz, daß die Buße aus der Liebe komme. Luther sagt: Nun weinen alle Christen über sich selbst und ihre Bosheit, daß sie so unmögend, elend und in ihrer Natur also vergiftet und verwundet sind, daß sie nicht möchten geheilt und gesund gemacht werden, Gott schicke denn von der hohen himmlischen Wohnung seinen geliebten Sohn Christum uns zum Trost und Heilmachung, und das aus milder Güte und Liebe. Das bilden sie fest in ihr Herz. Wenn sie nun hören lesen ein Evangelium, als zum Exempel, wie Christus auf einen Berg gestiegen ist und die ganze Nacht gebetet, bedenkt die Seele: Ei und ach, hat das mein allersüßester Gott, der so unschuldig, gerecht, keusch, fromm und ohne alle Sünde ist, gethan, wie bin ich denn also faul, wie schlafe ich Tag und Nacht! Auf, rufe ihn an, ich will ihm auch was zu Liebe thun, denn er hat es um unsertwillen gethan; und wird die Seele gereizet, gleichförmig zu werden Christo. Oder, so sie höret, wie Christus von Pilatus an die Säule härtiglich gebunden, elendiglich, erbärmlich zerrissen, zerhauen, daß nichts ganz an seinem Leibe blieben ist, daß er auch vor Mattigkeit und Ohnmacht darnieder ist gefallen und von Niemand getröstet, so spricht die Seele: Ach, wie läßt sich mein frommer Christus um meinetwillen zerreißen! Siehe, wie steht er so nackt und bloß, ach, wie herzlich, wie sehr nimmt er sich meiner an, und dies Alles ohne Schuld. Wie gehe ich in Lust, in Friede, in Ruhe, in Gesundheit, in schönen Kleidern, und er blutet und träuft von Blute. Ich hätte es zehnmal mehr verdient. Ich sollte mehr gegeißelt werden, ich will meinem Gott auch was zu Willen thun.

Es ist unmöglich, daß die Seele stille stehe, so sie also gerühret wird; denn wenn ein Blutstropfen das Seelchen rührt, so geht es frei dahin in's Werk. Darum sehen wir, daß Liebe, Gerechtigkeit, Buße und andere Tugend fließen aus den Wunden

Christi; und ist gewiß, was aus Christi Wunden nicht fleußt, ist untüchtig und Gott unangenehm. Also müssen wir aus den Wunden Christi das Unsere saugen, die Buße sonderlich. Ei, hat mich Gott also geliebt, und ich habe also sein vergessen und wider ihn gesündiget, ach, warum habe ich's gethan! Denn so muß das Blut Christi in dir wirken und dich erwärmen, so wirst du kommen zur rechten Reue des Herzens. Das Herz zerfleußt alsbald und sagt: Ei, ich Dreck, sage, was habe ich gethan? und hebt an, sich zu hassen und Gott zu lieben. Dann wächst allezeit mehr die Liebe zu der Gerechtigkeit und Haß zu den Sünden. Und das ist ein gewisses Argument und Zeichen der Gnade Christi, wenn zunimmt, wächst und gemehrt wird der Haß und Unwillen der Sünde und die Liebe zu der Gerechtigkeit[1]).

Hierzu möge aus dem Sermon vom Leiden Christi noch Folgendes gefügt werden: Ist es aber, daß ein Mensch darüber nicht erstaunt und bei solchen großen Anreizungen, ja den lobernden Flammen eines so großen Feuers nicht von Grund aus bis auf Mark und Bein zerschmelzet und zerfließet, so muß er gewiß sehr besorgt sein und sich betrüben, daß er ein solch hartes Herz und so eine fühllose, für das Staunen unempfängliche Brust hat. Findet er aber nicht einmal eine solche Furcht und Bekümmerniß bei sich, so betrübe er sich doch zum Wenigsten nur darüber, daß er sich nicht betrübt und nicht fürchtet; denn das sind gar handgreifliche Zeichen, daß die Seele todt und von Christo leer, wohl aber dagegen vom Teufel besessen sei; denn in welchem Christus wohnt, wie kann der wohl anders als zugleich mitweinen, wenn Christus weint, sich mitbetrüben, wenn dieser betrübt ist, mitzittern, wenn er zittert, mitleiden, wenn er leidet? Wo hat der Jünger, den Jesus lieb hat, zu stehen, als neben dem Kreuze Jesu? Wer daher das Leiden Christi fruchtbarlich hören, überlegen, betrachten oder lesen will, der muß den Affekt eines solchen Mitleidens anziehen, als wäre er selbst Christo in dem Leiden zugesellt. Was er denn nun hört, das Christus ausstehe, da denke und bilde er sich ein, daß er's neben ihm auch ausstehe; z. B., wenn er hört, daß Christus mit Backenstreichen geschlagen, mit Banden gebunden wird, so stelle er sich vor, daß er an seiner Seite mit Backenstreichen ähnlich geschlagen und mit

---

[1]) Walch VII, 1061. a. 1517.

Banden gebunden werde. Und wenn er sich läſſet dünken, daß ihn solches schmerze, so glaube und wiſſe er, daß Christus unvergleichlich mehr in solchem Schmerz sei, und zwar er billig und recht, Christus aber für ihn und andere Menschen. Dies Mitleiden kannte am besten der Uebelthäter am Kreuz.

Darnach so lerne er die Erkenntniß aus Christo, daß er mehr weine. Denn weil Christus in seinem Leiden das Unsere an sich getragen hat, so ist es billig unsere Schuldigkeit, daß wir solche seien vor Gott, als wie er für uns hat erscheinen wollen vor den Menschen. — Einmal hat Gott das Kreuz aufgerichtet, wer will es wegnehmen? Er hat sogar seinen Sohn daran gehängt, wer von uns will befreit bleiben? Der Herr hat getrauert, und die Creatur sollte lachen? Der Unschuldige hat gelitten, und die Schuldigen sollten so durchkommen? Sie werdens lassen. Daher ist es zu verwundern, daß das Kreuz Christi in so große Vergessenheit kommt; oder ist das nicht Vergessenheit seines Kreuzes, daß gar Niemand etwas leiden will, und ein Jeder nur vielmehr nach Ueppigkeit, Ruhe und Gemächlichkeit trachtet, das Kreuz aber flieht? Ist es nicht wider alles Geziemende, daß die unter einem verwundeten Haupte stehenden Glieder in Freuden leben, da das Haupt betrübt ist?[1])

Dieser Betrachtung folgt darauf eine andere, in der das Leiden Christi als Sacrament oder geheimnißvolle Handlung angesehen wird, weil Alles, was Christo zugefügt worden ist, die Uebel bezeichne, die uns durch den Teufel an der Seele zugefügt werden, und die Strafen, welche über uns durch Gottes Gericht von Rechtswegen ergehen sollen; und weil Alles, worüber Christus von den Juden angeklagt wird, davon zu verstehen sei, daß wir eben darum von den Teufeln vor Gott angeklagt werden, z. B., daß wir uns selbst zu Gottes Sohn gemacht u. s. w.[2]). Diese allegorisirende Meditation stammt von Augustin[3]). Neben der einfachen, innigen und ergreifenden Passionsbetrachtung, die der germanischen Mystik entspricht, nimmt sie sich seltsam und dürftig aus.

Das Hinausgehen über die Menschheit Christi.

Der Heilsweg, wie ihn die Mystik gewöhnlich beschreibt, schließt zwar die Nachfolge Christi als ein wesentliches Moment ein, aber

---

[1]) Var. arg. 1, 215 f. a. 1518. [2]) Var. arg. 1, 218. [3]) Var. arg. 2, 821.

über sie hinaus, wie auch jenseits der sie begleitenden oder durch sie erzeugten Seelenzustände liegt als Ende des Weges der Rückgang in Gott. In demselben gelangt die Seele zur höchsten Vollkommenheit, zu dem Ursprung, aus dem sie floß, um in ihm wieder sich aufzulösen. Die böse Eigenheit ist untergegangen, ja die Selbstheit ist verschwunden in der Einheit und Unendlichkeit der Gottheit. Christus aber ist der Weg, den man gehen soll, und er ist die Wahrheit, die in diesem Weg leuchten soll [1]).

Es giebt einige Zeugnisse dafür, daß Luther auch diesen Gedanken der Mystik geläutert und mit biblischem Gehalt erfüllt bewahrt hat. In der Auslegung der Worte Christi Joh. 6, 38: Ich will ihn nicht hinausstoßen, heißt es: Hierdurch ist der fröhliche und bereitwillige Gehorsam Christi gegen seinen Vater ausgedrückt und zugleich seine allersüßeste Liebe angepriesen, mit welcher er uns auf das Allerliebreichste umfange, als die wir ihm vom Vater geschenkt worden, nur daß man dies nicht seiner Liebe und Kraft, sondern dem väterlichen Willen zuschreibe, welchen er durch sich und in sich verherrlicht und erkannt wissen will; als ob er sagte: Ob ich gleich nach euch ein inbrünstiges Verlangen trage und euch umfasse, so will ich doch nicht, daß ihr euch dessen rühmen und dabei stehen bleiben sollt; sondern ich will, daß ihr den erkennt und liebet, nach dessen allerbestem Willen mir befohlen worden ist, daß ich euch also umfasse. Denn also liebet er nicht sich, noch seine Ehre, sondern er suchet unsere Seligkeit und in dieser nichts als das Lob und die Ehre und die Liebe des Vaters. — Christus preist uns also auf das Allerlieblichste den Vater der Barmherzigkeit an: in Allem, das wir sehen, das in Christo geschieht, führt er uns dahin, daß wir den Vater lieben, ehren und verherrlichen sollen, daß wir nämlich bei der Menschheit Christi, durch welche uns die Barmherzigkeit erwiesen wird, nicht stille stehen bleiben, sondern durch dieselbe zum unsichtbaren Vater gleichsam hingerissen werden, indem wir den bewundern, der mit uns durch diese Menschheit Christi so Großes handelt [2]).

Es ist also ein Postulat des Gehorsams, unter dem Christus

---

[1]) Tauler, Bl. 248 b. c. 158 a. (das zweite der so gezeichneten Bl.)
[2]) De W. Br. 1, 225 ff.

mit seinem Lieben steht, und der Verherrlichung Gottes, auf
die es mit seinem Werk abgesehen ist, daß auch der Gläubige die
Liebe Christi nicht als etwas Fürsichseiendes sich firire, sondern durch
sie als die gottgeordnete Vermittelung des Weges zum Vater zu
diesem, dem Unsichtbaren, das rechte Verhältniß und die Erkenntniß
seines Wesens gewinne. Auf diese einfach biblische, evangelische
Bahn lenkt also Luther von den schwindelnden Stegen der Mystik
ab. Hier, wie so oft, ist sie es, die ihm zu danken hat.

Das ewige Wort.

Wir haben die Bedeutung festzustellen versucht, welche die
Mystik für Luthers Erfassen des Menschlichen in Christo gehabt hat.
Es erübrigt die Beantwortung der Frage, ob er nicht für die theo=
logische Formulirung der Gottheit Christi durch sie irgend bestimmt
sei. Die Pflege der innigen Hingebung des Herzens an Christus,
die Beziehung des Lebens auf ihn, ist nicht das Einzige, was die
Mystik auszeichnet. Neben diesem practischen Element trägt sie ein
anderes speculatives, theosophisches in sich. Sie unternimmt, die
alte Glaubenswahrheit der Dreieinigkeit auf neue Weise zu lehren.
Indem sie das Wesen Gottes als reines, unterschiedsloses Sein
auffaßt, stellt sie die ewige Geburt des Sohnes aus dem Vater,
das Hervorgehen des ewigen Wortes als ein Sichausgießen Gottes
dar. Der mancherlei Weise, das Verhältniß des ewigen Wortes zum
Vater auszudrücken, liegt stets der Gegensatz der Begriffe von
Differenziirung und Indifferenz, von Aussichherausgehen und In=
sichbleiben, von Bewegung und Ruhe zu Grunde.

In diesem innergöttlichen Proceß sah sie dann zugleich den
ersten Anstoß zur Schöpfung, zum Werden der Welt, das Princip
der Offenbarung, die erste Bewegung in Gott, die mit immer
weiteren Wellenringen nach Außen im creatürlichen Leben sich fort=
setzt. So ist denn alles Vergängliche ein Gleichniß, und die Men=
schenseele sogar eine Offenbarungsstätte; denn in ihrem Grunde
spricht Gott noch jetzt sein Wort, er gebiert ohne Unterlaß in ihr
seinen Sohn. Der ewige Proceß wiederholt sich in ihr.

Tiefe Lösungsversuche, welche das christliche Denken auf diesem
Gebiete angestrebt hat, sind oft in einem gewissen Zusammenhang
mit der Mystik geblieben. Und in der That scheint es auf den

ersten Anblick, als habe auch Luther früh von hier aus einen Anstoß erhalten, die christliche Logoslehre auf speculativem Wege dem Verständniß zu vermitteln. Dieser Versuch ist erhalten in einer Weihnachtspredigt von Christo als dem Wort vom Jahre 1515 [1]). Dort wird unterschieden zwischen dem innerlichen und äußerlichen Wort. Jenes ist der Rath des Herzens, wie man pflegt zu sagen: Mein Herz sagt mir etwas; es ist in Gott Gottes Rath, Weisheit, Gedanke. Dies Wort bleibt innen, kann nicht ausgegossen werden, und erst wenn uns Gott wird in sein Herz führen, werden wir es schauen. Wie wir durch das innere Wort mit uns reden, so durch das äußere mit Anderen. Das äußere Wort Gottes ist Christus, der Mensch gewordene Gottessohn, in welches als in eine Stimme das innere eingehüllt ist, um dann durch die Predigt weiter ausgestreuet zu werden unter die Völker. Luther zeigt nun, wie ein Etwas dieses inneren Wortes gleichsam bei aller Creatur gefunden werde. Was bei der intellectualen (intellectualis) „Wort" im eigentlichen Sinne ist, das ist bei der Vernunft (rationalis) der Gedanke oder Rath, bei der sinnlichen (sensualis) die sinnliche Wahrnehmung, bei der belebten (animalis) das Leben, bei der leblosen die Bewegung. Diese Aehnlichkeit ist eine so große, daß jede der genannten Analogien von jeder der genannten Creaturen sich aussagen läßt. Man kann also z. B. ebenso das Wort eine intellectuale Bewegung, wie, wenn auch minder passend, die Bewegung ein lebloses Wort nennen.

Der Geist nun gelangt zu dem Wort, und ebenso die Creatur zu dem dem Wort Aehnlichen durch Bewegung. Die Bewegung aber ist, wie die Betrachtung des Wachsens belebter Dinge zeigt, ein Herausgehen der Dinge aus sich selbst, ohne doch sich selbst zu verlassen. So bleibt auch Gott derselbe, wenn er das Wort durch eine über alles Verstehen hinausgehende Bewegung in sich wirkte. Bliebe irgend eine Creatur in dieser Bewegung, welche das dem Wort Aehnliche erzeugt, nicht sie selbst, so wäre die Bewegung nicht die ihre, sondern die eines anderen Dinges, zu dem sie geworden wäre. So wird durch die Bewegung, durch welche Gott das Wort hervorbringt, die Einheit Gottes nicht aufgehoben; sie hat vielmehr die Einheit zur nothwendigen Voraussetzung.

---

[1]) Var. arg. 1, 41 ff.

Hierauf geht Luther dazu über, ebenso wie jetzt die Einheit im Unterschied, auch die **Wesensgleichheit Gottes und des ewigen Wortes** klar zu machen. Bewegung ist in den lebendigen Dingen, unvollkommener in den leblosen das Princip der Vervielfältigung. Die Bewegung aber ist nach Aristoteles das Wesen Gottes ebenso, wie die nascentia b. i. die Bewegung der lebendigen Creatur das derselben eigenthümliche Wesen bildet. Nun ist der Sohn Gottes die Bewegung Gottes; Bewegung ist das Wesen Gottes, folglich ist der **Sohn Gottes Gott wesensgleich**.

Endlich: durch Bewegung gelangt das Bewegliche, durch Leben das Lebendige zu seinem Ziel, dem Ende der Bewegung. Das Ziel ist aber nicht als ein einziges, letztes zu denken, sondern jeder auf der Linie der Bewegung von dem sich Bewegenden erreichte Punkt. So ist also in Ansehung der erreichten Punkte das sich Bewegende zu einem Ziel, und somit zur Ruhe gelangt, während es in An= sehung der noch nicht erreichten in Bewegung ist. Das ist eine Analogie des innergöttlichen Vorgangs, da Gott allezeit bewegt wird und doch ruht. Denn während die Bewegung, der Sohn, vom Vater ausgeht, so kommt davon auch die Ruhe her, ist die Ruhe durch die Bewegung mitgesetzt. **Diese Ruhe nennt er den heiligen Geist.**

Man könnte einen Augenblick versucht sein, in diesem specula= tiven Versuch über die immanente Trinität eine Benutzung mystischer Elemente zu finden. Auch die Mystik faßt die Hypostasen als Momente des Sich in sich selbst Reflectirens Gottes und gebraucht die Bezeichnungen „Sohn" und „Wort" in gleicher Bedeutung. Auch sie findet, wie Luther im intellectus, so in dem Urgrund der menschlichen Seele, dem „Fünklein" etwas dem „Sohn" Verwandtes, ja mit ihm Identisches; auch ihr, soweit sie auch Gott und Creatur auseinanderhält, liegt es nahe, für innergöttliche Vorgänge creatür= liche als Analogien zu verwenden, ja die Bezeichnungen für die Geheimnisse des ersteren sind, wo sie nicht bloß dunkle Worte, son= dern Vorstellungen bieten, dem Geheimnisse des Lebens in der Creatur abgeschaut. Meister Eckhart vergleicht einmal das Sich= offenbaren Gottes mit dem Hervorbringen der Zweige aus dem Baum. Ist die Bewegung des Lebendigen, die nascentia, in Luthers Sermon nicht auf ähnliche Weise als Schlüssel für den innergött= lichen Vorgang verwendet, und nennt er nicht diesen Vorgang selbst eine Bewegung, so daß man an den absoluten Proceß der Mystiker erinnert wird? Weiter, wenn Luther von dem inneren Wort dies als eines seiner wesentlichen Attribute aussagt, daß es nicht sich ergießen könne (profundi), so scheint es ja, als habe er den mystischen Satz im Sinne, daß das innergöttliche Leben als reine Einheit in die Besonderheit der creatürlichen Daseinsweise nicht eingehen könne. Dazu kommt, daß in eben demselben Sermon, wo von der Fleischwerdung des Worts die Rede ist, der mystische Satz sich ausgesprochen findet: Das Wort wird Fleisch, damit das Fleisch Wort werde. In den Ausgaben Taulers finden sich Predigten und Tractate des Meister Eckhart, in den erst nach 1520 gedruckten freilich die meisten, aber auch in der allerersten vom Jahre 1498, und zwar hier vier Predigten von der ewigen Geburt: sollten sie zusammen mit der Taulerschen Speculation vorübergehend auch Luther mit ihrer Zaubergewalt gebannt haben?

Und doch, welche Verschiedenheit zwischen der Redeweise dieses Sermons und derjenigen, welche den mystischen Schriften Luthers eigen ist! In diesen letzteren überall der Tiefsinn, der wohl hie und da mit dunklem Wort nach adäquatem Ausdruck ringt, aber doch durchweg die Tendenz zum Practischen zeigt und den Staub der gelehrten Schulweisheit abgeschüttelt hat. Der Sermon dagegen ist in seinem größten Theil eine schulgelehrte und schulgerechte Exposition, wenn auch die Keime, die das Werden eines Neuen verheißen, überall durchbrechen. Und wie die Aufgabe dieser Exposition, welche darin besteht, die Wahrheit der kirchlichen Lehre dem ketzerischen, speciell dem arianischen Irrthum gegenüber darzuthun, so sind auch die Mittel, mit denen er sie zu lösen sucht, wesentlich scholastisch. Es ist Aristoteles, der wieder und wieder citirt wird, Aristoteles, der am Schluß sogar Lob dafür empfängt, daß er so schön der Theologie diene, freilich mit dem einschränkenden Zusatz, daß er nicht auf seine, sondern auf eine bessere Art verstanden werden müsse, und mit der mißtrauischen Bemerkung, es scheine, als habe er anderswoher das, was er mit so großem Pomp vortrage, gestohlen. Und in der That reichten die Grundgedanken des Aristoteles hin, den speculativen Apparat des Sermons völlig zu durchsehen. Es ist zunächst das aristotelische Princip der zweckenblichen Bewegung verwendet worden. Die Anwendung desselben auf das im Sermon behandelte Dogma wurde Luther noch dadurch besonders nahe gelegt, daß es bei Aristoteles unter anderen Bezeichnungen auch Logos genannt, und daß Gott selbst als purus actus definirt wird. Die Heranziehung der Analogieen aus dem Gebiet des creatürlichen Lebens in Luthers Sermon hat ihre speculative Basis an der aristotelischen Identität dieses obersten bewegenden Princips mit den in der Creatur nach Zwecken wirkenden Mächten. Der philosophische Stützpunkt jener merkwürdigen Darlegung, daß der Sohn selbst Gott sei, ist der aristotelische Satz, daß die Bewegung das Wesen des sich Bewegenden sei. Selbst die schon in der Glosse und in den Scholien sich findende Unterscheidung von Intellect und Vernunft hat eine Parallele an der aristotelischen Unterscheidung vom νοῦς ποιητικός, der gewissermaßen das ist, was er erkennt, und unsterblich und frei ist, und dem νοῦς παθητικός, dem vergänglichen, an Vorstellungen gebundenen Denken. Endlich erinnert das, was über die aus der Bewegung resultirende Ruhe gesagt wird, deutlich an den aristotelischen Begriff des verwirklichten Zweckes. Es muß bei diesen Andeutungen bleiben, welche genügen werden, festzustellen, daß dieser speculative Versuch Luthers über das ewige Wort weder im Geist der Mystik gehalten ist, noch ihr eigenthümliche Gedanken entlehnt hat. Immer bleibt er interessant als ein Beweis für die Begabung Luthers, christliche Lehrstücke mit dem damals geltenden philosophischen Rüstzeug zu vertheidigen. Seine Verachtung der Schulweisheit entsprang nicht der Unfähigkeit. Er brach mit ihr, als er, an der süßen Kost der Mystik sich erquickend fand, wie bitter die sei, welche die Schulweisheit ihm gereicht; und dieser Bruch vollzog sich wenige Monate nach der Abfassung dieses Sermons. In einem Brief an Lange vom 8. Februar 1516 drückt er sich über Aristoteles wegwerfend aus und bezeugt, daß er vor Begier brenne, seine schimpfliche Nichtigkeit Allen zu zeigen[1]). Man wird also den Sermon, soweit er sich des Aristoteles bedient, als das Ergebniß einer Periode in Luthers Entwickelung anzusehen haben, die im Ablaufen begriffen war, und sich hüten müssen, das, was in ihm an philosophischer Begründung sich findet, mit Luthers späterer Lehre in Verbindung zu setzen. Mit der germanischen Mystik konnte er, wie andere, darunter schon erwähnte Stellen des Sermons zeigen, nicht

---

[1]) De W. Br. 1, S. 15.

mehr unbekannt sein; allein die Berührung mit ihr war noch keine vertraute; die Ausführung des übrigens auch der romanischen Mystik geläufigen Gedankens, daß das Wort Fleisch werde, damit das Fleisch das Wort werde, vollzieht sich noch durch die aristotelischen Begriffe der Möglichkeit und Wirklichkeit. Auch in den mystischen Ansätzen ist demnach das Scholastische noch nicht abgestreift.

Auch während seiner Vertrautheit mit der Mystik hat Luther sich doch von ihren Speculationen über den Ausgang des ewigen Wortes fern gehalten. Er fordert für die Lehre, daß zwei Personen in der Gottheit von Ewigkeit sind, die Unterwerfung der Vernunft; und, noch immer im Hinblick auf die scholastischen Versuche, das, was der Vernunft zu hoch ist, „begriffig" zu machen, warnt er vor Speculiren über und neben der Schrift: Willst du dem bösen Feind nicht in's Netz fallen, so laß ihr Klügeln, Dünkeln und Subtilitäten fahren und halte dich an diese göttlichen Worte (Das Wort war bei Gott); da kriech ein und bleib darinnen wie ein Has in seiner Steinritze. Spazierest du heraus und giebst dich auf Menschengeschwätz, so soll dich der Feind führen und zuletzt stürzen, daß du nicht wissest, wo Vernunft, Glaube, Gott und du selbst bleibest. Glaube mir als der Solches erfahren und versucht hat und nicht aus einem Topf redet, fügt er wie in Erinnerung an seine speculativen Erstlingsversuche hinzu. Den scholastischen Vergleich zwischen dem innern Wort im Menschen und dem ewigen Wort, dessen er sich anfänglich selbst bedient hatte, verwirft er ausdrücklich: Sie haben wohl scharf disputirt von dem inwendigen Wort des Herzens im Menschen, welches da innen bleibt, daher der Mensch nach Gottes Bilde geschaffen ist; aber es ist so tief und finster bisher blieben, wird auch wohl bleiben, daß sie selbst nicht wissen, wie es darum gethan sei, darum lassen wir es auch fahren." — Er behält zwar den Vergleich des ewigen Worts mit dem menschlichen bei, aber er versteht unter dem letzteren das mündliche und findet, daß das Gleichniß auch fehlet, weil das menschliche Wort nicht wesentlich, sondern nur bedeutlich die Natur des Herzens mit sich bringe, während in Gott das Wort nicht allein das Zeichen oder Bild, sondern auch das ganze Wesen mit sich bringt und ebenso voller Gott ist, wie der, beß Bild oder Wort es ist[1]). Dies ist der Kern seiner

---

[1]) 10, 175, Predigt am 3. Christtag über Ev. Joh. 1, 1—14.

Lehre; einige der Mystik entlehnte Ausdrücke kommen vor: Gott gebiert den Sohn ohne Mittel, er gebiert ihn durch sich selbst und spricht: Ich, ich selbst durch mich selbst habe ich dich heute geboren; Christus wird ohne Unterlaß ewiglich geboren vom Vater; Ausführungen im Sinn der Mystik erhalten indeß diese Worte nicht.

Zu den vereinzelten, aber merkwürdigen Aeußerungen gehört folgende, bei der Luther augenscheinlich an den mystischen Satz gedacht hat, daß die ewige Zeugung des Wortes und die Geburt der Seele aus Gott ein einziger Vorgang sei. Er sagt im Commentar zu Gal. 4, 6: Wir sind in Gott, werden bewegt und leben. Wir sind wegen des Vaters, der da ist die Substanz der Gottheit. Wir werden durch das Bild des Sohnes, welcher aus dem Vater geboren wird, gleichsam durch eine göttliche und ewige Bewegung bewegt. Wir leben aber nach dem heiligen Geist, in welchem der Vater und der Sohn ruhen und gleichsam leben. Aber, fügt er hinzu, diese Dinge sind eines höheren Verstandes, denn daß sie sich hierher reimten [1]). Dieser höhere Verstand erschließt sich in dem Sermon von der Taufe Christi, in dem er zu den Worten: „Das ist mein lieber Sohn, an welchem ich Wohlgefallen habe", sagt, daß Gott mit diesen Worten Christum in sich zeucht und sich in Christum, und wiederum sich mit denselbigen Worten beide, sich selbst und Christum, seinen lieben Sohn, ausschüttet über uns und sich in uns geußt und uns in sich zeucht, daß er ganz und gar vermenschet wird und wir ganz und gar vergottet werden. Weil denn Christus, das liebe und angenehme Kind, in solchem Wohlgefallen und im Herzen Gottes gefasset, mit all seinem Reden und Thun dein ist und dir damit dienet, wie er selbst saget, so bist du gewiß auch in demselbigen Wohlgefallen und ebenso tief im Herzen Gottes als Christus, und wiederum Gottes Wohlgefallen und Herz eben so tief in dir, als in Christo, daß nun du und Gott sammt seinem lieben Sohne in dir ganz und gar ist, und du ganz und gar in ihm bist, und Alles mit einander ein Ding ist, Gott, Christus und du [2]). — So ist denn die Bewegung in Gott, in der auch wir mitbewegt werden, nichts anderes, als die Bewegung der Liebe und des Wohlgefallens, die den Vater mit dem Sohn verbindet und uns in jene innige Gemeinschaft

---

[1]) Ep. ad Gal. III, 316. a. 1519. [2]) 15, 254 f.

mit Gott durch Christus zieht, in der wir auch Kinder des Wohlgefallens werden und im Herzen des Vaters geborgen sind.

Das Wesen Gottes.

Diesem practischen und evangelischen Zuge bleibt auch Luthers Gotteslehre getreu, wo immer sie sich mit der Mystik berührt. Wie seine Christologie sich stets in dem lebendigen Zusammenhang mit dem Bedürfen, Erfassen, Erleben des Heils hält, wie sie, um einen paulinischen Ausdruck zu brauchen, dem Glauben ähnlich ist, so fußt wieder seine Gotteslehre auf der Christologie. Wie zur Gnade Gottes, so ist auch zur Erkenntniß Gottes Christus der Weg. Wo Luther in der Auslegung des Wortes Christi: „Alles, was mir mein Vater giebt, das kommt zu mir" (Joh. 6, 37), ausführt, daß wir durch die Menschheit Christi, in der uns Barmherzigkeit erwiesen wird, zum unsichtbaren Vater gleichsam hingerissen werden[1]), da empfiehlt er dies auch als die einzige Art, Gott zu erkennen, und warnt vor den absoluten Speculationen der scholastischen Lehrer, in denen er sich nebst vielen Anderen elendiglich zermartert habe, da man die Menschheit Christi habe bei Seite liegen lassen, daher dann die Seele vor der Größe der Macht, Majestät und Weisheit Gottes nicht bestehen könne. Er sagt dann: Wer heilsamlich über Gott nachdenken oder speculiren will, der setze Alles außer der Menschheit Christi hintan. Diese stelle er sich vor Augen, wie sie handelt oder leidet, bis Christi Gütigkeit ihm süß werde. Dann bleibe er hierbei nicht stehen, sondern bringe weiter und denke: Siehe, nicht aus seinem, sondern nach des Vaters Willen thut er dies und das. Da wird dann der allersüßeste Wille des Vaters anfangen, ihm wohlzugefallen, welchen er in der Menschheit Christi zeigt, und dies ist schon ein Geben und Ziehen des Vaters. Nach diesem seinem Willen kann Gott der Vater getrost und mit Vertrauen ergriffen werden[2]). So wird als Gottes Wesen in dem Licht seiner Gnadenoffenbarung in Christo die Liebe erkannt, welche die Sünder gerecht macht. Wie lange auch Luther zu dieser Erkenntniß schon durchgedrungen war, so zeigt doch sein öfteres Zurückkommen auf diesen Punkt, sein warnendes Hin-

---

[1]) Vgl. S. 147. [2]) De W. Br. I, 236. a. 1519.

weisen auf die Irrwege, in die auch ihn der scholastische Begriff
von der Gerechtigkeit Gottes, sein Grübeln über die Prädestination
hineingeführt hatte, für wie wichtig und schwierig er es hielt, jene
evangelische Gotteserkenntniß in sich zu behaupten und sie Anderen
zu vermitteln.

Dem Wesen Gottes entsprechend, das der Quell alles Guten
ist, sieht Luther Gottes eigenes Werk in seiner rechtfertigenden
Gerechtigkeit, Barmherzigkeit, Wahrheit, Sanftmuth, Gütigkeit, wie
er es ähnlich schon in den Scholien ausgesprochen hat[1]); und wie
die Rechtfertigung die Selbstverdammung, das Lebendigwerden die
Tödtung des alten Menschen zur Voraussetzung hat, so geschieht es,
daß Gott ein fremdes Werk wirkt, damit er sein eigenes
wirke, indem er verdammt, damit er selig mache, das Gewissen
beunruhigt, damit er ihm Frieden schaffe[2]).

In seinem Wirken ist Gott unbedingt. Schon in den
Scholien war die Erhabenheit Gottes über menschliche Ansprüche
und Leistungen von Luther stark betont worden, zu einer Zeit, in
der er doch noch von einer Verdienstlichkeit guter Werke redet[3]).
Durch den Einfluß der Mystik, die aller Selbstverherrlichung wehrte,
auch wohl dazu beitrug, daß er dem Gedanken an ein Verdienst
ganz fremd wurde, konnte er hierin nur bestärkt werden. Es genüge ein Hinweis auf die oben[4]) mitgetheilte Stelle, wo der
Knechtsgestalt die Gestalt Gottes gegenübergestellt wird, dem
Dienen das Herrschen, der Selbsterniedrigung die Selbstverherrlichung, die allein Gott zusteht. Noch bestimmter stellt sich der
mystische Einfluß dar, wenn Luther Gott auch von den Gaben,
Kräften und Tugenden streng unterscheidet und das Unsichtbare d. i.
über alles sinnlich-vernünftige Verständniß Erhabene allein auf Gott
und das, was in Gott ist, beschränkt wissen will[5]). Ja, zuweilen
hören wir ihn in der Weise der negativen Theologie von Gott
reden, daß er unnennlich, ohne Namen und auch außer allerlei
Wesen sei[6]). Bei ihm sind indeß solche vereinzelten Aeußerungen
garnicht in pantheistischem Sinne zu verstehen, sondern als der nur
der Form nach philosophische Ausdruck seiner Frömmigkeit, die Gott

---

[1]) Studd. u. Kritt. b. 1877, Heft 4, S. 615 ff. [2]) Oprt. 16, 70. [3]) Ebendaselbst S. 613. [4]) S. 131. [5]) Var. arg. I; 65. [6]) 40, 33.

verherrlichen will, indem sie alles creatürlich Beschränkte, Endliche in Bezug auf ihn verneint.

Wie fern es ihm lag, die wahre Weisheit in jener mystischen Theologie zu suchen, die Negationen aufeinander häuft, um dem Wesen Gottes gerecht zu werden, zeigen seine gelegentlichen Aus= lassungen über Dionysius den Areopagiten. Während er denselben in den Scholien lobt[1]), hält er jetzt seine Commentare über die mystische Theologie für Anreizungsmittel einer sich blähenden, prah= lerischen Wissenschaft und warnt, daß Niemand sich für einen Theo= logen halte, der dies gelesen oder gelehrt. Nicht durch Speculiren, durch Sterben und Verdammen — die Selbstverdammung — werde Einer ein Theolog. Jene dagegen, die über die mystische, negative Theologie fabelten, wüßten weder, was Bejahung, noch was Ver= neinung sei, und hätten das Widerspiel der wahren negativen Theologie im Sinn, weil sie weder den Tod, noch die Hölle geliebt hätten[2]). So trug er, die theoretischen Formeln jener Theologie practisch umdeutend, kein Bedenken, den Bann zu brechen, von dem keiner der deutschen Mystiker vor ihm sich frei gemacht hatte, und einer ihrer hoch in Ehren gehaltenen Weisheitsquellen, in deren Wassern er den Geschmack des wahren Lebens vermißte, gänzlich den Rücken zu kehren. Allerdings wendet er selbst trotz jener Ver= urtheilung zuweilen Ausdrücke mit Beziehung auf Gott an, die der Speculation jener negativen Theologie zu entstammen scheinen; aber sie werden unter Abstreifung des eigentlich speculativen Gehalts nur die seltsame, zum Nachsinnen anregende Form einer evangelischen Wahrheit. So jene an eine Ausführung in den Scholien[3]) er= innernde Stelle: Durch Gottes Befehl werden wir dazu getrieben, auf ihn zu hoffen, und durch ebendenselben werden wir von Ver= zweiflung und Vermessenheit abgeschreckt; und es ist nun Gott Alles in Allen, gleich und ebenso doch zugleich der allerungleichste und verschiedenste. Er selbst ist es nämlich, welcher in der Ungleichheit gleich, in der Gleichheit ungleich, in der Höhe der Unterste, in der Erhabenheit tief, im Innersten der Aeußerste ist und umgekehrt. So ist er in den Schwachen mächtig, in den Mächtigen schwach, in den Thörichten weise und in den Weisen thöricht, kürzlich er ist

---

[1]) Vgl. oben S. 48 f. [2]) Oprt. 14, 239. [3]) Vgl. oben S. 44.

Alles in Allen¹). Luther ist sich bewußt, im Gegensatz gegen scholastische die Sprache einer anderen Weisheit zu reden, denn er fügt hinzu: Aber dies Alles will ich gesagt haben, daß es die heiligen Ohren derer nicht hören sollen, die durch die Wahrheit geärgert und verletzt werden, welche sie doch in ihren unseligen Fragebüchern nie gelernt haben. Allerdings enthält das hier Vorgetragene einen tiefen Gegensatz gegen die Scholastik, aber nicht eigentlich auf dem Gebiet der Gotteslehre, sondern auf dem der Heilslehre. Während die Scholastik nach ihrer Lehre vom Verdienst aus Werken Gottes Wirken für unser Heil als ein durch den menschlichen Faktor bedingtes ansieht, so behauptet Luther die völlige Absolutheit Gottes, nicht im speculativen, sondern in Uebereinstimmung mit seiner Lehre von Sünde und Gnade in dem rein ethisch religiösen Sinne, daß allen menschlichen Ansprüchen und Erwartungen zuwiderlaufend, von menschlichem Thun unabhängig, menschliche Weisheit zu Schanden machend Gottes Wirken sich in seiner königlichen Uneingeschränktheit und Herrlichkeit manifestirt, so daß alle Formeln, Begriffe, Unterschiede für dasselbe keine Gültigkeit haben. Dieselbe Tendenz der Entgegensetzung Gottes gegen menschliche Meinung und menschliches Dünken verrathen auch die übrigen im Sinn der Mystik gehaltenen Aussagen über Gottes Wesen und Wirken. Er schildert es so, daß es Vernunft und freien Willen mit ihrem Wirken ausschließt, dagegen die mystisch-gläubige Verfassung der Seele fordert: Gottes Natur ist, daß er aus nichts etwas mache; darum, wer noch nicht nichts ist, aus dem kann Gott auch nichts machen²). An die Mystik erinnert es auch, wenn Gott der Creatur entgegengesetzt wird; aber auch hier ist der dualistisch klingende Ausdruck nur gewählt, um die Unvereinbarkeit der Liebe zu Gott und der Liebe zur Creatur scharf zu präcisiren und die Verleugnung der Creatur als Voraussetzung der Hingabe an Gott energisch zu fordern.

In allen diesen Aussagen ist es im Ganzen nur die Färbung, welche der Begriff durch die Mystik erhalten hat, ein Wiederschein des über die Schilderung des Glaubenslebens ergossenen Lichtes auf die Betrachtung des Wesens Gottes.

---

¹) Oprt. 14, 251. ²) 37, 384. a. 1517. Vgl. Oprt. 16, 52.

Das Wort Gottes.

Eine der größten Verschiedenheiten zwischen der Richtung Luthers, wie sie schon in der Psalmenglosse von 1513 ausgeprägt ist, und der Mystik liegt in der Stellung beider zur heiligen Schrift. Die Bedeutung derselben tritt in der Frömmigkeit der Mystik zurück. Zwar stand sie mit ihrer Bezeugung der Heilsthaten Gottes auf dem Boden der Schrift, und auch in ihrer Predigt des Heilsweges war sie mehr mit Schriftgehalt erfüllt, als die kirchliche Behandlung der Heilslehre; aber die einzelnen Acte der Frömmigkeit beziehen sich weder auf das geschriebene Wort der Schrift, noch hat die Schrift für die Erregung frommer Zustände eine werkzeugliche Bedeutung. Die Frömmigkeit ist vielmehr auf das Wesen Gottes, zu dem das Innerste des Menschen an sich ein lebendiges Verhältniß hat, und auf den im christlichen Bewußtsein lebenden Christus bezogen. Für Luther dagegen ist, und es bedarf hierfür keiner Beläge, das Wort der Schrift die den Glauben erzeugende und erhaltende Macht. Von der Schrift hatte sein eigenes inneres Leben seinen Ausgang genommen, aus ihr hatte er das Princip seiner Theologie gewonnen, mit ihren Verheißungen sein blödes Herz getröstet, durch ihr Studium seine Erkenntniß zu fortschreitender Klarheit gebildet: so war es die selbsterfahrene göttliche Geisteskraft des Wortes, die ihn so fest an dasselbe band. Und er bedurfte bei der Schüchternheit seines Gewissens, bei seinem tiefen und lebhaften Gefühl der eigenen Sünde und Verdammlichkeit des Objectiven, einer gewissen Zusage der Gnade, um glauben zu können. Und weil er so aufs Wort gegründet war, hat er einen so freudigen Muth zum Zeugniß.

Hat denn auch die germanische Mystik Luthers Lehre vom Worte Gottes nicht direct beeinflußt, so mochte sie doch jene schon in der Psalmenglosse und in den Scholien anhebende Betrachtung fördern, welche in den Proceß der Vereinigung der Seele mit Gott die heilige Schrift als vermittelndes Moment einschiebt[1]).

Ferner drückt sich in der Schilderung der vom Worte gewirkten Zustände der mystische Geist durch das Hervortreten jener leidentlichen Seite des Glaubens aus, die

---

[1]) Vgl. oben S. 21. 41 mit S. 79 f.

schon oben behandelt ist¹). Denn wenn Luther auch analog dem eigenen Werke Gottes es als das **eigene Amt des Evangeliums** bezeichnet, Gnadenbotschaft zu sein, den traurigen Gewissen die Vergebung der Sünden zu verkündigen, so hebt er doch daneben wiederholt mit Nachdruck das **fremde Werk** desselben hervor, in welchem es, den geistlichen Vollsinn des Gesetzes ans Licht und zum Vollzug bringend, die Sünde offenbart und diejenigen als schuldig bestraft, die in ihren Augen gerecht waren, so daß es um dieser Botschaft willen, welche die allerärgste zu sein scheint, eher Kakangelium genannt werden möge. Es kommt zu den Stolzen, die in dem Wahn stehen, als wären sie durch die Gerechtigkeit ihrer Werke gerecht, und sagt als Ausleger des Gesetzes: Thut Buße, denn das Himmelreich kommt nahe herbei! Hier steht nun der Herr gleichsam am Berge der Zertheilungen, wie er Jesaia 28 gesagt hat. Denn Einige glauben dem Johannes als einer Stimme des Evangelii und halten solche traurige Predigt für wahr und gehorchen also demüthig und zitternd, indem sie erkennen, daß sie Sünder sind. Sie mögen sich etwas bewußt sein oder nicht, so glauben sie dem Johannes mehr, als sich selbst. Und diese sind nun bereitet durch den Johannes zu einem vollkommenen und dem Herrn auserwählten Volk; denn sie sind empfänglich für die Gnade, seufzen nach Trost, sind arm am Geist, gelinde und lassen sich regieren²). Wie schwer es nun auch ist, diese auf die gänzliche Tödtung und Verdammung des Fleisches abzielende Wirkung des evangelisch vertieften Gesetzes zu erdulden, und wie sich auch das Fleisch in Haß und Erschrecken dagegen wehrt, so macht doch der heilige Geist dies Alles nicht allein erträglich, sondern, daß wir es lieben und ein Verlangen darnach haben, und daß es uns süß ist über Alles, was uns nur ergötzen mag³).

Ganz ebenso hatte sich in Bezug auf Innerlichkeit der Auslegung des Gesetzes und die Vollendung desselben im Evangelio Luther schon in den Scholien ausgesprochen. Immerhin mochte ihn der Kreuzessinn der germanischen Mystik fördern; entsprach es ihm doch, das gerechte Gericht des Gesetzes nicht nur

---

¹) Vgl. oben S. 81 ff. 86 ff. ²) Var. arg. 1, 159 f. a. 1516. 1, 151 ff. Oprt. 14, 72 ff. ³) Oprt. 16, 175 f.

zu erdulden, sondern, wie Luther es eben verlangt, zu lieben und
für Freude zu achten.

Eine Hauptfrage, die bei der Erörterung mystischen Einflusses
auf dies Lehrstück zu beantworten ist, ist weiter die, ob und wie
Luther sich das Wirken des Worts durch ein Mitwirken
des Geistes bedingt gedacht habe. Die germanische Mystik
erwartete für die Entstehung, wie für die Förderung des göttlichen
Lebens das Meiste von unmittelbaren Einwirkungen Gottes auf die
Menschenseele. Sie konnte ihre Jünger, wenn sie sich ihr schüler=
haft hingaben, wohl dahin verleiten, um des Geistes willen das
Wort gering zu schätzen. Luther dagegen bleibt auch während der
Zeit des stärksten Einflusses der Mystik davor bewahrt, das Ver=
hältniß des Wortes zum Geist zu Gunsten des letzteren zu ver=
schieben. Zwar redet er von einem Einrünen des Wortes: Dir
sind vergeben deine Sünden, wodurch das Gewissen getröstet und
fröhlich werde[1]. Aber solche Aeußerungen reichen mit ihrer Trag=
weite über das, was er schon in der Glosse, wie in den Scholien
lehrt[2], nicht hinaus. Gewiß bleibt ihm nämlich, daß Gott ohne
das äußere Wort nicht wirken will. Denn obschon er Alles allein
durch sich selbst wirken kann, hat er dennoch beschlossen, nichts ohne
den Dienst des Wortes zu thun, damit der Glaube statthabe, und
für unsere Schwachheit Sorge getragen werde, welche göttliche Dinge
nicht vertragen kann, wenn sie nicht in das Wort eingehüllt wer=
den[3]. Doch muß allerdings zum Lehren durchs äußere Wort ein
innerliches von Gott Gelehrtwerden hinzukommen, damit wir zu
Christo kommen[4], ein Mitwirken (cooperari) Gottes mit dem
Dienst des Wortes[5]. Die hier einsetzende Frage nach dem Ver=
hältniß des menschlichen Factors zum göttlichen findet sich noch nicht
ausdrücklich erörtert. Gewiß ist zwar, daß die Heilswirkung ohne
jene Mitwirkung Gottes nicht möglich ist; zugleich indeß scheint es,
als hörten die Ungläubigen das Wort, ohne daß Gott durch seinen
Geist dasselbe begleitet. So, wenn es heißt: Wie Viele hören das

---

[1] 37, 893. a. 1517. Staupitz bei Knaake S. 83 f. Dieser Durst wird
allezeit getränkt durch den Tröster, der uns alle Wahrheit, die zur Seligkeit
noth ist, lehrt und verborgene Dinge heimlich einraunt. Vgl. Tauler, Bl.
219 a. [2] Vgl. oben S. 26 f. 44 f. [3] Oprt. 16, 74. [4] De W. Br. 1, 225.
a. 1519. [5] Oprt. 15, 78.

Wort Gottes, die sich doch in ihrer Gottlosigkeit verstocken! Aber wenn das Antlitz des Herrn selbst offenbar wird durch den Geist, der inwendig lehrt, so folgt dann die Bekehrung[1]). Dem Sinn nach ähnlich ist die Auslegung zu Pj. 38, 3: Deine Pfeile stecken in mir. Die Worte Gottes sind die Pfeile; es fühlt sie aber Niemand, denn wem sie ins Herz gesteckt werden und das Gewissen erschrecken; das sind die furchtsamen Menschen, denen sie Gott in das Herz schießt. Den Unfurchtsamen aber, die verhärtet sind, fallen sie ab gleichwie von einem harten Fels; und das geschieht so lange, als durch Menschenpredigten die Worte gesagt werden ohne Mitwirken und innerliches Einschießen Gottes[2]).

Ist so das Vorhanden- oder Nichtvorhandensein göttlicher Mitwirkung dafür entscheidend, ob das Wort hier Frucht schafft, dort leer zurückkommt, so scheint hiermit die Prämisse für die letzte Lösung der Frage in der Behauptung einer absoluten Prädestination gegeben zu sein. Und allerdings findet sich diese, der Luther in den Scholien noch ausweicht[3]), jetzt während der germanisch-mystischen Periode im Sinn eines strengen Augustinismus ausgesprochen[4]). Dennoch würde die Erwartung täuschen, Luther werde von eben diesem Standpunkt aus die Verschiedenheit der Wirkungen des Worts erklären. Er bringt denselben vielmehr selbst da nicht zur Geltung, wo der Wortlaut der Schrift es ihm ganz nahe legte. So weist er für das Wort: „Mit dem Auserwählten bist du auserwählt" (Pj. 18, 27) die Beziehung auf die ewige Vorherbestimmung ausdrücklich ab; es sei von einer Frucht der Gnade die Rede, wonach die Frommen so gesinnt seien, daß sie für eine auserwählte Sache (pro re electa) hielten, was Gott immer mit ihnen handele, und nicht wollten, daß es anders geschehe, hierbei aufs Beste zufrieden, indem sie den Herrn lobten und benedeieten und sich lediglich dabei begnügen ließen, daß sie erkennten, es sei also wohlgefällig vor Gott. Durch diese Gemüthsverfassung seien sie vor Gott erwählt, und wie sie erwählten, so würden sie auch erwählt[5]). Eine ähnliche Wendung zum Subjectiven hatte Luther dem Begriff des „Erwählens" schon in den Scholien einmal gegeben[6]);

---

[1]) Oprt. 15, 78. [2]) 37, 341. a. 1517. [3]) Stubb. u. Kritt. v. 1874, Heft 4 S. 614. [4]) Köstlin, Luth. Theol. 1, 168. [5]) Oprt. 16, 103 f. [6]) Stubb. u. Kritt. a. a. O.

wenn er demselben auch jetzt den Gedanken der Gelassenheit substituirt, so ist das ein Zeichen, daß die Mystik, wie sie ihn einst von dem Grübeln über die Versehung auf Christi Wunden gewiesen, auch jetzt noch mäßigend einwirkte. Ihrer practischen Richtung auf die geoffenbarte Gnade, mit welcher die seiner eigenen Theologie übereinstimmte, ist er denn auch später getreu geblieben, wenn es galt, Angefochtene zu trösten.[1])

Schriftauslegung.

Auch auf Luthers Auslegung der heiligen Schrift ist der Einfluß der Mystik nur secundärer Art. Anfangs noch der allegorischen Auslegung unter Annahme eines vierfachen Schriftsinnes zugethan weiß er doch im Unterschiede von den Vätern und Scholastikern aus der Schrift nicht von außen eingetragene, sondern schriftgemäße Lehre mit sicherem Tact zu gewinnen. Bald indeß will er die Auslegung nach vierfachem Schriftsinn, in der er die Quelle so viel verwirrender Willkür und die Stütze großer Irrthümer sah, nur noch etwa für die Anfangenden dulden und beklagt es, daß man den Höhepunkt der ganzen Bildung in dies Spiel lege[2]). Doch auch später noch hat er selbst das Allegorisiren in Schriftauslegung und Predigt[3]) vielfach angewendet.

Die Mystik, selbst durchaus in der allegorischen Auslegung befangen, namentlich geneigt, Historisches in geistliche Vorgänge umzudeuten, konnte Luther weder in eine neue Bahn einlenken, noch ihn in der Entwickelung einer biblischen Auslegungsmethode fördern. Doch ist ihre auf Anfassung und Erbauung des Gemüthes und Willens gerichtete, scholastischer Lehrkünstelei abholde Tendenz und ihre von heiliger Scheu und tiefem Ernste getragene Betrachtung des Wortes für Luthers Weise, die Schrift practisch zu behandeln nicht ohne befruchtende Anregungen geblieben. Die heilige Schrift, sagt er, will behandelt sein mit Furcht und Demuth und will mehr ergründet werden mit dem Studium andächtigen Gebets, als mit Schärfe des Geistes; so ist es unmöglich, daß die nicht sich selbst

---

[1]) Köstlin, Luth. Theol. a. a. O. Auch Staupitz lehrte die ewige Versehung, warnte aber vor der „fürwitzigen Nachfrage", Knaake S. 66. [2]) Dec. Praecept. 12. 195. [3]) Vgl. z. B. die Predigt über das Evang. am 1. Advent in der Kirchenpostille.

oder Anderen Schaden thun, welche auf die bloße Vernunft vertrauend mit ungewaschenen Händen wie die Säue in die Schrift fallen ¹). — Weiter war es die Berührung mystischer Gedanken mit den verwandten der heiligen Schrift, die das Verständniß der letzteren förderte. Von der mystischen Gottförmigkeit, der Lebenseinheit mit Gott mußte sich ihm der Blick öffnen für die Tiefen paulinischer und johanneischer Mystik, für das Sterben und Auferstehen mit Christo, das Leben, das mit ihm verborgen in Gott geführt wird; ihre Forderung, sich selbst abzusterben und von der Eigenliebe sich abzuwenden, schärfte ihm die Fassung der biblischen Forderungen der Liebe und Selbstverleugnung; das Bild von Christo, wie es die Mystik entwarf, befestigte ihm den Muth, die Zeugnisse der Schrift von Christo in einem seinen evangelischen Grundüberzeugungen conformen Sinne auszulegen; und diese Grundüberzeugungen endlich, die Rechtfertigung allein durch den Glauben und der damit zusammenhängende Gegensatz gegen pharisäische Selbstgerechtigkeit und Werkheiligkeit, wieviel fanden sie in der Mystik Verwandtes, das sich unbewußt bei Auslegung der Schrift verwerthete. Es kann bei diesen kurzen Andeutungen bleiben, deren nähere Begründung in dem Gesammtinhalt dieser Darstellung gegeben ist. Nur darauf sei als auf eine interessante Einzelheit noch aufmerksam gemacht, daß er in dem johanneischen Evangelium besonders den Hauch der Mystik spürte. Es kommt mich, so gesteht er, immer ein Schauer an, wenn ich von dem Evangelio St. Johannis bei guter Muße handeln soll, so viel unschätzbare Theologie steckt darinnen, und die Summe dieser Theologie faßt er in den Worten zusammen: Der Zweck des Evangeliums Johannis ist einzig und allein dieser, daß der Mensch von sich selbst ganz und gar nichts kann oder hat, sondern allein von der göttlichen Barmherzigkeit. Diese Barmherzigkeit aber behandelt es so, daß der Mensch sie auf alle Art und Weise allein dem Vater zuschreibe und schließe, man müsse dem Vater allein Ehre, Ruhm und Dank abstatten ²).

Dann aber war es besonders der Psalter, mit dem zuerst unter allen biblischen Büchern Luther sich eingehend beschäftigt und von dem er Theile wiederholt bearbeitet hat, die sieben Bußpsalmen 1517, und darauf die ersten 22 Psalmen in den operationes in psalmos

---

¹) Dec. Praecept. 12, 194. ²) De W. Br. 1, 229. 224.

von 1519 bis 1521, und diesen Bearbeitungen sind besonders tief die Spuren der Mystik eingedrückt. Bei einer späteren Redaction der 7 Bußpsalmen im Jahre 1525 wurde Manches an absonderlich mystischen Ausdrücken beseitigt; aber, wie aus einer Bemerkung Walchs zu diesen Abänderungen hervorgeht, scheint jene erste Ausgabe der verbesserten vorgezogen zu sein[1] — Ein Sinken des mystischen Einflusses ist auch gegen das Ende der Operationes zu bemerken.

Es möge nun noch eine Reihe merkwürdiger Stellen, besonders aus der Psalmenbearbeitung mitgetheilt werden, um als Proben mystisch-allegorischer Auslegung das Gesagte zu commentiren. Das Harren auf das Unsichtbare findet er in dem Wort Ps. 3, 5 angedeutet: So erhört er mich von seinem heiligen Berge. Unter dem Berg versteht Luther den Berg der höchsten Gottheit. Daß aber dieser Berg keinen sonderlichen Namen hat, läßt er sich dünken, wir würden dadurch unterwiesen, daß wir zur Zeit der Anfechtung göttlicher Hülfe von Oben her hoffen sollen, daß aber die Weise, Zeit und die Art der Hülfe uns unbekannt sei, auf daß der Glaube und Hoffnung Raum haben, welche sich auf das stützen, das man weder siehet noch höret, das auch in keines Menschen Herz kommt[2]. In Psalm 68, 13 legt er die Worte: Ihr werdet schlafen zwischen den Grenzen, aus: Das Schlafen zwischen den Grenzen ist vom geistlichen Schlaf gesagt; als, die Seele schläft, wenn sie der zeitlichen Güter nicht mehr achtet, denn als Traumbilde, und nennt sie Grenzen. Welche nun sich halten, als St. Paulus lehrt, daß sie dieser Welt brauchen, als brauchten sie ihrer nicht, die schlafen in diesen Grenzen und sehen mit wachen Augen des Glaubens hinüber in jenes Leben; das sind gelassene, gottlehrige Menschen, die können darnach recht lehren den Glauben und die Liebe, als das Evangelium lehret. Das heißt, mit Christo begraben sein und den Sabbath feiern[3]. Dem Sinne nach gleich, in der Deutung des Wortes „Schlafen" dagegen entgegengesetzt bemerkt er zu dem Psalmwort: Ich wache und bin wie ein einsamer Vogel auf dem Dach (Ps. 102, 7): Die Welt schläft; dieser Schlaf ist nichts anderes, denn die Liebe und Lust der Creaturen. Wachen aber ist anhangen dem

---

[1] Walch in der Vorrede zum 4. Theil der Werke Luthers S. 18. [2] Oprt. 14, 100. [3] 89, 194.

ewigen Gute und nach demselben sehen und sehnen. Aber darinnen ist er allein, und Niemand mit ihm, denn sie schlafen Alle. Und er sagt: Auf dem Dache; als spräche er: Die Welt ist ein Haus, darinnen sie Alle schlafen und beschlossen liegen, ich aber allein bin außer dem Hause auf dem Dache, noch nicht im Himmel und auch doch nicht in der Welt. Die Welt habe ich unter mir und den Himmel über mir, also schwebe ich zwischen der Welt Leben und dem ewigen Leben einsam im Glauben¹). Auch einzelne Wörter geben ihm zur Combination mit gewissen Lieblingsgedanken der Mystik Veranlassung. Von dem Worte „Sela" äußert er es als seine Vermuthung, es zeige eine heimliche und uns unbekannte Bewegung des Geistes an, die man auch nicht wohl vorhersehen könne. Wo nun eine solche komme, fordere sie, nachdem man die Worte des Psalms habe fahren lassen, eine ruhige und stillstehende Seele, die da empfänglich werde für eine Erleuchtung oder Gemüthsbewegung, die ihr dargeboten wird. So ist in diesem Verse der Prophet bewegt mit einer tiefen Gemüthsbewegung, zu fühlen und zu erkennen diese besondere Anfechtung des Geistes, in welcher Gott in seinem Zorn erduldet wird, geschweige denn die Creatur²). In Ausdrücken endlich, die ganz dem Tauler entnommen sind, bemerkt er zu Pf. 68, 4: Er fährt in Araboth: Da wird des Glaubens Art und Natur angezeigt. Araboth heißt viel Wüstnisse. — Also ist seine Art, er führt gern wüste und wilde Wege. Das sind alles Wege des Glaubens, welcher fährt, nicht wie Sinn oder Vernunft weisen, sondern steht gelassen, läßt sich Gott führen, will und kann auch nicht wissen, wohin, wie fern, wodurch, oder welche Zeit. Das heißt nun über uns schweben und fahren in Araboth, wenn er in uns regiert durch den Glauben, und wir gelassen folgig sind, ihn also schweben und fahren lassen³).

Auch die Symbolik des alttestamentlichen Cultus deutet er hier und da im Sinn der Mystik: Von sich Alles wegnehmen und Gott allein zueignen ist das Opfer des angenehmen Geruchs, davon man im Alten Testament liest, daß gar oft gesagt ist: Der Herr roch den lieblichen Geruch⁴). Daß im Allerheiligsten des alten Bundes kein Licht war, bedeutet, daß, indem Gott durch Christum in seiner Kirche

---

¹) 37, 406 f. ²) Oprt. 14, 100. ³) 39, 182 f. ⁴) Var. arg. 1, 196. u. 1517.

wohnt, der Glaube in den Herzen ist, welcher weder begreift noch begriffen wird, nicht sieht noch gesehen wird und doch Alles sieht ¹).

Diese Proben mögen genügen. Sie illustriren die Behauptung, daß Luther durch seine Mystik beim Aufsuchen des Schriftsinnes sich hier und da hat leiten lassen, wollen aber keineswegs den Irrthum entstehen lassen, als sei dieses mystische Element der Grundtenor seiner Exegese.

Auch auf die Creatur übertrug er diese allegorisirende Betrachtung, in der sich der theologische Spielsinn des Mittelalters ergangen. Schon in den Scholien hatte er so im Gegensatz gegen die aristotelische Weise mit ihren quidditates die Natur ein Wort Gottes voll mystischer Unterweisung, den Schöpfer zu erkennen und zu loben genannt ²) und das Kreuz Christi mit dem Finger Gottes in allen Creaturen, z. B. im Vogelnest die freiwillige Annahme des Kreuzes abgebildet gefunden ³). Jetzt bemächtigt sich nun die mystische Seelenstimmung dieser Naturbetrachtung. Aber während die deutsche Mystik, dem Meister Eckhart folgend, im eigentlichen, philosophischen Sinn die Natur gleichsam als ein Transparent Gottes ansah, in ihrem Weben ein Jagen nach Gott erlauschte⁴), bewahrt Luther jenen sinnigen Blick für sie als Gleichniß des Unsichtbaren und liest einzelne Züge mystischen Lebens von ihr ab. So weist er gegenüber der menschlichen Eigensucht auf den Baum hin, der nicht für sich Frucht trägt, die Sonne, die nicht sich leuchtet, das Wasser, das nicht sich fließt; alle Creatur halte so das Gesetz der Liebe, und ihre ganze Wesenheit sei im Gesetz des Herrn⁵); und er hört von aller Creatur gesungen das Lob Gottes, eine Harmonie, welche der eitele Selbstruhm wie ein unseliger Mißton stört⁶). Indeß sind solche Aeußerungen selten und von keinem Einfluß auf die Lehre Luthers. Sie lassen aber immerhin jenen fromm gestimmten Natursinn, der zu seinen ausgezeichneten Gaben gehört, erkennen. Doch ist derselbe noch lehrhaft gebunden; zur Offenbarung seines ganzen schöpferischen Reichthums ist er erst später gelangt.

---

¹) Oprt 16, 75. ²) Stubb. u. Kritt. v. 1877 S. 630. ³) Seidemann, Luthers Vorlesungen II, 45. ⁴) Tauler, Bl. 204 c. d. 214 d. ⁵) Oprt. 14, 31. 16, 142. ⁶) Oprt. 14, 301.

Die Sacramente.

Wie für die Lehre vom Worte Gottes, so ist auch für die von den Sacramenten der Einfluß der Mystik ein indirecter. Er äußert sich darin, daß die Auffassungen des inneren Lebens und seiner Zustände, wie Luther sie unter der Beschäftigung mit der Mystik gewann, sich überall da geltend machen, wo die Bedeutung der Sacramente auf dieses Innerliche, auf Buße, Glauben, Liebe, Heiligung hinweist. Denn an und für sich ist ihm das Sacrament gleich dem Worte Gottes erst etwas Aeußerliches, doch wie dies Träger und Vermittler der innerlichen Wirksamkeit Gottes. Im Gegensatz gegen die Ansicht von einer mechanischen oder medicinischen Wirkung des Sacraments, daß nämlich die Sacramente die Gnade denen geben, welche keinen Riegel vorschieben, stellt er schon früh den Satz auf, daß nicht das Sacrament, sondern der Glaube des Sacraments rechtfertige[1]).

Abgesehen nun von dem auch vorkommenden Gebrauch des Wortes „Sacrament" für das Mysterium des Heils, daß Christus durch sein zeitlich, leiblich Leiden unser geistlich ewig Leiden des alten Menschen hat überwunden und gekreuzigt[2]), findet er im eigentlichen Sinn Sacramente überall, wo Verheißungen mit angehängten Zeichen dargeboten werden[3]). Er statuirt im Jahre 1520 nur noch drei Sacramente: Taufe, Abendmahl und Buße, scheidet dann aber auch noch die Buße aus und behält die zwei ersteren, in denen das von Gott verordnete Zeichen und die Verheißung der Sündenvergebung verbunden sind[4]).

Die Taufe.

Ueberall, wo Luther von der Bedeutung der Taufe handelt, läßt sich der Hinzutritt der Mystik beobachten. Zunächst fußen seine Ausführungen auf paulinischer Lehre, besonders dem sechsten Capitel des Briefes an die Römer: Die Bedeutung der Taufe ist, daß erstlich die Sünden getödtet werden, darnach, daß wir aufstehen

---

[1]) Köstlin, Luthers Theol. 1, 348 ff. [2]) Ebendaselbst S. 244. [3]) Vgl. Luthers Sacramentlehre in den Scholien Stubb. u. Kritt. a. a. D. S. 627. [4]) Köstlin, Luthers Theol. 1, 256.

durch Gottes Gnade, daß der alte Mensch, der in Sünden empfangen und geboren ist, da ganz ersäuft wird, und ein neuer Mensch herausgeht, wiedergeboren durch Gottes Gnade. Diese Wiedergeburt, die Gabe der Gnade und Gerechtigkeit hebt wohl an in der Taufe, währt aber bis in den Tod, ja den jüngsten Tag. Da werden wir von Sünden, vom Tode und von allen Uebeln auferstehn und, nachdem Leib und Seele gereinigt sind, ewiglich leben. Da werden wir recht aus dem Taufwasser gehoben und wiedergeboren werden, um ewiglich im Himmel zu leben.[1]) Die Grundlinien dieser biblischen Mystik erhalten nur hier und da eine weitere Ausführung durch die germanische, besonders wo er den Character der durch die Taufe uns aufgegebenen Selbst= und Weltverleugnung schildert: Allen denen, die getauft sind, ist dieses Lebens Ruhe, Gemächlichkeit und der Friede der Welt wie lauter Gift als eine Verhinderung des gerechten Werkes der Taufe; denn die, welche ruhig und gemächlich leben, können weder das Kreuz und den Tod erdulden, noch die Sünde hassen[2]). In der Taufe geben wir uns Gott dar, wie Thon dem Töpfer; und welches Gelübde kann größer sein, als die Sünde tödten (mortificare), sterben, dies Leben hassen und geheiligt werden wollen[3])? So tauchen auch hier wieder die tiefen und energischen Forderungen der Mystik auf. Wie diese negative Seite des neuen Lebens, so findet sich als Bedeutung der Taufe auch die positive der Lebensgemeinschaft mit Gott ausgedrückt: Wir sind getauft in dem Namen des Herrn, daß nun nicht wir, sondern Gott in uns lebe, und der Gottlosen Name untergehe, auf daß Gottes Name allein in uns bleibe[4]).

Einen tiefergehenden Einfluß sollte die Mystik auf die Ausbildung der Lehre Luthers von der Kindertaufe gewinnen.

In der Schrift von der babylonischen Gefangenschaft geht Luther ausführlich auf die Frage nach der rechtfertigenden Kraft der Taufe ein und findet dieselbe in dem Glauben an das Verheißungswort: Wer da glaubet und getauft wird, der wird selig werden. Dieser Glaube wird durch das Verheißungswort geweckt und hat, wenn er geschwächt oder ganz ausgelöscht wird, sich an demselben immer aufs Neue zu entzünden und zu stärken. Hängt so der

---

[1]) Var. arg. 3, 395 f. [2]) Var. arg. 3, 405. [3]) Ebendaselbst S. 407. [4]) Oprt. 14, 287.

Segen des Sacraments von dem das Wort sich aneignenden Glauben ab, und ist eben dies Wort das den Glauben Bewirkende, so entsteht bei der Kindertaufe die Frage, wie es sich hier, wo mehrere von den für den Glauben und die Wirksamkeit des Worts nöthig scheinenden Bedingungen nicht vorhanden sind, mit der Rechtfertigung verhalte. Luther beantwortet dieselbe, nachdem seine Ansicht einige hier nicht auszuführende Modificationen abgestreift, dahin, daß bei der Taufe der Kinder ebensowohl der Glaube gerecht mache, wie es das Wort der Verheißung ist, das auch in ihnen den Glauben erzeuge. Er begegnet dem Einwurf, wie denn die Kinder selig und getauft werden, da sie nicht hören, mit der Auskunft des Hieronymus, daß für das Wort Gottes nichts taub sei, und daß es zu denjenigen Ohren rede, von denen es heißt: Wer Ohren hat, zu hören, der höre. Luther bemerkt hierzu: Ich liebe diese Antwort sehr deshalb, weil auch von den Erwachsenen und Hörenden das Wort Gottes nur gehört wird, wenn inwendig der Geist Wachsthum giebt. Daher ist es ein Wort der Kraft und Gnade; sobald es die Ohren trifft, gießt es inwendig den Geist ein. Gießt es den Geist nicht ein, so unterscheidet sich der Hörende nicht vom Tauben. Daher wirkt der Schall des Wortes, der durch den Dienst der Kirche über das Kind hingeht, um so leichter durch den Geist, als das Kindlein für das Wort empfänglicher ist und es eher leidet, noch in keine anderen Dinge verflochten[1]). Eine merkwürdige Verbindung, die hier die eigenthümliche Ansicht Luthers von der Kraft des Wortes mit der mystischen Auffassung des Glaubens eingeht! Er faßt nämlich den Glauben offenbar so, wie schon früher entwickelt ist[2]), als ein verborgenes, von den Formen der natürlichen Vorstellung und des natürlichen Verständnisses vom Glaubensinhalt unabhängiges, unbewußtes, göttliches Geistesleben. Für seine Anschauung hiervon ist eine Stelle in seiner Erklärung der Disputation vom eingegossenen und erlangten Glauben bezeichnend. Ein Zeugniß für die Blindheit seiner Gegner sei es, daß sie sagen: Wenn ein Knabe getauft und von den Türken weggeführt worden sei, so könne er, wenn er erwachsen sei, nicht glauben, es komme denn hinzu der erlangte Glaube. Wie mag ein Christ, ruft er erzürnt aus, solche Frechheit dulden? Von der Gnade Gottes reden sie also, daß sie

---

[1]) Ep. ad Gal. III, 258. Köstlin, I, 352. [2]) Oben S. 96 ff.

sei ein Werk der Natur, die menschlicher Hülfe bedürfe, da sie doch ist ein lebendiger bewegender Geist, der niemals ruhet. Denn auch die getauften Kinder sind nicht müssig. Alle ihre Werke aber sind Gott angenehm, denn sie geschehen im Glauben, durch welchen sie leben und bewegt werden[1]). Je weiter Luther aber in dieser Verselbständigung des Innerlichen, in seiner Loslösung von dem bewußten Geistesleben geht, um so auffallender ist, daß er jenes Innerliche sich entstehend denkt nicht etwa durch ein unmittelbares geistliches Einwirken Gottes auf die Seele, sondern durch ein Werkzeug Gottes, das doch durch das Medium der Vorstellung wirkt, durch das Wort Gottes. So vermag er es, sich auf ein Schriftwort zu berufen, das uns gerade gegen ihn zu zeugen scheint, daß nämlich der Glaube aus der Predigt komme. So sucht hier eine ganz mystische mit einer von der Mystik ganz entfernten Anschauung sich zu einem Lehrsatz zu gestalten, in eigenthümlicher, gewiß sehr anfechtbarer Weise. Eine Lösung des vorliegenden Widerspruchs hat auch in der Folge Luther nicht gegeben.

Das heilige Abendmahl.

Noch weniger als bei der Lehre von der Taufe kann hier der Ort für eine vollständige Darstellung sein; ja dieselbe ist um so mehr zu beschränken, als die Richtung, von der hier die Mystik Luther bestimmt, schon dort zur Sprache gekommen ist. Seine Aussprüche über das heilige Abendmahl, wo sie sich als mystische kennzeichnen, lassen ein Dreifaches hervortreten; erstens Innerlichkeit, wo er von der Vorbereitung zum Sacrament redet. Einer äußerlichen Theilnahme gegenüber fordert er wahre Armuth im Geist. Wenn du dich ganz elend und gnadenbedürftig fühlst, so bist du der Gnaden empfänglich und am geschicktesten dazu[2]). Diese Bedürftigkeit denkt er immer mit dem Glauben, den er auch die höchste und nächste Bereitung zum Sacrament nennt[3]), zu einer Einheit des geistlichen Lebens verbunden: Mit Vertrauen auf die göttliche Barmherzigkeit und mit Furcht vor deiner eigenen Unwürdigkeit sollst du zum heiligen Sacrament

---

[1]) Var. arg. 5, 275. a. 1520. [2]) Var. arg. 2, 315. a. 1518. [3]) Ebend. S. 316.

gehen¹). Als das Zweite ist zu bemerken, daß der Sermon vom hochwürdigen Sacrament mit besonderer Innigkeit und Fülle von der Vereinigung mit Christus und der dadurch begründeten Gemeinschaft der Heiligen zeugt, welche dem das heilige Abendmahl Genießenden zu Theil wird²). Doch liegt hier weder ein eigenthümlicher Einfluß der germanischen Mystik vor, noch ein specifischer Unterschied der Wirkungen des Sacraments von denen des Worts. Findet sich doch das Wort allein oft als das diese Lebensgemeinschaft und Vereinigung mit Christo Vermittelnde genannt; und in der That sieht Luther die Theilnahme am Heil, die eine Frucht des heiligen Abendmahls ist, an als gegeben und gewirkt durch das Wort. Diese Gleichsetzung der Wirkungen des Wortes und derer des Sacraments ist um so bemerkenswerther, als Luther die Worte der Einsetzung stets im Sinn der realen Gegenwärtigkeit des Leibes Christi verstanden hat, lange indeß, ohne diesen Punkt zum Gegenstand einer Erörterung zu machen. — Drittens ist es mystisch, wenn er den gesegneten Empfang des heiligen Abendmahls nicht durchaus von dem Verständniß der Bedeutung desselben abhängig gemacht wissen will. Bei Erörterung der Frage, ob man den Taubstummen das Sacrament reichen solle, tadelt Luther es als einen Schimpf, wenn man ihnen, wie Einige gerathen, um sie freundlich zu betrügen, ungeweihte Hostien gebe. Gott habe sie so wohl zu Christen gemacht, wie uns. Wenn sie vernünftig seien und das Sacrament aus rechter christlicher Andacht begehrten, so solle man dem heiligen Geiste sein Werk lassen und ihm nicht versagen, was er fordere. Es möge sein, daß sie inwendig höheren Verstand und Glauben haben denn wir. Habe doch Cyprian, der heilige Märtyrer, den Kindern beiderlei Gestalt gegeben, und Christus habe auch die Kinder zu sich kommen lassen³). Es tritt uns auch hier wieder die schon besprochene eigenthümliche Auffassung des Glaubens als eines im Grunde der Seele verborgenen, vom Vorstellen und Erkennen unabhängigen göttlichen Geisteslebens entgegen, die wir für seine Lehre von der Kindertaufe von so hoher Bedeutung werden sahen.

---

¹) Ebend. S. 317, ²) Vgl. die Ausführung in Köstlin, Luth. Theologie. I, 292 f. ³) 27, 172.

Auch redet Luther wohl von einem geistlichen Genusse des heiligen Abendmahls: Wer im Bann ist, ob er wohl nicht darf bleiben bei der rechten Messe, auch nicht zum Sacrament gehn, soll ers dennoch nicht unterwegs lassen und geistlich zum Sacrament gehn, d. i. er soll sein herzlich begehren und glauben, er werde sein geistlich genießen¹). Luther hat nämlich zweierlei Gemeinschaft behauptet, wie im Sacrament zwei Dinge seien, das Zeichen und die Bedeutung. Die erste Gemeinschaft ist innerlich, geistlich, unsichtlich im Herzen, d. i. so Jemand durch rechten Glauben, Hoffnung und Liebe eingeleibt ist in die Gemeinschaft Christi und aller Heiligen, welches bedeutet und gegeben wird im Sacrament. Diese Gemeinschaft mag weder geben noch nehmen irgend ein Mensch, er sei Bischof, Papst, ja auch Engel oder alle Creaturen, sondern Gott allein durch seinen heiligen Geist muß die eingießen ins Herz dem, der da glaubt in das Sacrament. — Die andere Gemeinschaft ist äußerlich, leiblich und sichtlich, d. i. so Jemand wird zugelassen, daß er des heiligen Sacraments theilhaftig ist, es empfängt und mitgenießt²). Der geistliche Genuß des Sacraments besteht Luther also im Glauben an das Gnade verheißende Wort. Und indem er dieses Innerliche vom äußeren Sacramentsgenuß unterscheidet, kann er für den unschuldig Gebannten, der gläubig ist, den Segen der Gnade behaupten, den der Ungläubige, der nicht im Bann ist, entbehrt. So wahrte die Mystik gegen den Mißbrauch des Bannes in den Händen einer gesetzlich gerichteten Kirche das Recht des Glaubens, die Freiheit des Christenmenschen in seinem Verhältniß zu Gott gegenüber allen kirchlichen Verschränkungen derselben.

Allerdings hätte die Unterscheidung des geistlichen und äußeren Sacramentsgenusses, wenn sie in einseitiger, den Boden der Offenbarung und Schrift verlassender Weise durchgeführt wäre, auch zur Entwerthung des Sacraments selbst führen müssen. Aber schon die deutsche Mystik, die durch ihre Uebergeistlichkeit und ihre überspannte Innerlichkeit auf diesen Abweg hätte gerathen können, ist durch die Macht des christlich-kirchlichen Sinnes und der Sitte davor bewahrt geblieben³). Noch unbedenklicher war es für Luther, in seiner

---

¹) 27, 69 f. a. 1519. ²) Ebend. S. 52 f. ³) Tauler sagt, nachdem er den Ambrosius dafür angeführt, daß man das Sacrament täglich nehmen möge:

Gebundenheit an die Schrift, den geistlichen Sacramentsgenuß als
einen Ersatz für den eigentlichen, leiblich=geistlichen anzusehen. Zudem
berührt er diesen Punkt nur selten und flüchtig. In höherem Maße
als die Mystik war er durch den Gehorsam gegen die ausdrückliche
Einsetzung des Sacraments in seiner äußeren Gestalt von einem
Weitergehen auf dieser Bahn der Vergeistigung abgehalten, auch
wenn nicht bald eine aus dem Gedankenkreise der Mystik sich er=
hebende Gegnerschaft die Gefährlichkeit dieses Weges offenbar ge=
macht hätte.

Die Kirche.

Schon in den Anfängen seiner Theologie hatte Luther von
seinem evangelischen Glaubensprincip aus einen Grundriß der Kirche
entworfen, dessen Formen andere als die des römischen Kirchenthums
waren. Entgegen ihrer Herrlichkeitsgestalt sehen wir ihn dann nach
dem Bilde der Knechtsgestalt des Hauptes der Kirche und aus dem
Kreuzessinn eines demüthigen Jüngers Christi heraus in jene
Grundformen immer deutlicher mystische Linien einzeichnen¹). Wie=
derholt ist darauf aufmerksam gemacht, daß für sein Auge das
Ideal die Wirklichkeit noch deckte; und auf lange noch verharrt er
in dieser unkritischen Haltung gegenüber den Fundamenten der

Lieben Kinder, wo nehmen wir nun den wilden Priester, der uns das heilige
Sacrament täglich gebe? O, liebes Kind, darauf siehe nicht, ob es dir von
dem Priester versagt wird. Siehe ernstlich vor dich, daß du in rechter Ge=
lassenheit und in ganzem Frieden bleibest, und falle da bloß auf dein eigenes
Nicht. Siehe, so sollst du in der Wahrheit nicht zweifeln, er werde dir geist=
lich und vielleicht fruchtbarlicher, denn als ob er dir worden wäre im heiligen
Sacrament. Und da sollst du ihn im heiligen Geist essen und genießen. Bl.
101 b. c. — Man vergleiche auch die interessante Stelle, in der er Solche
unterscheidet, die das Sacrament sacramentlich und nicht geistlich, Solche die
es sacramentlich und geistlich, und endlich Solche, die es „geistlich ohne Sacra=
ment" empfangen. Bl. 108 a. b. Vergeistigende Behandlung der kirchlichen
Lehre findet sich in den Predigten über den Text: Mein Fleisch ist eine wahre
Speise, Bl. 96 ff. 104 ff. Vgl. Bl. 218. Trotz dieser Neigung zur verinner=
lichenden Umdeutung löst sich die Mystik doch nicht von dem Boden der kirch=
lichen Lehre ab. So preist Tauler die unaussprechliche Demuth Gottes, un=
seres Herrn, daß er sich so willig und fröhlich gegeben hat in einem demüthigen,
groben Schein Weines und Brotes. Bl. 99 a.
¹) Vgl. oben S. 31 f. 50 f. Stubb. u. Kritt. a. a. O. S. 624 f.

römischen Theocratie und in Vorstellungen, die den Ansprüchen derselben gemäß waren ¹). Erst in dem reformatorischen Kampfe wurde er, und auch dann nur allmählich, dazu gedrängt, von den so lange pietätsvoll festgehaltenen Punkten einen nach dem anderen aufzugeben²) und mit der Auctorität der römischen Kirche endlich zu brechen³). An die Stelle der Theocratie mit ihrer äußeren gesetzlichen Einheit trat die Kirche als Gemeinschaft der Gläubigen; eine Auffassung, die seiner Lehre vom Glauben einzig gemäß war. Es kann allein Aufgabe dieser Darstellung sein, zu zeigen, wie diese neue Auffassung, die schon in der Glosse und den Scholien neben der alten überall durchbrach, sich während der Beschäftigung mit der Mystik behauptet und stärkt. Denn nur in diesem Sinn kann von einem Einfluß derselben die Rede sein.

Zunächst ist es die **Verborgenheit des göttlichen Lebens**, welche in den Schilderungen der Kirche den Character des Unsichtbaren stärkt. So heißt es: Christi Reich hanget gar an Gott allein, den sieht und kennt es, so kennt er es auch wiederum vom Himmel herab; ein **heimlich geistlich Reich ist es und ist doch auf Erden unter den Menschen, aber im Glauben und Geist verborgen** ⁴).

Hiermit hängt dann weiter die **Knechtsgestalt dieses unsichtbaren Reiches** zusammen. In Psalm 9, 13: „Er gedenkt und fraget nach ihrem Blut, er vergißt nicht des Schreiens der Armen" findet Luther die Gestalt der christlichen Gemeinde beschrieben als einer solchen, welche das Bild des Todes und aller Leiden an sich trage. Das ist wahrlich ein neues Geschlecht der Menschen, das da unter dem Tode lebet, unter dem Leiden sich freut, unter der Unterdrückung überwindet und wenn es vergessen ist, schreit und erhört wird. Nachdem er weiter die Worte des Psalmes auf die Apostel und Märtyrer besonders gedeutet, welche durch Blut und Geschrei überwunden haben, sagt er: Auch spüren wir hier, wie unähnlich die heutige Kirche der ersten christlichen Kirche ist, und wie ferne sie von derselben abgewichen ist, welche blutdürstiger ist,

---

¹) Köstlin, Luthers Theol. I, 168 f. 176. ²) Ebendaselbst 236. 239. ³) 253 ff. u. s. w. (Vgl. im Register unter „Kirche" die weiteren Nachweise). Vgl. auch M. Luther, sein Leben und seine Schriften, von J. Köstlin, Bd. 1. ⁴) 37, 414 f. a. 1517. Oprt. 15, 71. 104 f.

denn Babylon und viel lieber Anderer Blut vergießt und Geschrei zum Himmel wider sich erweckt ¹).

Gerade in dieser Knechtsgestalt aber ist sie Christo ähnlich und zu der göttlichen Wirkungsweise befähigt. Denn das ist Gottes Wunder, daß er durch die, die nichts sind, diejenigen bekehre, die Alles sind, und daß er durch die, welche in einem verborgenen Glauben leben und der Welt gestorben sind, erniebrige und demüthige die, so in Herrlichkeit prangen und ansehnlich vor der Welt sind ²).

Da weiter alles wahre Knechtsein eine göttliche Freiheit zur Voraussetzung hat, so ist die Knechtsgestalt von Menschenknechtschaft weit entfernt; ja gerade die Demuth verpflichtet die Obersten, auch den Widerspruch der Letzten und Geringsten zu vertragen. So bemerkt Luther zu Psalm 2, 10: „Seid klug, ihr Könige, und laßt euch unterweisen, die ihr den Erdboden richtet:" Man muß alle Obrigkeit im neuen Testament so hören, daß frei bleibe einem jeglichen Christen von der Rede und Meinung des Oberen zu urtheilen in den Sachen, die dem Glauben angehören, viel mehr und gewisser, denn es den Propheten frei war, sich wider die Großen in Israel zu setzen, da kein Gebot Gottes dawider war. Denn in der Synagoge, da das Priesterthum allein mit äußerlichen Ceremonien handelte, war es ohne Gefahr, wenn die Priester irreten. Aber in der Kirche, in der des Geistes und Glaubens Sache gehandelt wird, da gebührt einem Jeglichen, Achtung darauf zu geben, daß der Priester nicht irre, sintemal Gott oft dem Geringsten pflegt zu offenbaren, was er dem Größesten nicht zeigen will, auf daß sein Reich fest sei in der Demuth, durch welche es allein besteht ³).

Und immer deutlicher mußte er die Unvereinbarkeit dieser so auf Demuth gegründeten Kirche mit der herrschenden einsehen. Nicht nur in Streitschriften spricht er das aus. So sagt er zu Pf. 8, 17: „Du hast ihn über alle Werke deiner Hände gesetzt": Bei den Menschen ist es Sitte, daß sie nur über das befehlen wollen, was würdig, groß und viel ist, und wovon sie selbst Gewinn, Ehre und Lust haben können. Das aber, was gering und unwerth ist und ihrer Hülfe und Bemühung bedarf, das überlassen sie gern Anderen.

---

¹) Oprt. 15, 108. ²) Oprt. 15, 74. ³) Oprt. 14, 79.

Aber Christus, der Herr über Alles, hat unter sich alle Werke Gottes, sie seien schwach, arm und verachtet, oder stark, reich und ehrenvoll. Er ist kein König, der mit Ansehung der Personen regiere, sondern was Gottes Creatur ist, das achtet er für das Seine ohne allen Unterschied. — Daher ist Christi Reich ein solch Reich, daß es nicht allein einem Andern nicht kann übertragen werden, sondern ob es gleich könnte übertragen werden, so dürfte man doch Keinen finden, der es annähme. Denn es ist Keiner unter den Allerehrgeizigsten, der da wünschte vorzustehen den Schwachen, Armen und Verachteten und Solchen, von denen er nichts zu erwarten hätte.' — Zu diesen haben vor Zeiten auch Päpste gehört, die sich Alles angemaßt haben, aber das haben sie darin nicht gesucht, daß sie die Werke göttlicher Hände und Alles regiereten, sondern Alles, was ihnen wohlgefiel und gewisse Werke Gottes, die sie sich erwählet hatten, während sie um das Andere, dem sie wohl nützen konnten, sich nicht kümmerten, wie sehr es auch unter „Gottes Werke" und unter „Alles" zu rechnen war. Darum muß hier sein ein gar reines Auge, fremd von allem Ansehn der Personen, welches die Werke der Hände Gottes recht erkennen muß. Denn in diesem Fall ist kein Unterschied zwischen dem Papst und einem Laien, einem Kaiser und einem Bettler, einem Feinde und einem Freunde, einem Gelehrten und einem Ungelehrten, einem Heiligen und einem Sünder u. s. w. Er ist Herr über Alles, und gleicherweise ist Alles sein [1]).

Auch einem Hauptstück des römischen Kirchenthums wird durch die Mystik eine völlig veränderte Bedeutung bei Luther gegeben. Kaum ist etwas characteristischer für ihn, als sein der Lehre nach pietätsvoll befangenes, dagegen der religiösen Stellung nach von der Kirche sich ablösendes Verhältniß zur Jungfrau Maria. Er huldigt der Lehre von der unbefleckten Empfängniß [2]); er wendet sich an die Maria mit der üblichen Anrufung: „Gedenke unser!" Aber das, was sie uns verschaffen soll, ist jenes Große, welches der Herr uns gleichwie ihr gegeben hat, daß auch wir in uns, in unserem Herzen den Sohn Gottes tragen; daß wir ihm Mutter, Bruder, Schwester sind; daß wir ihn mit dem glühenden

---

[1]) Oprt. 15, 57 f. [2]) Köstlin, Luthers Theologie II, 375. Vgl. über den Standpunkt der Scholien. Stubb. u. Kritt. v. 1877 S. 629.

Affect unserer Liebe, mit Verlangen umfassen. So ist das Verhältniß zu ihr, der Mutter Christi, für Luther nur Durchgangspunkt für unser Verhältniß zu Christo.

Aber weiter! Auch ihre Worte, ihr Verhalten interessiren ihn wesentlich als Ausdruck der gläubig-mystischen Gesinnung. Er preist die Lehre, die sie uns mit ihrem Beispiel von der wahren Demuth und reinen Dankbarkeit giebt. Sie spricht: Von nun an werden mich selig preisen alle Geschlechter. Warum? Etwa darum, weil sie viel gethan hat, weil sie eine arme Jungfrau aus königlichem Stamm gewesen, weil sie den Sohn Gottes empfangen hat, wegen ihres Glaubens und gläubigen Beifalls? Sie rühmt nichts von ihrem Verdienst, rühmt kein Werk, sondern sie bekennt nur, daß sie eine Mutter sei, die sich leidentlich verhalte, die die guten Werke empfangen, aber nicht gewirkt habe. So wird nicht sie gepriesen, sondern Gott, weil die, welche sie selig preisen, nicht auf sie Acht haben, sondern die ihr gegebenen Gaben bewundern. Also muß Alles bloß auf Gott zurückgeführt werden[1]). Und in noch eigentlicher mystischen Worten sagt Luther in einer anderen Predigt aus demselben Jahre: Die heilige Jungfrau hat Gott gesehen in Allem. Sie hanget nicht an irgend einer Creatur, sondern bezieht Alles auf Gott, sintemal sie Gott nur erhebt, weil sie sich selbst und Alles für nichts hält. Dies aber thut Niemand, außer wer Gott allein vor Augen hat, und bei welchem alles Andere gleichsam verschwunden ist[2]).

Wir haben den mystischen Faden verfolgt, der sich durch die gesammte Glaubenslehre Luthers hindurchzieht. Daß er nothwendig sich auch mit seiner Lehre vom christlichen Leben und Wirken verknüpfen wird, ließ sich schon hier und da erkennen. In welchem Maße er aber zur Verfestigung der evangelisch-ethischen Grundbegriffe, wie zur Vertiefung und Schärfung der ethischen Forderungen gedient hat, wird der folgende Abschnitt festzustellen haben.

---

[1]) Var. arg. 1, 116 ff. a. 1516. [2]) Var. arg. 1, 99. Auch bei Tauler findet sich die mystische Betrachtung, Bl. 3 a. 225 b. c. 232 c. 232 a; daneben die kirchliche Bl. 225 b. 230 b. c.

Zweiter Abschnitt.

Zur Ethik.

Evangelisch-mystische Grundlegung.

In der evangelischen Lehre von der Rechtfertigung durch den Glauben war nicht bloß der Gegensatz gegen die Ethik der Kirche, sondern auch eine Reihe von Ausgangspunkten für eine Anbahnung im Geist des Evangeliums gegeben, die ebensoviel Berührungen mit der Mystik waren. Kurz zusammengefaßt lauten die Grundgedanken Luthers, die im Wesentlichen schon in der Psalmenauslegung von 1513 sich finden: Nicht die Werke machen die Person gut, sondern die Person muß gut sein, um gute Werke zu vollbringen[1]). Der Glaube, die Gnade ist die die Person heiligende, göttliche Lebensmacht. In der Dankbarkeit wurzelt der Antrieb für die geheiligte Persönlichkeit, aus sich selbst herauszugehen, zu geben, nachdem sie empfangen, zu wirken, nachdem sie auf sich hat wirken lassen. Object dieser Wirksamkeit ist der Nächste. Ein Christ thut seinem Nächsten, wie er glaubt, daß Christus ihm gethan hat. Damit ist der Werkheiligkeit gewehrt, und zugleich das christliche Handeln über Zufälligkeit erhoben. Seine Nothwendigkeit ist begründet in der Natur der Gnade, die nicht vergeblich empfangen werden kann, die durch den Glauben nicht eingeht in die Persönlichkeit, ohne durch die Liebe auszugehen und sich wirksam zu erweisen an dem Nächsten. Auf diesem evangelischen Boden stand Luther schon, ehe der Einfluß der deutschen Mystik sich geltend machte. Doch mag das nicht un-

---

[1]) De W. Br. 1, 40, schon a. 1516 u. oft.

erwähnt bleiben, daß die Mystik sich in ähnlicher Richtung bewegte. Schon Meister Eckhart und nach ihm besonders Tauler sehen das sittliche Leben als ein Ausströmen des aus Gott empfangenen Lebens an. Ihre Selbstlosigkeit, ihre Abneigung gegen die Werkheiligkeit, gegen alles Verdienenwollen eines Lohnes und einen noch so sehr verfeinerten Eudämonismus fordert eine solche Begründung des Sittlichen, und je tiefer sie die Receptivität erfaßte, desto nachdrücklicher durfte sie die Spontaneität hervorheben, desto reiner jenes Ausströmen des aufgenommenen göttlichen Lebens vor allen Trübungen selbstischer Motive bewahren.

Eine ausführliche Grundlegung eines neuen evangelischen Princips der Ethik mit der hervortretenden Tendenz, sie aus den Banden der falschen Gesetzlichkeit zu lösen, liegt indessen erst aus der germanisch-mystischen Periode Luthers vor uns im Sermon von der Freiheit eines Christenmenschen[1]).

Hier sind die sonst vereinzelten Bausteine zu einem großartigen Ganzen gefügt; und sowohl die durchsichtige Klarheit, wie die Kühnheit der tief in die Mystik eingetauchten Gedanken hat dieser Abhandlung ihren besondern Reiz verliehen und ihr den Ruf der ausgereiftesten Frucht Luther'scher Mystik eingetragen. Eine Analyse derselben möge den Antheil der Mystik an der Wiedergeburt zeigen, zu welcher die Ethik durch Luther gelangte.

Zwei Thesen stehen an der Spitze der Abhandlung, die, unter einander zugleich Antithesen, in der Form einer Paradoxie das Thema derselben aussprechen: **Ein Christenmensch ist ein freier Herr über alle Dinge und Niemand unterthan. Ein Christenmensch ist ein dienstbarer Knecht aller Dinge und Jedermann unterthan.** Sie sind bezogen auf die Stellen 1. Cor. 9, 19 und Röm. 13, 8. Die erste ist bestimmt, die Erhabenheit des Christen über gesetzliches Wesen, die zweite, sein Gebundensein durch Heiligung und Liebe auszudrücken.

Die Durchführung dieser beiden Thesen fußt zunächst auf der aus den paulinischen Briefen geschöpften, aber auch in der Mystik

---

[1]) Deutsch 27, 173 ff.; lateinisch Var. arg. 4, 219 ff. Für den folgenden Gedankengang ist zwar der Wortlaut der deutschen Ausgabe benutzt; doch sei für Leser des merkwürdigen Tractats ausdrücklich auf den Vorzug reicherer Ausführung hingewiesen, den die lateinische Ausarbeitung vor der deutschen voraus hat.

gewöhnlichen Unterscheidung des alten und neuen Menschen. Dem scheinbaren Widerspruch der Sätze des Thema entspricht diese Doppelseitigkeit der Natur des Christen: Jeglicher Christenmensch ist zweierlei Natur, geistlicher und leiblicher. In der Seele wird er ein geistlicher, neuer, innerlicher Mensch genannt; nach dem Fleisch und Blut wird er ein leiblicher, alter und äußerlicher Mensch genannt. Jener innerlichen Seite des Wesens eines Christenmenschen wird nun die gottgesetzte ursprüngliche Bezogenheit auf ein göttliches Lebenselement, welches allein befriedigen kann, beigelegt, und zugleich schon ihre Freiheit von gesetzlichem Wesen, als in ihrer Unabhängigkeit von der äußeren Wesensseite wurzelnd, angedeutet: Es hilft der Seele nicht, daß der Leib ungefangen, frisch, gesund ist, es schadet ihr auch nicht, daß er gefangen, krank und matt ist. Es hilft ihr nicht, ob der Leib heilige Kleider anlege und mit heiligen Dingen äußerlich umgeht; es schadet ihr nicht, wenn er unheilige Kleider trägt, an unheiligen Orten ist und die Werke der Gleißner anstehen läßt [1]). Es giebt weder im Himmel noch auf Erden ein ander Ding, darin die Seele lebe, fromm, frei und christlich sei, als das Wort Gottes von Christo. Sie kann Alles entbehren ohne das Wort Gottes, und ohne das Wort Gottes ist ihr mit keinem Dinge geholfen. Wo sie aber das Wort hat, so darf sie auch keines andern Dinges mehr, sondern sie hat in dem Wort genug, Speise, Freude, Friede, Licht, Kunst, Gerechtigkeit, Wahrheit, Weisheit, Freiheit und alles Gute überschwänglich. Dies Wort ist die Predigt von Christo im Evangelio, daß du hörest deinen Gott zu dir reden, wie all dein Leben und Werke nichts seien vor Gott, sondern müssest mit allem dem, das in dir ist, ewiglich verderben. Daß du aber aus dir und von dir, d. i. aus deinem Verderben kommen mögest, setzet er dir vor seinen lieben Sohn Jesum Christum und läßt dir durch sein lebendiges, tröstliches Wort sagen, du sollst in denselben mit festem Glauben dich ergeben und fest in ihn vertrauen; so sollen dir um desselben Glaubens willen alle deine Sünden vergeben, all dein Verderben überwunden, und du gerecht, wahrhaftig, befriedet, fromm und alle Gebote erfüllet sein, von allen Dingen frei sein. Des Christen einiges Werk ist daher, das Wort und

---

[1]) In der lateinischen Ausgabe werden noch als unnütz verworfen speculationes, meditationes, et quidquid per animae studia geri potest.

Christum wohl in sich zu bilden und solchen Glauben stetig zu üben und zu stärken.

Es fragt sich nun: Wie mag der Glaube allein fromm machen und ohne alle Werke so überschwänglichen Reichthum geben? Luther giebt darauf drei Antworten:

Die erste Antwort fällt im Sinne der mystischen Vereinigung der Seele mit Gott aus. Die Zusagen Gottes, welche geben, was die Gebote fordern, sind wie alle Worte Gottes heilig, wahrhaftig, gerecht, friedsam, frei und aller Güte voll. Darum, wer ihnen mit einem rechten Glauben anhanget, deß Seele wird mit ihm vereiniget so ganz und gar, daß alle Tugenden des Wortes auch eigen werden der Seele, und also durch den Glauben die Seele von dem Worte Gottes heilig, gerecht, wahrhaftig, friedsam, frei und aller Güte voll, ein wahrhaftiges Kind Gottes wird. Wie das Wort ist, so wird auch die Seele von ihm; gleich als das Eisen gluthroth wird aus der Vereinigung mit dem Feuer[1]). Also sehen wir, daß am Glauben ein Christenmensch genug hat, darf keines Werkes, daß er fromm sei. Darf er dann keines Werkes mehr, so ist er gewißlich entbunden von allen Geboten und Gesetzen. Ist er entbunden, so ist er gewißlich frei. Wie bei der Mystik ruht bei Luther dies Entbundensein auf einem Bezogensein, die Freiheit vom Gesetz auf der im Evangelium mitgetheilten göttlichen Geistesfülle. Aber indem er diese als die concrete der Offenbarung versteht, verfällt er nicht der Zweideutigkeit, die der mystischen Freiheitslehre bei der Abstractheit ihres Gottesbegriffes anhaftete, und geht ihren Spuren so nach, daß er den Boden des Evangeliums, der Offenbarung nicht verläßt.

Die zweite Antwort auf die Frage: Wie macht der Glaube fromm? wird aus dem Princip der Verherrlichung Gottes geschöpft. Es ist weiter mit dem Glauben also gethan, daß, welcher dem Andern glaubet, der glaubet ihm darum, daß er ihn für

---

[1]) Der Vergleich stammt von St. Bernhard, der das Vergottetwerden (deificari) durch denselben erklärt: ... et quomodo ferrum ignitum et candens igni simillimum fit, pristina propriaque exutum forma, et quomodo solis luce perfusus aër in eandem transformatur luminis claritatem, adeo, ut non tam illuminatus quam ipsum lumen esse videatur: sic omnem in sanctis humanam affectionem quodam ineffabili modo necesse erit . . . . . in Dei penitus transfundi voluntatem (de dilig. Deo. ep. X.)

einen frommen wahrhaftigen Mann achtet, welches die größte Ehre ist, die ein Mensch dem andern thun kann. Also auch, wenn die Seele Gottes Wort festiglich glaubt, so hält sie ihn für wahrhaftig, fromm und gerecht; damit sie ihm thut die allergrößte Ehre, die sie ihm thun kann. Denn da giebt sie ihm recht, da ehret sie seinen Namen und läßt mit sich handeln, wie er will, denn sie zweifelt nicht, er sei fromm, wahrhaftig in allen seinen Worten. Wenn dann Gott sieht, daß ihm die Seele Wahrheit giebt und also ehrt durch den Glauben, so ehrt er sie wiederum und hält sie auch für fromm und wahrhaftig um solches Glaubens willen.

In der dritten Antwort geht der Sermon, um die Kraft des Glaubens zu beweisen, von jener Vereinigung der Seele mit dem Wort weiter zu der Vereinigung mit Christo über, doch so, daß mit diesem mystischen Element die Lehre von dem Wechsel zwischen Christo und uns verschmolzen wird, und also auch hier eine Vereinigung mystischer und biblischer Gedanken stattfindet: Nicht allein giebt der Glaube so viel, daß die Seele dem göttlichen Worte gleich wird, aller Gnaden voll, frei und selig, sondern vereinigt auch die Seele mit Christo als eine Braut mit ihrem Bräutigam. Aus welcher Ehe folgt, wie St. Paulus sagt, (Ephef. 5, 30) daß Christus und die Seele ein Leib werden; so werden auch beider Güter, Fall, Unfall und alle Dinge gemein. Das, was Christus hat, das ist eigen der gläubigen Seele; was die Seele hat, wird eigen Christi. So hat Christus alle Güter und Seligkeit, die sind der Seele eigen. So hat die Seele alle Untugend und Sünde auf ihr, die sind Christi eigen[1]). Hier hebt sich nun der fröhliche Wechsel und Streit. Dieweil Christus ist Gott und Mensch, welcher noch nie gesündigt hat, und seine Frömmigkeit unüberwindlich, ewig und allmächtig ist, so er denn der gläubigen Seele Sünde durch ihren Brautring, das ist der Glaube, ihm selbst eigen gemacht und thut nicht anders, denn als hätte er sie gethan; so müssen die Sünden in ihm verschlungen und ersäuft werden. Denn seine un-

---

[1]) Hierzu in der lateinischen Bearbeitung noch der schöne Zusatz: Oportet enim eum, si sponsus est, ea simul, quae sponsa habet acceptare, et ea, quae sua sunt, sponsae impartire. Qui enim corpus suum et se ipsum illi donat, quomodo non omnia sua donat? Et qui corpus sponsae accipit, quomodo non omnia, quae sponsae sunt, accipit?

überwindliche Gerechtigkeit ist allen Sünden zu stark. — So ist's nun nicht möglich, daß die Sünde sie verdamme, denn sie liegen nun auf Christo und sind in ihm verschlungen. So hat sie so eine reiche Gerechtigkeit in ihrem Bräutigam, daß sie abermals wider alle Sünde bestehen mag, ob sie schon auf ihr lägen. (1 Cor. 15, 57).

Hat Luther schon hierdurch das Freisein des Gläubigen dargethan, so geht er nun daran, der ersten Thesis gemäß sein Herrsein zu zeigen, zu zeigen, wie der mit Christo Vereinigte im gewissen Sinne auch der Erhabenheit und Herrschaft theilhaftig geworden ist, die Christus als König und Hoherpriester besitzet. Christus ist König, doch geistlich. Denn sein Reich ist nicht irdisch, noch in irdischen, sondern in geistlichen Gütern, als da sind Wahrheit, Weisheit, Friede, Freude, Seligkeit. Damit aber nicht ausgezogen ist zeitlich Gut; denn es sind ihm alle Dinge unterworfen im Himmel, Erden, Hölle. (Pf. 8, 7), wiewohl man ihn nicht siehet, das macht, daß er geistlich, unsichtlich regieret. Also auch sein Priesterthum steht nicht in den äußerlichen Geberden und Kleidern, wie wir bei den Menschen sehen; sondern es steht im Geist unsichtlich, also daß er vor Gottes Augen ohne Unterlaß für die Seinen steht und sich selbst opfert und Alles thut, was ein frommer Priester thun soll. Er bittet für uns; so lehret er uns inwendig im Herzen, welches sind zwei eigentliche, rechte Amt eines Priesters. Dies theilt nun Christus mit allen seinen Christen, also daß sie müssen durch den Glauben auch Könige und Priester sein mit Christo, wie St. Petrus sagt (1. Pet. 2, 9). Und das geht also zu, daß ein Christenmensch durch den Glauben also hoch erhaben wird über alle Dinge, daß er aller ein Herr wird geistlich (das Königthum des Gläubigen). Denn es kann ihm kein Ding schaden zur Seligkeit, wie St. Paulus lehrt (Röm. 8, 28 und 1. Cor. 3, 22). Nicht daß wir aller Dinge leiblich mächtig seien, sie zu besitzen oder zu brauchen; denn wir müssen sterben leiblich, und mag Niemand dem Tode entfliehen; so müssen wir auch viel anderen Dingen unterliegen, wie wir in Christo und seinen Heiligen sehen. Denn dies ist eine geistliche Herrschaft, die da regieret in der leiblichen Unterdrückung, das ist, ich kann mich an allen Dingen bessern nach der Seele, daß auch der Tod und Leiden müssen mir dienen und nützlich sein zur Seligkeit. Das ist gar eine hohe, ehrliche Würdigkeit und eine recht allmächtige Herrschaft, ein geistlich Königreich, da kein Ding ist so gut, so böse, es muß mir dienen zu gut, so ich glaube, und darf sein doch nicht, sondern mein Glaube ist mir genugsam. Siehe, wie das ist eine köstliche Freiheit und Gewalt der Christen! — Ueber das sind wir Priester; das ist noch viel mehr, denn Königsein, darum, daß das Priesterthum uns würdig macht, vor Gott zu treten und für Andere zu bitten. Also hat uns Christus erworben, daß wir mögen geistlich vor einander treten und bitten, wie ein Priester vor das Volk leiblich tritt und bittet. Wer mag nun ausdenken die **Ehre und Höhe eines Christenmenschen? Durch sein Königreich ist er aller Dinge mächtig; durch sein Priesterthum ist er Gottes mächtig,** denn Gott thut, was er bittet und will. (Pf. 145, 10). Zu welchen Ehren er allein durch den Glauben und kein Werk kommt [1]). — Wer aber nicht glaubt an Christum, dem dienet kein Ding zu gut, ist ein Knecht aller Dinge, muß sich allerding ärgern. Dazu ist sein Gebet nicht angenehm, kommt auch nicht vor Gottes Augen. — Wo nun ein Christ so thöricht wäre und meinte, durch gute Werke fromm, frei, selig oder ein Christ zu werden, so verlöre er den Glauben mit allen Dingen, gleich als der Hund, der ein Stück Fleisch im Maul trug und nach dem Schemen im Wasser schnappte, damit Fleisch und Schemen verlor.

Ein Einwurf leitet den Uebergang zum zweiten Theil ein, der die Thesis behandelt: **Ein Christenmensch ist ein Knecht aller Dinge und Jedermann unterthan:** Hier wollen wir antworten allen denen, die sich ärgern aus den vorigen Reden und pflegen zu sprechen: Ei, so denn der Glaube alle Dinge ist und gilt allein genugsam, fromm zu machen, warum sind denn die guten Werke geboten? Zurückgreifend auf die zu Anfang der Abhandlung aufgestellte Unterscheidung des inneren und äußeren Menschen beantwortet Luther jenen Einwurf so: Nein, lieber Mensch, nicht also; es wäre also wohl, wenn du allein ein innerlicher Mensch wärest und ganz geistlich und innerlich worden; welches nicht geschieht bis an den jüngsten Tag.

---

[1]) Tauler, Bl. 30 a: Gott giebt ihr (der mit ihm vereinigten Seele), ganze Gewalt über sein Reich, d. i. über Himmel und Erde, ja über sich selbst, daß sie alles dessen froh sei, deß er Herr ist, und Gott in ihm sei von Gnaden das er ist und hat von Natur.

Schon in diesen Worten ist die Ursache, nicht die causa movens, aber die sollicitirende Ursache der guten Werke angedeutet.

Obwohl, so heißt es nämlich weiter, der Mensch durch den Glauben genugsam rechtfertig ist und Alles hat, was er haben soll, ohne daß derselbe Glaube und Genüge muß immer zunehmen bis in jenes Leben, so bleibt der Christ doch in diesem leiblichen Leben und muß seinen eigenen Leib regieren und mit Leuten umgehen. Da heben sich nun die Werke an.

Aus dem Verbundensein des Subjects mit einem Anderen, zum Theil ihm Fremden kommt also die Anregung, Werke zu thun.

Der innerliche Mensch ist mit Gott Eins, fröhlich und lustig um Christi willen, der ihm so viel gethan hat, so findet er in seinem Fleisch einen widerspenstigen Willen, der will der Welt dienen und suchen, was ihn lüstet. Das mag der Glaube nicht leiden und legt sich mit Lust an seinen Hals, ihn zu dämpfen und wehren. (Röm. 7, 23). Das erste Stück des Dienstes, zu dem der freie Christenmensch in diesem Leben verpflichtet ist, ist also Heiligung; Kampf mit den widerstrebenden Gewalten, denen er die eine Seite seines Ich unterworfen sieht, Durchdringung auch dieser Seite mit göttlicher Lebenskraft. Lange bevor die Mystik das Wort von der verklärten Leiblichkeit aussprach, ist der Gedanke derselben hier im Princip gesetzt. Sorgfältig bemüht, auch hier einer sich etwa einschleichenden Werkheiligkeit zu wehren, fügt Luther hinzu: Dieselben Werke müssen nicht geschehen in der Meinung, daß dadurch der Mensch fromm werde vor Gott, sondern nur in der Meinung, daß der Leib gehorsam werde und gereinigt von seinen bösen Lüsten. Denn dieweil die Seele durch den Glauben rein ist und Gott liebet, wollte sie gern, daß auch alle Dinge rein wären, zuvor ihr eigen Leib, und Jedermann mit ihr Gott liebte und lobte.

Ist so das Bedürfniß, Werke zu thun, aus der sittlichen Bedürftigkeit des äußeren Menschen abgeleitet, so entspringt doch der sittliche Trieb aus der eigensten Natur des inwendigen, freien Menschen. Hier zeigt sich die Fruchtbarkeit der von Luther vertretenen Freiheit. Sie ist nicht Isolirung des Ich, das Zucht hasset; sondern wie sie aus der Vereinigung der Seele mit dem Worte Gottes und Christo entspringt, so offenbart sie sich auch als eine göttliche, sittliche Lebensmacht, als Liebe. Die Lust des inwendigen Menschen steht darin, daß er wiederum möchte Gott dienen in freier Liebe.

So geschieht es, daß der Mensch seines eigenen Leibes halber nicht kann müßig gehen und muß viel guter Werke üben, daß er ihn zwinge; und doch sind die Werke nicht das rechte Gut, davon er fromm und gerecht sei vor Gott, sondern er thut sie aus freier Liebe umsonst, Gott zu gefallen; nichts darin anderes gesucht noch angesehen, denn daß es Gott also gefällt, welches Willen er gern thäte aufs Allerbeste.

Von hier aus wird auch für die Askese ein neuer Gesichtspunkt gewonnen, ihr Recht gesichert, ohne dem Recht des Glaubens und seiner Genugsamkeit etwas zu vergeben: der Christ fastet, wacht, arbeitet, so viel er sieht dem Leibe noth sein."

An Beispielen erläutert er nun seine nachdrückliche Behauptung, daß die Werke nicht in der Meinung gethan werden sollen, als sollten sie fromm machen: Adam war von Gott fromm und wohlgeschaffen ohne Sünde, daß er durch sein Arbeiten nicht dürfte fromm und rechtschaffen werden; doch, daß er nicht müßig ginge, gab ihm Gott zu schaffen, das Paradies zu pflanzen, bauen und bewahren. Welches wären eitel freie Werke gewesen, um keines Dinges willen gethan, denn allein, Gott zu gefallen und nicht, um Frömmigkeit zu erlangen, die er zuvor hatte, welche auch uns Allen natürlich wäre angeboren gewesen. Also auch eines gläubigen Menschen Werk, welcher durch den Glauben wiederum ist in's Paradies gesetzt und von Neuem geschaffen, darf keiner Werke, fromm zu werden, sondern daß er nicht müßig gehe, und sein Leib arbeite, sind ihm solche freien Werke zu thun, allein Gott zu gefallen, befohlen. Eine andere Analogie: Wie ein Bischof, wenn er Kirchen weiht, firmelt oder sonst seines Amtes Werk übt, dadurch nicht zum Bischof wird; ja, wäre er nicht zuvor zum Bischof geweiht, so taugte derselben Werke keins und wäre eitel Narrenwerk, also auch ein Christ, der durch den Glauben geweiht gute Werke thut, wird durch dieselben nicht besser oder mehr geweiht (welches nichts, denn des Glaubens Mehrung thut) zu einem Christen; ja wenn er nicht zuvor glaubte und ein Christ wäre, so gälten alle seine Werke nichts, sondern wären eitel närrische, sträfliche, verdammliche Sünden. Es folgt aufs Neue erhärtet die der kirchlichen Lehre entgegengesetzte Anschauung von dem Verhältniß des sittlichen Wirkens zum Sittlichsein in dem schon früher von Luther oft gebrauchten Ausdruck: Gute Werke machen nimmermehr einen guten, frommen Menschen, sondern ein guter frommer Mensch macht gute Werke. Böse Werke machen nimmermehr einen bösen Mann, sondern ein böser Mann macht böse Werke, also, daß allewege die Person zuvor muß gut und fromm sein vor allen guten Werken, und gute Werke ausgehen von der guten und frommen Person. (Matth. 7, 18). So ist denn kein Werk, kein Gebot einem Christen noth zur Seligkeit, sondern er ist frei von allen Geboten und thut aus lauterer Freiheit um= sonst, was er thut, nichts damit gesuchet seines Nutzens oder Selig= keit, denn er schon satt und selig ist durch seinen Glauben und Gottes Gnaden: sondern nur, Gott darin zu gefallen. Demnach ist ohne Glauben kein gut Werk förderlich zur Frömmigkeit und Seligkeit; wiederum kann kein böses Werk ihn böse und verdammt machen, sondern der Unglaube, der die Person und den Baum böse macht, der thut böse und verdammte Werke.

Wie durch den Zusammenhang mit dem äußeren, fleischlichen Menschen dem inneren eine Aufforderung und Nöthigung entsteht, die Werke der Heiligung zu thun, so erwächst ihm zweitens durch das Zusammensein mit anderen Menschen die Verpflich= tung, die Werke der christlichen Liebe zu üben. Wie dort die im Glauben empfangenen göttlichen Gnaden und Kräfte auf den Leib zu dessen Reinigung überströmen, so fließen sie hier aus auf den Nächsten: Der Mensch lebt nicht allein in seinem Leibe, sondern auch unter anderen Menschen auf Erden. Darum kann er nicht ohne Werke sein gegen dieselben, er muß je mit ihnen zu reden und zu schaffen haben, wie wohl ihm derselben Werke keins noth ist zur Frömmigkeit und Seligkeit. Darum soll seine Meinung in allen Werken frei und nur dahin gerichtet sein, daß er anderen Leuten damit diene und nütze sei, nichts anderes ihm vorbilde, denn was dem anderen noth ist. Das heißt dann ein wahrhaftiges Christenleben, und geht der Glaube mit Lust und Liebe in's Werk. (Gal. 5, 6.)

So quillt nach Luthers Grundlegung der Ethik das Werk aus der Tiefe der Lebensgemeinschaft mit Gott, um hier zu reinigen, dort zu beleben. Ebenso energisch, wie er Ernst macht mit seinem Fundamentalsatz, daß göttliches Leben empfangen werde, kann er nun auch behaupten, daß dieses Leben sich mittheilen muß. Der tiefen Auffassung des receptiven Verhaltens entspricht eine gleich kräftige Forderung des spontanen.

Als das Vorbild dieses in Gott befriedigten und doch auf den Dienst der Liebe gerichteten Lebens stellt er unter Hinweis auf Phil. 2, 6 ff. Christum hin. Und zwar deutet er die angeführte Stelle eben im Sinn jener mystischen Betrachtung, die oben in dem christologischen Abschnitt ausführlich entwickelt worden ist. Er überträgt das paulinische Wort, wie folgt: Seib also gesinnet, wie ihr sehet in Christo, welcher ob er wohl voll göttlicher Form war und für sich selbst genug hatte, und ihm sein Leben, Wirken und Leiden nicht noth war, daß er fromm und selig würde: dennoch hat er sich beß Alles geäußert und gebehrdet wie ein Knecht, allerlei gethan und gelitten, nichts angesehen, denn unser Bestes, und ist also, ob er wohl frei war, um unsertwillen ein Knecht geworden. Also soll ein Christenmensch wie Christus, sein Haupt, voll und satt, ihm begnügen lassen an seinem Glauben, denselben immer mehren, welcher sein Leben, Frömmigkeit und Seligkeit ist, der ihm giebt Alles, was Christus und Gott hat, wie droben gesagt ist. Und St. Paulus Gal. 2, 19 spricht: Was ich noch in dem Körper lebe, das lebe ich in dem Glauben Christi, Gottes Sohnes. Und ob er nun ganz frei ist, sich wiederum williglich einen Diener machen, seinem Nächsten zu helfen, mit ihm fahren und handeln, wie Gott mit ihm durch Christum gehandelt hat; und das Alles umsonst, nichts darinnen suchen, denn göttliches Wohlgefallen und also denken: Wohlan, mein Gott hat mir unwürdigen, verdammten Menschen ohne alles Verdienst lauterlich umsonst und aus eitel Barmherzigkeit gegeben durch und in Christo vollen Reichthum aller Frömmigkeit und Seligkeit, daß ich hinfort nichts mehr bedarf, als glauben, es sei also. Ei, so will ich solchem Vater, der mich mit seinen überschwänglichen Gütern also überschüttet hat, wiederum frei, fröhlich und umsonst thun, was ihm wohlgefällt, und gegen meinen Nächsten auch werden ein Christ, wie Christus mir worden ist, und nichts mehr thun, denn was ich nur sehe ihm noth, nützlich und selig sein, dieweil ich doch durch meinen Glauben alles Dinges in Christo genug habe. Siehe, also fließt aus dem Glauben die Liebe und Lust zu Gott, und aus der Liebe ein frei, willig, fröhlich Leben, dem Nächsten zu dienen umsonst.

Seiner Freiheit vom Gesetz unbeschadet wird also ein Christ doch das Gesetz und die Satzungen — er denkt besonders an die der Kirche — erfüllen können in jener Liebe, die dem Nächsten dienen will. So lesen wir, daß die Jungfrau Maria nach sechs Wochen sich reinigen ließ nach dem Gesetz, obschon sie nicht unrein war und derselben Reinigung nicht schuldig. Aber sie thats aus freier Liebe, daß sie die anderen Weiber nicht verachtete, sondern mit dem Haufen bliebe. Also ließ St. Paulus den Timotheus beschneiden, daß er den schwachgläubigen Juden nicht Ursach gäbe zu bösen Gedanken; der doch wiederum den Titus nicht wollte beschneiden lassen, da man drauf bringen wollte, als wäre es noth zur Seligkeit. Und Christus, der sich und die Seinen freie Königskinder nannte, läßt sich doch herunter, dient willig und giebt den Zins. Ausdrücklich zieht er nun auch den Gehorsam hierher, mit dem die Christen der weltlichen Gewalt der Obrigkeit unterthan und bereit sein sollen, nicht daß sie dadurch fromm werden, sondern **daß sie den Anderen und der Obrigkeit damit frei dieneten und ihren Willen thäten aus Liebe und Freiheit.** Dasselbe gelte von dem Gehorsam gegen die kirchlichen Gebote.

Nach einigen polemischen Bemerkungen gegen diejenige Betrachtung der Gebote, in welcher Jeder nur das Seine sucht und seine Sünde zu büßen vermeint, wie gegen die Unkenntniß des Glaubens und christlicher Freiheit, faßt er die ganzen Ausführungen noch einmal zusammen in folgende Sätze: Gottes Güter fließen aus Christo in uns, der sich unser hat angenommen in seinem Leben, als wäre er das gewesen, was wir sind. Aus uns sollen sie fließen in die, so ihrer bedürfen, auch so gar, daß ich auch meinen Glauben und Gerechtigkeit für meinen Nächsten setzen muß vor Gott, seine Sünde zu decken, sie auf mich nehmen und nicht anders thun, denn als wären sie mein eigen, wie Christus uns Allen gethan hat. So folgt denn der Beschluß: Ein Christenmensch lebt nicht in ihm selber, sondern in Christo und seinem Nächsten, in Christo durch den Glauben, im Nächsten durch die Liebe. Durch den Glauben fährt er über sich in Gott; aus Gott fährt er wieder unter sich durch die Liebe und bleibt doch immer in Gott und göttlicher Liebe.

Die tiefsinnige Abhandlung wird für jeden Aufbau evangelischer Ethik von unvergänglichem Werthe bleiben; sie wird immer vorbildlich zeigen, wie das christlich Sittliche begründet und zugleich befreit wird. Aber hat sie nicht auch ein Moment in sich, das durch seine Fassung dem Mißverstand und Mißbrauch ausgesetzt war?

Luther hat die Abhandlung auf den Gegensatz der Begriffe des neuen und alten Menschen basirt; er hat sie damit auf biblischen und auf mystischen Boden zugleich gestellt; die Fassung dieser Begriffe bestimmt auch den Aufbau des Ganzen. Indem nämlich durch sie der Christenmensch nach seiner inneren geheiligten und nach seiner äußeren ungeheiligten Seite bezeichnet wird, bleibt das Aufgehobensein dieser doch nur ideellen Theilung in der Einheit der Persönlichkeit nicht scharf erkennbar, und es ist dem Mißverstand nicht genug gewehrt, als fielen jene Hälften auch reell auseinander wie Inneres und Aeußeres, Seele und Leib; einerseits erweitert sich der Begriff der ersteren zu dem der Persönlichkeit, wie sie durch die Einigung mit Gott im Wort durch den Glauben über das Bedürfniß nach einem Gesetz erhöht ist; andererseits tritt in der Darstellung des alten Menschen, trotz der Erwähnung des widerspenstigen Willens das Moment der Leiblichkeit, wie sie der Reinigung bedürftig ist, voran. Die Rettung vor dem Anomismus, der die Consequenz des mystischen Idealismus auf der einen Seite sein würde, liegt anscheinend nur in dem Vorhandensein dieses äußeren, der sittlichen Arbeit zugewiesenen Gebietes auf der anderen Seite, eines Gebiets, das sich noch durch das Zusammensein des Christen mit Anderen, erweitert.

Und doch erscheint der Anomismus nicht völlig abgewehrt. Zwar die Liebe, welche den freien Christenmenschen zur sittlichen Arbeit auf jenen Außengebieten nöthigt, rechnet Luther so sehr zum Wesen desselben, wie es ihm in seinem Freiwerden mitgetheilt worden, daß der Christ mit der Verweigerung der Liebe auch das Prärogativ der Freiheit und Herrschaft verlieren und schlechthin wieder ein Knecht werden würde. Man wird aber doch den Ausdruck dafür vermissen, daß der „freie Herr aller Dinge", selbst wenn das Gebot Gottes in ihm sich zu verkörpern angefangen hätte, doch unter dem die Liebe miteinschließenden Gebote Gottes stehen bleibt, und daß auch sein allerfreiwilligstes Wirken in dieser Hinsicht nur Gehorsam ist. Vermissen wird man auch den Hinweis auf die sittliche, reinigende Arbeit, welche der innerlich Befreite doch innerhalb der Innerlichkeit selbst zu vollbringen hat. Und doch liegt gerade Luther, wenn man über der Verfolgung dieses Einen Ideenganges das Ganze seiner

Lehre nicht aus dem Auge setzt, nichts mehr fern, als den Gläubigen aus dem demüthigen Gehorsam in übergeistliche Höhen zu heben; in der Liebe wahrt er das Recht und die Bedeutung der Furcht; für die Vollendung des inneren Lebens betont er Selbstverleugnung, Gelassenheit; in dem Evangelium hebt er neben der Gnadenspendung die Gesetzeswirkung hervor und er kennt als schwersten durch dasselbe verordneten Kampf nicht den, der das Fleischesleben der Begierden, sondern den Stolz des Geistes bricht. Wenn man daher einzelne Stellen der heiligen Schrift, in denen die Idealität des Gläubigen, Gerechten als Wirklichkeit erscheint, im Zusammenhang mit dem Ganzen der Schriftlehre zu erklären hat, so wird man ein gleiches Auslegungsverfahren für Luthers Theologie in Anspruch nehmen dürfen. Doch wird zugestanden werden müssen, daß, als die Losung „Freiheit" im Sinne socialer Befreiung durch die deutschen Lande von Mächten getragen wurde, die vor Luther da waren und auch ohne ihn losgebrochen wären, für den Mißverstand der evangelischen Freiheit eine Gefahr in der Kühnheit lag, mit der Luther den Christenmenschen über das Gesetz erhaben hingestellt hatte.

Denn es galt ihm zwar nur innere, geistliche Freiheit, und ihre Behauptung hatte gleich im Eingang des Sermons die andere zur Kehrseite, daß leibliche Noth für die Seele indifferent sei —, zwar gehörte ihm zur Herrschaft über alle Dinge nicht das Recht, das Uebel mit Gewalt aus der Welt zu schaffen, sondern duldend es sich zum Besten dienen zu lassen. Indeß setzte die fiebernde Leidenschaft und die anspruchsvolle mit ihr verbündete religiöse Schwärmerei eines Münzer und seiner Anhänger alles dies aus den Augen; und besonders an einem wichtigen Punkte war Luthers Begründung der Gehorsamspflicht in der That zu hochgeistig, noch dazu mit einem Anflug von Subjectivismus, um revolutionären Leidenschaften eine Schranke zu setzen. Kraft der Erhabenheit, die seine Mystik dem Christenmenschen nach seiner inneren Seite gegeben, weist er demselben der weltlichen Obrigkeit gegenüber neben Christo eine Stellung an, in der er an sich frei und nur durch die Beziehung auf die Anderen, durch die Liebe, die kein Aergerniß geben will, gebunden ist. Und weiter hat er unmittelbar vorher das Vorbild Pauli angezogen, der, um den Juden nicht Ursache zu bösen Gedanken zu geben, den Timotheus beschneiden ließ, während er doch

Titus nicht wollte beschneiden lassen, „da man brauf bringen wollte, und wäre noth zur Seligkeit" [1]).

Ist so das Verhalten des Christenmenschen gegen die Obrigkeit dasselbe wie dasjenige, das den Apostel in gewissen Fällen zur Nachgiebigkeit gegen judaisirendes Wesen nöthigte, so wird auch die Frage entstehen, ob, wenn die Obrigkeit jenes Motiv der freiwilligen Liebe nicht berücksichtigt und schlechthin auf Gehorsam bringt, der Christ diesen nicht ebenso verweigern könne, ja müsse, wie es der Apostel gethan, als man auf des Titus Beschneidung drang. Auf das Satzungswesen der Kirche mochte die Analogie des Verhaltens des Paulus als auf Menschengebot Anwendung finden; aber auf göttliche Ordnungen, wie die Obrigkeit war sie nicht auszudehnen, der Gehorsam war hier nicht abzuleiten aus der sich accommodirenden Liebe, die den Schwachen nicht Aergerniß geben will.

Die Entfaltung des ethischen Princips.
Alter und neuer Mensch.

Auf der Unterscheidung des alten, äußerlichen und des neuen, innerlichen Menschen erhob sich als auf seiner Voraussetzung der im Vorigen mitgetheilte Beweis, daß aus dem Glauben mit Nothwendigkeit die guten Werke folgen; und dies aus dem Glauben abgeleitete Sittliche wurde dargestellt, einmal als ein Durchdringen der eigenen Persönlichkeit mit der empfangenen göttlichen Lebensfülle, dann als ein Ueberströmen derselben auf Andere: als Heiligung und Liebe.

Schon vor der Abfassung des Sermons von der Freiheit hat Luther über diese Hauptfunctionen des ethischen Lebens sich vielfältig ausgesprochen. Es verlohnt der Mühe, jede von ihnen hierauf hin noch einmal anzusehen, um nicht wichtige Momente, die im Sermon von der Freiheit minder hervortreten, unbeachtet zu lassen.

Zuerst also die Heiligung, oder um das Eigenthümliche seiner Darstellung durch einen modernen Ausdruck noch mehr in's Licht zu stellen: das christliche Leben nach seiner reinigenden Seite. Luther stellt dasselbe häufig dar als den Kampf des alten und

---

[1]) 27, 197.

neuen Menschen. Aus seinen Schilderungen tritt der Gedanke des inneren Zwiespaltes, der mit der Wirksamkeit der Gnade gesetzt ist, in ähnlicher Form wie in dem Sermon von der Freiheit hervor: Es sind zwei widernatürliche Menschen in uns; der alte und der neue¹). Der alte muß fürchten, verzagen und untergehn, der neue muß hoffen und bestehen und erhoben werden, und diese beide in einem Menschen, ja in einem Werk zugleich; gleichwie ein Bildmacher, eben indem er wegnimmt und haut, was am Holz zum Bild nicht soll, indem fördert er auch die Form des Bildes. Also wächst in der Furcht, die den alten Menschen abhaut, die Hoffnung, die den neuen Menschen formt²). Es entspricht seinen schon entwickelten Ansichten vom Verhältniß der natürlichen Vernunft zur Gnade oder zum Glauben, wenn er zu dem alten Menschen außer der natürlichen Neigung auch Ungeduld, Flucht vor dem Leiden³), sowie die durch das Wesen des alten Menschen befleckten „guten Werke"⁴) rechnet, zum Wesen des neuen Menschen aber, daß er ein stetes Harren, Hoffen, Trauen, Glauben trage zu Gott⁵) und in Gottes Willen ganz gelassen stehe⁶). Man wird nun zwar bemerken, daß der Unterschied des alten und neuen Menschen und besonders die Characteristik des neuen Menschen vorwiegend von religiösen Gesichtspunkten aus gegeben ist und könnte den Vorwurf erheben, daß dieselbe der Darstellung des Ethischen eingefügt sei; doch hebt sich hier und da das ethische Moment von diesem seinem religiösen Untergrund ab, so daß es deutlich erkennbar ist, daß eine Heiligungsmacht, ein Erneuerungs=Princip mit der Gnade eingepflanzt ist. So redet er von einem Willen, der in einen anderen verwandelt ist, und auf das Gesetz des Herrn schauend sieht, daß selbiges eben dasjenige gebeut und verbeut, was der Wille selbst, der vom Geist entzündet worden, verlangt und liebt. So geschieht es denn, daß er das Gesetz, weil es in allen Stücken mit seinem Wunsche übereintrifft, nothwendig lieben und loben muß⁷). Etwas anders, als im Sermon, in dem das Sittliche durch Ableitung gewonnen wurde, ist es hier mehr als der Gnade immanent dargestellt, wie es als ein innerlich umbildendes sich erweist. Denn während es vom Gesetz ganz unabhängig bleibt, so findet sich doch trotz der Abwesenheit

---

¹) 37, 388 f. a. 1517. ²) 37, 423. a. 1517. ³) 37, 351. ⁴) 37, 388. ⁵) 37, 424. a. 1517. ⁶) 37, 426. ⁷) Oprt. 16, 168 f.

jeder Mitwirkung des Gesetzes der sittlich neu gebildete, umgeschaffene Wille in Uebereinstimmung mit den Forderungen desselben. Diese Reproduction des Gesetzes ist nur möglich, wenn die Gnade, oder der Glaube, obschon der Form nach dem Gesetz diametral entgegengesetzt, doch dessen Substanz, die Offenbarung des heiligen Gottes gleichsam in sich aufgelöst mitenthält; so weist auch dieser Punkt wieder auf die untrennbare Einheit des Religiösen und Sittlichen in der Theologie des Mannes hin, der von der Verwechselung beider am weitesten entfernt war. Und noch von einer anderen Seite her ist das reinigende Sittliche in dem Religiösen mitgesetzt, da, wo er der römischen Anschauung von der Buße gegenüber den Satz vertritt, daß die Buße mit der Liebe zur Gerechtigkeit anfangen müsse. In dem Abschnitt, der dieses reformatorische Zeugniß behandelt, ist der Nachweis geliefert, wie die Buße, der äußerlich juridisch gefaßten Büßung im Sinn der Kirche entgegengesetzt ein sittlich religiöser Vorgang sei, wie diese Richtung gegen das eigene Ich das ganze Leben hindurch fortdauert und sich in den Werken, den Veränderungen und Verneuerungen von Tage zu Tage, als wahren Bußen manifestirt. So ist der Kampf zwischen Sünde und Gnade, dem alten und neuen Menschen im Princip in der Buße begründet, die mit der Liebe anhebt, oder, anders angesehen, im Kampf des alten und neuen Menschen setzt sich die Buße fort; und es ist kein Moment des Lebens, der durch diesen Gegensatz nicht irgend bestimmt wäre.

Die Liebe zum Nächsten.

Wie der Gedanke von der Vereinigung des Menschen mit Gott einen wichtigen Baustein bei der Grundlegung des Ethischen überhaupt bildete, so flicht er sich auch in die Ausführungen hinein. Er verbindet sich nicht bloß wie dort, mit dem Glaubensprincip, sondern wird auch der Lehre von der Liebe dienstbar: Es giebt keine so verachtete Person oder Gestalt, daß sie Gott nicht in Christo durch die Gnade und sein heiliges Evangelium geehrt hätte, auf daß nun aufhöre die Verachtung gegen alle Verächtlichen und der Schrecken vor allen Schrecklichen, und daß sich nun der Löwe neben das Kalb und Schaf lege, der Wolf zum Lamm, der Pardel zum Bock, und daß sie ein Säugling treibe

(Jef. 11). Darum wenn Gott in uns regieret durch Christum, so ist Alles Gottes, und nichts ist unser, also daß Keiner dem Anderen neiden, Keiner sich vor dem Anderen aufblähen kann; auch Keiner mehr oder weniger denn der Andere hat, sondern es geht zu, wie es von denen heißt, welche das Manna auflasen: Der viel sammelte hatte nicht Ueberfluß, und der wenig sammelte hatte nicht weniger. Denn Alles mit einander, was Alle haben, das ist Aller um der einigen Dinge willen, um des Glaubens und des einigen Reiches willen und des einigen Herrn willen [1]). Die Stelle zeigt wieder, wie tief Luthers Denken in das Schriftwort hineingewurzelt ist; auch geht ihr Inhalt nicht über die evangelische Forderung hinaus, ohne Unterschied der Person zu lieben; aber doch hat dies Geflecht von Schriftanführung und eigenthümlicher Schriftauslegung den durchlaufenden Gedanken, daß das Regieren Gottes in uns die Unterschiede der Personen aufhebe, aus der Mystik erhalten.

Eine besondere Wendung wird diesem Gedanken an einer Stelle dadurch gegeben, daß auf den mit Gott geeinten Menschen eigenthümlich mystische Bestimmungen über das Wesen Gottes ausgedehnt werden. Sie lautet: Dieser selige Mensch, — nämlich der mit dem Baum an den Wasserbächen beschrieben ist, — ist frei und willig für jede Zeit, jedes Werk, jede Stätte, jede Person; wie sich schickt und was sich für ein Fall begiebt, wird er dir dienen, und was ihm vor die Hand kommt, das wird er thun. Er ist kein Jude noch Heide, kein Grieche, noch Ungrieche; er ist keiner Person, sondern er bringt seine Frucht zu seiner Zeit beide Gotte und dem Menschen, so oft seine Mühe nöthig ist. Derohalben hat auch seine Frucht keinen Namen, auch hat seine Zeit keinen Namen, so hat auch er keinen Namen, so haben auch seine Wasserbäche keinen Namen; so dienet er der Eine nicht Einem allein, noch zu einer Zeit oder an einer Stätte oder mit einem Werk, sondern er dient Allen, überall und in Allem und ist wahrhaftig ein Mensch aller Stunden, aller Werke, aller Personen und nach dem Bilde seines Vaters ist er Alles in Allem und über Alles [2]). So spiegelt sich also das Sein Gottes in Allem und über Allem in dem Gläubigen ab dergestalt, daß er über die niedrige Besonderheit und Beschränktheit erhaben ist. In dieser Theilnahme an dem eigent=

---

[1]) Oprt. 16, 358. [2]) Oprt. 14, 32.

lich göttlichen Wesen, dem metaphysisch Göttlichen die Züge des göttlichen Ebenbildes zu finden ist eine ächt mystische Betrachtung. Wie speculativ aber dieselbe auf den ersten Blick erscheinen mag, so birgt sie hier wieder als Kern einen einfachen Gedanken. Denn nicht aus creatürlicher Beschränktheit will Luther den Gläubigen herausheben, sondern das ist seine Absicht, aus der Einengung der christlichen Liebe und des christlichen Lebens, wie sie eine Folge des kirchlichen Ordenswesens war, in die Weite und Freiheit der aus Gott geborenen Liebe zu führen. So verwandelt sich der scheinbar speculative Gedanke in eine seltsam geformte Waffe gegen das Sectenhafte der kirchlichen Liebesübung, und setzt ihr die Forderung entgegen, daß das christliche Lieben und Leben in Jedem sei und nach Maaßgabe der Verhältnisse an Jedem sich erweise. In diesem Sinn ermahnt er 1516 seinen Erfurter Freund Lange, der für das Erfurter Kloster als „die Mutter" Luthers Hülfe in Anspruch genommen hatte: Was ist meine und deine Mutter? Siehe zu, daß du deinem Tauler folgest und abgesondert bleibest nach beiden Seiten und ein gemeiner Mensch seiest gegen Alles, wie es sich für einen Sohn des allgemeinen Gottes und der allgemeinen Kirche ziemt[1]).

Noch auffallender wirkt die Mystik durch ihren negativen Hauptgedanken, den Gegensatz gegen die schlechte Ichheit, auf die Fassung der Liebe gegen den Nächsten ein. Luther hat die Erkenntniß des Wesens derselben in ihrer Tiefe und Reinheit aus der Schrift ans Licht gefördert; aber der Edelstein ist an der Schärfe und Härte der mystischen Ethik geschliffen worden.

Schon in früheren Abschnitten ist der tiefgreifende Einfluß aufgezeigt worden, den der mystische Gegensatz gegen das Ich in Luthers Lehre gewann. Und wie dort Bekehrung zu Gott im Glauben und Abkehr vom Eigenen innig zusammenhängen, ebenso innig das Sichhinwenden zum Nächsten in der Liebe mit dem Sichabwenden von der Selbstsucht.

---

[1]) De W. Br. 1, 34. Er denkt an folgende Worte Taulers Bl. 232 a.: Auch soll der Mensch haben die wirkliche Liebe und soll gemein sein; denn er soll nicht allein den sonderlich meinen, sondern alle Menschen, nicht allein die Guten, sondern auch die gemeinen Armen. — Dies wird noch mehr ausgeführt Bl. 161 b. Vgl. auch Bl. 181 b. d,

Die Sünde hat die Richtung von Liebe und Haß verkehrt und jene dem eigenen Ich, diesen dem Nächsten zugewendet; die Gnade stellt das richtige Verhältniß durch Umkehrung wieder her: Sintemal der Haß und die Liebe die vornehmsten aller Affekte und Werke sind, so ist klar genug, daß in diesen zwei Dingen, daß der Haß blutgierig, und die Liebe untreu und betrüglich ist, die Grundsuppe alles verderbten Wesens und Wandels begriffen ist. Denn ein reiner Haß streitet wider die Laster, und eine aufrichtige Liebe suchet nicht das Ihre, sondern was der Andern ist[1]). Darum ist nichts Besseres, denn daß, gleichwie geboten ist, den Nächsten zu lieben als sich selbst, also jeder sich selbst also hasse, wie er seinen Nächsten hasset, damit also Alles wieder in die rechte Gestalt gebracht werde[2]).

Dieser Haß gegen das eigene sündige Ich ist die Voraussetzung der berechtigten Selbstliebe, die mit der Liebe zu Gott verbunden und nur in ihr möglich ist: Meine Meinung ist die, daß ein Christ sich nicht liebe, als in Gott[3]), sich selbst aber nur hasse, d. i. weil er selbst lügenhaft und eitel, Gott aber wahrhaftig sei, er nichts von Allem, was er begehrt oder weiß, liebe, sondern Alles suche, was ihm zuwider ist[4]). Die Selbstliebe mag nicht gut sein, sie sei denn außerhalb ihr selbst in Gott, d. i. daß mein selbst Wille und mein selbst Liebe ganz todt sei, und ich nichts anderes suche, denn daß der lautere Wille Gottes in mir vollbracht werde, und daß ich fertig sei zum Tode, zum Leben und zu einer jeglichen Form meines Töpfers, d. i. Gottes, welches schwer und unmöglich ist der Natur; denn da habe ich mich nicht lieb in mir, sondern in Gott, nicht in meinem Willen, sondern in dem Willen Gottes[5]). Es erscheint so das Sich in Gott lieben mit dem Sich selbst hassen verbunden, wie auch sonst die Liebe zu Gott sich in der Gelassenheit und völligen Selbstentäußerung erweist. Es

---

[1]) Oprt. 14, 200. [2]) Dec. Praecept. 12, 121. [3]) Felix, qui meruit ad quartum usque (sc. gradum) pertingere, quatenus nec se ipsum diligat homo, nisi propter Deum. (St. Bernhard de dilig. Deo cp. X.) [4]) Var. arg. 2, 17 f. a. 1518. [5]) Ep. ad Gal. III, 408. a. 1519. Oportet, in eundem nos affectum transire, ut, quomodo deus omnia esse voluit propter semet ipsum, sic nos quoque nec nos ipsos nec aliud aliquid fuisse nec esse velimus nisi aeque propter ipsum, ob solam ipsius videlicet voluntatem, non nostram voluptatem. (St. Bernhard l. c.)

zeigt sich auch hier wieder, wie in Luther der Tiefe der Erkenntniß der Sünde die Kraft des ethischen Strebens entspricht. Aus der Erfahrung völliger Verdammungswürdigkeit und gänzlicher Verderbtheit entspringen das Mißtrauen und der Eifer wider alles Selbstische, und in dessen Kraft und Wirkung bewährt sich auch die Gemeinschaft mit Gott. Dem entsprechend giebt der Gegensatz von Nächstenliebe und eigener Liebe, das Herausheben der ersteren gegen Alles, was nicht sie selbst ist, der Forderung der Liebe ihre eigenthümliche Unbedingtheit und Schärfe; und das ist der Geist der Mystik.

Durch diesen ist denn besonders die Auslegung des für das Capitel von der Nächstenliebe grundlegenden Wortes Christi bestimmt. Wenn Christus sagt, man solle den Nächsten lieben wie sich selbst, so redet er von der verkehrten und in sich gekrümmten Liebe, da der Mensch nur sucht, was sein ist; denn die Liebe wird nicht richtig, wenn sie nicht unterläßt, das Ihre zu suchen, und hingegen sucht, was des Anderen ist [1]). Gerade so, wie an dem verkehrten Haß gegen den Nächsten der rechte Haß gegen sich selbst, empfängt an der verkehrten Liebe zu sich selbst die rechte Liebe gegen den Nächsten ihren Maaßstab.

Durch eine solche Erkenntniß der Liebe in ihrer sittlichen Energie thaten sich Luther mehrfache Blicke in die Gegensätze auf, die ihn von der scholastischen Ethik schieden.

Luther klagt darüber, daß die Scholastiker die Selbstliebe statt der heiligen Liebe lehrten [2]). Sie gingen bei Auslegung des Gebotes des Herrn, den Nächsten zu lieben wie sich selbst, nicht wie Luther von der verkehrten Selbstliebe aus, um an der Größe der Verkehrtheit als an einem beschämenden Zerrbilde die Größe des göttlichen Gebotes zu messen, sondern befangen in Semipelagianismus, von der Voraussetzung, daß die Selbstliebe etwas Berechtigtes sei, ohne zwischen der Liebe zu der eigenen geheiligten Persönlichkeit und der schlechten Liebe zum eigenen Ich recht zu unterscheiden. Das Gebot Gottes gewann dadurch den Sinn: Die Liebe, die du dir selbst schuldig bist, sei auch das Maaß deiner Liebe zum Nächsten, und die Forderung der Nächstenliebe wurde hier bedingt und voller Anlässe zu Restrictionen; denn mit der Gleichheit der selbstisch

---

[1]) Var. arg. 2, 18. [2]) Var. arg. 2, 17.

interessirten Liebe und der Nächstenliebe stellte sich das Abwägen von selbst und noch dazu mit einem Schein der Pflicht ein. Die Forderung des Gebotes büßte unter einer solchen Betrachtung, die gerade an entscheidenden Punkten vorsichtige Fragen stellte, ihre göttliche Kraft und Hoheit ein. So wurde z. B. das Wort 1. Joh. 3, 17, dessen Anfang in der Uebersetzung lautete: Si quis viderit fratrem suum necessitatem habere, von der extrema necessitas verstanden und herausgebracht, daß man erst dann eine Todsünde begehe, wenn man Jemandem, der auf dem Punkte sei, Hungers zu sterben, nicht Speise gebe. Wie Luther dem gegenüber den wahren Sinn der Worte ans Licht bringt[1]), so hat er überhaupt das Verdienst, die Selbstliebe in ihrer Feindseligkeit gegen die von Gott gebotene Nächstenliebe scharf angefaßt und diese selbst in ihrer Größe und Unbedingtheit hingestellt zu haben[2]).

Damit war dann weiter seine Stellung zu den Abschwächungen bedingt, welche diese Forderung in der scholastischen Theologie sich hatte gefallen lassen müssen, indem man sie zu der Bedeutung eines „Rathes" (consilium evangelicum) über das Gebot erhoben, in Wirklichkeit aber eben damit herabgedrückt hatte. Denn nun wurde sie aus einer allgemeinen christlichen Bruderpflicht zu einer Pflicht der Ordensbrüder. Bei einer Auslegung der Worte Matth. 5, 40: So Jemand mit dir hadern will vor Gericht, daß er dir deinen Rock nehme, dem laß auch den Mantel, läßt Luther sich über die scholastische Auslegung dieses Gebotes aus und verwirft nachdrücklich, indem er die Verkehrung der heiligen Worte Christi beklagt, die mit „hübschen Blumen geschmückte" Meinung, als sei dieser Grad der Liebe nur den Vollkommenen als guter Rath heimgegeben, wie die Jungfrauschaft und die Keuschheit, und mißbilligt es, daß jene Lehrer es für billig achten, daß ein Jeglicher das Seine wiederhole und Gewalt mit Gewalt vertreibe, wie er möge[3]). Er warnt daher

---

[1]) De W. Br. 1, 35. a. 1516. [2]) Andere charakteristische Beispiele katholischer Exegese zu 1. Joh. 3, 16: Und wir sollen auch das Leben für die Brüder lassen, enthält der Commentar von Düsterdieck zu dieser Stelle. [3]) 20, 91. Schon Gerson hatte sich gegen diese Ansicht ausgesprochen: Minus sufficiens est imaginatio illorum, qui imaginati sunt, quod praecepta Dei ordinantur ad charitatem et alias virtutes sub aliqua certa mensura minimo gradu; quod autem est supra illam mensuram vel gradum illum, est sub consilio. Er fährt dann den Doctor sanctus citirend fort: *Praeceptum dilectionis nullis*

auch vor Selbstzufriedenheit. Des Christenmenschen Leben ist ein
Zug, Gang oder Wandlung von den Lastern zu der Tugend, von
der Liebe in die Liebe, von der Tugend in die Tugend. Und wer
nicht immerzu wird im Gange sein, den darfst du für keinen Christen
halten. Man soll daher auch den betrügerischen Theologen nicht
glauben, welche sagen, wenn man einen einzigen oder ersten Grad
der Liebe habe, so sei es genug zur Seligkeit. Wie er hier für das
unverkümmerte Sollsein der völligen Liebe eintritt, so auch für die
fühlbare Wirksamkeit derselben gegen die Lehre gewisser Theologen:
daß wir nicht wissen, wenn wir in der Liebe seien, als wäre die
Liebe eine ruhige und verborgene Qualität in der Seele, als sollten
wir nicht in uns fühlen jenes Allergegenwärtigste und Lebendigste,
das in uns ist, den Puls unseres Lebens selbst, den Affect des
Herzens; als' wäre die Liebe nichts anderes, denn ein müßig Ding,
eben als Wein in einem Faß. Nicht müßig ist die Liebe; sondern
sie kreuzigt und tödtet ohne Aufhören das Fleisch und kann nicht
in ihrem Grab zufrieden stillstehen, sondern verbreitet sich durch den
ganzen Menschen, ihn zu reinigen ¹).

Demuth und Sanftmuth.

Wie im Verhältniß zu Gott die Grundbestimmtheit, der Glaube,
die Gelassenheit einschließt, so ist im Verhältniß zum Nächsten, das
wesentlich als Liebe sich charakterisirt, Sanftmuth und Demuth ein
von Luther oft und nachdrücklich hervorgehobener Zug. Was durch
Anlage und Temperament ihm weniger als Anderen gegeben war,
floß ihm aus dem Glauben an die unverdiente Barmherzigkeit
Gottes; und unverkennbar ist die Mystik zusammen mit dem Evan=
gelium eine Pflegerin dieser Sinnesart gewesen. Ja, der Muth,
die Zuversicht, der Eifer auch in gerechter Sache hat an derselben
eine heilige Schranke: Gott kann nichts gefallen, als was mit
Demuth gehandelt wird. Demuth aber kann nicht sein, es sei denn,
daß man in einem jeglichen Werk, wie gut es auch sei, Gottes
Gericht fürchte und sich vermesse allein auf seine freiwillig erzeigte

---

terminis coarctatur, ita ut recte dici possit, quod *tanta dilectio sit in praecepto,
quod nulla excedit limites praecepti.* J. Gerson Opp. III, 338, B.

¹) Ep. ad Gal. III, 315. 402.

Barmherzigkeit[1]). Zu Psalm 7, 4—6 bemerkt Luther: Wir werden dadurch gelehret, mit einem großen Herzen und Muth wider die Lästermäuler zu bitten, doch also, daß wir wohl unsere Unschuld bekennen, aber doch Gottes heimliches Gericht auch mit fürchten und bereit seien, zu dulden alles Unglück, wo wir strafwürdig erfunden würden. Denn ob du wohl vor dir hast sogar Gottes Gebot in einem jeglichen Werk, dennoch sollst du dich fürchten, ob du vielleicht nicht recht gewandelt oder verdient hättest, das Widerspiel dir zu gebieten. So sei nun deine Sache wie gerecht, wie heilig, wie unschuldig, wie göttlich sie immer wolle, so ist es dennoch vonnöthen, daß du sie in Furcht und Demuth handelest und nicht auf dich, sondern nur auf Gottes Barmherzigkeit vertrauest[2]).

Doch gerade hier, in der Forderung der Sanftmuth und Demuth tritt wieder einer der bedeutsamen Unterschiede zwischen Luther und der Mystik zu Tage. Es lag in der Consequenz der mystischen Anschauung, in dem Dulden, der Stille, der Beugung die Erfüllung der höchsten sittlichen Forderung zu sehen. Luther dagegen, dessen inneres Leben auf dem Glauben an die geoffenbarte Gotteswahrheit des Evangeliums ruhte, und dessen Blick daher auf die Wahrung der objectiven Heilsgüter und auf die göttliche Reichssache gerichtet war, hat an diesem Interesse eine Grenze für die Demuth und Sanftmuth. Da, wo er gewarnt hat, den Sieg nicht durch Vertrauen auf die Gerechtigkeit der eigenen Sache, sondern durch Vertrauen auf Gottes Barmherzigkeit zu suchen[3]), sagt er: Es ist nicht genug, wenn Jemand um einer gerechten Sache wie um der Wahrheit willen leidet, daß er Gott die Sache befehle und bereit sei, zu weichen und mit seiner Ehre wolle in den Staub gelegt werden, sondern er muß auch mit großer Sorge bitten, daß Gott Richter sei und rechtfertige die Sache der Wahrheit, nicht um seines Nutzens, sondern um des Dienstes Gottes und der Seligkeit des Volks willen; welches Heil nicht ohne Gefahr ist, und zwar nicht ohne deine Schuld, wo du aus einer närrischen Demuth für die Errettung oder Erweckung der Wahrheit und deine Gerechtigkeit nicht auf das Sorgfältigste bittest. Denn du sollst nicht so sehr darauf Achtung haben, wie demüthig und verachtet du sein könntest, wie darauf, daß nicht das Volk von der Wahrheit

---

[1]) Oprt. 14, 203. [2]) Oprt. 14, 341 f. [3]) Oprt. 14, 349.

und zugleich von der Gerechtigkeit abgewendet und in Lügen und
Bosheit verstrickt werde¹). Es mag ein Lob sein, alle Beschul=
bigungen bescheiden und geduldig zu leiden, aber die Schändung des
Christennamens, den Raub an der Ehre Gottes und die Verleug=
nung Christi sehen und nicht bis auf's Blut und aus allen Kräften
dawider schreien, das sei verflucht²). Das sind Worte des über die
Mystik hinauswachsenden Reformators.

In ähnlichem Sinn spricht er sich über das Verhalten des
Christen in dem Falle aus, in welchem es sich um die Wahrung
und Vertheidigung eigener Interessen gegen Unrecht handelt. Das
sanftmüthige, selbstlose Verzichten, Erdulden und Preisgeben geziemt
einem Christen, aber es giebt noch eine Stufe sittlicher Vollkommen=
heit über demselben: sein Recht zu suchen nicht aus eigenem Interesse,
sondern aus Interesse für die Besserung dessen, der das Unrecht zu=
gefügt hat. Die schöne und interessante Stelle lautet: In eigenen
Sachen giebt es dreierlei Menschen: Die ersten, die die Vergeltung
und das Gericht bei den Statthaltern Gottes suchen, und derselben
ist jetzt eine ganze Zahl; dieselben duldet der Apostel, aber er lobt
sie nicht, indem er sagt 1. Kor. 6: Mir ist Alles erlaubt, aber es
frommt nicht Alles. Ja, er spricht an demselben Ort: Es ist über=
haupt ein Fehler unter euch, daß ihr miteinander rechtet; aber
dennoch wird wegen eines größeren Uebels dies geringere Uebel er=
duldet, auf daß sich die Leute nicht selbst rächen, und Einer dem
Anderen Gewalt thue, Böses mit Bösem vergelte, oder aber sein
Gutes wieder fordere; aber dieselben werden in das Himmelreich
nicht eingehen, sie werden denn zum Besseren verwandelt und ver=
lassen die ihnen frei stehenden Dinge, um denen zu folgen, die da
frommen. Denn der Affect des eigenen Nutzens muß vertilget
werden. — Es sind andere Menschen, die die richterliche Vergeltung
nicht begehren; ja sie sind bereit (nach dem Evangelio) dem, der
ihnen den Mantel nimmt, den Rock auch zu geben und thun keinen
Widerstand irgend einem Uebel; dieselben sind Kinder Gottes,
Brüder Christi und Erben der zukünftigen Ehren. Daher werden
sie in der Schrift genannt Waisen, Wittwen, Arme, deren Vater
und Richter Gott hat wollen genannt werden, darum daß sie sich
selbst nicht rächen, ja, wenn die Obrigkeit sie rächen will, entweder

---

¹) Oprt. 14, 360. ²) Var. arg. 3, 298. a. 1519.

solches nicht begehren noch suchen, oder aber allein gestatten, oder, wenn sie gänzlich vollkommen sind, es wehren und hindern, vielmehr bereit, auch die anderen Dinge zu verlieren. Wenn du sagst: Solche Leute sind überaus wenig, und wer könnte in dieser Welt bleiben, wenn er dies thäte? so antworte ich also: Es ist jetzt nicht neu, daß wenig Leute selig werden, und daß die Pforte, die zum Leben führt, enge ist, und wenig Leute dieselbe finden. Daher, wenn Niemand dies thäte, wie würde die Schrift bestehen, welche die Armen, Wittwen und Waisen das Volk Christi nennt? Daher thut denselben Menschen die Sünde ihrer Beleidiger weher, als ihr Schade und ihre Beleidigung; und sie trachten vielmehr darnach, daß sie Jene von der Sünde abziehen, als das erlittene Unrecht zu rächen; derowegen ziehen sie die Formen ihrer Gerechtigkeit aus und ziehen Jener Form an, bitten für die, die sie verfolgen, segnen die, die ihnen fluchen, thun wohl denen, die ihnen Uebles thun, und sind bereit, selbst für ihre Feinde die Strafen zu leiden und genug zu thun, auf daß sie selig werden. Dies ist das Evangelium und Vorbild des Herrn Christi[1]). Die dritten Menschen sind, die mit dem Affect wie die zweiten sind, von denen eben geredet ist, aber nach der Wirkung andere. Das sind die, welche das Ihre nicht wiederum fordern, auch nicht Wiedervergeltung begehren, weil sie das Ihre suchten; sondern durch dieselbe Wiedervergeltung und Wiedererstattung die Besserung dessen suchen, der geraubt oder beleidigt hat, da sie sehen, daß derselbe ohne Strafe nicht gebessert werden mag. Dieselben werden Eiferer (zelosi) genannt und haben in der Schrift Lob. Aber deß soll sich Niemand unterstehen, er sei denn in dem zweiten Grad, von dem vorhin geredet ist, vollkommen und ganz geübt, auf daß er nicht den Grimm (furor) für den Eifer annehme und erfunden werde, aus Zorn und Ungebuld gethan zu haben, was er aus Liebe zur Gerechtigkeit zu thun meint. Denn der Zorn ist dem Eifer und die Ungebuld der Liebe zur Gerechtigkeit ähnlich, also daß eins von dem anderen nur von den allergeistlichsten Leuten hinreichend mag unterschieden werden. Ein solch Werk hat der Herr Christus gethan, als er Geißeln machte und die Verkäufer und Käufer aus dem Tempel trieb; und St. Paulus, als er an die Korinther schrieb: Ich werde mit der Ruthe zu euch kommen[2]).

---

[1]) Man vergleiche den Abschnitt: Christi Knechtsgestalt, S. 131. [2]) Var. arg. 2, 338 f. a. 1518.

Der Einfluß der Mystik ist in diesen Schilderungen nicht zu verkennen; leise aber schimmert durch dieselben ein anderes Element hindurch, das er nicht ihrem Geiste verdankt, und über dessen göttliches Recht er in seinem reformatorischen Wirken zur Klarheit gekommen war, um in der Demuth das muthige Zeugniß, und über der Sanftmuth den brennenden Eifer nicht zu unterlassen. Die Darstellung des Kampfes, den ihm dies Hinausgehen über die Mystik kostete, gehört dem Abschnitt vom reformatorischen Zeugniß an [1]).

Die Verlassung aller Dinge.

Mit der Demuth und Sanftmuth, dem aus der Liebe stammenden Verzicht auf eigene Ehre und das eigene Recht, mit dieser sittlichen Selbsterniedrigung steht die Erhebung des Christen über alle Creatur in innigem Zusammenhang. Denn das in das innerste Geistesleben, in den Willen und in die Liebe aufgenommene Princip der Selbstverleugnung stellt sich in dem Verhältniß des Christen zum Nächsten als dienende, demüthige, sanftmüthige, geduldige Liebe, in seinem Verhältniß zur Creatur als eine über Haben und Mangeln, Genießen und Entbehren erhabene Freiheit des Gemüths dar. Das ist die geistliche Armuth, welche die Mystik im Unterschied von der mönchischen Regel des Armseins, des Nichtbesitzes als ein für göttliches Leben nothwendiges Hauptstück predigt, und wofür sie in dem großen Heidenapostel das Vorbild sowohl der Lehre, als des Lebens besaß. Luther bezeichnet diese innere Freiheit des Gemüths in einer Predigt als die Verlassung aller Dinge, und die Ausführungen dieses Themas gehören mit zu den auffallendsten Kundgebungen seiner mystischen Denkweise. Es ist derselben durchaus gemäß, wenn er gegenüber derjenigen Selbstisolirung, die zugleich ein Verzicht auf die Ausübung der Liebe ist, auf das Verlassen aller Dinge bringt, ohne das oberste ethische Gesetz der Liebe zu beeinträchtigen. Es muß, sagt er, dies Verleugnen nicht nach der Roheit des Sinnes verstanden werden, als ob der Herr uns damit befohlen hätte, auseinander zu laufen und keine Sorge füreinander zu tragen. Wo bliebe das Gebot der Liebe bei einem solchen Einsiedler? Daher muß solches

---

[1]) Vgl. Mystiker und Reformator.

Verlassen geistlich verstanden werden, es muß mit dem Affect innerlich im Verborgenen vor Gott geschehen, äußerlich aber muß Einer dabei noch so sehr mit Jenem, dem Zeitlichen zu thun haben, dergestalt, daß der Mensch lerne, hier Alles mit Gleichgültigkeit zu haben, und daß er allein von Gott in Gott durch Gott sich bringen lasse, ob jene auch dahinfahren, und daß er nicht wegen der Liebe zu Jenem Gott beleidige. In paraboxer Form führt er den Gedanken aus, daß, wie die böse Begier nach den zeitlichen Gütern die Wurzel alles Bösen, die Verachtung derselben die Wurzel alles Guten sei. Wer die Güter dieser Welt verlassen hat, dem folgen sie nach; wer aber dieselben suchet und darnach strebet, den verlassen sie. Wer demnach nicht verläßt, der wird verlassen werden, wer aber verläßt, der wird nicht verlassen werden. Was ist's, daß der Habgierige nicht gesättigt wird, als daß er von dem verlassen wird, was er selbst nicht verläßt, weil er nicht soviel erlangt, wie er will und es doch begehrt? Was heißt aber das im Gegentheil, daß ein Verächter des Irdischen an Gütern Ueberfluß hat, als daß er von eben diesen Gütern, die er verachtet, dennoch gesucht und verlangt wird? Der Geizige bettelt um Reichthum; der Reichthum aber bettelt und sucht nach einem Armen. Er haßt den, der ihn liebt und liebt den, der ihn verachtet. Daher heißt es Psalm 8, 7: Du hast Alles unter seine Füße gelegt, nicht aber: auf sein Haupt. Denn ein Mensch, der Alles verläßt und verachtet, was thut er Anderes, als daß er diese Dinge mit Füßen tritt. Er hat Alles, weil es unter seinen Füßen ist; er hat es aber auch nicht, weil er es mit Füßen tritt [1]).

Von diesen Anschauungen hat Luther später zwar den mystischen und zugleich paradoxen Ausdruck, nicht aber den Kern aufgegeben. Noch mehr den paulinischen Worten 1. Kor. 7, 29 ff. angenähert finden sie sich z. B. später in der Kirchenpostille in der Auslegung der Epistel am 3. Sonntag nach Ostern. Sie sind bedeutsam in der Mystik als Zeichen eines kräftigen Strebens nach dem Unsichtbaren und einer vollen Befriedigung des in demselben als seinem Element athmenden Geistes; doppelt sind sie es bei Luther. Diese innere Freiheit gehörte zu der wesentlichen Ausrüstung des Reformators. So über den Einflüssen stehend, welche die Dinge dieser Welt auf

---

[1]) Var. arg. 1, 197 f. a. 1517. Vgl. Oprt. 14, 27.

das Menschenherz auszuüben fähig sind, war er voll von dem Muthe, der nöthig war, in den Kampf überhaupt einzutreten, aber auch über die niederen Rücksichten und Antriebe hinausgehoben, die zu besiegen waren, um ihn recht zu kämpfen. Von der Größe des Muthes wie von der Reinheit des Interesses, die auf dieser „Verlassung aller Dinge" ruhten, werden später[1]) einige erhabene Zeugnisse aus seinen Briefen zu geben sein.

Ordnung und Gebrauch des natürlichen Lebens.

Mit der Forderung der Verlassung aller Dinge sind keineswegs die Anfänge einer nur weltflüchtigen Ethik gesetzt. Die Mystik, wenn sie ihren letzten Principien gefolgt wäre, hätte allerdings zu einem Quietismus geführt, in dem der für die Einflüsse, ja sogar für die Eindrücke der Außenwelt verschlossenen Seele nur das leise Athmen in dem ungetheilten Einen geblieben wäre. Auch der Name „Mystik" führt hierauf. Aber nicht einmal der Mann der rücksichtslosen Consequenz, Meister Eckhart ist dieser Gefahr erlegen. An Tauler ist sein opferfreudiges Wirken in der Noth ebenso bemerkenswerth, wie sein sinnendes Eindringen in die Geheimnisse der Ewigkeit. Während die Pest wüthete, hielt er im Dienst der Liebe aus, obwohl des Papstes Bann denselben bedrohte; ja, während er über den Werth der mönchischen verdienstlichen Werke, wie er sie betreiben sah, sich nüchtern, auch abfällig ausläßt, findet sich nirgends der Ton einer Ueberspanntheit, die auf die Berufsarbeit des täglichen Lebens als etwas dem beschaulichen Leben Hinderliches herabsehen möchte[2]). Waren es doch auch Leute jedes Berufs und

---

[1]) Vgl. den Abschnitt: Mystiker und Reformator. [2]) Tauler, Bl. 192. c. d.: Und so der Mensch also in dem inwendigen Werke wäre, gäbe ihm dann Gott, daß er das doch edle Werk ließe und sollte einem siechen Menschen dienen gehn, das sollte der Mensch mit großen Freuden thun; es möchte wohl geschehen, daß mir Gott gegenwärtig wäre und mir mehr Gutes thäte in dem äußerlichen Werke, denn vielleicht in großer Beschaulichkeit. Vgl. Bl. 105. b. 201. c. d. — Von der Berufsarbeit sagt er: Wir gemeinen Christenmenschen sollen wahrnehmen, was unser Amt soll sein, dazu uns unser Herr gerufen und geladen hat, welches die Gnade sei, zu der uns unser Herr gefügt hat. Nun heben wir an den Niedersten an. Eines kann spinnen, das andere kann Schuhe machen.... Und wisset, wäre ich nicht ein Priester und wäre unter einer Gemeinschaft, ich

Standes, die sich damals zu einer ausgebreiteten Gemeinde von Stillen im Lande in den sogenannten Gottesfreunden, diesen rechten Kindern des mystischen Geistes, zusammengeschlossen hatten; ein Zeugniß, daß die Gottseligkeit auch ohne äußerliche Weltflucht unter der Arbeit des Lebens gedeihe. Bei Luther nun zeigt sich schon früh die Anerkennung der göttlichen Pflicht und des göttlichen Rechtes der Berufsarbeit. So hatte er in den Scholien das Arbeiten zur Gerechtigkeit des Bauern gerechnet[1]), und in der Predigt von der Furcht Gottes führt er aus, daß der Werth der Werke davon abhängig sei, ob sie in der Furcht Gottes geschehen, indem er zugleich der Ueberschätzung kirchlich asketischer Werke entgegen tritt. Viele erwählen sich, sagt er dort, von den Geistern des Irrthums getrieben solche Werke, wovon sie vertrauen, daß sie Gott gefallen werden, da sie doch solche gar nicht sind, wie Gebet, Fasten, Wachen u. s. w. Denn diese Werke sind alsdann Gott gefällig und gut, wenn sie mit Furcht Gottes geschehen, wie auch das Werk eines Schneiders, Schusters, Bürgermeisters, Fürsten, ja einer jeden Beschäftigung und jedes Amtes. Nun aber erwählen sie solche, als ob sie an und für sich gefällig wären, da es doch hier heißt: Wer Gott fürchtet, der thut Gutes, als ob es hieße: Wenn Einer Gutes thun muß, ist vonnöthen, daß er vor Allem Gott fürchte[2]). Aehnlich heißt es in der Kirchenpostille: Es geschieht, daß vor Gott ein Ackermann besser thut mit seinem Pflügen, denn eine Nonne mit ihrer Keuschheit. Es ist das aller unchristlichst Ding, wenn man richtet und würdet nach dem äußerlichen Wesen und Werken, wie wenn man sagen will, eines Karthäusers Leben sei an sich selbst besser, denn eines Bauern oder ehelichen Mannes, sintemal Gott nicht nach dem Wesen, sondern nach dem Verborgenen der Finsterniß und Rath des Herzens richtet[3]). So indifferenziirt er die kirchlich sanctionirten Unterschiede der Werke und Lebensordnungen, um ihren Werth ganz aus der innerlichen Gesinnung abzuleiten. Hatte er nun auch mit dieser Anschauung der Berufsarbeit ein Recht neben der im Sinn der Kirche verdienst-

---

nähme es für ein groß Ding, daß ich könnte Schuhe machen; und ich wollte auch gern mein Brot mit meinen Händen verdienen. Bl. 150. c. d.

[1]) Studd. und Kritt. v. 1877 S. 682. [2]) Var. arg. 1, 67. [3]) 7, 107 f. Vgl. 20, 196 ff.

lichen Uebung guter Werke gesichert, so war er doch damit an die
Grenze gelangt, bis zu welcher der Miteinfluß der Mystik reichte.
Die Pflicht zu der Arbeit, überhaupt zum Eingehen auf die Auf=
gaben und Ordnungen des natürlichen Lebens aus einem Princip
abzuleiten war die Mystik in ihrer weltflüchtigen Richtung unver=
mögend. **Luther dagegen sah in dem Ehestand, wie in
der Arbeit nicht bloß etwas Berechtigtes, sondern auch
etwas Gottgewolltes, von Gott Verordnetes.** Und dies ist
dann später hauptsächlich der Gesichtspunkt, von dem sein sittliches
Urtheil ausgeht. Daß der Knecht, der auf den Acker fährt, die
Magd, welche die Stube kehrt, die Hausmutter, welche ihre Kinder
pflegt und wäscht, einen rechten Gottesdienst thun, weil sie dazu
Befehl von Gott haben, das ist es, was er bekanntlich oft und
nachdrücklich betont hat.

Sein Stehen auf dem Wort, das für sein religiöses Leben
so bedeutsam ist und sein Eigenthümliches ausmacht, erweitert auch
seinen ethischen Gesichtskreis sowohl über die engen Grenzen kirch=
licher Auffassung des Lebens, wie über das Gebiet frommer Uebung,
wie sie die Mystik pflegte. Und noch in einer anderen Hinsicht bewahrte
er dem Natürlichen gegenüber seine Unabhängigkeit und Selbständigkeit.

Wie ist es möglich, fragt er, daß ich glauben kann, ich gefalle
in allen meinen Werken Gott, da ich bisweilen mit meinem Nächsten
rede, trinke, esse, lache, ja auch bisweilen scherze, und wir uns durch
angenehme Reden untereinander trösten? Er antwortet hierauf: Die
Heuchler, welche die Werke Gottes in ihre traurigen engen Schranken
eingeschlossen haben, sind allzustrenge und unversöhnliche Richter
über diejenigen Werke, welche ein ehrlicher Umgang mit sich bringt,
als daß man miteinander fröhlich isset und trinket, scharfsinnige und
witzige Reden führet, lachet und anständig scherzet. Denn von
Narrenspossen, übermäßigem Gelächter und Schandreden rede ich
hier gar nicht, da ja diese nicht einmal menschliche Lebensart
gutheißt. Weil wir aber das Leben nicht können hinbringen, ohne
miteinander umzugehen, zu essen und zu trinken, so mußt du gewiß
glauben, daß es Gott auch wohlgefalle, wenn du deinen Bruder
mit einem fröhlicheren Gesicht anredest, mit einem gewinnenden
Lächeln eingeladen, auch bisweilen mit einem artigen oder scharf=
sinnigen Wort ergötzt wirst. Denn dies ist jene Freundlichkeit, welche
uns St. Paulus Gal. 5, 22 anpreiset. Luther weist dann nochmals

auf die Worte des Apostels hin: in Freundlichkeit, in dem heiligen Geist 2. Cor. 6, 4; dies letztere Wort sei hinzugefügt, damit die Freundlichkeit nicht in Leichtsinn, ausgelassenes Possenreißen und Frechheit ausarte¹). Offenbar hat natürliche Veranlagung Luther zu dieser weitherzigen Auffassung neigen lassen; hauptsächlich wurzelte dieselbe indeß in seinem obersten Glaubensprincip. Er traute dem Glauben an die Gnade Kraft genug zu, um dies freie Sich=bewegen im Natürlichen zu tragen; und er mochte fürchten, daß ein Werthlegen auf diese mehr dem äußeren Umkreis des christlichen Lebens angehörenden Dinge dem vollen und ganzen Vertrauen auf die Gnade Abbruch thun und von dem Glauben auf das Werk, von der innerlichen Gesinnung zu einem Werthlegen auf Aeußerlichkeiten führen werde. So vereinten sich in ihm Natürliches und Geistliches, um ihn in jener Unbefangenheit menschlichen Froh=sinns zu erhalten, die als ein Eigenthümliches seiner Persönlichkeit wie der auf ihn zurückgehenden Geistes= und Gemüthsart angesehen werden darf.

Die Mystik führt ihr Weg weit ängstlicher von Spiel und Fröhlichkeit ab. Ihrer Sorgfalt, in die Seele ja nichts Fremdes einzulassen, entspricht weit mehr die spätere pietistische Weise, als die Luthers. Und dennoch hat auch er trotz seiner Unbefangenheit das berechtigte Element ihrer Sinnesart in die seine aufgenommen und so gegen den Mißbrauch der Freiheit durch weltlichen Sinn heilige Schranken aufgerichtet. So sagt er z. B. über Erziehung: Weltlich ziehen heiße ich das, so die Eltern die Kinder lehren nicht mehr suchen, denn Lust, Ehre und Gut oder Gewalt dieser Welt. Ziemlichen Schmuck tragen und redliche Nahrung suchen ist die Noth und nicht Sünde; so doch, daß im Herzen ein Kind also sich geschickt finde oder je sich also schicke, daß ihm leid sei, daß dies elende Leben auf Erden nicht mag wohl angefangen oder geführt werden, es laufe denn mit unter mehr Schmuck und Gut, denn noth ist zu der Decke des Leibes, Frost zu erwehren und Nahrung zu haben, und muß also ohne seinen Willen, der Welt zu Willen, mitnarren und solches Uebel dulden, Aergeres zu ver=meiden. Also trug die Königin Esther ihre königliche Krone und sprach doch zu Gott, Stücke in Esther 3, 11: Du weißt, daß das

---

¹) Oprt. 15, 267.

Zeichen meines Prangens auf meinem Haupte mir noch nie gefallen hat, und achte sein, wie einen bösen Lumpen, und trage sein nimmer, wo ich allein bin, sondern wenn ichs thun muß und vor die Leute gehe. Welch Herz also gesinnt ist, trägt ohne Gefährlichkeit Schmuck; denn es trägt und trägt nicht, tanzt und tanzet nicht, lebet wohl und lebet nicht wohl. Und das sind die heimlichen Seelen, verborgene Bräute Christi; aber sie sind selten; denn es schwer ist, nicht Lust zu haben in großem Schmuck und Prangen. Also trug St. Cäcilia aus Gebot ihrer Eltern goldene Kleider, aber inwendig am Leibe trug sie ein hären Gewand[1]). So wird der mystische Gedanke der Verlassung aller Dinge auch auf dies Gebiet ausgedehnt; die äußere Freiheit des Lebensgenusses hat doch zur Voraussetzung die innere Freiheit des Gemüths, und die Unbefangenheit im Gebrauch des Natürlichen ist mit der ethischen Strenge der Mystik versöhnt.

Das oberste Motiv des Religiösen und Sittlichen.

Wie in dem obersten Schlußstein die Linien eines gothischen Gewölbes, so laufen in einem letzten Gedanken die Linien des mystischen Systems zusammen, in dem Gedanken der Glorificirung, der Verherrlichung Gottes. Ein scharfer Gegensatz giebt demselben seine besondere Ausprägung: der Gegensatz gegen alles eigensüchtige Wesen erscheint hier als Abwehr alles Eudämonismus. Und es sind nicht bloß zeitliche Interessen und Güter, auf die der Gerechte, Fromme nicht zu sehen hat, sondern auch die ewige Freude und die Pein der Hölle; in der That hatte die kirchliche Lehr- und Predigtweise diese dem Christenvolk so geschildert, daß jene in dem Gefühl sinnlicher Lust, diese in dem sinnlicher Schrecken reichliche Anknüpfung fand. Die Mystik, indem sie das religiöse und sittliche Leben verinnerlichte, lenkte die Interessen aus dieser Bahn; sie wollte, daß das Leben mit all seinen Werken ein in der Gluth selbstverleugnender Liebe sich verzehrendes Opfer zum Preise Gottes, eine That der Anbetung werde. Besonders bei den Forderungen der Gelassenheit und der Ledigkeit des Herzens, der inneren Lossagung von allem Endlichen, zeigt sich das Hinstreben zu diesem obersten teleologischen Princip und zugleich die innere

---

[1]) 20, 260. a. 1520.)

Einheit des mystischen Gedankengebäudes, durch die dasselbe in seiner Einfachheit so viel Großes hat.

Luther nun berührt sich mit der Mystik da am auffallendsten, wo es sich um die Reinhaltung der Motive von den Trübungen durch die schlechte Selbstheit handelt. Macht sich das schon bei den Ausführungen über die knechtische Furcht geltend[1]), so glaubt man vollends den Tauler zu hören in den schon oben[2]) angeführten Worten Luthers zum 110. Psalm über die freiwilligen, ledigen, gelassenen Menschen, denen er dann die gegenüberstellt, welche aus kindischer und zeitlicher Liebe Gott dienen und nur das Ihre um Gabe und Lohnes willen suchen, es sei zeitlich oder ewig, oder aus peinlicher und knechtlicher Furcht. Denn so der Himmel nicht wäre oder die Hölle, oder so Gott nicht zeitliche Güter, Ehre oder Gesundheit gäbe, dieneten sie ihm gar nicht und fielen schnell von seiner Liebe. Denn sie meinen nicht Gott, sondern suchen sich selbst auch bei Gott und haften an den Gütern außerhalb Gottes, des höchsten Gutes[3]).

Wie es zu verstehen sei, daß man nicht die Hölle fürchten dürfe, wolle man ein „Freiwilliger" Gottes sein, zeigt folgende Stelle: Die Heiligen behalten Gunst gegen Gott und sorgen mehr, daß Gottes Gunst, Lob und Ehre von ihnen falle, denn daß sie verdammt werden; denn er spricht nicht: In der Hölle ist keine Freude noch Lust, sondern kein Lob noch Ehre. Darum führt er hier ein, daß Niemand in der Hölle Gott günstig sei, und sollte er darein fahren, würde er auch den Verdammten gleich in Gottes Ungunst; das wäre ihm über alle Pein zuwider und wehe[4]). Luther will also nicht der Furcht vor der Hölle überhaupt ihr Recht bestreiten, sondern möchte sie von der Beimischung des sinnlich Selbstischen lösen und in ihr nur die Flucht der Seele vor einem Zustande sehen, in dem sie Gott nicht lieben und loben kann.

Schon früh tritt neben diesem Gegensatz gegen Eudämonismus auch der Zug zur Verherrlichung Gottes als die positive Kehrseite der Selbstdemüthigung hervor[5]); und auch jetzt ruht ihm die Verherrlichung des Namens des Herrn auf dem Zunichtewerden und Gehaßtwerden unseres Namens[6]).

---

[1]) Oben S. 112. [2]) S. 116. [3]) 40, 18. a. 1518. [4]) 37, 351. a. 1517.
[5]) So schon in den Scholien. Stubb. u. Kritt. v. 1877. S. 605. [6]) Oprt. 15, 6.

Aber auch mit den Principien seiner Theologie hat er diesen Gedanken der Verherrlichung zu verknüpfen gewußt. Gottes Ehre ist nichts anderes, als ihm glauben, auf ihn hoffen, ihn lieben; denn der Gott glaubt, der hält ihn für wahrhaftig und schreibt ihm hierdurch die Wahrheit zu. Der auf Gott hoffet, der hält ihn für mächtig, weise und gut, schreibt ihm also zu Gewalt, dadurch er helfen könne, Weisheit, dadurch er zu helfen wisse, und Gütigkeit, dadurch er helfen wolle. Das heißt denn in Wahrheit Gott sein und in Wahrheit einen Gott haben. Der Gott aber nicht glaubt, macht ihn zum Lügner; da muß denn nothwendig folgen Gottes Verachtung. Daher denn auch kommt, wenn man sich auf Creaturen wirft, (denn das menschliche Herz muß etwas glauben, hoffen und lieb haben), daß sich verläßt der Mensch auf Reichthum, auf Gunst, auf seine Kräfte u. dgl. Wenn er nun zu Zeiten aus Gottes Zulassung irgend einen Trost fühlt, da fällt er hin mit ganzem Herzen und Liebe; so ist denn Macht, Gütigkeit und Alles, was zu Gottes Ehre gehört, zu Schimpf verkehrt und dem zugeeignet, dem es von Recht nicht gebührt. Also spricht Gott Jes. 42: Ich will meine Ehre keinem Andern geben, noch meinen Ruhm den Götzen. Alles Gute giebt er wohl auch seinen Feinden, aber seine Ehre behält er für sich; denn alles Gute, das man empfähet oder suchet, soll Niemand zugeschrieben werden, denn dem einigen Gott allein[1]). So wird also in dem Glauben, aus dem alle Werke herfließen, auch diese höchste Forderung erfüllt; und hinwiederum, weil dieser im ersten Gebot enthaltenen Forderung Genüge geschieht, darf Luther behaupten, daß schon damit die Erfüllung der anderen, im ersten beschlossenen Gebote verbürgt, ja im Princip geschehen sei.

---

[1]) Oprt. 14, 139 f.

Dritter Abschnitt.

Zum reformatorischen Zeugniß.

Wider den Ablaß (1517).

In dem Zeugniß Luthers wider den Ablaß beginnt die reiche Saat reformatorischer Gedanken, welche die Mystik mitausgestreut hatte, die Frucht einer ersten großen That zu tragen. Wie nun die Voraussetzungen für die Bekämpfung des Ablasses waren, welche zum Theil durch sie sich gebildet hatten, zeigt am besten ein Rückblick auf jenen Widerspruch, welchen der Ablaßunfug etwa 250 Jahre früher von deutscher Frömmigkeit und deutschem sittlichen Ernst im Schooß der Kirche selbst erfahren hatte. Der fromme Franziskaner Berthold von Regensburg, der etwa von 1250—1272 Oberdeutschland predigend durchwanderte, richtet mehrfach sein gewaltiges Wort gegen die Pfennigprediger [1]), deren erstes Erscheinen in seine Mannesjahre fällt. Er straft sie als die liebsten Knechte des Teufels, die Mörder der wahren Buße und weist ihnen ihren Platz auf dem Grund der Hölle an, weil sie mit ihrer Zunge viel tausend Seelen zur Hölle weisen, daß ihnen nimmer Rath wird. Die Leute sollen sich nicht täuschen lassen, daß diese Pfennigprediger ihnen so viel von Gott und seinen Heiligen und von seiner Mutter und von seiner Marter sagen, auch nicht dadurch, daß sie verstellter Weise dabei weinen; interessante Characterzüge, die sich auch an Tetzel finden.

---

[1]) Berthold von Regensburg. Ausgabe von F. Pfeiffer, Wien 1862. Band I. S. 84, 1. 117, 2. 134, 3. 251, 10.

Diese Angriffe des frommen Bußpredigers gegen den Ablaß bestehen indeß durchaus mit der scholastischen, kirchlich recipirten Lehre von der Buße. Er fordert von dem Sünder, der zum Himmelreiche kommen will, wahre Reue, lautere Beichte und scharfe oder harte Buße.

Die Buße ist entweder Buße nach Recht, oder Buße nach Gnade. Gott gegenüber wird nur die letztere von uns gefordert. Nach Recht möchten alle Menschen eines einigen Menschen Sünde nicht büßen: daß Herr Adam nur eine einige Sünde that, die büßte Herr Adam dreißig Jahr, und er konnte sie dennoch nicht zu Rechte büßen; sie büßten alle seine Nachkommen wohl fünfzig hundert Jahr und zweihundert Jahr weniger ein Jahr, alles um die einige Sünde, und mochte die ganze Welt in allen den Jahren die einige Sünde zu Rechte nicht büßen, bis daß sie Gott an dem hehren Kreuze mußte büßen. Und er starb eines bitteren Todes um dieselbe Sünde: da ward sie allererst zu Rechte gebüßet. Ihr Sünder allesammt, greift selber an die Buße; denn Gott der will nun nimmermehr um eure Sünde sterben: er will aber eure Buße gnädiglich empfangen[1]. So ist also die Buße nach Gnaden eine Leistung, für welche dem Sünder die genugthuende Buße Christi ertheilt wird. Man wird sagen dürfen: Dem Werk wird somit die Gnade zugerechnet. Und diese Zurechnung denkt sich Berthold im Verhältniß stehend zur Leistung des Büßenden. Wer viel büßt, der soll wenig, wer wenig büßt, der muß viel im Fegefeuer brennen[2]. Hierauf besonders ruht das Interesse, das Berthold an der Schärfe und Härte der Buße hat; und aus diesem Interesse entspringt sein Widerspruch gegen den Ablaß. Denn dieser substituirt der Leistung ein Aequivalent in Geld, das er nach seinem sittlichen Ernst als zu leicht erfinden mußte, und gegen das sich doch wenig sagen ließ von der Theorie aus, die er selbst theilte.

Aus anders gearteten Ueberzeugungen und Anschauungen heraus erhebt Luther seine Stimme wider den Ablaß. **Der Grundzug derselben ist die Ansicht von der Buße als der Richtung wider sich selbst.** Zwar beruft er sich auf das μετανοεῖτε der Schrift für seine Anschauung; aber das Entscheidende ist doch, daß er den Begriff der Sinnesänderung eben in jenem mystischen Sinn

---

[1] A. a. O. 72, 7. [2] 72, 29.

auffaßt. Die Buße ist ihm demnach nach ihrer innerlichen Seite jene Gesinnung des Hasses gegen sich selbst[1]), in welcher der Bußfertige sich in allen Dingen, die er begangen hat, aufs Lauterste mißfällt, sich wirksam zu Gott bekehrt, lauter seine Schuld erkennt und Gott im Herzen bekennt; hernach, wenn er durch die Verabscheuung seiner selbst sich innerlich nagt und straft[2]). So ist denn die Buße ihm nicht ein Thun, das aus dem Verlauf des Lebens sich als eine besondere Leistung abhebt, und welche einen Antheil an Christi Verdienst verdienen könnte, sondern sie ist der Bruch mit der mystisch tief gefaßten Sünde, der Selbstliebe; sie ist ein beginnendes neues Leben und Lieben, Abkehr von sich, Hinkehr zu Gott. Daher währt sie auch so lange, wie diese neue göttliche Lebensrichtung mit der verkehrten Bezogenheit auf sich selbst zu kämpfen hat, sie währt bis zum Eingang aus diesem in das ewige Leben. (These 4). So lautet gleich die erste These: Da unser Herr Christus spricht: Thuet Buße! hat er gewollt, daß das ganze Leben der Gläubigen Buße sei.

Während die scholastische Auffassung der Buße, wie sie jener kirchliche Gegner des Ablasses, Berthold, theilt, eine kirchliche Uebung ist, deren religiösen Gehalt das Verdienen der Gnade bildet, und deren sittlicher Gehalt sich in der asketischen Züchtigung des sündlichen Fleisches erschöpft, so ist die Luthersche die Einheit des religiösen und sittlichen Lebens nach der negativen Seite desselben.

Die Consequenz dieses Gedankens hätte Luther zu einem Gegner dessen machen können, was die Kirche im Sinn der Genugthuung und des Verdienstes Buße nannte. Aber er zog dieselbe auch jetzt noch nicht. Längst schon hatte er das dritte Stück der Buße von der Tödtung des Fleisches am Kreuze Christi verstanden[3]), also als eine undispensirbare Uebung des Glaubens. Und auch jetzt nimmt er sich in demselben Sinn jener Uebung der Buße an, nicht im Sinn einer Genugthuung, aber als eines Stücks des Kreuzes Christi, der dem Christen zur Reinigung nothwendigen, freiwillig zu übernehmenden Gemeinschaft seiner Leiden.

---

[1]) These 4. Var. arg. 1, 285. [2]) Var. arg. 1, 183 f. In der Predigt zur Kirchweih, am Abend des 31. Oct. 1817 gehalten. [3]) Vgl. Stubb. u. Kritt. p. 1877. S. 606.

Diese äußere Buße verhält sich zu jener inneren des Mißfallens an sich selbst, wie die Erscheinung zum Wesen, wie die Lebensäußerung zur Lebensrichtung. Was gehasset werden soll, soll auch getödtet werden. So sagt er: Die innerliche Buße ist nichts, wo sie nicht allerlei Tödtungen des Fleisches wirket.

Ablaß muß ihm daher als ein Verzicht auf diese nothwendige Aeußerung des sittlich religiösen Lebens erscheinen. Ein wahrhaft Bußfertiger kann nicht Ablaß begehren wollen. Er wünschte ja, wo es möglich wäre, daß alle Creatur seine Sünde sähe und hassete, und ist bereit, sich von Allen mit Füßen treten zu lassen. Er suchet nicht Ablässe und Erlasse der Strafen, sondern Vollziehung derselben. Von denen hinwiederum, welche nur eine eingebildete oder „Galgenreue" haben, sagt er, sie haben nicht sowohl Schmerz über die Sünde, als über die Strafe der Sünde. Und ebenso prägnant, wie im Geist seiner Ausführungen über Furcht und Liebe fügt er über diese Menschen hinzu: Es mißfällt ihnen nichts mehr, als das Mißfallen Gottes an der Sünde. Denn er möchte lieber, daß Gott die Sünde gefiele, und also wünschte er Gott ungerecht. Dies ist zwar höchst verkehrt, aber doch sehr gemein, weil man aus Furcht der Strafe und Liebe zu sich selbst die Gerechtigkeit Gottes hasset und seine Missethat liebet, denn man hasset ihre Strafe. Und wiederum ist es im Sinn des Staupitz'schen Wortes, daß die Buße mit der Liebe Gottes anfangen müsse, wenn er als die wahre Reue die bezeichnet, welche aus Liebe zur Gerechtigkeit und zu den Strafen die Sünde hasset, weil sie will, daß die verletzte Gerechtigkeit gerächt werde. Darum bittet sie nicht um Ablaß, sondern um Kreuz. So fragt er: Mit welcher Leichtigkeit können sie zugleich die wahre Reue und einen so leichten und reichlichen Ablaß predigen, da die wahre Reue eine scharfe Vollziehung fordert, während jener sie so sehr abschwächt? Werden wir's entschuldigen, da diese von der Reue der Vollkommenen zu verstehen, und es also nicht nothwendig sei, die Menschen zur Vollkommenheit zu führen?[1]) Wahre Reue und Leid suchet und liebet die Strafe, aber die Mildigkeit der Ablässe lockert sie und macht, daß man ihr gram wird (These 40). Beides, die Kluft, die ihn von der Werkheiligkeit der kirchlichen Genugthuung

---

[1]) Var. arg. 1, 184.

trennte, sowie die Klarheit, mit welcher er die selbstisch sinnlichen und knechtischen Motive des Ablaßtreibens durchschaute, geht auch aus dem Sermon am Tage St. Matthiä vom Jahre 1517 hervor. In demselben wirft er denen, die durch ihre Werke sich von ihren Sünden zu reinigen suchen, vor, daß sie am meisten das große Kreuz, zu Christo zu kommen und von sich selbst auszugehen, verabscheuen, und sagt von ihnen: Weil diese Alle nicht den Sünden, sondern den Strafen der Sünden zu entgehen sich bestreben, (denn sie sind Knechte und hassen nicht die Sünde, sondern nur die Strafen der Sünde), so suchen sie daher durch viele Genugthuungen das höllische Feuer auszulöschen und der Strafe des Gerichtes zu entgehen, jedoch da die Sünde allezeit bleibet, so gehet auch die Strafe des Gewissens nicht vorüber; denn sie suchen das Ihre. Daher haben die Gottlosen keinen Frieden; wenn sie sich verließen und ihre Sünden hasseten, so hätten sie keine Strafe mehr und fürchteten keine mehr, weil nach aufgehobener Schuld auch die Strafe wegfällt. Aber sie wollen sich nicht selbst verlassen und fürchten dies so leichte Joch Christi. Ja die häufigen Austheilungen des Ablasses selbst befördern die knechtische Gerechtigkeit gar sehr, wodurch nichts weiter ausgerichtet wird, als daß das Volk die Strafen der Sünden, nicht aber ebenso die Sünden selbst fürchten, fliehen und verabscheuen lernt. Daher spürt man zu wenig Frucht des Ablasses, aber große Sicherheit und Frechheit zu sündigen, so daß, wo sie nicht die Strafe der Sünde fürchteten, auch nicht ein Einziger solchen Ablaß umsonst wünschen würde, während vielmehr das Volk zur Liebe zur Strafe und Annahme des Kreuzes sollte ermahnt werden. Möchte ich doch lügen, wenn ich behaupte, daß die Indulgenzen in der Absicht vielleicht mit Recht so genannt werden, weil indulgiren soviel ist, als erlauben, und Indulgenz eine Straflosigkeit und Erlaubniß, zu sündigen und Freiheit, das Kreuz Christi zu entleeren. Oder wenn man ja die Indulgenzen zulassen soll, so sind sie keinem als den Schwachen am Glauben zu geben, damit sich nicht diejenigen ärgern, die sich nicht bestreben, durchs Kreuz zur Sanftmuth und Demuth zu kommen. Denn der Herr sagt nicht, daß man durch Indulgenzen, sondern durch Sanftmuth und Demuth Ruhe der Seelen finde. Sanftmuth aber kann nicht erhalten werden, als durch Strafen und Kreuz, wovon diese Indulgenzen befreien. O über die Gefahren unserer Zeit; o über die schlafenden Priester! o mehr als ägyptische Finsterniß! Wie sicher sind wir bei all unseren verderblichen Uebeln¹).

Scharf und eindringlich ausgedrückt bilden diese Gedanken den Schluß der Thesen. Th. 94 und 95 lauten: Man soll die Christen ermahnen, daß sie ihrem Haupte Christo durch Strafen, Tod und Hölle nachzufolgen sich befleißigen, und also mehr durch viel Trübsal in's Himmelreich zu gehen, denn daß sie durch die Sicherheit des Friedens sich das zutrauen.

Lehre von der Buße und Kritik des scholastischen Lehrstücks.

In dem Zeugniß gegen den Ablaß ist auf die neuen, von der scholastischen Lehre gänzlich abweichenden Gedanken über die Buße schon hingewiesen worden. Aus diesen entwickelt Luther schon 1518 eine ausführliche Kritik der scholastischen Lehre, die zugleich seine Anschauungen über das Wesen der Buße zu einer vollständigen Betrachtung zusammenfaßt. Mystisch wie jene leitenden Grund= gedanken ist auch diese Ausgestaltung derselben sowohl nach ihrer polemischen, wie nach ihrer positiv entwickelnden Seite. Die folgende Darstellung legt die scholastische Eintheilung zu Grunde, wie Luther das im Sermon von der Buße²), der hier in erster Linie in Be= tracht kommt, gethan hat.

Die Reue.

Die Reue, die sogenannte innerliche Buße, heißt es da, wird auf zwei Wegen erlangt, aufs Erste, daß man die Sünden über= denke und vor ihnen Abscheu habe, wenn Einer, wie sie sprechen, seine Jahre in bitterer Betrübniß seiner Seele wieder überdenkt, indem er erwägt, wie schwer, schädlich, häßlich und viel seine Sünden seien, und wie er damit die ewige Seligkeit verloren und die ewige Ver= dammniß erlangt habe, und dergleichen, was Traurigkeit und Schmerz erwecken mag. Aber diese Reue macht nur einen Heuchler, ja, einen ärgeren Sünder, weil der Mensch allein aus Furcht vor dem Gebot und Schmerz über seinen Schaden dies thut. So diese ohne Gebot und Dräuung der Strafe frei sollten bekennen, würden

---

¹) Var. arg. 1, 176. ²) Var. arg. 1, 331.

sie gewißlich sagen, sie hätten kein Mißfallen an ihrem vergangenen Leben, während sie doch gezwungen werden, zu bekennen, daß es ihnen mißfalle; ja, je mehr sie also aus Furcht vor der Strafe und Schmerz über ihren Schaden Reue empfinden, desto mehr thun sie Sünde und belustigen sich daran, so sie die Sünde müssen hassen, die sie doch nicht wollen hassen. Denn das Gesetz und Erkenntniß der Sünde macht, daß die Sünde überhand nehme, wie der Apostel spricht Röm. 5. Und das ist die Reue, von der sie sagen, daß sie außerhalb der Liebe und nicht verdienstlich sei. Andere heißen sie eine halbe Reue (attritio), welche am nächsten geschickt mache zur völligen Reue (contritio). Das ist ihre Meinung, die ich für einen Irrthum halte. Luther tadelt also an der scholastischen Auffassung der Buße, daß sie dieselbe aus dem selbstischen Motiv der knechtischen Furcht herleite, welche, im Wesen Eins mit der Liebe zur Sünde, der Kraft zu bessern entbehrt. An die Stelle dieses schlechten Motivs setzt er nun jenes andere, für welches ihm einst Staupitz das Auge geöffnet, die Liebe zur Gerechtigkeit: Zum Andern, so läßt er sich vernehmen, wird die Reue erlangt durch Anschauung und Betrachtung der schönsten Gerechtigkeit, wenn der Mensch bei sich selbst bedenkt, wie schön und trefflich die Gerechtigkeit sei, und für dieselbe entbrennt und mit Salomo ein Liebhaber der Weisheit zu werden anfängt. Das macht einen recht Bußfertigen. Willst du z. B. Buße thun wegen der Ueppigkeit, so darfst du nicht zählen ihre Laster, Unflätereien und Schaden, denn solches wird bei dir nicht lange währen, weil es eine erzwungene Reue ist, die durch die Macht des Gebots entstanden ist; sondern habe Acht auf die Gestalt der Keuschheit und ihren herrlichen Nutzen, daß sie dir von Herzen wohlgefalle. Und also verhält sich's mit allen andern Tugenden. Luther macht hierzu noch eine feine Bemerkung, die zeigt, daß er in diesem seinem Idealismus nicht der abstracten Idee des Guten, sondern dem leibhaftigen Ideal die Macht zuerkennt, das Herz zu gewinnen. Die Liebe zur Gerechtigkeit wird nämlich besonders erweckt, wenn wir sie in den Menschen betrachten, die durch sie hervorleuchten, besonders also in Christo und den Heiligen[1]). Denn an sich selbst

---

[1]) Luther führt dies dann noch weiter aus mit Berufung auf Anselm, den Eindruck der Schilderungen des Pontitian auf Augustin. (Vgl. oben S. 34) und den Apostel Paulus.

betrachtet bewege sie einen fleischlichen Menschen wenig. Ein tiefer Blick in die Bedeutung des Persönlichen für das Sittliche!

Die Vollständigkeit erfordert es hier noch, eine Aeußerung anzufügen, welche dem Gedanken, daß die Buße mit der Liebe anfangen müsse, durch unmittelbare Beziehung auf Gottes Liebe eine etwas andere Gestalt giebt. In den zu Wittenberg über die zehn Gebote gehaltenen Predigten heißt es: Die Reue — er redet von einer Reue, durch die man sich mit Gott versöhne, — muß also geschehen, daß sie mehr aus Liebe, denn aus Haß hervorgehe. Dann aber entspringt sie aus Liebe, daß ich Beispiels halber für Einfältige rede, wenn der Mensch bei sich selbst bedenket alle Wohlthaten, die ihm Gott sein Lebenlang erwiesen hat, und denselbigen entgegenhält seine Undankbarkeit und Laster im Mißbrauch solcher Wohlthaten. Wenn du das Alles fleißig erwägest, so erregt es dir wunderbarlich einen Haß und Unwillen gegen dich selbst und inbrünstige Liebe und Lob Gottes. Und das ist eine wahrhaftige, lebendige, kräftige und thätige Reue [1]).

Diesem Hauptgedanken seiner antischolastischen Lehre von der Buße giebt er nun folgende Begründung: **Die Liebe ist allewege eher als der Haß, und der Haß fließt von Natur ganz ungezwungen aus der Liebe.** Daraus wird nun ein Eifer, welcher ist eine zornige Liebe und ein Haß des Bösen um des Guten willen. Also kommt der Haß gegen die Sünde und Verdammung des vorigen Lebens von sich selbst, ohne mit Sorge und Mühe gesucht zu werden, sonst würde in verkehrter Ordnung und stets fruchtloser Bemühung die Gerechtigkeit durch den Haß gegen die Sünde vergeblich gesucht. Es muß die Buße süße sein und muß aus der Süßigkeit niedersteigen zum Zorn und zum Haß gegen die Sünde. Denn die Liebe ist ein stetes Band, weil sie freiwillig ist; der Haß aber besteht nur eine Zeitlang, weil er aus Gewalt herkommt. Darum sollst du den Menschen erst dahin bringen, daß er die Gerechtigkeit liebe, so wird er ohne dein Lehren Reue empfinden über die Sünde. Laß ihn nur Christum lieben, er wird bald sich selbst hassen und verleugnen. So Ps. 45 [2]).

Es würde weit vom Richtigen entfernt sein, wollte man hierin einen Widerspruch gegen den Lutherschen Grundsatz von der gänz-

---

[1]) Dec. Praecept. 12. 86 f. [2]) Var. arg. 1, 334.

lichen Verderbtheit der menschlichen Natur entdecken. Der Sinn seiner Forderung, daß die Buße mit der Liebe zu Gott, zu Christo, zur Gerechtigkeit anfangen müsse, ist nur der, daß das Evangelium mit dem Glauben untrennbar verbundene, für das Sterben des alten und den Beginn des neuen Lebens fruchtbare religiös=ethische Eindrücke bewirkt, durch welche das Gute als Ideal dem Gemüthe nahe gebracht wird. Diese Gegenwart ist allerdings eine verborgene, so daß das Gefühl, das derselben entspringt, wesentlich das des Mangels ist; es ist das geheime Sehnen, in dem die Sinnesänderung anhebt, und das zunächst sich im Zwiespalt mit dem eigenen Ich, im Gefühl der Weite des Abstandes zwischen dem sittlichen Ist und dem sittlichen Soll offenbart, so daß man die Meinung Luthers ohne Scheu wird durch das Paradoxon ausdrücken dürfen: die Liebe zur Gerechtigkeit bewirkt die Erkenntniß, daß man die Gerechtigkeit garnicht liebt. Und wie diese Liebe zur Gerechtigkeit, dies Aufleuchten des sittlichen Bewußtseins im Menschen das Bild von dem, was er nicht ist, in scharfen Umrissen entstehen läßt, das Gegentheil aller Selbstbefriedigung im Gefühl erzeugt, so gewährt auch die Buße, welche mit dieser Liebe anhebt, nicht jenen sinnlichen Schmerz, aus dessen Thränenreichthum der Zerknirschte mit der Gewißheit seiner Buße zugleich eine Erquickung und einen Trost gewinnen und so wieder zu einer verfeinerten Selbstgerechtigkeit geführt werden könnte; sondern diese Buße wird sich offenbaren als eine Betrübniß darüber, keine Buße zu haben, und aus dieser völligen Erkenntniß seines Nichts kommt der Mensch zu dem Glauben an die göttliche Barmherzigkeit, in welchem ebenso sehr der Ruhm eigener Gerechtigkeit untergeht, wie in ihm der Trost der allen, auch diesen Mangel an wahrer Buße ausfüllenden göttlichen Gnade gegeben ist. Er räth daher dem ganz an sich Verzagenden: Wenn du erkennst, wer du bist, so leugne es nicht, sondern kreuch in einen Winkel und bete zu deinem himmlischen Vater im Verborgenen: Siehe, mein frommer Gott, du hast mir geboten, daß ich Buße thun soll, aber ich armer Mensch bin also gesinnt, daß ich fühle, wie ich weder will noch kann. Darum falle ich dir zu Füßen und bitte um Gnade und Barmherzigkeit. Hast du mir die Buße geboten, so mache mich bußfertig[1]).

---

[1]) Tauler, Bl. 157 c.: Und hätte der Mensch nicht Reue, so habe er um daßelbe Reue, das ist Reue, daß man habe Reue um Reue. — 155 d.: Herr,

Dies dein Gebet, Erkenntniß und Bekenntniß deiner Unbußfertigkeit, wenn es dir von Herzen geht, wird schaffen, daß dich Gott für recht bußfertig achte. Es wird machen, daß Christus ersetze von dem Seinen, was dir noch fehlt an dem Deinen [1].

So zeigt sich das auf tiefer eigener Erfahrung ruhende, aber mystisch ausgedrückte Feingefühl seiner Seele für alle die heimlichen Neigungen, die scheinbar zerbrochene eigene Gerechtigkeit gleichsam aus ihren Trümmern wieder aufzurichten; es zeigt sich ferner das Trachten, die mit der Buße anbrechende neue Sinnesart tief auf die vollkommenste Demüthigung zu gründen und von allem Selbstischen rein zu halten.

Die Beichte.

Liebe zur Gerechtigkeit und Freiheit von äußerlichem Zwang und knechtischer Furcht sind im Einklang mit Luthers Auffassung der Reue auch die Seele der rechten Beichte. Er sagt: So du beichten willst, sollst du vor allen Dingen bei dir bedenken, was du thun würdest, wenn kein Gebot zu beichten gegeben wäre, wenn es keine Fastenzeit gäbe, wenn kein Mensch beichtete, wenn keine Scheu noch Scham wäre, sondern Jedermann frei thun möchte, was er wollte: ob du auch dann möchtest beichten und Reue haben? Wenn du dich nicht findest also gesinnt, sollst du wissen, daß du nicht aus Liebe zur Gerechtigkeit, sondern aus Gewohnheit und aus Furcht vor dem Gebot Buße thust und wolltest es lieber halten mit dem Haufen, wenn Jedermann frei stünde, nicht zu beichten. So du aber beichten wolltest, obschon kein Mensch Buße thäte und beichtete, und Reue hätte, ja die ganze Welt anders thäte, daß du darin nicht ansähest das Gebot, sondern thätest es aus Lust und Begierde zu einem neuen Leben, alsdann beichtetest du recht [2].

Aehnlich äußert sich Luther noch 1520 [3]: Ein Mensch muß hier ganz frei sein und bei sich selbst über sich selber sich aussprechen,

---

ich bin nicht würdig, daß du kommest unter mein Dach; nur auf deine grundlose Barmherzigkeit und auf den reichen Schatz deines würdigen Verdienstes gehe ich hinzu; denn mir gebricht Reue, Liebe und Gnade; das finde ich ganz in dir. — Vgl. auch ein Wort in den Scholien, oben S. 36.

[1] Var. arg. 1, 336. [2] A. a. O. S. 335. [3] In dem Tractat de confitendi ratione. Var. arg. IV, 154.

wie er sich gesinnt findet, als wollte er's, auch wenn keine Strafe, kein Gott und kein Gebot wäre. Und als wollte er es einem heimlichen Freunde heimlich in's Ohr sagen, wo er sich nicht schämte, ihm alle seine Sachen zu eröffnen, ja als wollte er mit sich selber von seinen Lastern aufs Allerfreiste reden, so rede er vor Gott, der uns mehr liebt, als wir uns selbst [1]). Manches lautet hier ähnlich wie einige kühne Aeußerungen der Mystiker; der Sinn ist indeß ein ganz einfacher und unverfänglicher. Nicht die Beziehung auf den persönlichen Gott, sondern das aus der knechtischen Furcht stammende Motiv, zu beichten, soll abgewehrt werden.

Von diesen beiden obersten Motiven, Liebe und Freiheit, verwendet nun Luther das erstere noch in einem besonders mystischen Sinne, in dem der Liebe zum Kreuz. Bei der Ermahnung, willig zu beichten hatten auch die älteren Prediger je und je darauf Bedacht genommen, die aus dem Schamgefühl stammende Abneigung zu besiegen. Jener schon einmal erwähnte Berthold von Regensburg versucht dies durch den Hinweis auf das Beichtsiegel und durch die Drohung, daß der Sünder sich sonst am jüngsten Tage werde schämen müssen vor aller Welt, vor Gott selbst, vor seiner heiligen Mutter, vor allen seinen Heiligen, vor allen Engeln, vor allem himmlischen Heer, vor allen Teufeln und vor allen verdammten Seelen in der Hölle; denn diese würden mit ihren Augen alles das sehen, was von Hauptsünden in der Beichte verschwiegen sei [2]). So sucht dieser alte Bußprediger Vertrauen zu dem Priester und die Furcht vor der Hölle zu erregen, um der falschen Scham entgegenzuwirken. Aehnlich weist auch Luther auf die Scham hin, die den Sünder bestimmt im Sterben erwartet; aber nicht um allein durch Furcht und Einschüchterung den ungeneigten Willen zu bezwingen. Was ihn bewegen soll, die Scham vor der Beichte zu überwinden ist ein Anderes: Die Liebe zu der Schmach, die in dem Aufdecken der eigenen Sünde liegt. Er sagt: Daß wir willig und gern beichten, sollen uns zwo Ursachen reizen: die erste, das heilige Kreuz, das ist die Schande und Scham, daß der Mensch sich williglich entblößet vor einem andern Menschen und sich selbst verklaget und verhöhnet. Das ist ein köstlich Stück von dem heiligen Kreuz. — Die ganze Schrift bezeuget, wie Gott dem Demüthigen gnädig und

---
[1]) A. a. O. S. 156. [2]) A. a. O. S. 350, 13.

hold ist; nun ist Demuth nichts anderes, denn zu nichte und zu Schanden werden. Es kann aber niemand baß zu nichte werden, denn mit Entblößung seiner Sünden. Wer also geschickt ist, daß er willig sich bemüthigen und nichtigen will, dem schadet des Pabstes Gesetz nicht, er thut es auch nicht um seines Gesetzes willen, sondern um Gottes willen. Darum lasset uns selbst martern, dieweil wir Zeit haben und die Sünde mit einer kleinen Mühe und kurzer Zeit auslöschen. Es ist kein Fasten, kein Beten, kein Ablaß, kein Wallen, kein Leiden nimmer so gut, als diese willige Scham und Schande, darinnen der Mensch recht grund zu nichte demüthig, d. i. der Gnaden begreifig wird. — Und was ist's, daß wir uns vor einem einigen Menschen so fast schämen, so wir doch am Sterben, da nicht lange hin ist, solche Scham ausstehen müssen vor Gott, allen Engeln und Teufeln, da es wird tausendmal schwerlicher zugehen, welchem allen wir mit dieser geringen Scham vor einem Menschen leichtlich mögen zuvorkommen. Ich weiß auch nicht, ob der einen rechten lebendigen Glauben habe, der nicht so viel leiden will, daß er vor einem Menschen zu Schanden werde, und ein solch klein Stück von dem heiligen Kreuz nicht tragen will; sintemal ein jeglicher Christ ein Kreuze tragen muß, soll er selig und sein Glaube bewähret werden. So ist hier kein Leiden ein Kreuzleiden, denn allein die Scham und Schande, daß er (wie Christus) mit den Sündern geachtet werde [1]). So fügt Luthers Mystik die Pflicht zur willigen Beichte, nachdem sie von den gesetzlichen und theokratischen Motiven befreit ist, als eine freie That des Herzens in die Pflicht zu der Nachfolge Christi ein.

Und ebenso ist es der Gedanke der Freiheit, aus dem einige charakteristische Bestimmungen für die Uebung der Beichte abfließen.

Die kirchliche Satzung hatte sich der Beichte mit besonderem Eifer bemächtigt. Sie hatte dieselbe zu einem System der Einschnürung ausgebildet, das alle Aeußerungen des Gewissens umspannte, so daß der priesterlichen Vollmacht zu binden und zu lösen viel gegeben, dem freien Walten der göttlichen Barmherzigkeit wenig übrig gelassen wurde. Wie weit man in der Praxis hierin ging sehen wir aus einer älteren Predigt [2]), deren zahlreiche Bestimmungen

---

[1]) 27, 867 f. [2]) Deutsche Predigten des XIV. Jahrh. herausgegeben v. Herm. Leyser, Quedlinburg und Leipzig 1838 S. 29—34.

über die Erfordernisse einer rechten Beichte uns in Etwas die Klagen Luthers über die Marter der Gewissen durch die Beichtgebote verstehen lehren. Nach denselben soll die rechte Beichte willig sein; ferner nicht ungern, schnell oder bald; demüthig, glaublich, daß man traue, daß Einem Gnade geschieht; schämig, gemein, daß sie alle Sünde begreife, aber auch, daß man kleine und große einzeln bekenne, soweit man von ihnen noch weiß, — die vergessenen soll man in der Gemeinschaft bekennen; sie soll auch sonderlich sein, daß man sein Bette mit Thränen netze; ungetheilt, daß man Alles bekenne, was mit der Sünde Zusammenhang hat; nackt, weil vor Gottes Augen Alles bloß und entdeckt ist; vollständig und ganz, bescheiden, daß man nichts verschweige, wie es dazu gekommen (nach dem Schema: quis, quid, cum quo, quotiens, cur u. s. w.); mit Reue, bitter in dem Maß, als die Sünde süß gewesen ist; sorgfältig, daß man Sorge hat, keine zu vergessen, sie sei klein oder groß; mit Furcht, daß man nicht wieder in die Sünde falle; mit langsamen Worten; wahrhaftig, mit Angabe der Jahre, Monate, Wochen, Tage, Stunde; innig, gleich dem Gebet. Sie soll auch vor manchem Beichtiger geschehen und oft wiederholt werden; denn je öfter der Mensch die Beschämung leidet, desto größeren Ablaß empfängt er.

Aus dieser Einengung führte die Mystik die Uebung der Beichte heraus. Es war ihr keineswegs daran gelegen, der kirchlichen Satzung zu widersprechen, aber sie konnte sich auch nicht dabei beruhigen, ihr zu genügen. Einmal war es ihr sittlicher Ernst, der seine Stimme erhob gegen die Meinung, als sichere die äußere Erfüllung des kirchlichen Beichtgebotes die göttliche Gnade[1]); dann war es ihre religiöse Innerlichkeit, der es nicht verborgen blieb, daß für die Heilung der Gebrechen, verkehrter Richtungen, wie der Beunruhigungen des Gewissens, das Herzählen derselben vor dem Priester nichts Kräftiges vermöge. Statt desselben drang sie auf die verborgene Beichte, das Aufdecken des Herzens vor Gott und auf das Getrauen in seine Gnade. Tauler sagt: Ich rathe euch und mahne und bitte, daß ihr lernet, Gott innerlich und lauterlich beichten alle eure Gebrechen; und lernet, euch ihm von Grund aus schuldig geben; und wäget vor

---

[1]) Tauler, Bl. 41 c.; 42 c.; 225 d.

ihm großlich und sehr euer Gebrechen mit Leid; und daß ihr euch nicht setzt auf viel auswendiges langes Beichten, viel zu sagen mit Unterschied von euren täglichen Gebrechen. Kinder, von diesem viel Sagen so fallen die Gebrechen nicht ab; und die Beichtiger haben keine Gewalt über die Gebrechen. Unter diesen Gebrechen versteht er besonders die Liebe zu den Dingen, die von der Beziehung auf Gott losgelöst sind; Eigenwille und Genügen der Sinne in der Natur ¹). So sieht die Seelenpflege der Mystik nicht so auf Beobachtung des kirchlich Geordneten, als auf die Bedürfnisse des inneren Lebens; und die Vertiefung der Beichtübung führt zugleich zur Freiheit von dem Beichtgebot.

Luther, der in den Anfängen seiner inneren Entwickelung mit den Beichtaufsätzen der Kirche sich zermartert, in ihrer Befolgung keinen Frieden gefunden und von ihnen weg sich zur freien Barmherzigkeit Gottes gewendet hatte, eignet sich nun auch deutlich diesen Rath der Mystik an. Er sagt: Es ist nicht noth, daß du beichtest, du seiest zur Hoffart geneigt; denn wir sind allewege hoffärtig, und es ist kein Mensch, der ohne Hoffart sei; sondern das sollst du beichten, wenn du zu Willen worden bist ihrer Begierlichkeit mit Worten, Werken oder Gedanken. Das Uebrige klage Gott mit heimlichem Seufzen und mit einer verborgenen Beichte im Kämmerlein, daß er durch seine Gnade in dir jenes Uebel der alten bösen Wurzel ausrotte ²). Aehnlich spricht er sich darüber aus, was zu thun sei bei der Sünde der Trägheit, die innerlicher und subtiler sei, als die im äußeren Gottesdienst, und im Vertrauen auf die angefangene Gerechtigkeit und in Nachlässigkeit im Zunehmen bestehe. Als mich dünkt, soll man das nicht beichten; denn es ist ein geistliches Gebrechen, das man allein Gott entdecken soll, der allein da Heilung schaffen mag ³). Und weil ihm nun, wie in dem von der Sünde handelnden Abschnitt ausgeführt ist, der Begriff der Sünde sich so vertieft hatte, daß die Distinctionen von Todsünde und läßlicher Sünde sich aufzulösen begannen, so schließt er auch die Todsünde von der Verpflichtung gebeichtet zu werden aus. Es sei unmöglich, alle Todsünde zu bekennen. Nur die offenbaren Todsünden bezeichnet er als solche, die vor dem Priester zu beichten seien ⁴).

---

¹) Tauler, Bl. 213 c. d.; cf. 231 b.; 159 a.; 97 c.; 99 c.; 83 a. ²) Doc. Praecept. 12, 212. ³) Ebendort S. 218. ⁴) 20, 190. Var. arg. 1, 337.

So wenig wie bei der Mystik ist es bei Luther eine zur Auflehnung gegen die Kirche oder zur Ablösung von ihr disponirte Willensrichtung, aus der diese Anschauungen von der Beichte stammen. Vielmehr ist bei ihm noch deutlicher als bei der geistesverwandten Mystik der feinfühlige, aber auch empfindliche Nerv seines Glaubens und Lebens gleichsam der Motor dieser freiheitlichen Bewegung seines theologischen Denkens: die unverkürzte Ehre der göttlichen Barmherzigkeit. Einen scrupulösen Eifer, die kirchlichen Bußregeln zu befolgen, sieht er von der Gefahr bedroht, in dem, was man von jenen Forderungen verwirklicht hat, die Gewähr der Gnade, den Trost des Gewissens zu erblicken. Dieser die Ehre göttlicher Gnade beeinträchtigende Grund eines falschen Vertrauens kann einmal liegen in der Herstellung des Zustandes, den die contritio cordis forderte; und gegen diese Selbstgerechtigkeit der Thränen wendet er sich mit den Worten: Siehe zu, daß du nicht irgendwie vertraust, du seist absolvirt um deiner Reue willen; denn also wirst du dein Vertrauen setzen auf dich selbst und auf deine Werke und dich damit erheben [1]). Dann aber konnte eigengerechter Sinn aus der Ableistung der confessio oris sich einen falschen Trost bereiten, und das um so eher, je specieller die Beichte gewesen wär. Und dieser Abweichung von der Bahn des Glaubens an die freie Gnade will er mit der Lockerung jener das Gewissen einschnürenden Bestimmungen und der Einführung der individuellen Freiheit in dies Gebiet begegnen. So, wenn er sagt: Wenn wir unsere Sünde haarklein wollen beichten, thun wir nichts Anderes, denn daß wir der Barmherzigkeit Gottes nichts wollen übrig lassen, um es zu vergeben, und daß wir nicht wollen ihm vertrauen, sondern wir setzen unser Vertrauen auf unsere Beichte, und damit wollen wir sicher sein und Gottes Gericht nicht fürchten, da doch Gott Gefallen hat an denen, die ihn fürchten und auf seine Güte hoffen [2]). Wieviel ihm an der Abwehr dieser Beichtgerechtigkeit lag, zeigt ein merkwürdiger Gewissensrath, für den er sich ausdrücklich auf einen Mystiker beruft, daß Einer zuweilen, wie auch Joh. Gerson etlichemal gerathen, bei Beschwerung seines Gewissens zum Sacrament gehen solle ohne Beichte, wenn er etwa zuviel getrunken, geredet, geschlafen oder ein Stunden-

---

[1]) Var. arg. 1, 338. [2]) Ebendort.

gebet nicht gebetet habe. Willst du wissen, fragt er, warum dieser
Rath gegeben wird, so höre: auf daß der Mensch desto mehr auf
Gottes Barmherzigkeit, denn auf seine Beichte oder Fleiß vertrauen lerne; denn es mag nicht genug geschehen wider das ver-
maledeite Vertrauen auf unsere Werke. Auch darum, auf daß,
wenn eine Noth der Anfechtung oder des Todes vorfiele, und sich
jene heimlichen Sünden eräugten, die ein Mensch nie hat mögen
sehen oder beichten, er alsbann bereit und geübt sei, in Gottes
Barmherzigkeit zu trauen, die dem Unwürdigen geschenket ist, nach
dem Spruch: Sein Herz ist bereit, in dem Herrn zu hoffen. — Auf
die Frage, ob man damit nicht das Sacrament verachte und Gott
versuche, antwortet er weiter: Es wird keine Versuchung sein, wenn
es zur Ehre Gottes geschieht, d. i. wenn du es darum thust, nicht,
daß du sein Sacrament verachtest noch ihn versuchest, indem du
bereit bist, alle Sünden zu beichten, sondern auf daß du dein elendes Gewissen gewöhnest, in Gott zu vertrauen, und dich nicht vor
einem jeglichen Rauschen eines fliegenden Blattes fürchtest. Du
sollst nicht zweifeln, Alles, was zu dem Ende geschieht, daß man
ein Vertrauen zu Gott hat, ist Gott das Allerangenehmste, da dies
Gottes Ehre ganz ist, wenn wir auf seine Barmherzigkeit aufs
Allergroßmüthigste unser Vertrauen setzen. Jedoch will ich nicht,
daß dies allezeit geschehe, sondern nur zuweilen, damit das Vertrauen zu Gott aufgerichtet und das Vertrauen auf unsere Beichte
möge verringert werden. Denn der feiert das Abendmahl schwer-
lich ohne Sünde und Laster, der mehr sicher hinzugeht, weil er
gebeichtet hat, als weil Gott barmherzig ist; ja dies ist nichts als
lauter gottlos Wesen [1]).

So weit geht Luther mit der Mystik, um dem Irrthum vorzubeugen, als komme der Beichte neben der Gnade ein selbständiger
Werth zu, als könne in dem Bewußtsein, sie geübt zu haben, irgend
ein Recht zum Trost des Gewissens liegen; und es ist nur die
positive Ergänzung dieser die Verdunkelung der Barmherzigkeit
Gottes abwehrenden Tendenz, wenn er neben jener willigen Selbsterniedrigung in der Beichte, die einem Christen gezieme, als zweiten,
und offenbar als Hauptgrund, der uns zur Beichte reizen
müsse, die Vermittelung der Gnade durch das Wort der

---

[1]) Var. arg. 4, 166 f.

Absolution hinstellt, die theure und edle Verheißung Gottes in den Sprüchen Matth. 16, 19; 18, 18; Joh. 20, 23; Matth. 18, 19. 20. Er motivirt dies so: Obgleich ein Jeglicher bei sich selbst Gott beichten mag und sich mit Gott heimlich versöhnen, so hat er doch Niemand, der ihm ein Urtheil spreche, darauf er sich zufrieden stelle und sein Gewissen stille, muß sorgen, er habe ihm nicht genug gethan. Aber gar fein und sicher ists, daß er Gott ergreife bei seinem eigenen Worte und Zusagen, daß er einen starken Rückhalt und Trotz auf göttliche Wahrheit überkomme, damit er möge frei und kecklich gleich Gott selbst bringen mit seiner eigenen Wahrheit, auf die Weise sprechend: Nun, lieber Gott, ich habe meinem Nächsten vor dir meine Sünde erklagt und offenbart und in deinem Namen mit ihm mich vereiniget und Gnade begehret; so hast du aus großer Gnade zugesagt: Was gebunden wird, soll gebunden sein, was gelöset wird, soll los sein; und soll geschehen von deinem Vater, was wir einträchtiglich begehren; ja, halte ich mich deiner Zusagung, zweifle an deiner Wahrheit nicht, wie mich mein Nächster in deinem Namen entbunden hat, so sei ich entbunden und mir geschehe, wie wir begehret haben [1]. So liegt der Trost der Beichte in der Absolution, der individuellen Zueignung der Gnadenverkündigung des Evangeliums, und die Aneignung desselben geschieht durch den Glauben.

Von der weiteren Entwickelung der Lehre Luthers, wie sie Macht und Recht, die Absolution zu sprechen in die Hände der Christenheit zurücklegt, indem sie die von der römischen Kirche geschaffene Abhängigkeit der Gültigkeit der Absolution von dem priesterlichen Character des Lossprechenden aufhebt, hat diese Darstellung abzusehen [2]. Für diesen im eigentlichen Sinne reformatorischen Theil seiner Lehre von der Beichte ist es nicht die Mystik, sondern die Schrift und die aus ihr geschöpfte Anschauung vom Verhältniß des Wortes zum Glauben, die den Gang seiner Gedankenentwickelung bestimmt hat.

Genugthuung und Ablaß.

Für eine Genugthuung im Sinn einer Abbüßung von Sünde gab es in Luthers Theologie zur Zeit der Psalmenglosse von 1513,

---

[1] 27, 369 f. [2] Vgl. 27, 374 und die ausführliche Darstellung bei Köstlin, Luth. Theologie an den betr. Stellen.

der Scholien, und vollends jetzt keine Stelle mehr. Die von der
Kirche juridisch gedachte Ableistung war bei Luther durch die voll
und tief geschöpfte Idee des christlich sittlichen Lebens verdrängt; es
galt ihm nicht mehr, Gnade zu verdienen, sondern die frei und
umsonst geschenkte zu erwiedern [1]), und nur der gleiche Ausdruck
ist als Bezeichnung eines so ganz anderen Vorgangs geblieben, wenn
er erklärt, die beste Genugthuung sei nimmer sündigen und seinem
Nächsten alles Gute thun, er sei Freund oder Feind [2]).

Auch hier flicht sich alsbald ein für seine Auffassung der Reue
wie der Beichte wirksamer mystischer Lieblingsgedanke ein. Er sagt:
Die, welche in der Gnade stehen, sind keinen Augenblick ohne äußerliche und innerliche Buße, weil sie sich heiligen von aller Befleckung
des Fleisches und des Geistes, ob sie schon nicht stets jene henkerische
und erdichtete Heuchelei an sich nehmen. Im Gegensatz zu der
Meinung des Silvester Prierias, daß man in der Freude nicht
Buße thun könne, behauptet dann Luther, daß die Buße desto reiner
sei, je fröhlicher und lustiger sie sei; denn einen fröhlichen Geber
habe Gott lieb. In Gott haben wir, worüber wir uns freuen
mögen, in uns aber, worüber wir zu klagen Ursach haben. Darum
muß Freude im Trauern und Traurigkeit in der Freude
sein; Freude heimlich, Trauern offenbarlich [3]). Wie Buße
und Beichte die Liebe zur Gerechtigkeit voraussetzen, so wirkt diese
hinwiederum sammt den sie begleitenden Zuständen des Gemüths
jene reinigende Lebensrichtung, in welcher die Buße sich vollendet.

Es ist weiter ein der Mystik congenialer, aber auf eigener feiner,
ja man möchte sagen, speculativer Betrachtung des sittlichen Lebens
ruhender Beweis, mit dem er nachweist, daß die Buße seiner Auffassung jene sacramentliche der Scholastik an Werth übertreffe. Er
geht aus von der Idee einer unbewußten, zur Natur gewordenen Sittlichkeit und weist nach, daß sie zu der mit Bewußtsein auf die Erreichung gewisser Zwecke gerichteten Uebung sich
wie das Vollkommene zu dem Anfange verhalte. In diesem Sinne
sagt er: Die Werke sind nach dem Urtheil Aller, welche
die verborgenene Theologie geschmeckt haben, die besten,
die Christus ohne uns in uns wirket, und die sind beinahe
die schlimmsten, die wir nach des Aristoteles grundböser Lehre nach

---

[1]) 20, 188. a. 1518. [2]) 20, 191. [3]) Var. arg. 2, 14 f. a. 1518.

unserer Wahl und durch-Vermittelung unseres freien Willens (lib. arbitr.) thun. Denn so geschieht es, daß der am besten fastet, der in andere bessere Gedanken vertieft nicht einmal denkt, ob er faste; denn der wird am weitesten von der Lust zum Essen geschieden: nicht so aber der, welcher es im Sinne hat und sich vornimmt zu fasten. Also thut auch der ohne Zweifel rechte Buße, welcher über Heiliges nachsinnt oder das, was seines Berufs ist, mit Bedacht wirkt, wenn er sich dadurch von Lastern enthält oder sich in solcher Enthaltung bewahrt, wenn anders er das aus Liebe zu Gott und nicht um seinetwillen thut; denn das heißt eben rechte lebendige Buße thun, die Seele um Gottes willen von Lastern absondern, in solcher Absonderung erhalten und immer mehr absondern[1]).

Nur so lange als Buße eine von der Kirche auferlegte Leistung galt, mochte es von der Kirche abhängen, sie aufzuheben oder in eine andere Form der Leistung zu verwandeln; nur so lange konnte es einen Ablaß geben. Sobald aber unter der Buße statt einer auferlegten, verordneten Uebung ein aus der Natur des christlichen Lebens mit Nothwendigkeit sich ergebendes Thun oder Leiden verstanden ward, fiel auch das Recht des Ablasses dahin. Da das Kreuz und die Tödtung (mortificatio) der Begierden von Christo geboten ist und ein wesentliches Stück der geistlichen Buße und allerdings nöthig zur Seligkeit ist, so steht es auf keinerlei Weise in der Gewalt irgend eines Priesters, daß er dieselbe vermehre oder verringere. Denn sie beruht nicht auf dem Gutdünken eines Menschen, sondern auf der Gnade und dem Geist. Ja, diese Strafe ist weniger in der Gewalt des Papstes, als alle anderen Strafen, welchen Namen sie immer haben. Er kann sie nicht aufheben, nicht einmal durch das Gebet. Ja, er soll sie vielmehr dem Sünder verschaffen und auflegen, d. i. verkündigen, daß sie ihm auferlegt sei, sonst machte er das Kreuz Christi zu nichte und verbände die Ueberbleibsel der Cananiter mit seinen Söhnen und Töchtern[2]). So läßt sich Luther auch 1518 in Uebereinstimmung mit seinem ersten Zeugniß wider den Ablaß aus.

Fegefeuer und Ablaß.

In demselben innerlichen Geist, der hier die juridischen Anschauungen durchbrach, schmolz Luther alsbald die Vorstellungen

---

[1]) Var. arg. 2, 10 f. [2]) Var. arg. 2, 143 f.

über einen transscendenten Zustand um, den die Kirche in innige Verbindung mit dem Ablaß gebracht hatte: die Vorstellungen über das Fegefeuer.

Zwar darüber, daß ein Fegefeuer sei, daß es als ein jenseitiger Zustand existire, hat er sich zu der Zeit, wo der Seitens der Kirche prätendirte Zusammenhang zwischen der Kraft des Ablasses und dem Fegefeuer ihm viel zu schaffen machte, einen Zweifel nicht gestattet. Wohl aber äußert er sich in einer Predigt vom J. 1516 [1]) über die Ablässe für die Seelen im Fegefeuer nur unter großen Einschränkungen und Bedenken. In den Thesen leugnet er dann schon bestimmt das Recht, eine Verwandlung kirchlicher Bußwerke in Leiden des Fegefeuers zu statuiren: Durch den Tod seien die Sterbenden von Allem, auch den durch die Bußcanones auferlegten, aber noch nicht abgebüßten Kirchenstrafen von Rechts wegen los. Zugleich ist seine Ansicht vom Fegefeuer eine wesentlich andere, als die gewöhnliche. Während die Kirche den Schmerz des Fegefeuers gern als einen äußerlichen beschrieb, so versteht er unter demselben ein innerliches Leiden: die Furcht wegen der unvollkommenen geistlichen Gesundheit und Liebe, eine Furcht, die mit der Größe der Unvollkommenheit wachse und dem Schrecken der Verzweiflung nahe komme; Hölle, Fegefeuer und Himmel unterscheiden sich wie Verzweiflung, Nahezu-Verzweiflung und Sicherheit (Gewißheit der Gnade) (Thes. 13—16). Eine Wirkung auf die in diesem Zustand befindlichen Seelen ist nur möglich durch die Fürbitte, nicht durch den Ablaß oder die Schlüsselgewalt des Papstes (Thes. 26).

Schon hier berührt uns ein mystischer Anhauch, wenn er ungewiß ist, ob alle Seelen wünschen, vom Fegefeuer erlöst zu werden (Thes. 29). Doch beruft er sich hierfür zunächst auf die Legende. Aber über allen Zweifel erheben es reichliche Aussprüche aus dem Jahre 1518, wie sehr diese seine Anschauung, während sie sich einerseits als Reflex selbsterlebter innerer Pein kundgibt, zugleich unter dem Einfluß mystischer, besonders Taulerscher Auslassungen steht [2]).

Er nennt Furcht, Grausen und fast gänzliche Verzweiflung die Strafe des Fegefeuers [3]). Ueber die Ursachen dieses Schreckens,

---

[1]) Var. arg. 1, 167. [2]) Vgl. zu dem Folgenden Tauler Bl. 59 a.; 138 b., wo der innere Schmerz der Seele Fegefeuer und höllische Pein genannt wird; aber außer diesen Stellen haben Luther die vorgeschwebt, in welchen Tauler von der Anfechtung überhaupt handelt. [3]) Var. arg. 2, 29.

namentlich bei Sterbenden, äußert er sich ähnlich wie schon 1517 in These 13—16 und zugleich im Zusammenhang mit seinen Anschauungen über Furcht und Liebe: Wenn Jemand vom Tode übereilet wird, ehe er es zu der vollkommenen Liebe bringen kann, die die Furcht austreibt, so stirbt er nothwendig mit Furcht und Schrecken; diese Furcht ist an ihr selbst, daß ich anderer Dinge schweige, und allein genug, daß sie des Fegefeuers Qual und Pein anrichte, dieweil sie der Angst der Verzweiflung ganz nahe ist [1]). Nicht, daß die Seele verzweifle; aber sie empfindet, so lange sie im Fegefeuer ist, nichts als Verzweiflung; sie ist in so großer Betrübniß und Angst des Schreckens, daß sie nicht fühlt, daß sie hofft [2]). Hier ist die Seele mit Christo ausgedehnt, daß man gleichsam alle ihre Gebeine zählen kann; und es ist kein Winkel in ihr, der nicht mit der bittersten Bitterkeit, Schrecken, Zittern und Traurigkeit angefüllt wäre [3]). Die Strafen des Fegefeuers und die der Hölle sind dieselben, nur der Ewigkeit nach voneinander verschieden [4]), und bei den Verdammten kommt noch das Uebel hinzu, daß sie Gott lästern; bei den Seelen im Fegefeuer aber ist bloße Klage und unaussprechliches Seufzen, wobei der Geist ihnen aufhilft [5]).

Wo der Ort des Fegefeuers sei, bekennt Luther nicht zu wissen [6]). Am meisten interessirt ihn die Frage nach der Beschaffenheit der Qual desselben. Er ist der Ansicht, daß diese auch von Lebenden geschmeckt werde. Als Einen derselben nennt er den König David und sagt dann: Was lehret auch Johannes Tauler in seinen deutschen Reden anders, als die Leiden dieser Strafen, davon er auch einige Exempel anführt; und ich weiß zwar, daß dieser Lehrer in den Schulen der Theologen unbekannt ist und daher vielleicht mit Verachtung angesehen wird; aber ich habe in ihm, obgleich sein Buch ganz in deutscher Sprache geschrieben ist, mehr von gründlicher und lauterer Theologie gefunden, als in allen scholastischen Lehrern aller Universitäten zusammen gefunden worden ist, oder in ihren Sentenzen gefunden werden kann. Weiter fährt er fort: Ich kenne einen Menschen, der es versichert hat, er habe diese Strafen öfters erlitten; zwar in kurzem Zeitraum, sie wären aber so groß und so höllisch

---

[1]) Var. arg. 2, 177. [2]) Var. arg. 2, 182. [3]) Ebend. S. 181. [4]) Ebend. S. 2, 178. [5]) Ebend. S. 193. [6]) Ebend. S. 177.

gewesen, daß deren Größe keine Zunge aussprechen, keine Feder beschreiben, noch Jemand, der es nicht erfahren, glauben könne, also daß er, wenn sie ihren vollkommenen Grad erlangen oder eine halbe Stunde, ja nur den zehnten Theil einer Stunde anhalten sollten, gänzlich zu Grunde gehen würde, und alle seine Gebeine in Asche verkehrt werden würden [1]).

Mag man in dieser Schilderung eine Hindeutung auf etwas von Luther selbst Erlebtes oder, und es zwingt nichts, hiervon abzusehen, den wirklichen Bericht eines Zeitgenossen erblicken, sie entspricht dem, was er selbst innerlich durchgekämpft hatte. Und so las er denn auch im Sinn dieser Verähnlichung von Anfechtung und Fegefeuer in die Psalmen, in denen er den Angstruf des erschrockenen Gewissens fand, Schilderungen des Fegefeuers hinein. Besonders sagt er vom ersten Vers des sechsten Psalms, er habe aus ihm genommen, was er einst über das Fegefeuer disputirt [2]). Ein ander Mal nennt er außer Psalm 6 noch Psalm 22 und Psalm 87 und verweist dann wieder auf den Tauler, der an vielen Stellen dasselbe habe [3]).

Von verschiedenen Seiten her gewann er nun dieser Anschauung vom Fegefeuer polemische Momente ab. Um dieselben zu würdigen, ist es nöthig, zugleich auf die Angriffspunkte zu achten, die aus seiner Betrachtung der canonischen Buße sich ergaben. Er bezeichnet das zunächst als eine Quelle des Irrthums, canonische Strafe auf das Fegefeuer auszudehnen, und sagt: die Canonisten beachten nicht, daß die Canones in der Zeit dieses Lebens gegeben sind und auf Erden binden, so daß es sich hiermit wie mit dem verhält, welcher eine Stadt mit einer anderen und zugleich mit den städtischen Rechten derselben vertauscht. Wenn er etwas schuldig ist, wird er genöthigt, seine Verpflichtungen zu erfüllen, ehe er fortzieht. Deswegen ist den Sterbenden durchaus nichts aufzulegen, und sie sind nicht mit einem Rest an Buße ins Fegefeuer zu verweisen. — Es ist an diesem Punkte, daß er sich mehrfach auf Gerson bezieht. Er widerspricht demselben, der an einem Orte ein solch Verweisen in's Fegefeuer gebilligt, lobt ihn aber dafür, daß er sich unterstanden, den unter dem Titel vieler tausend Jahre ertheilten Ablaß zu verwerfen, und wundert sich, daß der Ketzermeister ihn

---

[1]) Ebend. S. 180. [2]) Oprt. 14, 310. [3]) Br. de W. 1, 464. Hier ist Z. 2 des betr. Br. Pf. 12 genannt; aber jedenfalls muß es heißen: Pf. 22.

nicht noch nach seinem Tode verbrannt habe. Er will, daß man in Uebereinstimmung mit einem Rathe Gersons die Leute, die ihre Buße nicht völlig bei ihren Lebzeiten haben ableisten können, anweise, den Tod standhaft und nach Gottes Willen zu erdulden [1]). Denn wo der Tod sei, da müsse alle andere Strafe aufgehoben werden, da kaum ein einziger Mensch stark genug sei, nur allein diese Strafe des Todes auszustehen; und die canonische Strafe für höher halten, als die Strafe des Todes, sei eine Beleidigung für den Tod der Christen, von dem es doch heiße: Köstlich ist vor dem Herrn der Tod seiner Heiligen [2]).

So setzt also nach Luther der Tod in zwiefacher Hinsicht der Gültigkeit der canonischen Strafen ihr Ziel, einmal als Abschied aus der Sphäre des canonischen Rechts, dem zeitlichen Leben, dann aber gleichsam als consummatio aller Uebel und Strafen. Als eine solche gilt er ihm vermöge der geschilderten Schrecken der Anfechtung, von denen er den sterbenden Christen umringt sieht. Damit ist denn der mystische Weg der Ueberwindung alles Leides, die Gelassenheit, auch der Weg, von dem Fegefeuer loszukommen. Frei von ihm wird werden, wer mit Willen und Liebe es erduldet. In diesem Sinne war der von ihm ausdrücklich gebilligte Rath Gersons gegeben; aber aus eben diesem Grunde ist es ihm zweifelhaft, ob alle Seelen aus dem Fegefeuer erlöst zu werden wünschen. Er erinnert an Moses, an Paulus, die für das Volk Israel bereit gewesen Strafe zu leiden, und an eine fromme Jungfrau, von der Tauler erzähle, daß sie aus Liebe zum Willen Gottes die Strafe des Fegefeuers erduldet habe [3]). Er glaubt daher, daß keine Seele von den Strafen

---

[1]) Var. arg. 2. 161. 168. [2]) Ebend. S. 164. [3]) Astor 348. 353. Köstlin, Luth. Theol. 1, 235. Die Erzählung findet sich bei Tauler Bl. 41 f. und enthält Folgendes: Die Jungfrau sah in einer Verzückung sich in einer unaussprechlichen Ferne von Gott, und da geschah ihr unaussprechliches peinliches Weh, daß sie bedäuchte, sie müßte von Stund an vergehen. Denn das ist die größte und meiste Pein, welche die Seelen in der Hölle haben, daß sie sich selber erkennen gelernet und geschieden von dem ewigen Gott und von allen seinen Auserwählten, und erkennen das und wissen das, daß es also ewiglich währen soll. Nachdem nun die Jungfrau sich vergeblich zu unserer lieben Frau, zu allen Heiligen und auch in menschlicher Weise zu dem bitteren Leiden unseres Herrn Jesu Christi gekehrt, kehrte sie sich zu dem ewigen Gott und sprach: Gnädiger, ewiger Vater, ich falle demüthig in dein gerechtes Urtheil nach

des Fegefeuers entbunden werde ihrer Furcht wegen, bis sie nach abgelegter Furcht anfange, in solcher Strafe den Willen Gottes zu lieben, und mehr Gottes Willen liebe, als sich vor der Strafe fürchte, ja bis sie allein Gottes Willen liebe, die Strafe aber gering achte oder in dem Willen Gottes sogar liebe [1]).

Einige der Thesen erhalten erst durch diese Ausführungen volles Licht. Ist nämlich das Fegefeuer ein Zustand fast völliger Verzweiflung, so ist Thesis 19 gerechtfertigt, daß man bei den Seelen im Fegefeuer nicht die Gewißheit über ihr Seelenheil voraussetzen dürfe; und findet die Erlösung von der Strafe des Fegefeuers bei denen statt, die die Strafe um Gottes Willen lieben, so darf Thesis 18 bestreiten, daß die Seelen im Fegefeuer sich außerhalb des Zustandes des Wachsthums in der Liebe (extra statum augendae caritatis) befänden [2]). Und endlich, ist das Fegefeuer etwas so Innerliches, der Anfechtung Verwandtes, so muß behauptet werden, daß die Seelen weder durch sonderliche Weise der Fürbitte, noch durch Ablaß errettet werden mögen; denn auch dem, der bei seinen Lebzeiten Solches zu erdulden hat, mag kein Ablaß helfen, sondern allein das Gebet der Kirche [3]). Es möchte nun scheinen, als setzte Luther sich mit der Forderung des Gebets in Widerspruch mit seiner Behauptung, daß die Seelen die Strafe des Fegefeuers willig erdulden; aber er begegnet solcher Einrede einmal mit dem Hinweis darauf, daß es unsere Schuldigkeit sei, mit ihrer Angst Mitleiden zu haben und ihnen mit Gebet zur Hülfe zu kommen, gleichwie allen anderen Menschen, ob sie gleich in ihren Leiden standhaft sind. Dann aber folgt Recht und Pflicht der Fürbitte aus dem göttlichen Gegenstande der Furcht der Leidenden, die ja über ihren Zustand im Ungewissen sind; denn sie fürchten sich mehr davor, daß sie Gott nicht loben und lieben, welches in der Hölle nicht geschehen würde, als daß sie leiden sollen, und in diesem ihrem allerheiligsten, aber sehr ängstlichen Verlangen kommt ihnen die Kirche billig zur Hülfe [4]).

---

deinem allerliebsten Willen, ob du mich anders in dieser höllischen gräulichen Pein wollest ewiglich haben; deß lasse ich mich demüthiglich, ewiger Gott, in deinen allerliebsten wohlgefälligsten Willen in Zeit und in Ewigkeit; denn was dir von mir und in mir wohlgefällt, darin soll und will ich mich in deinen Willen ewiglich ergeben.

[1]) Var. arg. 2, 188. [2]) Var. arg. 1, 286. [3]) Oprt. 14, 310. [4]) Var. arg. 2, 195 f.

Der Antheil der Mystik an den reformatorischen Hauptschriften der folgenden Jahre ist schon in der Darstellung der Lehre Luthers nachgewiesen worden [1]). Doch erscheint es angemessen, nicht bloß ihren Einfluß auf das reformatorische Zeugniß zu erörtern, sondern auch ihr Verhältniß zur inneren Stellung des Reformators selbst gegenüber seiner Aufgabe.

Mystiker und Reformator.

Zwischen Luthers Lehre und seinem Leben giebt es keinen Dualismus, nur Harmonie [2]). Durch wahrhaftige Bedürfnisse war er zur Erkenntniß der evangelischen Wahrheit gelangt, und die gewonnene blieb ihm die Grundlage und Nahrung seines Lebens. So mußten ihn die geistigen Mächte, die ihn nach jener Seite gefördert hatten, auch nach dieser bestimmen und bilden. Und hiervon giebt schon die Darstellung seiner Lehre selbst Zeugniß, in der es nichts Nachgesprochenes, Angelerntes giebt, in der überall das Aufgenommene mit der großen evangelischen Fundamentalwahrheit, die seinen ganzen inneren Menschen ergriffen hatte, durch eine geistige Arbeit innig verbunden ist, welche den religiösen Tiefsinn, wie den sittlichen Ernst des Lernenden erkennen läßt. Dazu hat die Sprache auch Ton und Farbe des Lebens. Sie ist der Spiegel seiner Seele, wie sie von dem, was er sagt, tief und mächtig bewegt wird. Auch der Zusammenhang war schon hier und da erkennbar, der sich zwischen dem Leidenssinn der Mystik und der schweren Kampfesaufgabe, die Luther aufbehalten war, herausbildete, ebenso auch die Schranke, die dem fördernden Einfluß der Mystik gezogen blieb. Doch verlohnt es sich, diesem innerlichsten Proceß persönlicher Willens- und Characterbildung, in dem die Stille des mystischen Geistes und die Stürme des Lebens, in dem ferner Gnade und Temperament ineinander griffen, noch besonders nachzugehen. Ueberall tritt uns in den Briefen Luthers [3]) eine durch die Ueberschrift dieses Abschnitts angedeutete Dialectik jener inneren Geschichte entgegen, die nicht

---

[1]) Vgl. bes. die Analyse des Tractats von der Freiheit eines Christenmenschen. S. 180 ff. [2]) Vgl. die Einleitung zu Köstlin, Luthers Theologie. [3]) Ausgabe von de Wette. Auf diese beziehen sich sämmtliche Citate dieses Capitels.

minder bedeutend ist, wie der Gang der äußeren Ereignisse. Wir folgen ihr bis gegen das Jahr 1521, das mit Worms einen ersten großen Abschluß brachte.

Die Grundstimmung, welche die frühesten dieser Briefe wieder und wieder durchklingt, ist tiefe **Demuth**, das Verlangen, daß auch die Freunde nicht hoch von ihm halten möchten, der Wunsch, eher sich mit Schmach bedeckt, als mit Ehre überhäuft zu sehen[1]). So schreibt er 1516 an Spalatin, der ihm mitgetheilt hatte, daß der Churfürst seiner oft ehrend gedenke: Ich bin nicht werth, daß irgend ein Mensch an mich gedenke, geschweige denn ein Fürst, und noch dazu ein solcher Fürst. Ja, ich sehe und erfahre, daß die mir am meisten nützen, welche meiner am übelsten gedenken. Und Dankbarkeit schön mit freimüthigem Eifer um Gottes Ehre vereinend fährt er fort: Dennoch bitte ich dich, du wollest erlauben, daß ich für die Gunst und Wohlthat eben dieses unseres Fürsten danksage, wenngleich ich weder von dir, noch von irgend einem **Menschen gelobt sein will, weil Menschenlob eitel, und Gottes Lob allein wahrhaftig ist**, wie geschrieben steht: Nicht im Menschen, sondern im Herrn wird meine Seele gelobt werden. Nicht als ob die zu tadeln wären, die uns loben, sondern weil sie mehr Menschen als Gott loben, dem allein sei Lob, Ehre und Preis, Amen[2]). An den Rechtsgelehrten Christoph Scheurl in Nürnberg, welcher Staupitz und Luther in einem Briefe sehr gelobt hatte, schreibt er, indem er das Staupitz gespendete Lob gelten läßt, das ihm ertheilte ablehnt: Das ist das Unglück in diesem elenden Leben, daß die Lober und Freunde, je mehr man ihrer hat, desto mehr Schaden anrichten, wie geschrieben steht: Des Menschen Feinde werden seine eigenen Hausgenossen sein; denn soviel weicht die Gunst Gottes von uns, wie die der Menschen uns naht. Denn Gott will unser Freund entweder allein sein, oder gar nicht. Dies Uebel häuft sich auch dadurch, daß, wenn man sich bemüthigt und Lob und Gunst zurückweist, Lob und Gunst, das ist Gefahr und Verderben um so reichlicher erfolgt. O, wieviel heilsamer ist Haß

---

[1]) In den Aeußerungen derselben ist manches Uebertriebene, was wohl auf mönchisches Wesen hindeutet, von dem Luthers Empfinden später frei wurde, als sein Erkennen; besonders in seinen Briefen an kirchliche Obere, vor Allem in den Briefen an den Papst. [2]) I, 45.

und Tadel, als Lob und Liebe Aller, da ja Haß einfache, Liebe aber zwiefache Gefahr bringt. Er fügt dann, um nicht miß= verstanden zu werden, als verachte er des Freundes Wohlwollen, hinzu: Du thust, was einem frommen und christlichen Menschen wohl ansteht, der Niemand verachten soll, als sich selbst; aber ich muß mich bemühen, daß ich, wie du, ein Christ sei, nämlich ein Verächter meiner selbst [1]).

In dieser Gesinnung hatte er sein Kreuz und seine Anfechtung tragen, ja lieben gelernt, und so tröstet er nun auch die angefochtenen Freunde. An Leiffer in Erfurt schreibt er: Ich bin dessen sicher aus eigener, wie aus deiner, ja aus aller derer Erfahrung, die ich je unruhig gesehen habe, daß bloß die Klugheit unseres eigenen Gutdünkens die Ursache und Wurzel aller unserer Unruhe ist. **Das Kreuz Christi ist vertheilt durch die ganze Welt; einem Jeglichen ist immer sein Theil zugefallen.** Wirf denselben also nicht weg, sondern nimm ihn als eine heilige Reliquie auf, nicht auf eine gülbene oder silberne Trage, sondern in ein gülden Herz, d. i. ein solches, welches voll milder Liebe ist; denn wenn das Holz des Kreuzes durch Berührung mit dem Fleisch und Blut Christi so geheiligt ist, daß die Reliquien davon auf das Wertheste gehalten werden: wievielmehr sind Belei= digungen, Verfolgungen, Leiden und Haß der Menschen, der Gerechten wie der Ungerechten, die heiligsten Reliquien, welche nicht durch Berührung seines Fleisches, sondern von Liebe zu seinem allerliebsten Herzen und seinem göttlich machenden Willen umschlossen, geküßt, gesegnet und über und über geweiht sind, weil die Schmähung gewandelt ist in Segen, und das Unrecht in Recht, und das Leiden in Herrlichkeit, und das Kreuz in Freude [2]).

Wie hier der Trost, so ist ein andermal auch eine Rüge von gleichem Kreuzessinn erfüllt. Als Vertreter seines Staupitz schreibt er an die entzweiten Augustiner in Neustadt: Diese Art zu leben, welche jämmerlich und kein nütze ist, kommt theils daher, daß eure Demuth zu schwach ist, denn wo Demuth ist, da ist Friede; theils von meiner Nachlässigkeit oder sicherlich von meiner und eurer Schuld, weil wir nicht weinen vor dem Herrn, der uns gemacht hat und

---

[1]) 1, 50. 6. Mai 1517. [2]) 1, 19. a. 1516.

nicht bitten, daß er unseren Gang leite vor seinem Angesicht und uns bringe zu seiner Gerechtigkeit ¹).

Dem Kreuz, das er Anderen als heilsam anpreist, zeigt er sich ebenso selber freund, Gefahren gegenüber gelassen, immer in dem lebendigen Gefühl seines eigenen Unwerthes. Auf einen Rath, vor der in Wittenberg herrschenden Pest zu fliehen, antwortet er: Wohin soll ich fliehen? Ich hoffe, daß der Erdkreis nicht zusammenbricht, sollte auch Bruder Martin hinfahren. Er gesteht dann zwar, daß er von Todesfurcht nicht frei sei, hofft aber, der Herr werde ihn davon befreien ²).

So durch die Geisteskräfte, deren Pflege der Mystik eigen war, genährt, in lebhaftem Gefühl der Gefahren, die Eigenliebe und Menschenlob bereiten, zu allerlei Ungemach willig, demüthig und gelassen, ging er in die Kämpfe hinein, die das Jahr 1517 ihm bringen sollte. Und auch während derselben regte sich zusammen mit dem kühnen Muth der Geist der Mystik. An dem Tage, an welchem er die Thesen gegen den Ablaß anschlug, bat er den Erzbischof von Mainz, dem Unwesen zu steuern, und schrieb da die demüthigen und doch aus dem Bewußtsein gerechter Sache hervorgegangenen Worte: Der Herr Jesus ist mein Zeuge, daß ich meiner Niedrigkeit und Schmach eingedenk schon lange aufgeschoben habe, was ich jetzt mit dreister Stirn vollbringe ³); aber schon jetzt giebt er zu erkennen, daß er mit dem Muthe eines Mannes, der durch Selbstverleugnung über menschliche Rücksichten sich erhoben hat, für die Wahrheit eintreten will. Und dies Bewußtsein, für eine objective göttliche Wahrheit zu eifern, giebt ihm gleich von Anfang eine Haltung, welche die des stillen Duldens zwar einschließt, aber doch über sie hinausgeht. So wenig er sich persönlich der Forderung, demüthig zu sein, entzieht, einer Forderung, die von Freunden wie von Feinden ihm öfters entgegengehalten wird, so ist er doch weit davon entfernt, von der Pflicht, demüthig zu sein, die Pflicht, freimüthig die Wahrheit zu sagen, abhängig machen zu lassen; und er ist überdies eifersüchtig bemüht, von seiner Demuth den Schein der Menschenfurcht oder menschengefälliger Rücksichtnahme fern zu halten. Gegen die Erfurter Mönche nimmt er sich in einem Brief vom

---

¹) 1, 31. a. 1516. ²) 1, 42. ³) 1, 68.

11. November seiner Thesen an und schreibt da: Werde ich bescheiden sein, so wird die Wahrheit durch meine Bescheidenheit nicht mehr Werth bekommen; werde ich verwegen sein, so wird sie nicht unwerther sein durch meine Verwegenheit. Er will nicht, daß man von ihm eine Demuth erwarte, die soviel sei wie Heuchelei: daß er in dem, was er herausgeben wolle, dem, was ihnen gutdünkt, folge. Ich will nicht, heißt es weiter, daß aus eines Menschen Bemühen und Rath, sondern aus dem Gottes geschehe, was ich thue; denn wenn das Werk aus Gott ist, wer will es hindern? wenn es aber nicht aus Gott ist, wer will es fördern? Es geschehe nicht mein, nicht Jener, auch nicht unser, sondern dein Wille, heiliger Vater, der du bist im Himmel, Amen [1]).

Auch nach dem berühmten 31. October verlautet aus dem Munde eben desselben, der der Wahrheit nichts vergeben will, manch schönes Zeugniß seiner demüthigen Willigkeit, für seine Person zu leiden, stille zu sein und nichts zu gelten. Ja er freut sich, daß übel von ihm geredet wird; er sieht darin ein Zeichen, daß das Werk aus Gott ist [2]), und kämpft gegen die aufsteigende Versuchung, die Verleumder zu verachten und so gegen Christus zu sündigen mit größerer Anstrengung an, als er sich bemüht, über sie zu triumphiren. Von natürlicher Neigung zu großen Dingen ist nichts in ihm. Immer Liebhaber eines stillen Plätzchens hätte er es vorgezogen, das schöne Spiel der Geister zu jener Zeit mit anzusehen, als selbst gesehen zu werden. Im Uebrigen aber ruft er denen, die ihm drohen, das Wort Reuchlins zu: Wer arm ist, fürchtet nichts und kann nichts verlieren. Vermögen habe ich nicht, begehre sein auch nicht. Habe ich einen guten Namen und Ehre gehabt, so verdirbt das beharrlich, wer's verdirbt. Eins ist noch übrig geblieben, das schwächliche, durch andauernde Beschwerden ermattete Leiblein; nehmen sie das mit Gewalt oder List, so werden sie mich vielleicht um ein oder zwei Stunden meines Lebens ärmer machen. Mir ist genug der süße Erlöser und Versöhner, mein Herr Jesus Christus, dem will ich singen, so lange ich bin [3]).

Fast wörtlich wiederholt er dasselbe Zeugniß seines gelassenen Sinnes einige Wochen später, als man ihn gewarnt hat, Wittenberg zu verlassen. Er weiß, daß wer das Wort Christi in der Welt

---

[1]) 1, 73. [2]) 1, 85. [3]) 1, 118. a. 1518.

predigen will, ebenso wie die Apostel Alles verlassen und verleugnen und jederzeit den Tod erwarten müsse. Es würde sonst nicht das Wort Christi sein, das durch Tod erkauft, durch Tod verbreitet, durch Tod erhalten ist. So ist uns Christus, unser Bräutigam, ein Blutbräutigam. Bete du also[1]), fährt er fort, daß der Herr Jesus diesen Geist seines allergetreuesten Sünders mehre und erhalte[2]).

In der That erwartete ihn manche Probe. Es kamen die augsburger Verhandlungen. Cajetan verlangte Widerruf, und Luther wollte der Wahrheit nichts vergeben. Aus dem Bewußtsein seines Rechts wie seiner geistigen Ueberlegenheit heraus ist ein kurzer Bericht über die Verhandlungen geschrieben, den er an Carlstadt sandte. Er läßt den Cardinal einen guten Thomisten, aber einen unverständigen Theologus und Christen sein, der diese Sache zu richten ebenso geschickt sei, wie ein Esel zu der Harfen[3]). Drei Tage später schreibt er dann zwar, durch seine Freunde Staupitz und Link vermocht, einen Brief voll demüthiger Abbitten wegen seiner Heftigkeit und Unbescheidenheit an den Cardinal, ja er will die Materie vom Ablaß nicht weiter behandeln, wenn auch die, die ihn zu diesem Trauerspiel aufgereizt, genöthigt würden, sich zu mäßigen; aber nach all diesen Zugeständnissen und Selbstdemüthigungen wegen seines persönlichen Auftretens erscheint alsbald wieder die Grenz= linie, über die seine Bescheidenheit und Nachgiebigkeit nicht hinaus kann: sein an die erkannte Wahrheit gebun= denes Gewissen. Sehr gern, so schreibt er, würde ich, verehrtester und liebster Vater in Christo, sowohl auf deinen Befehl und Rath, wie auf den meines Vicars, Alles widerrufen, wenn es irgend mein Gewissen erlaubte. Denn ich weiß, daß ich auf keines Menschen Geheiß und Rath oder Jemand zu Gefallen soviel zugeben dürfte, um irgend etwas gegen das Gewissen zu reden oder zu thun. Ich begehre, heißt es zum Schluß, nichts mehr, als die Kirche zu hören und ihr zu folgen[4]). Seine Demuth sollte nichts fruchten. Der Cardinal schwieg. Er schwieg auch auf einen zweiten Brief, in dem Luther ihm meldet, daß er nicht länger in Augsburg verweilen könne, und ihm seine Appellation von dem übel unter=

---

[1]) Wenzeslaus Link, Augustiner in Nürnberg. [2]) 1, 130. [3]) 1, 159.
[4]) 1, 163.

richteten Papst an den besser zu unterrichtenden anzeigt. Das Schweigen erschien ihm, wie den Freunden als ein unheimliches Symptom. Am 20. October entwich er aus Augsburg.

Ein Brief des Cardinals an den Churfürsten folgte ihm. Derselbe enthielt eine parteiische Darstellung der Verhandlungen und war mit Beschwerden über Luther angefüllt. Den Schluß bildete, von des Cardinals eigener Hand geschrieben, eine Warnung, die Sätze Luthers in ihrer Gefährlichkeit ja nicht zu unterschätzen, und die zudringliche Ermahnung, um eines armseligen Mönches willen keinen Schandfleck auf seinen und seiner Vorfahren rühmlichen Namen zu bringen. Luther, dem der Churfürst dies Schreiben vorgelegt hatte, rechtfertigte sich in einer meisterhaften Vertheidigungsschrift. Und während der Brief des Cardinals am Schluß die niedrige Gesinnung seines Verfassers erkennen ließ, so legte der seinige zum Schluß ein erhebendes Zeugniß ab von märtyrergleicher Demuth, Gelassenheit und Selbstverleugnung, wie von mannhaftem Wahrheitssinn und Zeugenmuth: Damit Ew. Durchlaucht um meines Namens willen nicht etwas Uebeles widerfahre, was ich am allerwenigsten möchte, so verlasse ich Ihre Lande, um zu gehen, wohin der barmherzige Gott will, und will mich seinem göttlichen Willen überlassen, es geschehe, was da will. Denn nichts möchte ich weniger, als daß um meinetwillen irgend ein Mensch, geschweige denn Ew. Durchlaucht in üble Meinung oder in Gefahr komme. Daher grüße ich Ew. Durchlaucht ehrerbietig und sage derselben einfältiglich Lebewohl, indem ich für alle mir erwiesene Wohlthat ewiglich Dank sage. Wo ich auch immer sein werde, werde ich Ew. Durchlaucht immer eingedenk sein und aufrichtige und dankbare Fürbitte thun für Ihr und der Ihrigen Wohl. Ich freue mich noch jetzt der Gnade Gottes und sage Dank, daß Christus, der Sohn Gottes, mich gewürdigt hat, in einer so heiligen Sache zu leiden [1]).

Täglich erwartet er in der nun folgenden Zeit das Eintreffen des Bannes, bereitet auch die Gemeinde in der Predigt auf seinen Abschied vor. An Spalatin schreibt er: Ich ordne Alles, um dann bereit und gegürtet wie Abraham zu gehen, weiß nicht, wohin, und weiß doch wohl, wohin, weil Gott allenthalben ist; ich werde aber einen Brief mit einem Lebewohl zurücklassen. Siehe

---

[1]) 1, 187.

du zu, fügt er wehmüthig hinzu, daß du es dann wagest, den Brief eines Verfluchten und Excommunicirten zu lesen. Leb für jetzt wohl und bete für mich [1]). Noch hält ihn zwar ein Brief Spalatins zurück; doch giebt er den Gedanken, Wittenberg zu verlassen nicht auf: Werde ich bleiben, so wird mir die Freiheit fehlen, zu reden und zu schreiben; werde ich gehen, so werde ich mein ganzes Herz ausschütten und mein Leben Christo zum Opfer darbringen [2]). Für den letzteren Fall ließ er eine Appellation an ein künftiges allgemeines Concil drucken.

Und doch gerade jetzt wachsen ihm die Schwingen, ihm selbst zum Erstaunen. Acht Tage nach dem zuletzt citirten Brief schreibt er demselben Freunde, daß er die augsburger Acten mit vieler Freiheit der Wahrheit herausgegeben, und daß er an ein zukünftiges Concil appellirt habe. Und jemehr, so bezeugt er, Jene wüthen, destoweniger lasse ich mich schrecken; ich werde eines Tages noch freimüthiger gegen jenes römische Schlangengezücht sein. Und zwei Tage später schreibt er an Wenzeslaus Link: **Meine Feder geht mir schon mit weit größeren Dingen um; ich weiß selbst nicht, woher mir jene Gedanken kommen; jene Sache hat nach meinem Urtheil, noch nicht einmal angefangen, geschweige denn, daß die Herren in Rom ein Ende hoffen könnten** [3]). Den rechten Antichrist, wie ihn Paulus schildert, glaubt er in der römischen Kurie vermuthen zu dürfen und beweisen zu können, daß eben diese jetzt schlimmer sei, als die Türken.

Noch immer aber unterscheidet er zwischen der Kurie und dem Papst, zwischen Rom und der Kirche. Die folgenden Verhandlungen mit Miltitz geben den Beweis, wie weit er davon entfernt war, von der Kirche und ihrem Oberhaupte sich loszusagen, von wie demüthiger Ergebenheit gegen diese beseelt, aber immer unter sorgfältiger und nachdrücklicher Wahrung der Rechte seines Gewissens. Ein Brief an den Churfürsten Friedrich vom Anfang des Januar 1519 giebt hiervon Zeugniß. Er hat sich zwar in Altenburg zu dem Versprechen bewegen lassen, in Zukunft zu schweigen und die Sache sich zu Tode bluten zu lassen, sofern der Widerpart auch schweige, aber er verhehlt zugleich nicht, daß, wenn diese Bedingung nicht erfüllt werde, das Ding erst recht herausfahren, und aus dem

---

[1]) 1, 188. [2]) 1, 190. [3]) 1, 193.

Schimpf ein Ernst werde. Er habe seinen Vorrath noch ganz. Er will dem Papst demüthig bekennen, daß er zu hitzig und scharf gewesen, aber als Ursach dieser Schärfe doch die lästerliche Predigt vom Ablaß ihm bezeichnen. Er will selbst durch eine Flugschrift ermahnen, der römischen Kirche zu folgen, ihr in Ehrerbietung gehorsam zu sein und bekennen, daß er die Wahrheit allzuhitzig und vielleicht unzeitig an den Tag gebracht habe; allein der Umstand, daß er seine Sätze schlechthin die Wahrheit nennt, läßt ihn trotz der scheinbar allzugroßen Nachgiebigkeit in der Hauptsache dennoch unerschüttert erscheinen. Endlich ist er es zufrieden, daß seine Sache dem Erzbischof von Salzburg, Staupitz, und einer Commission gelehrter und unverdächtiger Leute als Schiedsrichtern befohlen werde, aber er will auch von ihrem Urtheil in seinem Gewissen sich nicht binden lassen. Ja, er besorgt, der Papst wolle einen Schiedsrichter nicht leiden, und sagt voraus, daß er dann des Papstes Urtheil auch nicht leiden werde. Das Spiel werde sich dann so gestalten, daß der Papst den Text mache, und er ihn glossire. In Summa: Er will gern Alles thun, Alles leiden, daß er nur nicht weiter aufzustechen verursacht werde; denn aus der Revocation, so schließt er, wird nichts[1]). Aus den folgenden Briefen geht hervor, daß er die Fortsetzung des Streites weder fürchtet noch sucht. Mehrfach spricht sich in ihnen das Bewußtsein aus, noch Manches zu haben, was die römische Schlange in Unruhe versetzen könne, und die Entschlossenheit, das Alles hervorzuholen, wenn es nöthig sei[2]). Auch das gewinnende Benehmen von Miltitz hat ihn nicht bestochen. Bald nach der Verhandlung spricht er in einem Brief von dem Judaskuß und den Krokodilsthränen desselben[3]). Fast gleichzeitig mit dieser herben Beurtheilung eines Mannes, der sich wie ein Freund gerirte, äußert er sich über die an den Tag gekommene Schmach seines Feindes Tetzel mit christlicher Großmuth[4]).

Aber diese wachsende Freudigkeit und Siegesgewißheit hält ihn nicht ab, die einlenkenden Schritte zu thun, zu denen er sich Miltitz gegenüber anheischig gemacht. Am 3. März schreibt er an den Papst einen demüthigen Brief. Er bekennt, daß er rathlos und unfähig sei, die Gewalt seines Zornes zu tragen. Die Zumuthung

---

[1]) 1, 208. [2]) 1, 218. 230. [3]) 1, 216. [4]) 1, 223.

eines Widerrufs lehnt er ab, aber er erkennt die Obergewalt der römischen Kirche als eine über Alles sich erstreckende an und verspricht, über die Ablaßfrage zu schweigen, wenn nur seine Gegner ihre eitle Redefülle zügelten; er verspricht auch, das Volk zu bewegen, daß es die römische Kirche ehre und ihr nicht die Verwegenheit jener Einzelnen zurechne, noch die Schärfe gegen die römische Kirche nachahme, mit der er beim Schreiben gegen jene Schreier zu weit gegangen sei¹). Die verheißene Schrift erscheint gleichzeitig. Sie ist mit Weisheit und Mäßigung abgefaßt; ihr Inhalt stimmt mit seinen bisher kundgegebenen Ueberzeugungen überein.

Die Kampflust der Gegner sorgte dafür, daß die Bedingung, welche Luther für sein Schweigen gestellt hatte, nicht erfüllt ward. Er versichert seinem Churfürsten, es sei sein Ernst gewesen, und er sei froh gewesen, daß das Spiel sollte ein Ende haben. Ihn stachelt auch nicht das trotzige und eitle Gelüsten, das letzte Wort behalten zu wollen: vor den selbstischen, uneblen Motiven gerade dieser Art half der Heiligungsgeist der Mystik ihn bewahren. Er erachtet es aber für Pflicht, die „hinterlistigen Griffe" Ecks nicht zu verachten, weil es nicht auf seine, sondern der ganzen Universität Wittenberg Schande abgesehen sei, es sich auch nicht gebühre, die Wahrheit in solchem Spott stecken zu lassen²). So ging er nach Leipzig zur Disputation. Der Bericht über dieselbe, den er am 20. Juli an Spalatin erstattet, enthält nach lebhaften Klagen über die ihm widerfahrene Ungerechtigkeit die Entschuldigung wegen seiner abermals ihm vorgehaltenen Heftigkeit: Ich zügele meine Heftigkeit zwar, kann aber doch nicht allen Unmuth loswerden, weil ich Fleisch und Blut habe, und unverschämten Neides und böswilliger Ungerechtigkeit bei einer so heiligen und göttlichen Sache allzuviel war³).

Die Leipziger Disputation wurde die Veranlassung zu neuen Angriffen. Ueber ihnen brach das Jahr 1520 an. Er ist gelassen, denn er hat sich dargegeben im Namen des Herrn und beruft sich auf sein ihm nun einmal nach Gottes Willen übertragenes Doctoramt. Die Anfechtungen irren ihn nicht; sie lassen „die Segel seines Herzens schwellen" und lassen es ihn verstehen, wenn die Schrift die Geister mit den Winden vergleicht.

---

¹) 1, 234. ²) 1, 237. 13. März. ³) 1, 289.

Während die Einen durch ihr Wüthen sich aufblähen, so wehen sie in Andere hinein durch Leiden. Nur um das Eine, sagt er, sorge ich, daß der Herr mir gnädig und geneigt sei in dem, was ich mit ihm vorhabe. Jene Angelegenheit der Menschen aber laßt uns durch gläubiges Gebet Gotte befehlen und ohne Sorgen sein. Denn was werden sie thun können? Tödten? Können sie auch von den Todten auferwecken um abermals zu tödten? Als Ketzer verdammen? Aber auch Christus ist mit den Uebelthätern verdammt worden, und wenn ich sein Leiden anschaue, kränkt es mich über die Maaßen, daß diese meine Anfechtung für etwas, ja für etwas so Großes von so vielen und großen Leuten gehalten wird, da sie doch in der Wahrheit ein Nichts ist; es sei denn, daß wir uns ganz und gar entwöhnt hätten von Leiden und Uebeln, d. i. einem christlichen Leben¹). Am 17. Januar giebt er eine Protestation dagegen heraus, daß man ihn ungehört verdamme, und erbietet sich zur Verantwortung seiner Lehren. Derselben fügt er einen Brief an den Kaiser bei, der demüthig aber zugleich von der Ueberzeugung von der Größe und dem Werth der von ihm vertretenen Sache getragen ist²).

Bald darauf aufs Neue wegen seines Sermons vom hochwürdigen Sacrament angegriffen, erläßt er wider dies Ausschreiben, „den Zettel, so unter des Officials von Stolpen Siegel ausgegangen" eine harte Antwort. Die Ausfälle derselben, von zornigem Eifer eingegeben und mit scherzender Verspottung des Gegners gewürzt, zogen ihm theils wieder den Haß der Feinde, theils die alten Ermahnungen wohlmeinender Freunde zu. Luther vertheidigt sich deshalb in einem Brief an Spalatin; aber es sind nicht bloß Entschuldigungen, die er, wie bisher in williger Demuth vorbringt; er leitet die von ihm gebrauchte Schärfe aus der Natur der von ihm verfochtenen Sache, aus dem Evangelium ab. Ja, schon fängt er an, seine Heftigkeit für weniger schlimm, als jene rücksichtsvolle Klugheit zu halten, die sich mäßigt, um nicht bei Menschen anzustoßen, und vernünftige Regeln auf göttliche Dinge anwenden möchte. Auch für sein Temperament verlangt er Rücksicht. So schreibt er: Du mußt dich fürchten, allzu weise sein zu

---

¹) 1, 391. ²) 1, 392.

wollen, wie ich, allzu unweise. Es mißfällt, ich gestehe es, den Menschen zuviel Thorheit, aber mehr noch mißfällt Gott allzuviel Weisheit. Denn das Thörichte hat er erwählet, um zu Schanden zu machen, was weise ist. — Ich beschwöre dich, wenn du über das Evangelium recht denkst, so glaube ja nicht, daß seine Sache könne ohne Lärm, Aergerniß und Aufruhr' verhandelt werden. Du wirst aus dem Schwert keine Flaumfeder, noch aus dem Kriege Frieden machen. Das Wort Gottes ist ein Schwert, Krieg, Einsturz, Aergerniß, Verderben, Gift und, wie Amos sagt, wie ein Bär auf dem Wege und eine Löwin im Walde begegnet es den Kindern Ephraim. — Ich kann zwar nicht leugnen, daß ich heftiger bin, als ich sein sollte, und da Jene das wußten, hätten sie den Hund nicht reizen sollen. Wie schwer es sei, die Hitze und seine Schreibart zu mäßigen, wirst Du an Dir selbst lernen können. Das ist auch der Grund, daß es mir immer zuwider gewesen ist, öffentlich aufzutreten; und je unlustiger ich dazu bin, bestomehr werde ich gegen meinen Willen hineinverflochten; und dies nicht ohne die allerärgsten Beschuldigungen, welche gegen mich und das Wort Gottes wüthen. Und so kommt es, daß, wenn ich auch durch die Hitze oder Schreibart nicht mich fortreißen ließe, doch ein Herz von Stein durch das Empörende der Sache zu den Waffen kann gerufen werden: um wieviel mehr ich, der ich sowohl hitzig bin, als auch keine ganz stumpfe Schreibart habe. Durch diese Ungeheuer werde ich über das, was bescheiden und anständig ist, fortgerissen. Doch genug des Geschwätzes. Ich sehe, daß Alle von mir Bescheidenheit verlangen, am meisten meine Feinde, die sie doch am wenigsten von Allen beobachten. Bin ich zu unbescheiden, so bin ich doch gerade und offenherzig und glaube mich dadurch vor Jenen auszuzeichnen, da sie nur auf die hinterlistigste Weise etwas ersinnen [1]).

Je mehr unter den Gegnern die Lust einriß, an ihm zum Ritter zu werden, bestomehr wurde er in dieser seiner Ueberzeugung von der Nothwendigkeit eines scharfen Auftretens bestärkt. Die Facultäten von Löwen und Cöln verdammen und verbrennen seine Bücher: und er giebt seiner Verwunderung Ausdruck, daß sie immer die Ersten auf dem Platz der Frechheit seien, und spürt Gottes Zorn darin, daß er solche Kinder und weibische

---

[1]) 1, 416 ff.

Gesellen über uns setze. Der Franciskaner Alveld bricht gegen ihn für das Papstthum eine Lanze: und er bereitet in seiner Erwiderungsschrift den Leser auf spitzige und spöttische Worte vor und bittet dieselben aufzunehmen als aus einem Herzen gesprochen, das sich hat müssen mit großem Weh brechen und Ernst in Schimpf verwandeln. Wird Christus und sein Wort für Spott geachtet, so will ich auch den Ernst fahren lassen und versuchen, ob ich narren und spotten gelernt habe. — Es schelte, lästere und richte meine Person und Leben nur frisch, wer da will; es ist ihm schon vergeben. Aber Niemand warte von mir weder Huld noch Gebuld, wer meinen Herrn Christum, durch mich geprebigt und den heiligen Geist zum Lügner machen will. Es liegt nichts an mir, aber Christi Wort will ich mit fröhlichem Herzen und frischem Muth verantworten, Niemand angesehen, dazu mir Gott einen fröhlichen, unerschrockenen Geist gegeben hat, den sie mir nicht betrüben werden.

Von der gelassenen Selbstlosigkeit, die er sich in seinem Eifern, Zürnen und Schelten bewahrt, legt er abermals ein schönes Zeugniß ab, als er erfährt, daß man in Rom mit seinem erlauchten Gönner, Herzog Friedrich von Sachsen, um seinetwillen unzufrieden sei. Da spricht er gegen Spalatin den Wunsch aus, daß der durchlauchtigste Fürst mit seiner Sache unverworren bleibe, nur daß er sich nicht zum Vollstrecker eines Urtheils hergebe, das man über ihn fällen möchte, ehe man ihn eines Besseren belehrt. Einmal in's Amt gesetzt will er sich der unverzeihlichen Sünde, das Amt zu verlassen und eines schändlichen Stillschweigens nicht schuldig machen; aber er ist bereit, still zu sein, wenn nur die evangelische Wahrheit nicht gezwungen wird, still zu sein. Aber auch das ist er, der keinen Cardinalshut und kein Gold begehrt, zufrieden, wenn er dies Eine nicht erlangen könne, seines Amtes entbunden zu werden, damit man ihn in einem Winkel einsam leben und sterben lasse [1]).

So schreibt er am 9. Juli. Aber schon ein Brief vom folgenden Tage enthält die Erklärung, daß der Würfel für ihn gefallen sei. Er verachtet die römische Wuth und Gunst. Mögen sie, schreibt er, meine Bücher verdammen und verbrennen, ich hin-

---

[1]) 1, 462.

wiederum werde, wenn ich Feuer haben kann, das ganze päpstliche Recht verdammen und öffentlich verbrennen, und zu Ende wird es sein mit der Beobachtung der bisher bewiesenen und vergeblich erzeigten Demuth, durch welche die Feinde des Evangeliums nicht länger sich aufblähen sollen[1]).

Die förmliche Kriegserklärung an Rom ließ nach solchen Worten nicht auf sich warten: sie erfolgte durch die Schrift an den christlichen Adel deutscher Nation. Nie ist gründlicher Roms Unrecht besonders an Deutschland aufgedeckt worden, nie sind genauer die Punkte angegeben, wo die Hebel anzusetzen seien, um seine Macht aus den Angeln zu heben. Als einen Act offener Feindschaft gegen das Papstthum faßt auch Luther selbst diese seine Schrift auf. Er sagt, er behandele den Papst darin auf das Schärfste und gleichsam als den Antichristen.

Und diese Schärfe erscheint ihm nicht mehr nur als entschuldbar oder berechtigt, sondern als nothwendig. Ich sehe, schreibt er an einen Bekannten, daß die Sachen, welche in unserem Jahrhundert auf eine ruhige Weise behandelt werden, bald in Vergessenheit fallen, und daß sich Niemand darum kümmert. Aber auch der Leib der Rebekka muß zwieträchtige und sich gegenseitig bekämpfende Kindlein tragen. Die Gegenwart urtheilt übel, das Urtheil der Zukunft fällt vielleicht besser aus. Paulus hat auch seine Gegner jetzt Hunde, jetzt Zerschneidung, jetzt eitle Schwätzer, jetzt falsche Arbeiter, Satansdiener und dergleichen genannt und schilt die übertünchte Wand in's Angesicht. Wer sieht nicht, daß die Propheten auf's Schärfste losziehen? Aber das ist man gewohnt geworden; daher macht es keinen Eindruck mehr[2]).

Gegen den kühnen Gegner hatte Rom nun auch seine Waffe fertig geschmiedet. Eck kam von Rom mit der Bannbulle zurück. Luther hört davon, daß er sie „mit prahlerischem Pomp in Leipzig austrompete;" aber er bezeugt seine kühne Unerschrockenheit und verspottet die Bulle mit einem Witzwort. Sein Herz ist zugleich erfüllt von gläubiger Gelassenheit: Ich bin gewiß, daß der im Himmel sitzet und für Alles Sorge trägt, von Ewigkeit dieser Sache Anfang, Fortgang und das Ende, das ich erwarte, vorhergesehen hat. Wie immer das Geschick ausfallen wird, es wird mich nicht bewegen.

---

[1]) 1, 466. [2]) 1, 479.

Sorget nicht, euer Vater im Himmel weiß, wessen ihr bedürfet, ehe denn ihr bittet; das Blatt eines Baumes fällt nicht auf die Erde ohne seinen Willen, wieviel weniger werden wir fallen, es sei denn, daß er es will. Es ist noch zu wenig, daß wir für das Wort sterben, da das fleischgewordene Wort selbst für uns zuerst gestorben ist; wir werden auferstehn mit dem, mit welchem wir untergehn und zugleich dorthin gelangen wohin er gelangt ist [1]).

Inzwischen hat er eine Schrift zu Stande gebracht, die er im Hinblick auf die Bulle ironisch einen Theil seines zukünftigen Widerrufs nennt: die Schrift über die babylonische Gefangenschaft der Kirche, welche gegen die römische Sacramentslehre gerichtet ist. Entschlossen, auf diesem Wege zu beharren, verheißt er zum Schluß, mit der Hülfe Christi einen solchen Widerruf zu machen, wie der römische Stuhl noch nicht gesehen noch gehört.

Und doch ließ er sich sechs Tage später nach längeren, schon seit Ende August gepflogenen Verhandlungen durch Miltitz noch zu einem Versuch der Aussöhnung mit dem Papst bewegen. Dieser Schritt war durch keine Furcht dictirt; Luther wurde vielmehr eine Zeitlang von ihm zurückgehalten durch den Gedanken, er möchte nach der Publication der Bulle in diesem Sinne mißverstanden werden. Er handelte in der redlichen Absicht, Frieden anzubahnen, und bei fester Ueberzeugung von dem gänzlichen Verderben des römischen Stuhls im naiv treuherzigen Glauben an die christliche Gesinnung der Person des Papstes; ja er war noch fähig, der Hoffnung Raum zu geben, daß der Papst das bisher gegen Luther beobachtete Verhalten mißbilligen, den guten Grund seiner Klagen und das gute Recht seiner Sache einsehen und seinen Gegnern Schweigen gebieten werde. Der Brief ist ein merkwürdiges Zeugniß seiner demüthigen Unterwürfigkeit ebenso wie seines Freimuthes und seiner Festigkeit im Aussprechen und Behaupten der Wahrheit. Eingangs versichert er dem Papst, daß er ihm und seinem römischen Stuhl allezeit auch im Gebet das Beste gewünscht, daß er auch von seiner Person das Beste gesagt und ihn einen Daniel in Babylon genannt habe. Ueber die Schärfe seiner Angriffe gegen seine Widersacher läßt er sich ausführlich aus. Er

---

[1]) 1, 489. 1. October.

begründet aber mehr ihr Recht, als daß er sich ihretwegen entschuldigte. Er erklärt seinen Vorsatz, in solcher Emsigkeit und Schärfe, die nicht dem Leben, sondern der unchristlichen Lehre seiner Widersacher gegolten habe, auch ferner zu bleiben und beruft sich auf das Vorbild Christi, des Apostel Paulus und der Propheten und auf den Spruch: Der Mann sei vermaledeiet, der Gottes Gebot obenhin thut und zu sehr verschonet. In dem Haber, der nur der Wahrheit des Wortes Gottes gegolten habe, habe er freilich den römischen Stuhl frisch angegriffen. Wegen dieser Angriffe nun entschuldigt er sich nicht. Er beruft sich sogar auf das Urtheil des Papstes selbst und hält sich offenbar der Zustimmung desselben versichert, wenn er diesen römischen Stuhl ärger und schändlicher nennt, denn je kein Zodoma, Gomorr oder kein Babylonien gewesen, und fährt fort: Das ist dir selbst ja nicht verborgen, wie nun viele Jahre lang aus Rom in alle Welt nichts anderes, denn Verberben des Leibes und der Seelen, der Güter und aller bösen Stück die allerschädlichsten Exempel gleich geschwemmet und eingerissen haben. Welches als öffentlich am Tage Jedermann bewußt ist, dadurch die römische Kirche, die vorzeiten die allerheiligste war, nun worden ist eine Mordgrube über alle Mordgruben, ein Bubenhaus über alle Bubenhäuser, ein Haupt und Reich aller Sünde, des Todes und Verdammniß, daß nicht wohl zu denken ist, was mehr Bosheit hier möge zunehmen, wenn gleich der Endchrist selbst käme. Indeß sitzest du, heiliger Vater Leo, wie ein Schaf unter den Wölfen (Matth. 10,16) und gleichwie Daniel unter den Leuen (Dan. 6,16 seqq.) und mit Ezechiel unter den Scorpionen (Ezech. 2, 6). Was kannst du Einiger wider so viel wilder Wunder? Und ob dir schon drei oder vier gelehrte, fromme Cardinäle zufielen; was wäre das unter solchem Haufen? Ihr müßtet ehe durch Gift untergehen, ehe ihr fürnähmet, der Sachen zu helfen. Es ist aus mit dem römischen Stuhl, Gottes Zorn hat ihn überfallen ohne Aufhören. Er ist feind den gemeinen Conciliis; er will sich nicht unterweisen, noch reformiren lassen und vermag doch sein wüthendes unchristliches Wesen nicht hindern; damit ist erfüllet, das gesagt ist von seiner Mutter, der alten Babylonen (Jer. 51, 9): Wir haben viel geheilet an der Babylonen, noch ist sie nicht gesund worden, wir wollen sie fahren lassen. — Es sollt wohl bein und der

Cardinalen Werk sein, daß ihr diesem Jammer wehret; aber die Krankheit spottet der Arznei, Pferd und Wagen geben nicht auf den Fuhrmann. Das ist die Ursach, warum es mir allezeit ist leid gewesen, du frommer Leo, daß du ein Papst worden bist in dieser Zeit, der du wohl würdig wärest, zu besseren Zeiten Papst sein. Der römische Stuhl ist deiner und deinesgleichen nicht werth, sondern der böse Geist sollte Papst sein, der auch gewißlich mehr, denn du, in der Babylonen regieret. O, wollte Gott, daß du, entlebigt von der Ehre, wie sie es nennen, deine allerschäblichsten Feinde! etwa von einer Pfründe oder deinem väterlichen Erbe dich halten möchtest! Fürwahr, mit solcher Ehre sollte billig Niemand, denn Judas Scharioth und seinesgleichen, die Gott verstoßen hat, geehret sein (Joh. 17, 12). O du allerunseligst Leo! der du sitzest in dem allergefährlichsten Stuhl! Wahrlich, ich sage dir die Wahrheit, denn ich gönne dir Gutes. — Nachdem er dann nochmals unter Berufung auf die Klagen über den römischen Stuhl, die schon St. Bernhard in besseren Zeiten erhoben, sein Recht behauptet, zu klagen, da in diesen dreihundert Jahren die Bosheit und das Verderben so überhand genommen, fährt er fort: Siehe da, mein Herr Vater, das ist die Ursach, warum ich so hart wider diesen pestilenzischen Stuhl gestoßen habe. Denn so gar habe ich mir nicht vorgenommen, wider deine Person zu wüthen, daß ich auch gehofft habe, ich würde bei dir Gnade und Dank verdienen und für dein Bestes gehandelt erkannt werden, so ich solchen deinen Kerker, ja deine Hölle nur frisch und scharf angriffe; denn ich achte, es wäre dir und vielen Anderen gut und selig, Alles, was alle vernünftigen, gelehrten Männer wider die allerwüsteste Unordnung deines unchristlichen Hofes vermochten, aufzubringen. Sie thun fürwahr ein Werk, das du solltest thun, Alle, die solchem Hofe nur alles Leides und alles Uebels thun; sie ehren Christum Alle, die den Hof aufs allermeist zu Schanden machen. Kürzlich, sie sind alle gute Christen die böse römisch sind. — Hierauf erzählt Luther die Veranlassung und den Gang des Streites wider den römischen Stuhl und mißt die meiste Schuld dem unsinnigen Ehrgeiz Ecks bei, der „nach Ruhm wie ein geiles Roß hinnwerte", ihn in eine Disputation (die Leipziger) gerissen und bei einem Wörtlein, vom Papstthum gesagt, ergriffen habe. Er sagt dann, daß er durch Miltitz Vermittelung und auf die Bitte einiger Väter seines Ordens sich gern habe bewegen lassen, die Person des heiligen Vaters zu ehren und des Papstes, sowie seine eigene Unschuld zu bezeugen. — Also komme ich nun, heiliger Vater Leo, heißt es dann weiter, und zu deinen Füßen liegend, bitte, so es möglich ist, wolleſt deine Hände dran legen, den Schmeichlern, die des Friedens Feind sind und doch Frieden vorgeben, einen Zaum einlegen. Daß ich aber soll widerrufen meine Lehre, da wird nichts aus; darfs ihm auch Niemand fürnehmen, er wollte denn die Sache noch in ein großes Gewirre treiben. Dazu mag ich nicht leiden Regel oder Maaße, die Schrift auszulegen; dieweil das Wort Gottes, das alle Freiheit lehret, nicht soll, noch muß gefangen sein. Wo mir diese zwei Stücke bleiben, so soll mir sonst nichts aufgelegt werden, das ich nicht mit allem Willen thun und leiden will. Ich bin dem Hader feind, will Niemand anregen noch reizen; ich will aber auch ungereizet sein. Werde ich aber gereizet, will ich, ob Gott will, nicht sprachlos noch schriftlos sein. — Er bittet dann den Papst, nicht auf die süßen Ohrensinger zu hören, die ihm sagen, er sei nicht ein bloßer Mensch, sondern gemischt mit Gott, der alle Dinge zu gebieten und zu fordern habe, ein Herr der Welt, so daß Niemand ein Christ sein könne, ohne ihm unterworfen zu sein; die da schwätzen, seine Gewalt erstrecke sich in den Himmel, in die Hölle und in das Fegefeuer, die da sagen, er sei über das Concil und gemeine Christenheit, und die ihm allein Gewalt geben, die Schrift auszulegen. Er entschuldigt sich dann, daß er eine solche Höhe zu lehren sich unterfangen, verweist auf das Buch St. Bernhards an den Papst Eugenius, das billig alle Päpste auswendig können sollten, und erklärt, daß er aus Sorge und Pflicht brüderlicher Liebe so gehandelt habe. Zum Schluß widmet er dem Papst als Wunsch und Anfang des Friedens sein Büchlein von der Freiheit eines Christenmenschen [1]).

Der Brief konnte auf den Gang der Dinge keinen Einfluß mehr haben. Für Luther wird es immer ehrenvoll bleiben, daß er in seinem guten Glauben an den Gerechtigkeits- und Wahrheitssinn des Papstes darüber sich noch täuschen konnte. Wenige Tage nach Abfassung des Briefes sucht er einen Freund darüber zu trösten, daß die Gegner sich noch mehr als bisher wider ihn erheben. Er bekennt, daß er nie stolzer und kühner sei, als wenn er höre, daß

---

[1]) I, 506 ff.

er Jenen mißfalle, und daß er es aufs Höchste bedauern würde, wenn Jene ihn loben sollten ¹). Ja, er verachtet jene Satanasse so, daß er, würde er nicht festgehalten, aus freien Stücken nach Rom gehen möchte, dem Satanas und allen Furien zum Trotz. Er hält sich nicht für würdig, in einer so seligen Sache etwas zu leiden ²). Die Bulle fürchtet er nicht ³); er freut sich auch, daß diese den Muth seiner Freunde nicht erschüttert, und daß sie an einigen Orten so üble Aufnahme findet ⁴). Nachdem er sie eine Zeitlang für gefälscht gehalten, schreibt er im November „wider die Bullen des Antichrist" und will die Appellation an ein allgemeines Concil erneuen. Die Frechheit Satans und die Größe der Lästerung in jener Bulle läßt ihn glauben, daß das Reich des Antichrist seinem Ende entgegengehe, und der jüngste Tag nahe sei ⁵). Er giebt sich nicht der Hoffnung hin, den Geist seiner Widersacher zur Milde zu stimmen, will ihnen aber ihre gefährliche Lage aufdecken, weil die unmöglich selig werden könnten, die diese Bulle begünstigt oder ihr nicht widerstanden hätten ⁶). Er bittet auch seinen Freund Spalatin, zuversichtlich zu hoffen; der hinzugefügte Trostgrund ist bezeichnend für ihn: Christus werde sein Werk vollführen, das er angefangen, sei es auch, daß er, Luther, getödtet oder vertrieben werden sollte ⁷). So bestanden in seinem Herzen miteinander Zuversicht und Leidenswilligkeit. Und erstere ließ ihn bald aus der bloßen Verantwortung zur kühnsten Offensive übergehen. Am 10. December 1520 verbrannte er die Bulle. Wie kaltblütig er diesen Schritt seinem Spalatin anzeigt ⁸), so gesteht er doch selbst, daß er ihn Anfangs mit Zittern und Beten gethan. Dann aber wuchs ihm der Muth, und er wird über jene That voll Freude mehr als über irgend eine andere seines Lebens ⁹). Scheint es so der Kampfesmuth über den Dulbersinn davonzutragen, so bleibt er doch unter den Kämpfen geneigt, sich zum Opfer darzubieten. So hinausgewachsen über die Mystik, und doch durch ihren Sinn in Gelassenheit gefestigt, sehen wir ihn dann den entscheidenden Tagen von Worms entgegen gehen.

¹) 1, 516. ²) 1, 517. ³) 1, 524. ⁴) 1, 519. ⁵) 1, 522. ⁶) 1, 522. ⁷) 1, 524. ⁸) 1, 532. ⁹) 1, 542.

Vierter Abschnitt.

Zum Katechismus.

Sowohl die Grabhöhe mystischer Einflüsse, als auch die Differenz, welche die spätere Entwickelung im Vergleich zu jener herausstellt, aber auch die Momente, die sie in sich aufbewahrt, lassen sich am leichtesten aus jenen Schrift= und Lehrbetrachtungen der Jahre 1517 bis 1520 erkennen, welche zu dem etwa ein Jahrzehnt später ent= standenen kleinen Katechismus sich als Vorarbeiten verhalten. Bei der Bedeutung dieses unvergleichlichen Lehrbuches für die christliche Erziehung unseres Volkes werden reichliche Mittheilungen aus jenen Anfängen sich rechtfertigen.

Unter Ausschluß der Predigten, die Luther 1518 vor dem Volk in Wittenberg gehalten, da diese sonst schon für unsere Darstellung verwendet sind, ist nur die Auslegung des Vaterunser für einfältige Laien sowohl in der von Luther selbst 1518 besorgten Ausgabe [1]), als in der schon vorher erschienenen Zusammenstellung Johann Sneibers [2]), ferner die kurze Form der zehn Gebote, des Glaubens und Vaterunser vom Jahre 1520 benutzt [3]).

Die Bemerkungen zu den zehn Geboten liegen in der Linie jener Richtung, die schon oben bei der allgemeinen Auffassung

---

[1]) 21, 156 ff. [2]) Sneiber, ein Zuhörer Luthers, gab dessen Auslegung des Vaterunser nach seiner Nachschrift von Lectionen und Predigten heraus. Gesteht er nun auch, daß er Einiges von dem Seinen beigefügt, so scheint dies nach einer weiteren Bemerkung sich doch nur auf redactionelle Zusätze zu be= ziehen. (Walch VII, Vorrede S. 10 ff.). Seine Arbeit behält neben der Ausgabe Luthers ihren Werth, weil in ihr das mystische Element hier und da eigenthümlicher hervortritt. [3]) 22, 3 ff.

des Gesetzes von Seiten Luthers besprochen ist; sie sind gemacht von der idealen Höhe aus, von welcher aus nur in der vollkommenen Liebe, und in der gänzlichen, auch leibentlichen Hingabe des eigenen Willens an Gottes Willen die Erfüllung des Gesetzes erblickt wird. Sie fordern also das Innerliche der Gesinnung als das Hauptstück aller Gesetzeserfüllung und weisen dem entsprechend auch bei der Aufzählung der Uebertretungen über die äußeren hinaus auf die verborgenen in Eigenliebe, innerlicher Loslösung von Gott und dem Nächsten. Die hierauf bezüglichen Stellen sind im Folgenden ausgehoben.

In den Geboten wird nichts gelehrt, was der Mensch ihm selbst thun, lassen oder von Anderen begehren soll, sondern was er Anderen, Gott und den Menschen thun und lassen soll, daß wir es greifen müssen, daß die Erfüllung steht in der Liebe gegen Andere und nicht gegen uns. Denn der Mensch thut, läßt und sucht ihm selbst schon zu viel, daß nicht zu lehren, sondern zu wehren noth ist. Darum lebet der am allerbesten, der ihm selbst nicht lebet, und der lebt am ärgsten, der ihm selbst lebet; denn also lehren die zehn Gebote [1]).

Es übertritt das erste Gebot, wer nicht mit Liebe und Lobe alles Böse und Gute von Gott allein aufnimmt und ihm wieder heimträgt mit Danksagung und williger Gelassenheit; wer in seiner Frömmigkeit, Verstand und anderen geistlichen Gaben hoffärtig ist; wer Gott nicht vertraut allezeit und in all seinen Werken nicht Zuversicht hat in Gottes Barmherzigkeit. — Das zweite Gebot übertritt, wer Gottes Namen nicht benedeiet in Lieb und Leid, wer Gottes Namen nicht lobt in allen Dingen, was ihm vorkommt. — Wider das dritte sündigt, wer nicht betet, nicht das Leiden Christi bedenkt, nicht seine Sünde bereut und Gnade begehrt, also nur mit Kleidern, Essen, Gebehrden äußerlich feiert; wer nicht gelassen steht in all seinen Werken und Leiden, daß Gott mit ihm mache, wie er will; wider das vierte, wer seine Eltern nicht ehrt, ob sie gleich Gewalt und Unrecht thun; wider das siebente, wer über seines Nächsten Gewinnst Verdrieß hat. Die zwei letzten Gebote gehören nicht in die Beichte, sondern sind Ziel und Maß gesetzet, da wir hinkommen sollen und täglich durch Buße dahin arbeiten mit Hülfe und Gnade Gottes;

---

[1]) 22, 14 f.

denn die böse Neigung stirbt nicht eher gründlich, die böse Neigung werde denn zu Pulver und neu geschaffen. — In all diesen Werken, den aufgezählten Uebertretungen nämlich, sieht man nichts anderes denn eigene Liebe, die das Ihre suchet, nimmt Gott, was sein ist, und den Menschen, was derselben ist, und giebt nicht, weder Gott, noch Menschen etwas von dem, das sie hat, ist und mag.

Die Erfüllung des ersten Gebots besteht dagegen in Gottesfurcht und Liebe in rechtem Glauben und allezeit in allen Werken fest vertrauen, ganz bloß, lauter in allen Dingen gelassen stehn, sie seien böse oder gut. Das zweite wird erfüllt durch Lob, Ehre, Benedeiung und Anrufen Gottes Namen, und seinen eigenen Namen und Ehre ganz vernichten, daß allein Gott gepreiset sei, der allein alle Dinge ist und wirket. Zur Erfüllung des dritten gehört Christi Leiden bedenken und also geistlich zum Sacrament gehn; denn dies Gebot fordert eine geistarme Seele, die da ihres Nichtsein vor Gott opfert, daß er ihr Gott sei und in ihr seines Werks und Namen bekomme nach den zwei ersten Geboten. Da gehört her Alles, was von Gottesdienst, Predigthören und guten Werken, den Leib unter den Geist zu werfen befohlen ist, daß alle unsere Werke Gottes seien und nicht unser. Zur Erfüllung des vierten gehört Gehorsam, Demüthigkeit, Unterthänigkeit aller Gewalt um Gottes Wohlgefallen willen, ohne alles Widerbellen, Klagen und Murmeln. Das fünfte erfordert Geduld, Sanftmüthigkeit, Gütigkeit, Friedlichkeit, Barmherzigkeit und allerdinge ein süßes, freundliches Herz ohne allen Haß, Zorn, Bitterkeit gegen einen jeglichen Menschen, auch die Feinde. Das sechste Keuschheit, Zucht, Schamhaftigkeit in Werken, Worten, Gebehrden und Gedanken. Das siebente Armuth des Geistes, Mildigkeit, Willigkeit, seine Güter zu leihen und zu geben. Das achte eine friedsame, heilsame Zunge, die Niemand schadet und Jedermann frommt. Die letzten zwei vollkommene Keuschheit und Verachtung zeitlicher Lust und Güter gründlich, was allein in jenem Leben vollbracht wird [1]).

In der kurzen Form, den Glauben zu betrachten, wird zu den Worten: „Ich glaube in" der Glaube als hingebendes Vertrauen beschrieben, und es heißt dann: Solcher Glaube, der es waget auf Gott, wie von ihm gesagt wird, es sei im Leben oder

---

[1]) 22, 7 ff.

Sterben, der macht allein einen Christenmenschen und erlanget von Gott Alles, was er will. — Der erste Theil des Glaubens wird folgendermaßen umschrieben: Ich setze mein Vertrauen auf keinen Menschen auf Erden, auch nicht auf mich selbst, noch auf meine Gewalt, Kunst, Gut, Frömmigkeit, oder was ich haben mag. Ich setze mein Vertrauen auf keine Creatur, sie sei im Himmel oder auf Erden. Ich erwäge und setze mein Trauen allein auf den bloßen unsichtbaren, unbegreiflichen einigen Gott, der Himmel und Erde erschaffen hat und allein über alle Creatur ist. Ich glaube nichts desto weniger in Gott, ob ich von allen Menschen verlassen oder verfolgt wäre. Ich glaube nichts desto weniger, ob ich arm, unverständig, ungelehrt, verachtet bin oder alles Dinges mangele. Ich glaube nichts desto weniger, ob ich ein Sünder bin. Denn dieser mein Glaube soll und muß schweben über Alles, was da ist und nicht ist, über Sünde und Tugend und über Alles, auf daß er in Gott lauterlich und rein sich halte, wie mich das erste Gebot bringet. Ich traue beständiglich in ihm, wie lange er verzeucht, und setze ihm kein Ziel, Zeit, Maß oder Weise, sondern stelle es Alles heim seinem göttlichen Willen in einem freien, richtigen Glauben. Wie wollen mir nicht alle Dinge zu Gute kommen und dienen, wenn der mir Gutes gann, dem sie alle gehorsam und unterthänig sind? —

Auch beim zweiten und dritten Artikel ist, wenn auch weniger nachdrücklich, als beim ersten, die mystische Betrachtung in der biblischen mitbezeugt: Ich glaube, daß Christus sein Leiden und Kreuz für meine und aller Gläubigen Sünde getragen hat und dadurch alles Leiden und Kreuz gesegnet und nicht allein unschädlich, sondern auch heilsam und hoch verdienstlich gemacht hat. Ich glaube, daß er gestorben und begraben ist, meine und aller seiner Gläubigen Sünde ganz zu tödten und zu begraben. Ich glaube, daß er sei auferstanden von den Todten, mir und allen seinen Gläubigen ein neues Leben zu geben, und also mit ihm in Gnaden und Geist erwecket hat, hinfort nimmer zu sündigen, sondern ihm allein zu dienen in allerlei Gnaden und Tugenden.

Der heilige Geist ist das, damit der Vater durch Christum und in Christo Alles wirket und lebendig macht. Die christliche Kirche ist nichts anderes, denn die Gemeinde oder Sammlung der Heiligen, der frommen, gläubigen Menschen auf Erden. Ich glaube, daß in dieser

Gemeinde oder Christenheit alle Dinge gemein sind, und eines Jeglichen Güter des Andern eigen, und Niemand nichts eigen sei; darum mir und einem jeglichen Gläubigen alle Gebete und guten Werke der ganzen Gemeinde zur Hülfe kommen, beistehn und stärken müssen zu aller Zeit im Leben und Sterben [1]).

Zwiefach bedeutsam, sowohl für seine Auslegungsmethode, als auch für die Stimmung und Richtung seines Gebetsgeistes ist nun weiter Luthers Erklärung des heiligen Vaterunser.

Zu einem Vaterunser gehört der Geist Christi. Denn wenn mans innerlich suchen will, so ist kein Mensch allhier so vollkommen, daß er mit Wahrheit sagen mag, er habe keinen Vater hier; er habe nichts, denn in Gott hoffe er; nichts Eigenes, sondern er sei ganz fremde und gehöre ihm nicht zu. Denn unsere Natur ist also vergiftet, daß sie allezeit das Ihre sucht[2]). — Die ersten drei Bitten gehen Gott an, die anderen uns, daß wir gottförmig mögen werden. Zur Vorrede: Wer anhebt zu bitten: Vater unser, und thut das mit Herzensgrund, der bekennt, daß er einen Vater hat, und denselben im Himmel, erkennt sich im Elend und verlassen auf Erden; daraus denn folgen muß ein herzliches Sehnen, gleichwie einem Kinde, das aus seines Vaters Land, unter fremden Leuten im Elend und Jammer lebt. — Der also betet, der steht mit einem richtigen, aufgehobenen Herzen zu Gott und ist geschickt, zu bitten und zu bewegen Gottes Gnaden. Das ist aber unmöglich der Natur, denn sie ist so böse, daß sie je etwas auf Erden sucht und an Gott im Himmel nicht genügen läßt. — Die erste Bitte ist uns zu der Uebung gegeben, daß wir ohne Unterlaß begehren sollen, daß Gottes Name geheiligt werde; und obschon einem Christenmenschen Alles genommen würde, Gut, Ehre, Freunde, Gesundheit, Weisheit, das wäre nicht zu wundern; ja, es muß doch dahin endlich kommen, daß alles sein Ding zu nichte werde, und er von allen anderen Dingen abgesondert werde, ehe er geheiliget und den Namen Gottes heilige. Denn dieweil etwas da ist, dieweil ist auch ein Name da, darum muß nichts da bleiben, daß allein Gott, und Gottes alle Dinge und alle Namen bleiben[3]). Nun merkest du, daß dies Gebet wider die leidige Hoffart ficht, die denn das Haupt, Leben und ganzes Wesen aller Sünde ist; denn zugleich, wie keine Tugend lebt oder

---

[1]) 22, 15 ff. [2]) Walch VII, 1029 f. Vgl. 21, 163. [3]) 21, 176.

gut ist bei der Hoffart, also wiederum lebt oder schadet keine Sünde, wo die Hoffart todt ist ¹). — Die zweite Bitte legt er im Geist der freien und selbstlosen Gottesliebe aus, indem er sich zugleich gegen die beiden von ihm mit den Waffen der Mystik so oft bekämpften verkehrten Weisen, sich Gottes Reich aneignen zu wollen, wendet: gegen die falsch gesetzliche, da sie hin= und herlaufen, daß sie fromm werden, zu Gottes Reich kommen und selig werden, der gen Rom, der gen St. Jakob u. s. w., und gegen die eudämonistische, in der befangen Viele dies Gebet sprechen, allein mit der Sorge, daß sie nur selig werden, und verstehen unter Reich Gottes nichts anderes, denn Freude und Lust im Himmel, wie sie denn aus fleischlicher Sinnlichkeit denken mögen, und werden dadurch gedrungen, daß sie die Hölle fürchten und also nur das Ihre und ihren eigenen Nutz im Himmel suchen. Dieselben wissen nicht, daß Gottes Reich sei nichts anderes, denn fromm, züchtig, rein, milde, sanftmüthig und aller Tugend und Gnade voll sein, also daß Gott das Seine in uns habe, und er allein in uns sei, lebe und regiere. Dies soll man am höchsten und ersten begehren; die Freude aber und Lust und alles Andere, das man begehren mag, dürfte man nicht bitten, noch begehren, sondern es wird sich Alles selbst finden und folgen dem Reiche Gottes. Denn wie ein guter Wein nicht mag getrunken werden, er bringt von ihm selbst ungesucht seine Lust und Freude, und mag nicht verhindert werden, also vielmehr, wenn die Gnade und Tugenden, das Reich Gottes, vollkommen werden, so muß ohne unser Zuthun natürlich und unverhindert folgen Freude, Friede und Seligkeit und alle Lust. Jene aber suchen das Letzte zuerst, und das Erste achten sie nichts oder achten es allein um des Letzten willen. Darum werden sie ihrer keins überkommen ²). — In die Tiefe des Inhalts der dritten Bitte bringt Luther mit jener Energie, welche an die letzten und unversöhnlichsten Gegensätze, den des eigenen und des göttlichen Willens erinnert, um die Ueberwindung des ersteren durch den letzteren um so nachdrücklicher zu fordern: Die dritte Bitte will haben Zerbrechung des eigenen Willens und Einführung des göttlichen Willens; denn es wird vonnöthen sein, soll Gottes Wille bestehen, so muß der unsere untergehen. Die Höhe dieser Forderung beschreibt er vom Standpunkt

---

¹) 21, 179. ²) 21, 183 ff.

der mystischen Vollkommenheit: Also muß der Mensch gelassen sein, daß er auch, so es Gott gefiele, in die Hölle wollte fahren um seinetwillen. Wenn aber dies also geschieht, so kommt das Reich Gottes in uns; denn Adam ist nun todt, und regiert Christus [1]). Dem nun, der den Willen Gottes thun, d. i. den alten Adam tödten will, wird als Kennzeichen desselben die Weisung ertheilt, sich zu prüfen, wozu er einen Willen habe, daß er je das nicht thue, und wozu er nicht Lust hat, daß er das thue und so allezeit wider seinen Willen thue; denn das muß er frei dafür halten, daß sein Wille nimmer gut sei, er scheine, wie hübsch er mag. Und also soll ein Mensch einen Ueberwillen haben wider seinen Willen und nimmer unsicherer sein, als wenn er findet, daß nur ein Wille und nicht zween Willen widereinander in ihm sind, und also sich gewöhnen, dem Ueberwillen zu folgen wider seinen Willen. Der alte Adam wird aber auch getödtet durch andere Menschen, die uns zuwider sind, anfechten, Unruhe machen und uns in allem unseren Willen widerstreben, auch in guten, geistlichen Werken, und nicht allein in zeitlichen Gütern, als die unser Beten, Fasten, gute Werke verspotten, für Narrheit achten, kurz in keinem Dinge uns mit Friede lassen. O, das ist ein unschätzbar, köstlich Ding; solche Anfechter soll man mit allem Gut kaufen, denn sie sind es, die dies Gebet in uns wirken, durch welche Gott unseren Willen bricht, daß sein Wille geschehe. Mußte Christi Wille ausgehen, der doch ohne Zweifel gut, ja der allerbeste allezeit gewesen ist, auf daß göttlicher Wille geschehe, was wollen denn wir armen Würmlein prangen mit unserem Willen, der doch nimmer ohne Bosheit ist? [2]) Unser Wille aber ist böse auf zweierlei Weise; erstens offenbarlich ohne allen Schein; zweitens heimlich und unter einem guten Schein. Ueber diese zwei bösen Willen ist ein rechtschaffener guter Wille, der muß auch nicht geschehen, als der Wille Davids war, da er Gott einen Tempel bauen wollte, und Gott ihn darum lobte und wollte doch nicht, daß es geschähe. Desgleichen, wie Christi Wille war im Garten, da er den Kelch weigerte, und mußte doch derselbe gute Wille nachbleiben. Also, wenn du möchtest die ganze Welt bekehren, Todte auferwecken, dich und Jedermann in den Himmel führen und alle Wunder wirken, so solltest du doch derselben keins wollen, du hättest denn Gottes

---

[1]) Walch, VII, 1054. [2]) 21, 188 ff.

Willen vorgezogen und solchen deinen Willen unterworfen und zu nichte gemacht und gesprochen: Mein lieber Gott, das und das dünkt mich gut, gefällt es dir, so geschehe es; gefällt es dir nicht, so bleibe es dahinten. Und diesen guten Willen bricht Gott gar oft in seinen Heiligen, auf daß nicht durch den guten Schein einreiße der falsche, tückische und böse Wille; auch daß man lerne, daß unser Wille, wie gut er ist, unmäßlich geringer ist, denn Gottes Wille. Darum ein geringer guter Wille billig weichen oder gar unterthänig vernichtet worden soll gegen den unmäßlich guten Willen Gottes; zum dritten soll der gute Wille auch darum verhindert werden, auf daß er gebessert werde. Dann wird er aber besser, wenn er dem göttlichen Willen, durch welchen er verhindert, unterthänig und gleichförmig wird so lange, bis der Mensch werde ganz gelassen, frei, willenlos, und nichts mehr weiß, denn daß er des Willens Gottes warte. So spricht man: Ei, hat uns doch Gott einen freien Willen gegeben. Antwort: Ja freilich hat er dir einen freien Willen gegeben, warum willst du ihn denn machen zu einem eigenen Willen und lässest ihn nicht frei bleiben? Wenn du damit thust, was du willst, so ist er nicht frei, sondern dein eigen. Gott hat aber weder dir, noch Jemand einen eigenen Willen gegeben, denn der eigene Wille kommt vom Teufel und Adam; die haben ihren freien Willen, von Gott empfangen, ihnen selbst zu eigen gemacht; denn ein freier Wille ist, der nichts Eigenes will, sondern allein auf Gottes Willen schaut, dadurch er denn auch frei bleibt, nirgend anhangend oder anklebend. — Nun merkest du, daß Gott in diesem Gebet uns heißet wider uns selbst bitten, dabei er uns lehret, daß wir keinen größeren Feind haben, denn uns selber; denn unser Wille ist das Größte in uns, und wider denselben müssen wir bitten: O Vater, laß mich nicht dahin fallen, daß es nach meinem Willen gehe, brich meinen Willen, wehre meinem Willen, es gehe mir, wie es wolle, daß mirs nicht nach meinem, sondern nach deinem Willen gehe. Denn also ist es im Himmel, da ist kein eigener Wille[1]); daß dasselbe auch so sei auf Erden. — Solches Gebet, so es geschieht, thut der Natur gar weh; denn der eigene Wille das allertiefste und größte Uebel in uns ist, und uns nichts lieber ist, denn eigener Wille[2]).

---

[1]) Vgl. oben S. 70. [2]) 21, 190 ff.

Der vierten Bitte giebt er, und zwar mit offenbarer Bevorzugung dieses geistlichen Sinnes, auch eine Beziehung auf die Speise der Seelen. Diese ist in den Worten, Werken, Leben, Leiden, Tode, Blutvergießen, Krönung, Geißelung Christi, unseres frommen Gottes. So sich die Seele dies einbildet, wird sie ausgebreitet und frisch gemacht, angesteckt und gereizt zur Andacht, Liebe, Keuschheit, Buße, Frömmigkeit. — Ein jeglich Blutströpflein des rosenfarbenen Blutes Christi, ein jeglich Dörnlein, das ihm sein zartes Haupt durchstochen, ein jeglicher Backenschlag, eine jegliche Höhnung und Verspottung, die sie mannigfaltig unserem frommen Christo haben angelegt, eine jegliche Zähre, damit er geweint, ist ein Gericht, davon der Imbiß der Seelen wird bereitet¹). — Dies Gericht wird zertheilt und angerichtet durch das äußerliche und innerliche Wort. Christus ist Brot, und das Wort Gottes ist Brot, und sind doch beide ein Brot, ein Ding; denn er ist in dem Wort und das Wort in ihm, und an dasselbe Wort glauben heißt das Brot essen. — Diese geistliche Wesenheit des „täglichen Brotes" findet er noch besonders angedeutet in dem Worte „unser"; denn es drückt aus, daß wir nicht das gemeine Brot, das Gott allen Menschen ungebeten giebt, bitten, sondern unser Brot, die wir Kinder sind unseres himmlischen Vaters. — Zu „täglich", heißt es: Weiter deutet man ἐπιούσιος ein überwesentlich Brot, darum daß das Wort Gottes dem Menschen nicht nach dem Leibe, sondern zu einem unsterblichen, überwesentlichen und weit über dies Wesen in ein ewiges Wesen speiset. — Durch das Wort „uns" sieht er vermahnt einen jeglichen Menschen, daß er sein Herz ausbreite in die ganze Christenheit und bitte für sich und die ganze Sammlung aller Menschen, sonderlich für die Priester, die das Wort Gottes handeln sollen; in solchem Gebet bittet er mit der Christenheit für sich selbst, und ist nicht ein gut Gebet, da Einer für sich allein bittet. — Zu dem Wort „heute" führt er den Gedanken aus, daß der Noth und Anfechtung wegen wir bitten sollen heute, d. i. jeden Augenblick den Trost des Worts zu haben. — Schließlich giebt er zu, daß unter dem täglichen Brot sehr wohl auch das leibliche Brot verstanden werden möge; aber fürnehmlich, fügt er doch hinzu, das geistliche Brot, Christus²).

Zur fünften Bitte macht er im Eingang darauf aufmerksam,

---

¹) Walch, VII, 1059. ²) 21, 194—209.

daß sie alle zu Sündern mache und wider den Ablaß sei; denn ist alle Schuld durch Ablaß dahin, so lösche dies Gebet aus. — In der weiteren Auslegung wird dann ein Unterschied gemacht zwischen zweierlei Weise Gottes, die Schuld zu vergeben, heimlich, so daß wir es nicht empfinden, oder öffentlich und so, daß wir es empfinden. Im Sinn der Mystik, welche die gefühlsmäßige Erfahrung des Heils als eine niedere Stufe des göttlichen Lebens ansah, ist, was er über die Bedeutung und den Werth dieser zwiefachen Vergebung hinzufügt: Die erste Vergebung ist uns bitter und schwer, aber sie ist die edelste und allerliebste. Die andere ist leichter, aber desto geringer. Die erste macht rein, die andere macht Friede; die erste wirkt und bringt, die andere ruht und empfängt, und ist gar ein unermeßlicher Unterschied zwischen beiden. Die erste ist bloß im Glauben und verdienet viel, die andere ist im Fühlen und verdient einen Lohn; die erste wird gebraucht mit den hohen Menschen, die andere mit den schwachen und anhebenden [1]).

In der sechsten Bitte hielte er es, wenn die Worte „Versuchung oder Beköring" nicht so gemein wären, für klarer, zu sagen: Führe uns nicht in Anfechtung d. h. hilf uns, lieber Vater, daß wir nicht hineinfahren, d. i., daß wir nicht drein verwilligen und also überwunden oder unterdrückt werden. Als ein in Anfechtung Erfahrener und Bewährter und von Liebe zum Kreuz Erfüllter legt er dann aus: Der Sinn ist nicht, der Anfechtung wollen lebig sein; denn das wäre erschrecklich und ärger denn zehn Anfechtungen; wie etliche, die unserem Herr Gott keine Ruhe lassen, er nehme denn von ihnen die Anfechtung: Diesem muß er das Bein gesund machen, den reich u. s. w. und also bleiben sie faule, ja selbflüchtige, arme Ritter, die nicht streiten wollen. Darum werden sie auch nicht gekrönt; ja sie fallen in die andere Anfechtung zur rechten Seite, Unkenschheit, Wollust, Hoffart, Geiz u. s. w. — Warum läßt denn Gott den Menschen so anfechten zur Sünde? Antwort: daß der Mensch sich und Gott erkennen lerne, sich erkennen, daß er nichts vermag, denn Uebels thun und sündigen; Gott erkennen, daß Gottes Gnade stärker sei, denn alle Creaturen, und also lerne, sich verachten und Gottes Gnade loben und preisen; denn die böse Lust löscht Niemand, denn der himmlische Thau und Regen gött-

---

[1]) 21, 210 ff.

licher Gnaden; fasten, arbeiten und wachen muß dabei sein, sind aber nicht genug ¹).

In gleichem Sinn, wie über die Anfechtung; läßt er sich zur **siebenten Bitte** über das Uebel aus: Merke, daß man das Uebel am allerletzten abbitten soll. Man findet Etliche, die Gott und seine Heiligen ehren und bitten, aber nur, daß sie des Uebels los werden und nichts Anderes suchen, nicht einmal gedenken an die ersten Bitten, daß sie Gottes Ehre, Namen und Willen vorsetzen. Darum suchen sie ihren Willen und kehren dies Gebet ganz um, heben am Letzten an und kommen nicht zu dem Ersten; sie wollen ihres Uebels los sein, es sei Gott zu Ehren oder nicht, es sei sein Wille oder nicht. Aber ein rechtschaffener Mensch der spricht also: Lieber Vater, das Unglück und die Pein drückt mich, und leide viel Unglück und Beschwerde und fürchte mich vor der Hölle; erlöse mich davon, doch nicht anders, denn so es dir ehrlich und löblich und dein göttlicher Wille ist, wo das nicht, so geschehe nicht mein, sondern dein Wille. Denn mir deine göttliche Ehre und Wille lieber ist, denn alle meine Ruhe und Gemach zeitlich und ewig ²).

Wie der Grund seiner Gebetsfreudigkeit und Hoffnung auf Erhörung in dem objectiven Gebot Gottes, zu beten und der objectiven Verheißung Gottes beruht, zeigt recht deutlich das Schlußwort: Amen ist ein Wort des festen und herzlichen Glaubens, als sprächest du: O Gott Vater, diese Dinge, die ich gebeten habe, zweifle ich nicht sie seien gewiß wahr und werden geschehen; nicht darum, daß ich sie gebeten habe, sondern daß du sie hast heißen bitten und gewißlich zugesagt; so bin ich gewiß, daß du, Gott, wahrhaftig bist, kannst nicht lügen. Und also nicht meines Gebets Würdigkeit, sondern deiner Wahrheit Gewißheit macht, daß ichs festiglich glaube, und ist mir nicht Zweifel, es wird ein Amen daraus werden und ein Amen sein ³).

Der zehn Jahre später erschienene Katechismus zeigt manches der hier so scharf und characteristisch ausgebildeten mystischen Elemente nicht mehr. Die Sprache hat sich der mystischen Ausdrücke entledigt. In der Auslegung der Gebote sind die hohen Forderungen mystischen Lebens fortgeblieben, und die Formen der Eigenliebe und Selbstsucht werden nicht mehr mit der mystischen Schärfe dargestellt.

---

¹) 21, 219. ²) 21, 224 f. ³) 21, 226.

In dem Bekenntniß des Glaubens ist weder das Abgewandtsein von der Creatur und dem Vertrauen auf sie, noch das Berufensein des Christenmenschen zum Kreuz und seine Anfechtungsbedürftigkeit ausdrücklich bezeugt. Bei der Auslegung der vierten Bitte ist die geistliche Deutung verschwunden und hat dem eigentlichen Sinn, der Würdigung des Rechts des Natürlichen Platz gemacht; endlich, und dies zeigt sich besonders bei der Erklärung der ersten Bitten des Vaterunser, wird der Hinweis auf das Zuständliche der Frömmigkeit durch den auf die objectiven Güter des Reiches Gottes und auf die Heilsmittel überwogen. Doch aber sind die von der Mystik gegebenen Bildungsmomente, die hier in dem Erzeugniß einer im Werden begriffenen Entwickelung noch in ihrer Eigenart heraustreten, in dem Endresultat dieser Entwickelung aufgehoben in dem Geist der Innerlichkeit, in der Kraft, Fülle und Einfalt, die das wunderbare Lernbüchlein durchbringt und es in die Nähe der heiligen Schrift selbst rückt.

III.
Periode des Kampfes mit entarteter Mystik.

Einleitung.

„Die Mystik ist eine Schlingpflanze, die an jedem Stabe emporwuchert und sich mit den extremsten Gegensätzen gleich gut abzufinden weiß: Hochmuth und Demuth, Herrschsucht und Duldung, Egoismus und Selbstverleugnung, Enthaltsamkeit und sinnliche Ausschweifung, Selbstkasteiung und Genußsucht, Einsamkeit und Geselligkeit, Weltverachtung und Eitelkeit, Quietismus und thätiges Leben, Nihilismus und Weltreformation, Frömmigkeit und Gottlosigkeit, Aufklärung und Aberglaube, Genie und viehische Bornirtheit, Alles verträgt sich gleich gut mit der Mystik"; so läßt sich unter den mancherlei Kostgängern der Mystik ein Neuerer vernehmen, Eduard von Hartmann[1]), der zu obigem Ausspruch durch sein eigenes System eine neue und interessante Illustration gegeben hat.

In der That ist es das Verhängniß der deutschen Mystik gewesen, daß mit dem Aufgang ihrer tiefsinnigsten und frommsten Erscheinungen je und je eine entartete Mystik aufgewuchert ist. Gerade in ihrer Blüthezeit, als die fromme und reine Innerlichkeit des deutschen Gemüths in den Speculationen des Meister Eckhart und dann in den Predigten Taulers und Susos ihren Ausdruck erhielt, trugen auch die „freien Geister" ihre „unbesorgten Sprüche" durch das Land, die Pointen eines Pantheismus, welcher nicht

---

[1]) Philosophie des Unbewußten. Berlin, 1869 S. 276.

Natur in Gott, sondern Gott in Natur auflöste und Religion und Sittlichkeit einem theils lüsternen, theils quietistischen Nihilismus opferte [1]).

Als die Mystik evangelisch gegründet und gereinigt in Luthers Theologie wiedererstand, wiedererstand zwar nicht als selbständige Frömmigkeitslehre, aber doch in der lebensvollen Verbindung, die sie mit dem Geiste und der evangelischen Theologie des Reformators einging, da erhob sich als gefährliche Feindin neben ihr abermals jene Aftermystik, welche die Sprache und Weise der ächten nachäffte und zudringlich zu den Arbeiten und Kämpfen der Reformation sich mitberufen glaubte. Sie besaß religiöses Pathos genug, um die von der großen Bewegung erfaßten Gemüther zu verwirren, aber sie hatte nichts von der evangelischen Klarheit, welche zu den besonderen Gnadengaben des Trägers der reformatorischen Bewegung gehörte, und ohne welche ein gesegneter Fortgang des Werkes nicht möglich war.

Die Hauptvertreter dieser neuen Weise waren Männer, die Luther nahe gestanden hatten. Als Grundleger und Bahnbrecher voran Thomas Münzer, ein unruhiger und verworrener Kopf, aber begabt mit einer glühenden Einbildungskraft, beredt, und in seiner tiefen Verirrung nicht ohne einen Zug im Wesen, der Theilnahme erweckt. Die Leidenschaft und der wilde Haß, die durch seine Brust stürmten, berührten sich mit einer schwärmerischen Frömmigkeit und mit einer ebenso schwärmerischen Theilnahme mit dem Elend des armen Volkes [2]). Neben Münzer stehen dann seine niederen Geistesverwandten, vielleicht seine Schüler und geistlichen Kinder, die Zwickauer Tuchmacher, die sein Bild in vergröberten Zügen an sich tragen. In ein, wenn auch immer etwas reservirtes Verhältniß zu ihnen tritt dann Andreas Bodenstein aus Carlstadt, Anfangs ein Freund Luthers, als Mitstreiter von diesem werth gehalten und nach seinen Gaben bedeutend überschätzt [3]), später einer seiner verbittertsten Gegner; ein mehr grüblerischer als schwärmerischer Mann,

---

[1]) Vgl. über den Ursprung und die Lehren der freien Geister: Preger, Geschichte der Mystik im Mittelalter, Band 1. Die christliche fromme Mystik hatte zu viel Theil an den Irrthümern der freigeistigen, um diese aus den Angeln zu heben; mit dieser Einschränkung ist indeß die Kritik, der Suso die freien Geister unterzieht, eine meisterhafte. [2]) Seidemann, Thomas Münzer, Dresden und Leipzig 1842. [3]) Briefe de W. 1, 55. 88 f. 108. 250.

der seine geistigen Funde nicht ohne Seitenblicke auf den großen
Vordermann für berufen hält, die noch immer nicht gänzlich aus
Licht getretene evangelische Wahrheit völliger und richtiger zu offen=
baren; juridisch=gesetzlich in der Auffassung des Schriftsinnes, Alle=
goriker zügellosester Art im Auslegen des Schriftwortes; zum Streit
bereit, aber doch weit mehr Gelehrter, als Reformator; scharfsichtig,
wenn es gilt, Widersprüche in der Lehre des Gegners zu entdecken
oder zu erzeugen, aber so kurzsichtig, daß er den vor Augen liegen=
den Weg zu ihrer Auflösung nicht wahrnimmt; später dem Wamms,
Hut und Gebahren nach ein rechter Volksmann, auch gelegentlich
zur Verachtung der bestehenden Ordnungen geneigt, aber ohne die
Gabe, in weithin wirkenden Schlagworten zu reden, und zu vor=
sichtig, um sein Herz von den Leiden und Leidenschaften des Volks
bewegen und fortreißen zu lassen.

Welch merkwürdiges Gegenstück zur Entwickelungsgeschichte der
Mystik Luthers! Im dreizehnten Jahrhundert erstanden die freien
Geister doch aus Voraussetzungen, welche die Mystik nicht selbst ge=
schaffen hatte, aus dem Pantheismus eines Amalrich von Bena.
Anders jetzt. Münzer, Carlstadt und Viele ihres Anhanges waren
Mystiker in ähnlichem Sinn, wie Luther. Und es war keine ent=
artete, dem Glauben, der Frömmigkeit feindselige Mystik, in deren
Schule sie gegangen waren; die Spuren in ihrer Denk= und Rede=
weise, die der Mystik Luthers ähnlich sind, führen alle auf den
Punkt hin, von welchem dieser ausgegangen war. Mit welchem
Befremden und Staunen er auch die neue Weise und Rede auf=
kommen sah, er hatte es mit feindlichen Brüdern zu thun. An
derselben Brust, wie er, hatten sie getrunken.

Von Münzer wußten die Bekannten, daß er den Tauler und
den Seuse mit Eifer studire. Von einer Nonne mußte er einst die
Stichelrede hören, ob ihn der Tauler noch Bruder Seuse gelehrt,
den schönen Mägdlein zur Kirchweih etwas zu kaufen [1]).

Allerdings hatte Münzer von diesem gelernt. Seltsames Ge=
schick dieses liebreichen Alten! Worte, die sein beschaulicher Geist
erdacht, um die stufenweisen Fortschritte auf dem Heiligungswege
und Kreuzeswege zu bezeichnen, tönen von den Lippen eines
fanatischen Agitators wieder [2]). In den Gesprächen, die Münzer

---

[1]) Seidemann, Thom. Münzer. Dresb. u. Leipz. 1842. S. 14. [2]) z. B. das
Wort „entgröben" welches Suso einigemal für die Anfängerstufe des mystischen

mit der göttlichen Majestät zu führen, der himmlischen Stimme, die er sammt den Seinen im Innersten zu hören behauptete, hören wir das verworrene Echo der Lieblingspredigt der alten Mystiker, „daß Gott sein Wort in der Seele gebiert oder spricht. Und wenn Münzer, als ihm die Geburt eines Knäbleins gemeldet wird, in starrer, stummer Unbeweglichkeit verharrt, wenn er so, wie Luther sich ausdrückt, damit anzeigt, er sei gar ein Stock und Klotz geworden [1]), es war doch das Zerrbild der mystischen Gelassenheit, das sich ihm darstellte.

Aehnlich verhält es sich mit Carlstadt. Er hatte scholastischen Studien den Abschied gegeben, die Schriften des Apostel Paulus, sowie den Augustin studirt und des Letzteren Buch vom Geist und Buchstaben mit Erklärungen versehen, die Luther als „wunderbare" preist [2]). Wie es ein Entwickelungsgang, welcher dem Luthers in Etwas parallel war, erwarten läßt, war er in großen Hauptfragen zu einer solchen Uebereinstimmung mit demselben gelangt, daß dieser sich ausdrücklich für seine Lehre von der Gnade und den Werken auf Carlstadt beruft [3]) und einem Bekannten, der in Luthers Lehre vom Glauben die Liebe beeinträchtigt fand, Carlstadts Buch von der Rechtfertigung des Gottlosen zuschickte, um hieraus Belehrung zu schöpfen [4]). Wenn Carlstadt sich nun auch auf das Studium des Tauler legte, von ihm angezogen ward, ihn Anderen empfahl [5]), so schien ja dafür gesorgt, daß die immer auf derselben Spur bleibenden Männer sich noch innerlicher einten und über Differenzen, deren Vorhandensein Luther sehr früh erkannte [6]), sich vertrugen. Aber gerade das Gegentheil trat ein.

Der Chemiker weiß eine trüb aussehende Lösung zu klären, indem er ihr die Substanz beimischt, welche durch Wahlverwandt= schaft die trübenden Bestandtheile an sich reißt und sie sich nieder= schlagen läßt. Die geistige Einheit zwischen Carlstadt und Luther war stets eine unklare gewesen. Das klärende Mittel ward die Mystik. Sowie sie über den Geist Carlstadts eine Macht gewann,

Processes braucht, für den Unterdruck von Fleisch und Blut. Suso's Leben und Schriften von Diepenbrock, Augsburg 1854, Kap. 50 und 51 S. 125 und 129.

[1]) Seidemann a. a. O. S. 23. [2]) De W. Br. 1, 89. [3]) De W. Br. 1, 108. [4]) De W. Br. 1, 68. [5]) Jaeger, Andreas Bodenstein von Carlstadt. Stuttgart 1856. S. 333 f. [6]) De W. Br. 1, 92.

regte sie einen weiterbildenden Gedankenproceß an, in welchem der wahre Gehalt und Sinn der Carlstadtschen Theologie deutlich erkennbar wurde. Es zeigte sich, daß in dieser Theologie der Glaube an eine Vergebung der Sünden, der die Seele der Lutherschen bildet, nie zu seinem Rechte gekommen war; und an die Stelle der Einheit mit Luther trat die durchsichtige Klarheit eines sehr bestimmten Gegensatzes, für den Luther alsbald auch die präciseste Formulirung gegeben hat. Aber abgesehen von den Wandelungen, zu denen die Besonderheit einzelner Individualitäten die Mystik nöthigte, traf noch in einem anderen Sinne das oben citirte Wort von der Schlingpflanze zu, „die an jedem Stabe emporwuchert."

Revolutionäre Bewegungen bedürfen eines idealen Elements, das ihnen Schwung und Kraft verleiht. Auch die sociale Revolution, die mit der Katastrophe von 1525 endete, aber schon die vorangehenden Jahre mit ihrer Gährung erfüllte, konnte jenes Element nicht entbehren, am wenigsten in einer religiös so tief erregten Zeit. Durch die Mystik ward es ihr zugeführt. Abermals bewährte sich der Zauber ihres Geistes. Ein Prophetenthum entstand, das durch Räthselworte seinen aufregenden Predigten den Reiz und Nimbus des Geheimnisses gab und die Geheimbünde durch den alten Namen der Gottesfreunde weihte. Und da in unmittelbarer Eingebung Gottes Stimme sich in den Herzen seiner Freunde wieder vernehmen ließ, so sahen phantastischer Sinn und Fanatismus eine Wunderquelle neuer Offenbarungen aufgethan. Aber es wurden nicht so sehr Anweisungen zum wahren göttlichen Leben aus ihr geschöpft, wie wilde Begeisterung und schwärmerische Hoffnung für eine Aenderung des gegenwärtigen Weltlaufs.

Schon im Aeußeren kündigte sich diese Verbrüderung von Mystik und Revolution an. Die Zwickauer Propheten traten in der Tracht von Landsknechten auf. Bezeichnend ist es auch, daß diese Leute sofort in Wittenberg erschienen, als Carlstadts Ungestüm zu Gewaltthätigkeiten sich fortreißen ließ. Es war unmöglich, daß in solcher Verbindung die Mystik ihr Wesen behaupten konnte. Ihre Worte und Lehren arteten in Schlagworte oder in Bezeichnungen für Dinge aus, die mit ihrem ursprünglichen Sinn kaum etwas gemein hatten. Man muß Münzers Briefe lesen, um diese Wandelung wahrzunehmen. Hatte er es schon 1521 gelernt, sich in seinen persönlichen Händeln und Zänkereien mit der Verfolgung

Christi und der Apostel zu trösten¹), so verstand er, je weiter er in dem revolutionären Treiben abwärts glitt, unter den „Anfechtungen" das, was er und seine Lehre von den „Tyrannen" zu erleiden habe²). Die alten frommen Mystiker hatten alles, eigenes und fremdes Leid in ihrem Inneren durchgekämpft; diese neuen Propheten deuteten die aus jenem Kampf und Leidtragen erwachsenen Worte ganz aufs Aeußere. Münzer predigte Leidenswilligkeit, Armuth des Geistes, Gelassenheit; aber er versäumte nicht den Hinweis auf das Regiment Christi, der darnach komme und die Tyrannen zu Boden stoße³). Im Jahre 1525 ermahnte er zur Gelassenheit und zum wilden, mörderischen Aufruhr in Einem Athem⁴).

Der Unverstand, der sich aufs Grübeln legte, half der Leidenschaft diese Entartung der Mystik bis zum Monströsen vollenden. Nicht einmal Münzer konnte den speculativen Gehalt der alten Mystiker erfassen. In seinem Munde finden wir zwar das Wort: „Der Wille Gottes ist das Ganze über alle seine Theile, aber das Werk Gottes fleußt aus dem Ganzen und allen seinen Theilen"⁵), aber ohne Ausbeutung, wohl nur als eine Reminiscenz aus dem nicht verstandenen 1. Capitel der deutschen Theologie. Welchem Mißverstand waren die alten Mystiker erst ausgesetzt, wenn die Tuchmacher von Zwickau und die Bauern von Orlamünde sich darauf legten, sie zu studiren und aus ihnen zu argumentiren! Wie verzerrt sich mystische Gedanken in dem unklaren und grüblerischen Kopfe Carlstadts spiegelten, davon ist ein besonders schlagendes Beispiel folgendes: Als Luther in Orlamünde, einem von Carlstadts Einfluß völlig beherrschten Boden, über die Bilderfrage mit den Leuten verhandelte, und sie zu überzeugen suchte, daß Moses von den Götzenbildern handele, mußte er sich, — das brachte das Selbstgefühl der neugestifteten Brüderlichkeit mit sich, — mit „Du" anreden und sich beschuldigen lassen, er habe das Evangelium unter die Bank gestoßen; denn die Bilder seien abzubrechen, daß wir der Creaturen los und rein werden. Diese sonderbare Gedankenverbindung und der noch hinzugefügte krasse, nicht wohl

---

¹) Seidemann, Beilage 16; S. 125. ²) Ebendort, Beil. 28; S. 134. ³) Seidemann, Beil. 33 b.; S. 139. ⁴) Der Brief Thomas Münzers bei Walch XVI, 150. Letzter, diplomatischer Abdruck bei Opel, Neue Mittheilungen. Halle 1869, Band XII, S. 150. ⁵) Opel, S. 173. ⁶) Luthers Werke 29. 160.

wiederzugebende Beweis¹), stammen aber doch aus Mißverstand, ja
Mißhandlung der Mystik. Die zahlreichen Stellen, in denen Tauler
gegen die „Bilde" oder „die vernünftigen Bilde" d. i. gegen den
Standpunkt polemisirt, der die Wahrheit nur in der Form der
äußeren Vorstellung hat²), haben offenbar den Anhalt zu jener
bilderfeindlichen Behauptung hergegeben.

Diese geistige Verwilderung drang nun auch in die
Behandlung der Schrift ein. Als ungenügend erschien, was
bisher durch sie für die Reformation geleistet worden war. Für
die Gewaltthätigkeiten auf kirchlichem wie auf socialem Gebiet ging
man auf sie zurück. Besonders wurde das alte Testament Beweis-
quelle und Zeugniß gegen die Tyrannen. Den Kämpfen Israels
gegen die Heiden wurde die Gegenwart untergeschoben. An ihnen
stärkte sich der Vorsatz, keine Schonung walten zu lassen. In den
strafenden Worten der Propheten sah man dem gegenwärtigen Lauf
der Dinge das Urtheil gesprochen³). Hierin reflectirte sich der Geist
der ganzen Bewegung. Eine mächtige Förderung erfuhr diese Zu-
rechtbiegung der Schrift nach den Gelüsten und Forderungen jenes
Geistes durch Carlstadt. Schon früher, als ihn noch nichts von
Luther trennte, hatte dieser Carlstadts Schriftauslegung gemißbilligt;
aber die Willkür dieser Exegese steigerte sich mit der Exaltation des
Exegeten. Und zwar war dies nicht bloß die Willkür der allegorischen Ausbeutung. Wie ausgiebig er sich ihrer bediente, fast
noch einschneidender war die eigensinnige Buchstäblichkeit,
mit der er Aeußerliches, besonders im Alten Testament
zur Geltung ewiger Normen erhob, das gerade Widerspiel
Luthers, und auch hierin der beschränkte Geist, der unversöhnte
Gegensätze in sich trägt und mit Emphase in ihnen beharrt.

In den Zwickauern, die nach Wittenberg gekommen waren,
lernte Luther die ersten Repräsentanten dieser neuen Mystik kennen,
zunächst durch die Briefe seiner Freunde. Hier zeigte sich sein
genialer Scharfblick in glänzender Ueberlegenheit. Carlstadt, damals
noch sein Freund, war von ihnen bestrickt, Melanchthon rathlos;

---

¹) Zu des Orlamünder Bauern Vergleich, der von Carlstadt herstammt
(Jäger, S. 447. 865), bildet ein auffallendes Seitenstück Staupitz bei Knaake I, 161.
Auch Ruysbroeck nähert sich dem in einzelnen Ausdrücken. (Engelhard, S. 245).
²) Tauler, 2 b.; 3 d.; 17 b.; 34 b. u. a. Suso's Leben und Schriften S. 271
u. a. ³) Brief von Thomas Münzer Walch XVI, 150. Opel l c. S. 174.

Andere standen auf dem Punkt, sich für Jene einnehmen zu lassen; Luther hielt mit seiner Warnung nicht einen Augenblick zurück. Ihre Gespräche mit der göttlichen Majestät waren ihm verdächtig; ihren Anspruch, als Propheten zu gelten, wollte er nicht anerkennen, es sei denn, daß sie ihre außerordentliche Berufung durch Wunder bewiesen, wie die Propheten des alten Bundes. Auch sollten sie gefragt werden, ob sie in Anfechtung, göttlicher Geburt, Tod und Hölle erfahren seien. Es sollten ihnen Stellen vorgelegt werden, wie diese: Er hat wie ein Löwe alle meine Gebeine zerbrochen, und ich bin verworfen vor deinem Angesicht. Denn daß die Majestät nicht unmittelbar mit den Menschen rede, davon sei das ein Beweis, daß die Jungfrau durch die Erscheinung des Engels in Furcht gesetzt sei [1]). Es war eine practische, durch seine eigenste Lebenserfahrung ihm an die Hand gegebene Prüfung, der er sie unterworfen wissen wollte; er wollte sie gemessen wissen an demselben Maßstab, den er schon an die prahlerische Mystik des Areopagiten gelegt [2]); und man merkt es an dieser seiner Anweisung, daß er sie für Leute ohne erschrockenes Gewissen hielt.

Vollends durchschaute er sie, als er sie sich persönlich gegenüber sah. Er erfand sie ohne Schrift, aus eigenem Geiste redend, ja, eines Geistes voll, der hoffärtig und ungeduldig nicht einmal gütige Ermahnungen ertragen konnte. Sie verlangten Geltung und Glauben aufs erste Wort; auf offenbaren Lügen ertappt, suchten sie mit glatten Worten zu entschlüpfen. Als Luther sie aufforderte, das, dessen sie sich über und wider die Schrift rühmten: ihre Gespräche mit der göttlichen Majestät und ihre empfangenen Offenbarungen mit Wundern zu beweisen, weigerten sie sich, drohten, er werde gezwungen werden, ihnen endlich doch zu glauben und gingen voll Zorn von ihm [3]).

Der Gang der Dinge bestätigte Luthers Urtheil. Bald sah er die, die sich an ihn und sein Werk herangedrängt, an all den Wirren mitbetheiligt, die mit dem Wittenberger Bildersturm anfingen und mit der socialen Revolution des Bauernkriegs endigten. Wie verschieden die Träger dieser Bewegungen waren, wie mannigfach die Gebiete und Fragen in die letztere hinübergriffen, er fühlte doch

---

[1]) Briefe de W. 2, 124 f. [2]) Vgl. oben S. 157. [3]) Br. de W. 2, 179. Vgl. 2, 245. 276.

eine gemeinsame unsichtbare Potenz in ihnen heraus. Die mystische Innerlichkeit erschien ihm als ein „allzu evangelischer Geist", der jetzt Bilder zertrümmerte, die Messe abschaffte, die Freiheit von den Fasten proclamirte; dann wieder über kirchliche Ordnungen sich wegsetzte und mit den revolutionären Tendenzen, die in der Luft lagen, sich befreundete. Es konnte Luthers Eifer nur stärken, wenn dieser Geist nun auch einen Lehrtrieb entfaltete, der die Grundlehre vom Heil bedrohte und die Gnadenmittel durch Vergeistigung aufhob. Hier erstand, das sah er ein, eine Gegnerschaft, die das Evangelium ins Herz treffen mußte. Nachdem mancherlei verhandelt und über Einzelnem gestritten worden war, faßt er diese feindseligen Erscheinungen unter Einem Gesichtspunkt auf in der Schrift wider die himmlischen Propheten vom Jahre 1524. Mit seiner ganzen Ueberlegenheit und der Wucht seines Zorns, in scharfsinniger, eindringender Polemik, wie in grober Spottrede wirft er sich auf diesen „Geist." Wie er die mystische Seite desselben auffaßt und beurtheilt, wie seine eigene Mystik an diesem Kampf thätig oder leidentlich betheiligt ist, das wird im Folgenden darzustellen sein.

Der Heilsweg.

In seltsamer Rede stellten die neuen Propheten, Münzer voran, eine Reihe von Forderungen religiöser Natur auf. Meist scheinen dieselben in Form von Stichworten wiedergekehrt zu sein: Entgröbung, Studirung, Verwunderung, Langeweil. Auch redeten sie gern von einer Tödtung, da der Mensch „mit ausgestrakter Lust" sein Fleisch solle tödten.

Mit Widerwillen hörte Luther, der Meister feiner, deutlicher deutscher Rede, jene „tölpischen" Ausdrücke, ohne zu ahnen, daß entstellt die Stimme der alten Mystiker in ihnen nachklang.

Den Begriff der Entgröbung hatte Münzer, wie schon bemerkt ist[1]), von Suso entlehnt und im Ganzen auch im Sinn desselben verstanden. Wo er sich im Zusammenhang über den Heilsweg ausspricht, ist es höchst wahrscheinlich, daß wir die Entgröbung mit folgenden Worten beschrieben finden: Christus hat darum Fleisch und Blut an sich genommen, auf daß wir durch seinen göttlichen

---

[1]) Oben S. 271.

Verstand sollen entsetzt werden von unserem vernünftigen, sinnlichen, viehischen Verstand. (Joh. 10). Denn das Wort Gottes muß uns vergotten; denn es unseren Verstand gefangen nimmt in die Dienstbarkeit des Glaubens. Dasselbe muß die viehischen fleischlichen Lüste ausrotten, auf daß wir hungrig werden nach der allerbesten Speise, b. i. Gottes Willen thun (Joh. 4) und Gottes Weisheit und Verstand und seine Kunst überkommen. (Col. 1) [1]):

Auch die „Langeweile" weist auf die Alten zurück. Wir wissen nicht, ob Münzer wirklich „Anfechtungen" in dem Sinne, wie Jene je zu erdulden gehabt hat. An äußeren fehlt es ihm nicht, und es scheint, daß er in den Anfechtungen der Mystik die seinigen wiederfand. Christum erkennt kein Sterblicher, es sei denn, daß sein Wille dem Gekreuzigten gleichgestaltet werde (conformis), und daß er vorher erduldet habe die Wasserwogen und Fluthen, die über die Seele der Auserwählten hingehen, daß das Wetter ihn versenkt, bis er sich mit Mühe wieder herausarbeitet, mit heiserer Stimme schreiend, auf daß er hoffe wider Hoffnung in Hoffnung und erlange den einzigen Willen am Tage des Besuchs [b. i. wohl: da Gott die Seele besucht] nach langer Erwartung (post longam expectationem); dann werden die Füße auf den Felsen gestellt, und wunderbar erscheint dann von weither der Herr [2]). — Kein Zweifel, daß dies die Beschreibung der Langenweil sein soll. Aber Luther hat, obschon er selbst von einem Hoffen wider Hoffnung als dem besten Trost in der Anfechtung geredet und einmal gesagt, allen leidenden Menschen sei die Weile unmäßlich lang [3]), sich in das Unwort „Langeweil" nicht zu finden gewußt und dasselbe mit dem lateinischen Unwort longanimitas wieder zu geben gesucht.

Was Münzer unter Verwunderung und Studirung verstanden hat, wie er zu diesen Ausdrücken gekommen ist, ist schwer zu bestimmen. Jene, die Verwunderung, scheint mit der Anfechtung zusammen zu hängen: Der Herr will Niemand Zeugniß geben, es sei denn, daß er zuvor sich durchgearbeitet habe „mit seiner Verwunderung." Hat er den Ausdruck dem Suso entlehnt, der ihn gelegentlich gebraucht [4]), so ist der Sinn desselben doch verändert. —

---

[1]) Seidemann, Th. Münzer, Beilage 34, S. 140 f. [2]) Seidemann a. a. O. S. 120. Beilage 10. Anders Carlstadt; vgl. Jäger, S. 314. 365. 447. [3]) Vgl. oben S. 92. 121. 118. [4]) Suso sagt in einer Predigt bei Diepenbrock

Die Studirung scheint das innerliche Achten auf die göttliche Eingebung der himmlischen Stimme zu bezeichnen. Denn nach der Bewährung durch Leiden erforscht der Mensch aus Gottes Munde die tiefsten Geheimnisse ¹).

Wir halten hier ein Wenig an. Die dunkelsten Worte der neuen Mystik lassen die Abstammung von der älteren erkennen; und das Verhältniß zu dieser wird durch die Forderungen der Abgeschiedenheit, der Gelassenheit, des gottformigen Lebens, der Vergottung noch einleuchtender. Aber doch, welch ein Abstand zwischen jener alten und dieser neuen Mystik! Die reiche Lebensfülle, die in jener pulsirt, ist verschwunden, und ein ärmlicher Schematismus an ihre Stelle getreten, ohne doch, was man wenigstens erwarten könnte, die Dunkelheiten der Alten aufzuhellen, ihre Einseitigkeiten und Ueberspanntheiten zu berichtigen, den Kern ihrer Gedanken reinlicher herauszuschälen. Vielmehr hat der fremde Geist, der die Mystik zwang, sich mit ihm zu vermählen, sie um ihr gutes Theil gebracht, hat sie ihre Demuth und Stille, ihre Jesusliebe und Gottinnigkeit, ihren Eifer um Heiligung und ihre Willigkeit zu leiden einbüßen lassen. Und weiter, welch ein Abstand zwischen dieser Mystik und der Luthers! Von dem evangelischen Kern derselben hat sie nichts aufgenommen. Die Impulse von denen Luther angetrieben war, beseelen sie nicht. War in Luther die Mystik evangelisch verjüngt, so stand diese dem Evangelium fremd und bald feindlich gegenüber. So beßen ledig, was Luther an der alten Mystik geschätzt und geliebt hatte, wie deßen, was er zu ihr hinzugebracht hatte, konnte sie von ihm nur Bekämpfung erwarten; wie schonungslos mußte diese Bekämpfung erst werden, da die Entartete mit breister Hand in das Reformationswerk eingriff.

An wegwerfenden, derben Worten läßt es Luther denn auch nicht fehlen. Wiederholt nennt er die neue Weisheit unter Aufzählung ihrer gewöhnlichen Schlagworte ein Gaukelwerk und des Teufels Alfänzerei ²). Den Hauptmangel trifft er mit terniger

---

S. 400 von den vollkommenen Leuten, die über die Fragen hinausgekommen sind: In diesen ist kein Wunder (Verwunderung); denn Augustinus und Aristoteles sprechen: das Fragen kommt von Verwunderung. Sie kommen über alles Verwundern, denn die Wahrheit hat sie durchgangen.

¹) Seidemann a. a. O. Beilage 10, S. 219. Vgl. Jäger, S. 324. ²) 29, 177. 146.

Characteristik in seiner Schrift wider die himmlischen Propheten: Die Propheten lehren an keinem Ort, wie man doch solle der Sünden los werden, gut Gewissen kriegen und ein friedsam, fröhlich Herz gewinnen, daran alle Macht liegt [1]). Und er zieht weiter den Schluß, daß der Geist, der die hohen, rechten Stücke so schweiget, ein falscher und böser Geist sein müsse [2]).

Aber er bleibt bei dieser Beurtheilung von dem evangelischen Fundamente aus nicht stehen. Aufs Scharfsinnigste geht er auf die Methode in den Gedanken des Gegners ein, und treffend zeigt er die Fehler derselben auf. Hat die Darstellung seiner Mystik einen wunderbaren Tact und eine gesunde Kraft im Aneignen und Insichhineinbilden ohne Gefährdung seiner Selbständigkeit gezeigt, gezeigt, wie er das Angeeignete zugleich klärte, evangelisch gründete und umbildete, so legt er jetzt eine ebenso große Begabung an den Tag, den Gegensatz, in dem er sich zu dieser neuen Mystik wußte, in schlagendster Antithese auszusprechen. Nach zwei Seiten sieht er die himmlischen Propheten in dieser ihrer Lehre fehlen. Erstlich, daß sie das von Gott äußerlich Geordnete in eine verworrene Innerlichkeit auflösen; und diese Seite der Kritik werden die nächsten Abschnitte auszuführen haben. Zweitens hinwiederum, daß sie das von Gott verordnete Innerliche veräußerlichen: Was Gott innerlich ordnet, als den Glauben, das gilt nichts, fahren zu und nöthigen alle äußerlichen Worte der Schrift, die auf den innerlichen Glauben bringen, auf eine äußerliche neue Weise, den alten Menschen zu tödten, und erdichten allhier Entgröbung, Studirung, Verwunderung, Langeweil und des Gaukelwerks mehr, da nicht ein Buchstabe von in der Schrift steht. Als ein Aeußerliches sah er das an, worin seine Gegner die wahrhafte Innerlichkeit erblickten; denn das, worauf jene Forderungen hinausliefen, war allerdings ein bestimmter Affect religiöser Erregung, den Einige von Jenen durch Kasteiung, durch dumpfes Hinbrüten, durch gewaltsame Reizung der Phantasie in sich erzeugen, Andere nur vorgeben mochten; er war ebensowohl etwas Aeußerliches, wie die erquälte Reue der Scholastik, die der Mensch allein hat aus Furcht des Gebots und Schmerzen des Schadens mit ihren sinnlich wahrnehmbaren Gefühlszuständen, jene contritio,

---

[1]) 29, 138. 297. [2]) 29, 141.

die er im Jahre 1518 bekämpft hatte; ja, er war das gerade Gegentheil des Glaubens, wie er ihn im Licht der Mystik aufgefaßt als ein Leben im Unsichtbaren und als ein verborgenes Leben ¹).

Ferner sieht er in ihrer Lehre eine Verrückung der Hauptmomente der Heilsordnung, durch welche das Ende an den Anfang gesetzt werde: „Die Tödtung des alten Menschen, darin man Christi Exempel folgt, wie Petrus sagt, 1. Petr. 2, 21, soll nicht das Erste sein, sondern das Letzte, also daß Niemand möge sein Fleisch tödten, Kreuz tragen und Christi Exempel folgen, er sei denn zuvor ein Christ und habe Christum mit dem Glauben im Herzen als einen ewigen Schatz. Wenn die Sünde erkannt ist, hört man von der Gnade Christi; im selben Wort kommt der Geist und giebt den Glauben, wo und welchem er will. Darnach geht es an die Tödtung und das Kreuz und die Werke der Liebe ²).

So war es eine neue Werkheiligkeit, die er in jenem Sichvordrängen der Askese zu bekämpfen hatte; zwar im Einzelnen ganz verschieden von der der Kirche, und doch darin mit ihr Eins, daß das menschliche Ich mit seinem Thun und Machen leisten sollte, was Gabe und Gnade war. Nach ihrer äußerlich nicht völlig verleugneten mystischen Art wollte die neue Heilslehre das Ich recht tödten, es in Gelassenheit ersterben lassen; und in Wirklichkeit war sie doch in den Bann des Ich geschlagen; innerlich nah der römischen Kirche, die sie bekämpfte, innerlich geschieden von der Reformation, deren Bundesgenossenschaft sie begehrte.

Luther hat in dieser Kritik denselben Standpunkt behauptet, den er von Anfang eingenommen hatte. Immer war ihm die Mittheilung der Gnade das Erste, die Kreuzigung des Fleisches, des alten Adam, das Zweite. Freilich fiel ihm dies Beides nicht durchaus zeitlich auseinander. Den Glauben wußte er zusammen mit der reinigenden Thätigkeit, die von seiner lebendigen Kraft ausging. Glaube und Kreuzigung des alten Menschen erschienen so häufig als zwei Seiten desselben geistlichen Vorgangs. Doch schon im Sermon von der Freiheit eines Christenmenschen hat er dann das Verhältniß beider so dargestellt, daß sie deutlich auseinander treten. Von jetzt ab vollends grenzen sich Buße, Glaube, Reinigung des

---

¹) Oben S. 93. 96. ²) 29, 211 f.

Lebens noch schärfer von einander ab. Hatte er während der mystischen Periode kraft jener Einheit zuweilen den Glauben als Selbstverleugnung bezeichnet, so daß das Religiöse mit dem Sittlichen zusammenfloß, so hebt sich dies letztere jetzt so scharf von dem ersteren ab, daß das Sein des Ganzen in jedem einzelnen Moment zurücktritt: Ein Gewinn an Klarheit der lehrhaften Darstellung, aber doch mit einem Opfer erkauft. Einmal zurückgedrängt ist die Einheit, welche alle Momente des inneren Lebens umfaßt, in der protestantischen Theologie auf lange bei Seite gelegt worden.

Bei dieser Auseinanderlegung der Momente des Heilsweges hatte Luther auch mit Nachdruck auf die wesentliche Bedeutung des Gesetzes hingewiesen, die Sünde zu offenbaren und die Gewissen durch Vorhaltung des göttlichen Zornes zu schrecken und zu demüthigen. Darnach folge dann die tröstliche Predigt des Evangeliums, welches die erschrockenen Gewissen durch das Wort von der Vergebung aufrichte. Luther hatte damit nur wiederholt, was er immer gelehrt. Jetzt aber war in die Betonung der wesentlichen Bedeutung des Gesetzes für die Buße ein Gegensatz gegen eine mystische Auffassung derselben hineingelegt, welche uns lebhaft an eine frühere Luthersche Betrachtung erinnert.

Carlstadt wollte, daß die Buße ganz Buße im Namen Christi sein sollte. Durch das, was er Erkenntniß Christi nannte, sollte der Mensch sein Herz von der Sünde losreißen. Er erinnert damit an jenes Staupitz'sche Wort, daß die Buße mit der Liebe zur Gerechtigkeit anfangen müsse; er berührt sich mit den Ausführungen, die Luther selbst diesem Satze einmal gegeben hat[1]); ja es ist nicht unmöglich, daß er erst durch diese auf die Spur jenes Gedankens geleitet worden ist. Aber hier ist einer der Punkte, an welchem der fundamentale Gegensatz Carlstadts zu Luther unter der Verschleierung partieller Berührungen und Aehnlichkeiten sichtbar wird. Nie hatte Luther die Liebe zur Gerechtigkeit, mit der die Buße anfangen müsse, so verstanden, daß durch sie der Glaube, der das Heil sich aneignet, beeinträchtigt wurde. Bei Carlstadt dagegen fehlt sowohl das Heilsgut, wie die Heilsaneignung. An die Stelle von Vergebung und Glaube treten Gefühlszustände, die durch die Betrachtung des leidenden Christus erregt, doch keinen positiven sittlichen

---

[1]) Oben S. 144. 220.

Inhalt erzeugen, sondern unter reichlicher Anwendung mystischer Wörter, wie Gelassenheit u. s. w. in die unfruchtbare Oede der Abstraction hineinführen. Jene Liebe zur Gerechtigkeit, Erkenntniß und Gedächtniß Christi u. s. w. setzen daher nicht bloß Christum zu einem Erwecker bestimmter beabsichtigter Seelenzustände herab, sondern leiten von diesen auf den Irrweg über, welchem der christliche Tact der alten Mystik theilweise, wenn auch nicht immer, ausgewichen war. Aber indem um die Sicherstellung und Klarstellung der großen Hauptstücke von Luther gekämpft wurde, gingen einzelne Errungenschaften seiner mystischen Entwickelung, die mehr in der Peripherie lagen, verloren. Vielleicht, daß er sich von ihnen um so eher lossagte, als sie dem Irrthum verwandt schienen, den er bekämpfte. So hat er den einst mit Begeisterung aufgenommenen Gedanken, daß die Buße mit der Liebe zur Gerechtigkeit anfangen müsse, fallen lassen. Hat er auch daran festgehalten, daß das Evangelium, Christi Wort, Leben und Leiden ebenfalls eine Seite an sich hat, nach welcher es Sünde aufdeckt, Buße predigt, jener Gedanke von der Liebe zur Gerechtigkeit als einem Anfang der Buße war hiermit nicht zu seiner Entfaltung gekommen. Seine Entwickelung ist unter der Ungunst dieser Kämpfe in ihren Anfängen abgebrochen.

Und in der That trat in denselben ein tiefgreifender Gegensatz nach dem anderen hervor.

Das Wort.

Propheten nennt Luther die Wortführer des neuen Geistes und deutet damit nicht bloß auf die hohen Ansprüche hin, die sie für ihre Predigt und Lehre erhoben. Denn noch in einem anderen Sinne stellten Jene sich allerdings neben die Propheten des Alten Bundes. Wie diese nicht die Weise haben, zu sprechen: Das hat der Herr gesagt, sondern: Das sagt der Herr, so wollten auch sie nicht aus einem Buch, sondern aus Gottes Munde selbst sein Wort vernehmen. Und war nicht die Fortsetzung einer solchen unmittelbaren göttlichen Offenbarung durch besondere Bekräftigungen aus der heiligen Schrift selbst verbürgt? Christi Wort: Meine Worte werden nicht vergehen; die Weissagung: Ich will mein Gesetz in ihr Herz geben und in ihren Sinn schreiben (Jerem. 31); das apostolische

Wort von dem Herzen als einem Brief, den Gott geschrieben; die Lehre der Schrift vom Zeugniß, das der heilige Geist unserem Geiste giebt, schienen ja zu bezeugen, daß Gott nicht aufhören wolle, in den Menschen zu reden.

So hat Münzer im November 1521 diese Lehre vorgetragen [1]). Schon jetzt ließ er es nicht an Seitenhieben auf Luther fehlen; er klagt, daß Niemand den Kindern das Brot gebrochen habe; denn es seien wohl Viele gewesen und seien auch noch, die ihnen das Wort, das Brot im Buchstaben vorgeworfen wie den Hunden; daher komme es, daß die Christen die Wahrheit zu vertheidigen geschickt seien, wie die Memmen, und nachher wohl herrlich schwatzen dürften, daß Gott nicht mehr mit den Leuten rede, gleichwie er nun stumm wäre geworden, meinen es sei genug, wenn es in ihren Büchern sei hingeschrieben, und sie es so recht mögen rausspeien wie der Storch die Frösche den Jungen in's Nest.

Besonders Münzer war durchdrungen von der Ueberzeugung, er sei ein Organ göttlicher Rede. In Gesichten, in Träumen wurde ihm Offenbarung. Aber er rühmte sich dieses Verkehrs mit Gott nicht allein; der Kreis der Seinen genoß dessen mit ihm; die Gespräche mit der Majestät waren unter dem Ersten gewesen, was Luther von dem neuen Geist und seinen Jüngern erfuhr.

Auch Carlstadt rieth dem gelassenen Menschen, die heilige Schrift zu lassen und nicht um Buchstaben zu wissen, sondern einzugehen in die Macht des Herrn. In Gelassenheit und mit stillhaltender Vernunft solle er von Gott begehren seine Kunst und hören, was ihm Gott wolle sagen [2]). Visionär war Carlstadt jedoch nicht.

In der Geschichte des religiösen Geistes kehren diese Ansprüche auf unmittelbare Eingebung öfter wieder, verzerrte Nachbilder der wahrhaftigen Geistesmittheilung Gottes; Erscheinungen von fast nur pathologischem Interesse. Bei den himmlischen Propheten waren sie durch den Character Einzelner und den der ganzen ebenso schwärmerischen, wie revolutionären Bewegung bedingt. Zugleich aber hatten sie sich an der älteren Mystik gestärkt und genährt.

Wir haben die Bemerkung eines Zeitgenossen: Durch Taulers

---

[1]) Münzers Anschlag in Prag bei Seidemann, Beilage 14, S. 122.
[2]) Jäger, S. 334. 288 f. 370.

Lehre vom Geist und Grund der Seele, nicht wohl verstanden, ist verführt Thomas Münzer und sein Anhang. Ihm folgt Andreas Carlstadt, der auch solchen Irrthum glaubt und verführt ist worden[1]). Dies trifft besonders für den Anspruch der Genannten zu, innerlich von Gott gelehrt zu werden. Taulers Predigten und die vier Predigten des Meister Eckhart, die sich selbst in den beiden ältesten Ausgaben des Tauler von 1498 und 1508 finden, führen den Grundgedanken der Mystik vom Wesen und Leben Gottes in der Seele in Worten aus, die einer Mißdeutung, wie der Münzerschen, Anhalt genug barboten[2]). Und fast mehr noch als diese waren die Visionen Suso's und seine Gespräche mit der ewigen Weisheit phantastischer Ausbeutung fähig.

Von Anfang an war das neue Prophetenthum Luther wegen dieser seiner vergeblichen Offenbarungen verdächtig gewesen. Er fühlte sich zu ihm im Gegensatz, zunächst nicht wegen seiner natürlichen Geistesart, der alles Ekstatische fremd war, sondern weil seine eigene Stellung zu Gott demüthige Schüchternheit einschloß. Er, der vor der Messe gezittert, weil sie ihn nöthigte, die ewige Majestät anzureden, und dessen Glaubenszuversicht und Freudigkeit durchaus auf dem Gnadenwort von der Vergebung ruhte, mußte an Leuten, die sich der Gespräche mit der himmlischen Majestät rühmten, an der dreisten Vertraulichkeit im Verhältniß zu Gott, wie jene Gespräche sie voraussetzten, den ersten Anstoß nehmen.

Außer diesem persönlichen Gegensatz schied ihn von jenen ihre Verschmähung des geschriebenen Wortes. Den festen Grund, auf dem er gegen Rom stand und stritt, suchten sie nicht minder als Rom zu erschüttern. Es ist indeß bemerkenswerth, daß er nicht sofort die Möglichkeit einer prophetenähnlichen Begabung und Berufung, wie Jene sie behaupteten, leugnete; doch verlangte er die

---

[1]) Seidemann, S. 22. [2]) Tauler: Darum sollst du schweigen, so mag das Wort dieser Geburt. in dir sprechen und in dir gehört werden. (Bl. 2 c.) — Hier wird eine Entzündung geboren in dem Brand der Liebe, und wird ein Nebel und eine Finsterniß, ... und in der Finsterniß, so spricht dir Gott zu in der Wahrheit. (Bl. 219 a.) Auch Münzer bedient sich der Ausdrücke: Das ewige Wort erschwingt sich in die Auserwählten; die Kraft Gottes gebiert in der leeren Seele ihre Wirkung; der Grund der Seele wird von dem Licht der Welt, dem wahrhaften Sohn Gottes, Jesus Christus ganz und gar durchglastet. (Erklam, S. 241.)

besondere Legitimation über das Recht solcher Ansprüche in Wundern, wie die Propheten sie vollbrachten; einen Beweis, den Jene schuldig blieben.

Er setzt sich mit ihnen aber auch über das Verhältniß von Wort und Geist in folgender Weise auseinander: Gott handelt mit uns auf zweierlei Weise, äußerlich und innerlich; äußerlich durchs mündliche Wort des Evangeliums und durch leibliche Zeichen, als da ist Taufe und Sacrament; innerlich durch den heiligen Geist und Glauben sammt anderen Gaben. Aber das Alles der Maßen, daß die äußerlichen Stücke sollen und müssen vorgehen, und die innerlichen hernach und durch die äußerlichen kommen, also, daß ers beschlossen hat, keinem Menschen die innerlichen Stücke zu geben ohne durch die äußerlichen Stücke; denn er will Niemand den Geist noch Glauben geben ohne das äußerliche Wort und Zeichen, so er dazu eingesetzt hat, wie er Luc. 16 spricht: Laß sie Mosen und die Propheten hören. Die Verkehrung dieses Verhältnisses findet er bei den himmlischen Propheten, da sie das äußerlich von Gott zum Geist Geordnete spöttisch in den Wind schlagen und zuvor hinein in den Geist wollen. Wenn man aber fragt: Wie kommt man denn zu demselben hohen Geist hinein, so weisen sie dich nicht aufs äußerliche Evangelium, sondern ins Schlaraffenland und sagen: Steh in der Langenweile, wie ich gestanden bin, so wirst du es auch erfahren, da wird die himmlische Stimme kommen, und Gott selbst mit dir reden. So sind Brücken und Steg umgerissen, dadurch der Geist zu uns kommen soll [1]).

Daß aber die Propheten das Wort Christi im Munde führten: Der Geist der Wahrheit wird Zeugniß geben, und sich rühmten, daß sie für sich am innerlichen Zeugniß genug hätten und das äußere nur vornähmen für die Anderen, sie zu lehren und zu strafen, giebt ihm Anlaß zu dem Vorwurf: Sie sind besser und höher, denn die Apostel, und wollens ohne äußerlich Wort und Mittel inwendig im Geist lernen, welches doch den Aposteln nicht ist gegeben, sondern dem einigen Sohne Christo allein [2]).

So hatte Luther das Recht des geschriebenen Wortes und doch auch des Geistes gewahrt und schlichte Klarheit und durchsichtige Sonderung beider Begriffe, des Aeußerlichen und des Innerlichen,

---

[1]) 29, 208 f. [2]) 29, 264.

der Ineinanderwirrung bei Jenen entgegengesetzt. Aber nähere Ausführungen über das Verhältniß von Wort und Geist hat er bei dieser Gelegenheit nicht gegeben.

Die Sacramente.

Es war nur consequent, wenn der auflösende Proceß, der das Wort verflüchtigte, sich auch auf die Sacramente erstreckte, die ja noch mehr als das Wort sich als etwas Aeußeres darstellten [1]).

Zwar mag ähnlich, wie das visionär-ekstatische Wesen, auch die **Verwerfung der Kindertaufe in Zwickau** auf Prämissen geruht haben, welche nicht eigentlich die Mystik gegeben hatte [2]) und überhaupt nicht von allen Führern der schwärmerischen Partei in gleichem Maße Werth auf jene Verwerfung gelegt worden sein. Münzer wenigstens giebt in seiner deutschen Gottesdienstordnung von 1524 eine Anweisung, wie es mit der Kindertaufe gehalten werden solle, und behält sogar die symbolischen Bräuche der alten Kirche bei. Aber allerdings sagt er nirgends etwas von einer sacramentalen Wirkung der Taufe; sondern er will, daß die feierliche Handlung durch die Taufzeugen den Getauften, wenn sie erwachsen seien, vorgehalten, und so die Taufe selbst verstanden werde. Die Bedeutung, welche sich dem Verständniß erschließen soll, liegt ihm dann wieder in jenem Proceß, wie er ihn aus den Mystikern als Ordnung des göttlichen Lebens zusammengelesen hatte [3]); oder er dachte auch, wenn er vorschlug, die Taufe nur zweimal im Jahre zu verrichten, an Kinder, die alt genug seien, von der feierlich ausgestatteten Handlung einen Eindruck zu empfangen, so daß sie all ihr Lebelang ein **frisch Gedächniß** daran behalten möchten [4]). Er hielt also doch, wenn auch nicht Gegner der Kindertaufe an und für sich, das **Verstehen, Begreifen und Fühlen** für die Bedingung des Segens der Taufe, und fand diesen selbst in dem Erdulden der Anfechtung, der großen Wasserbulge oder Welle, die ihm das Taufwasser symbolisiren mochte [5]).

---

[1]) Carlstabt sagt: Aeußerliche Zeichen vereinen Gott nicht; auch hält er die geistlichen Menschen für nicht gebunden an äußerliche Zeichen. Jäger a. a. O. S. 320 f. [2]) Seidemann, Th. Münzer, S. 11. [3]) Ebend., S. 26 f. 29. [4]) Seidemann, S. 135. [5]) Auch Carlstabt sagt, daß die Taufe oder Wasser

Wie sehr nun auch Luther im Geist paulinischer und mit der Färbung deutscher Mystik die symbolische Bedeutung der Taufe anerkannt und hervorgehoben hat, so war er doch schon 1519 im Commentar zum Galaterbrief eifrig bemüht, der Taufe als ihre eigentliche Wirkung die Rechtfertigung, und zwar durch den Glauben des Kindes zu wahren ¹). Gerade von dieser mystischen Anschauung aus, welcher der Glaube ein verborgenes, vom Verstehen und Fühlen unabhängiges inneres Geistesleben ist, tritt er einer Mystik entgegen, die sich in nüchterne Verständigkeit verlor und sich mit der scholastischen Theorie begegnete. Gegen die Leugnung des Glaubens in den Kindern weist er auf die Zustände in den Erwachsenen hin, in denen auch sie ihren Glauben nicht zeigen, wie wenn sie schlafen oder etwas Anderes thun. Kann nicht Gott auf dieselbe Weise in der ganzen Zeit der Kindheit, wie in einem fortwährenden Schlaf den Glauben in den Kindern erhalten? ²) Auch jetzt verharrt er dabei, daß das Wort Gottes im Sacrament solchen Glauben wirke; gerade diese Wirkung habe statt kraft des „fremden Glaubens", der gläubigen Fürbitte der Pathen, deren objectiver Halt in Christi Verheißung Matth. 18, 19, in Christi Befehl, die Kinder zu ihm kommen zu lassen, da ihrer das Reich Gottes sei, und in Christi Leben selbst liege, da er Keinen je abgewiesen, der durch fremden Glauben zu ihm gebracht sei.

Ging der Widerspruch gegen die Kindertaufe hauptsächlich von den Zwickauern aus, so war es Carlstadt, der 1523 und 1524 mit seiner Abendmahlslehre hervortrat und hierdurch noch mehr in die entschiedene Gegnerschaft Luthers gerieth. Da in seinem Kopfe sehr Verschiedenes durcheinandergewirrt war, und außerdem seine bei aller Mystik eitle und eigenwillige Art zu Allem, was er streitend ausführte, hinzuschlug, so ist seine Lehre vom Abendmahl ein Gemisch von gelehrt thuender Schriftauslegung und barocken Einfällen, von eigensinniger Buchstäbelei und vergeistigenden Tendenzen, in denen

---

mit Gott nicht vereine und anbinde; er erblickt ihre Bedeutung in dem Bekenntniß zu dem dreieinigen Gott und hält es für ein Verdienst, die Taufe denen zu weigern, die nicht glauben, bis sie Gläubige geworden. Auch redet er wider die sacramentliche Gnade, wider den Mißbrauch der Taufe. Jäger a. a. O. S. 320 f. 452.

¹) Vgl. oben S. 169 f. ²) Br. de W. 2, 202. a. 1522. Kirchenpostille 11, 70.

es auch Lichtblicke giebt. Nur als ein Bestandtheil ist in der trüben Mischung Mystik enthalten.

Was ihn antreibt, die Lehre von der Gegenwart Christi und die von einer Vergebung der Sünden im Abendmahl zu bestreiten, ist zunächst Eifer um das Kreuz Christi. Dort ist Christi Blut vergossen, daher nicht aus dem Kelche! Die am Kreuz vollbrachte Erlösung sieht er beeinträchtigt, wenn im Sacrament Vergebung gespendet wird[1]. In der ihm eigenthümlichen Art, die Gegner ad absurdum zu führen, und dabei selbst absurd zu werden, bürdet er denselben sogar auf, daß sie Christum in Gestalt des Brotes leiden und sterben ließen[2]. Kein Zweifel indeß, daß außer diesem Eifer mit Unverstand zugleich die mystische Abneigung gegen eine Vereinigung des Endlichen mit dem Unendlichen, gegen Vermittlung des Unsichtbaren durch ein Sichtbares sein Denken bestimmte[3]. Was ihm am Abendmahl wichtig blieb, war nur Symbolik. Brot und Wein bildeten Christi Kreuzestod ab; und Christi Wort: Solches thut zu meinem Gedächtniß, legte er einer Theorie zu Grunde, die in jener Symbolik einen Wegweiser zu frommer Gefühlserregung, zu einer inneren Vergegenwärtigung seiner Leiden sah. Mit brünstigem, herzlichem, freundlichem Gedächtniß solle man des Leidens und Opfers Christi gedenken, wie Einer an seinen lieben Bruder gedenkt, der ihn vom Tod durch seinen Tod erlöst hat[4].

Auch Luthers Mystik hatte in ihrer Betrachtung der Leiden Christi wohl einen ähnlichen Ton angeschlagen; auch er hatte den Affect eines solchen Mitleidens gepriesen, in welchem wir uns Christo in seinem Leiden gleichsam zugesellen[5]. Aber dieser Affect entsprang dem Glauben und förderte dann Buße, Glauben und Liebe; doch in seiner wesentlichen Bedeutung als Organ, das die Gnade ergreift und gerecht macht, wurde der Glaube durch jene Affecte nicht beeinträchtigt in Luthers Sinn, wenn auch nach der Form der Darstellung der Glaube und jener Affect je und je in Eins zu-

---

[1] Jäger a. a. O. S. 435 f. [2] Jäger, S. 450. [3] Brot und Wein kann die Kraft und Gaben Christi nicht an sich nehmen. S. 388. [4] Ebend., S. 390. 430. 435. [5] Vgl. oben S. 143 ff. 265. Münzer stand mit seiner Auffassung des Abendmahls Carlstadt nahe. Es ist ihm eine Erinnerung an die verzagten Herzen, willig zu leiden. Das Wesen seines Blutes und Fleisches ist da, wo der Geist Christi davon abgeht in die Herzen der Auserwählten. Seidemann, S. 141.

sammenzufließen schienen. Ebenso hatte er unter dem geistlichen
Genuß den Glauben an das gnadenverheißende Wort verstanden¹).
Hier aber sah er sein großes Princip des rechtfertigenden Glaubens
selbst bedroht. Es entging ihm nicht, daß der Glaube durch
die „brünstige Erkenntniß, durch das herzliche Gedächt=
niß" verdrängt werden sollte, daß auch hier also jenes großen
Hauptstücks geschwiegen wurde, das er überhaupt in den Lehren
der himmlischen Propheten vermißte, wie man der Sünde solle los
werden, gut Gewissen kriegen und ein friedsam, fröhlich Herz zu
Gott gewinnen. Daher wollte er denn von einem geistlichen Genuß,
wie ihn Carlstadt forderte, so wenig wie von dem Geist überhaupt
wissen und sah in all den trefflichen prächtigen Worten nur des
Teufels Grifflein und seines Gegners Eitelkeit²).

Und wie den Glauben, so vermißte er auch die Gnaden=
darbietung an den Glauben durch das Wort bei Carlstadt.
Nicht Brot und Wein, auch nicht Leib und Blut in Brot und Wein,
auch nicht Christus am Kreuz mit all seinem Leiden und Tod,
wenns auch aufs Allerbrünstigste und Hitzigste erkannt und bedacht
wird, hilft, sondern das Wort, das es austheilt und schenkt: Das
soll dein sein, nimm hin und habe dirs³).

So sah er das Mystische wieder ins Gesetzliche umschlagen, und
Carlstadts Lehre, indem sie an die Stelle des Glaubens und des
Wortes Gottes eine menschliche Gefühlserhitzung setzte, auf eitel
Werk und Gebot, auf menschliches Thun hinauslaufen. Das
Gedächtniß Christi bei Carlstadt ist ihm eine ähnliche Träumerei,
wie wenn Jemand mir einen Kasten voll Gulden an einem Ort
vergraben würde; da möchte ich mich zu Tode denken und mit aller
Lust erkennen, große Brunst und Hitze in solchem Kennen und Ge=
denken gegen den Schatz haben, bis ich drüber krank würde; aber
was hülfe mich das Alles? So äfft uns Carlstadt und zeigt uns das
Heiligthum durch ein Glas oder im Gefäß, da mögen wir sehen
und riechen, bis wir satt werden⁴). Anderseits glaubte er auch
wieder die Spur jenes Geistes zu sehen, der geistlich und inner=
lich machen will, was Gott äußerlich haben will, während
des Papstes Geist mehr das Geistliche leiblich macht: die endliche Mei=
nung des Teufels ist, das ganze Sacrament und alle äußere Gottes=

---

¹) Oben S. 178. ²) 29, 274. 278. ³) 29, 284. ⁴) 29, 285. 277.

ordnung aufzuheben, daß man allein mit dem Herzen auf den Geist gaffe innerlich (29, 260).

Der Kampf um die Einsetzungsworte, in welchem er mit seiner ungeheuren Ueberlegenheit auf seinen anspruchsvollen, grüblerischen Gegner vernichtende Streiche führte, trug nicht dazu bei, seinen Gegensatz gegen die Mystik desselben zu mildern. So fiel auch das hin, was es in ihr Berechtigtes gab. Denn das war ja doch richtig, daß das Wort: Solches thut zu meinem Gedächtniß, nicht bloß eine Verkündigung des Todes Christi gebot, sondern auch ein innerliches im Herzen Bewegen, nicht bloß Predigt, sondern auch Meditation. Es war richtig, daß das Abendmahl auch eine symbolische Beziehung auf Christi Tod in den Worten der Einsetzung erkennen läßt, während Luther diese selbst bei dem „für euch gebrochen" abwehrte und nur das Austheilen des Brotes bezeichnet fand. Aber er trug kein Bedenken, das mystische Element aufzuopfern, wo „der Text zu gewaltig da war." Und man wird annehmen dürfen, daß neben diesem noch etwas, wenn auch ihm unbewußt, mitwirkte, über der realen Gegenwart des Leibes und Blutes Christi im Abendmahl so zu halten und zu streiten: das Mysterium, dem seine Lehrweise gerade hier entsprach, wo sie nicht mystisch war.

Schlußwort.

Mochte immer durch den Streit mit den Schwärmern das mystische Element in Luther etwas zurückgedrängt werden, so ist dieser Rückgang doch nicht bloß durch jenen Streit veranlaßt. Er beginnt schon früher; den Höhepunkt mystischen Einflusses bezeichnen die Jahre 1517 bis 1519; dann treten in der Folgezeit mystische Begriffe und Gedanken nicht mehr in gleicher Ausprägung auf; in den Jahren 1521 und 1522 zeigt sich schon Vieles, was der Formel und dem Buchstaben der Mystik angehört, abgestoßen oder abgeschliffen.

Dennoch hat sie nicht bloß etwas Zufälliges, Unwesentliches für seine Entwickelung bedeutet. Ist auch das Princip seiner Lehre von der Rechtfertigung durch den Glauben ihm so recht eigentlich aus Gottes Gnade und Geist durch Vermittelung der heiligen Schrift zu eigen geworden, so hat doch die hiermit verbundene Entgegensetzung gegen eigene Gerechtigkeit sich an dem mystischen Zuge mitgestärkt, der von Augustin aus durch die romanische Mystik hindurchgeht. Schon in den Scholien drang dann Mystik in jenes Glaubensprincip ein, um den Gedanken einer Gemeinschaft mit Christo und den göttlichen Realitäten daran anzuknüpfen. Auf diesen so durch die Schrift, Augustin und den Einfluß der romanischen Mystik bereiteten Boden streute nun die germanische ihren Samen. Und aus ihm erwuchs in jenem Proceß religiös-ethischer und theologischer Assimilation, den wir darzustellen versucht haben, eine Fülle von Gedanken, die hier auf dem alten Grunde weiterbauend, dort für Neues Grund legend, hier Schriftverständniß erschließend oder bereichernd, dort an scholastischer Lehre die wunden Stellen aufdeckend, seiner Theologie zu ihrer Entfaltung mitverholfen haben. Allerdings blieb er in jener Aneignung frei, ein Lernender und doch schon Meister. Den speculativen Tendenzen, welche die Mystik durchziehen, giebt er nirgends nach; Einzelnes benutzt er umdeutend als Ausdruck evangelischer Wahrheit; so groß ist seine Freude an dem, was er Lebensvolles findet, daß er auch Seltsames, Ueberspanntes und Irriges übersieht; und auch das, womit er sein Denken durchbringt, durchbringt er mit evangelischem Geiste.

Auch in seinem eigensten Erleben sahen wir mystische Art sich abspiegeln, wie denn die Förderung seiner Erkenntniß überhaupt ein persönliches Ergriffensein voraussetzt. So wurde sie ihm in inneren Beängstigungen eine Trösterin, und für seine äußeren Kämpfe hat sie den zornmüthigen Mann mit der Leidenswilligkeit ausrüsten helfen, deren er bedurfte. In selbstlosem Sinn hat sie ihn gestärkt, über niedrige Rücksichten erhoben und so zu seiner Erziehung für die Lösung der reformatorischen Aufgabe mitgewirkt.

Es wäre genug, wenn man ihr nur dies nachsagen könnte. Aber auch wenn eine Zeit kommt, in der Luther und seine Theologie dem Einfluß der Mystik nicht mehr so offen ist, so ist das mystische Element in derselben doch nicht ausgeschieden. Es ist als Moment aufgehoben im Resultat des Bildungsprocesses, wenn es sich auch nicht mehr als ein besonderes Element kenntlich machte.

Berichtigungen.

S. 34, Anm. 3. lies Pontitian für Pontinian.
S. 46, „ 2. „ Kritt für Pritt.
S. 73, „ 2. „ Knaake für Kaake.
S. 79, „ 2. „ Desgl.
S. 162, „ 3. „ 1877 für 1874.
S. 198, „ 5. „ ipsum für ispsum.

Erläuterung

betreffend die benutzte Literatur und die Abkürzungen.

Luthers Werke sind nach der Erlanger Ausgabe citirt, die Bände der deutschen Werke mit der bloßen Zahl. Von den lateinischen Werken bezeichnet

Var. arg. — Opera varii argumenti.
Dec. praecept. — Decem praecepta a. 1518.
Oprt. — Operationes in psalmos a. 1519—21.
Ep. ad Gal. — Commentarius in epistolam ad Galatas a. 1519.
de W. Br. — Luthers Briefe, Ausg. v. de Wette.

In den Fällen, in welchen die Walchsche Ausgabe oder der Seidemannsche Abdruck der ersten Vorlesungen Luthers zu Grunde zu legen war, ist dies besonders vermerkt.

Den Citaten ist meist die Angabe des Jahres beigefügt; bei den Citaten aus den lateinischen Werken ist das Jahr nach der obigen Zusammenstellung, für die Oprt. allerdings nur ungefähr, zu bestimmen.

Augustini Opp. — Die Benedictiner Ausg. der Werke Augustins, Antwerpen 1700.
St. Bernhard, Opp. — St. Bernhardi Opera, III tomi. Venetiis, 1726.
Gers. Opp. — Joh. Gersonis Opera, IV tomi. Parisiis, 1606.
Tauler — Alter Druck der Taulerschen Predigten v. J. 1498, Leipzig bei Kacheloven. Nur diese erste Ausgabe oder den Augsburger Abdruck von 1508 kann Luther während seiner Beschäftigung mit der Mystik in Händen gehabt haben; erst 1521 erschien in Basel wieder eine Ausgabe der Predigten Taulers.
Die Buchstaben bez. die Columnen der Blätter.
D. T. — Theologia deutsch, Ausg. v. F. Pfeiffer, 2. Aufl., Stuttgart 1855.
Knaake — Joh. v. Staupitzens sämmtliche Werke, herausg. v. Knaake. Potsdam 1867. I.
M. E. — Meister Eckhart, hrsg. v. F. Pfeiffer, Leipzig 1857.
Köstlin, Luthers Theol. — Luthers Theologie in ihrer geschichtlichen Entwickelung und ihrem inneren Zusammenhange v. J. Köstlin, 2 Bde. Stuttg. 1863.

www.ingramcontent.com/pod-product-compliance
Lightning Source LLC
Chambersburg PA
CBHW031340230426
43670CB00006B/393